EDITORA DO CONHECIMENTO

Auxiliando a humanidade a encontrar a Verdade

A VIDA NO PLANETA MARTE
E OS DISCOS VOADORES

A Vida no Planeta Marte e os Discos Voadores
Ramatís (psicografado por Hercílio Maes)

CONHECIMENTO EDITORIAL LTDA.
Fone: 19 3451-54403 — Limeira — SP

www.edconhecimento.com.br
conhecimento@edconhecimento.com.br

Ilustração da Capa: Banco de imagens
Projeto Gráfico: Sérgio Carvalho
Colaboraram nesta edição:
Mariléa de Castro
Paulo Gontijo de Almeida
Sebastião de Carvalho

ISBN 978-85-7618-356-3 — 18ª EDIÇÃO - 2016

• Impresso no Brasil • *Presita en Brazilo*

Produzido no departamento editorial da
CONHECIMENTO EDITORIAL LTDA

Impresso na

PRIMEIRA LEITURA

a gráfica digital da **EDITORA DO CONHECIMENTO**
Fone: 19 34515440
grafica@edconhecimento.com.br

Dados Internacionais de Catalogação na Publicação (CIP)
(Câmara Brasileira do Livro, SP, Brasil)

Ramatís (Espírito)
A Vida no Planeta Marte e os Discos Voadores / Ramatís ; obra mediúnica ditada pelo espírito Ramatís ao médium Hercílio Maes. — 18ª ed. — Limeira, SP : Editora do Conhecimento, 2016.

ISBN 978-85-7618-356-3

1. Espiritismo 2. Marte (planeta) 3. Objetos voadores não identificados 4. Psicografia 5. Vida extraterrestre I. Maes, Hercílio, (1913-1993). II. Título.

08-02841 CDD — 133.93

Índice para catálogo sistemático:
1. Marte 2. Planeta : Vida : Obras mediúnicas psicografadas : Espiritismo 133.93

Ramatís

A VIDA NO PLANETA MARTE E OS DISCOS VOADORES

Obra mediúnica ditada pelo espírito Ramatís
ao médium Hercílio Maes

Obras de Ramatís editadas pela **EDITORA DO CONHECIMENTO**

HERCÍLIO MAES

- A Vida no Planeta Marte e os Discos Voadores – 1955
- Mensagens do Astral – 1956
- A Vida Além da Sepultura – 1957
- A Sobrevivência do Espírito – 1958
- Fisiologia da Alma – 1959
- Mediunismo – 1960
- Mediunidade de Cura – 1963
- O Sublime Peregrino – 1964
- Elucidações do Além – 1964
- Semeando e Colhendo – 1965
- A Missão do Espiritismo – 1967
- Magia de Redenção – 1967
- A Vida Humana e o Espírito Imortal – 1970
- O Evangelho à Luz do Cosmo – 1974
- Sob a Luz do Espiritismo (Obra póstuma) – 1999

SÁVIO MENDONÇA

- O Vale dos Espíritas – 2015
- Missão Planetária – 2016
- A Derradeira Chamada – 2017
- O Sentido da Vida – 2019
- Amor: Encontros, desencontros e Reencontros – 2020
- Mediunidade sem Preconceito – 2021
- Por que Reencarnar? – 2022

MARIA MARGARIDA LIGUORI

- Jornada de Luz
- O Homem e o Planeta Terra
- O Despertar da Consciência
- Em Busca da Luz Interior

AMÉRICA PAOLIELLO MARQUES

- Mensagens do Grande Coração

OBRAS COLETÂNEAS:

- Ramatís uma Proposta de Luz
- Face a Face com Ramatís
- Um Jesus que Nunca Existiu
- Simplesmente Hercílio
- A Missão do Esperanto
- A Origem Oculta das Doenças
- O Objetivo Cósmico da Umbanda
- Do Átomo ao Arcanjo
- O Apocalipse
- Marte: O futuro da Terra
- O Além – Um guia de viagem
- Geografia do Mundo Astral
- O Homem Astral e Mental
- O Carma
- O Menino Jesus
- Homeopatia – A cura energética

Coletâneas de textos organizadas por SIDNEI CARVALHO:

- A Ascensão do Espírito de A a Z – Aprendendo com Ramatís
- Ciência Oculta de A a Z – O véu de Ísis
- Evangelho de A a Z – A caminho da angelitude
- Jesus de Nazaré – O avatar do amor
- Mecanismos Cósmicos de A a Z – O amor do Pai
- Mediunidade de A a Z – O portal da Luz
- Saúde e Alimentação de A a Z – O amor pelos animais
- Transição Planetária de A a Z – A chegada da Luz
- Universalismo de A a Z – Um só rebanho

Obs: A data após o título se refere à primeira edição.

Ramatís

A VIDA NO PLANETA MARTE E OS DISCOS VOADORES

Obra mediúnica ditada pelo espírito Ramatís
ao médium Hercílio Maes

19ª edição — 2016

EDITORA DO
CONHECIMENTO

MINHA GRATIDÃO

Aos corações amigos e generosos de LEVINO WISCHRAL E ERNESTINA WISCHRAL a quem devo o conforto e ânimo para o desempenho da minha tarefa espiritual a serviço de meus irmãos.

Ao querido amigo e irmão JOSÉ FUZEIRA pelo seu esforço e dedicada cooperação que dispensou a esta obra.

A FRANCISCO CÂNDIDO XAVIER em cuja vida eu me tenho inspirado para desempenho da minha tarefa mediúnica.

Curitiba, agosto de 1955
Hercílio Maes

Sumário

Resposta aos leitores

Tendo recebido cartas de alguns confrades espíritas, que tomando por base a consideração de Allan Kardec, no *Livro dos Espíritos*, pergunta 188 do capítulo "Da Pluralidade das Existências", afirmam que o codificador do Espiritismo considera a vida no planeta Marte bastante inferior à existência na Terra, opondo-se como um desmentido ao conteúdo da presente obra que psicografei de Ramatís, sinto-me no dever de atender às solicitações desses leitores e evitar qualquer descortesia fraterna. Assim, pois, achei de melhor alvitre expor o caso ao próprio Ramatís, quanto à dúvida levantada, o qual ditou a seguinte resposta:

RAMATÍS: — "Entre o que disse o eminente codificador do Espiritismo, com relação ao verdadeiro grau evolutivo do planeta Marte e a obra presente que ditamos, ainda não se evidencia nenhuma discrepância definitiva. Allan Kardec foi bastante prudente em sua consideração ao texto da pergunta n° 188 do *Livro dos Espíritos*, pois preferiu deixá-la sob uma conclusão mais impessoal, sem definir categoricamente quanto à inferioridade ou superioridade de Marte sobre a Terra. Naturalmente reconheceu tratar-se de detalhes prematuros para a época, que poderiam provocar discussões estéreis e incomprováveis no seu tempo. Se assim não fora, ele então teria elaborado algumas perguntas específicas aos espíritos, a fim de consagrá-las sob a égide do Espiritismo.

Comprovando nossas asserções, podeis verificar que Allan Kardec assim se refere em sua conceituação: "Segundo os

Espíritos, de todos os mundos que compõem o nosso sistema planetário, a Terra é dos de habitantes menos adiantados física e moralmente. Marte lhe estaria abaixo, sendo-lhe Júpiter superior de muito, a todos os respeitos". É fora de dúvida que Kardec emitiu a sua opinião na forma verbal imperfeita do condicional, isto é, Marte estaria ainda abaixo da Terra; e ainda tornou essa sua referência mais elástica, expondo-a "segundo a opinião dos Espíritos", que também não personalizou. Não registrou afirmativa imperiosa, porém condicionou o fato de Marte estar abaixo da Terra, segundo estivessem certos os espíritos que o ventilaram.

Em face do avanço científico de vossos dias, no campo da astronáutica, e, também, das relações interplanetárias delineando-se para este século, não tardam as comprovações de que Marte é mundo habitado e superior à Terra, com um índice científico, social, moral e espiritual primoroso. No entanto, Kardec não será desmentido em sua opinião acima, porquanto ele também firmou a conclusão na premissa condicional da comunicação impessoal dos espíritos, em vez de afirmativa absoluta e definitiva".

Uma nova revelação

"A revelação é gradual", como Allan Kardec sabiamente declarou – já que a consciência da humanidade se expande continuamente, alimentada tanto pelas conquistas de território das ciências, como pela redescoberta das verdades milenares do Conhecimento Oculto.

As primeiras décadas do século XX trouxeram uma expansão gigantesca de nossa compreensão do Universo: a existência de outras galáxias (até então, "universo" era só a nossa Via Láctea...), a noção de que vivemos em um Cosmo em expansão (tudo graças a Hubble)... E a par disso, a revelação detalhada, pela primeira vez, de uma civilização extraterrena em nosso próprio sistema, trazida por Ramatís (graças ao médium Hercílio Maes). É a primeira obra extensa noticiando em pormenores a vida extraterrestre, espelhando a realidade e ancorada na palavra de um Mestre de Sabedoria. Chico Xavier também trouxera informações sobre Marte de dois espíritos, exatamente coincidentes[1], porém sucintas, enquanto *A Vida no Planeta Marte e os Discos Voadores*, editada em 1949, detalha em profundidade todos os ângulos da civilização marciana, e causou merecido impacto. Abriu uma janela inédita do conhecimento da vida em nosso Sistema Solar.

Mas "a revelação prossegue", como afirmou o mestre de Lyon, e assim como a astrofísica continuou desvendando novos patamares do Universo (Teoria do Big Bang, buracos negros, matéria escura), já era possível a Ramatís fazer-nos avançar na

[1] A mãe de Chico, Maria João de Deus, em *Cartas de uma Morta*, SP, LAKE, e Irmão X em *Novas Mensagens*, Ed. FEB.

compreensão de outra realidade fantástica que tece nossa moradia cósmica: *o Universo físico é composto de muitas dimensões!* (À semelhança, aliás, do Plano Astral, que comporta diversos níveis ou subplanos, já bem conhecidos na literatura mediúnica). E essa revelação do século XXI veio complementar o que já nos havia dito sobre Marte. Uma nova e extraordinária revelação, condizente com a mentalidade do novo milênio que está se formando, e já permite esse salto de compreensão.

Na obra *Missão Planetária*, ditada por Ramatís e outros espíritos afins ao médium Sávio Mendonça[2], Hamod, espírito marciano em missão na Terra, informa que "existem infinitas dimensões físicas entre cada dimensão física... mas há limitadas dimensões onde existe vida humana encarnada". E acrescenta a notícia:

> O planeta Marte é um ano cósmico mais velho que a Terra. Há aproximadamente 12 mil anos atrás... nossa vida também existia na primeira dimensão física, qual ocorre atualmente no vosso orbe. Passamos por grandes transformações físicas e, aos poucos, fomos migrando para a quarta dimensão, onde nos encontramos atualmente.

E de forma notável, é a ciência, por meio de astrofísicos de vanguarda, que está ratificando essa realidade das diversas dimensões do cosmo. A Teoria das Cordas, que "está permitindo o mais profundo entendimento do Universo que jamais tivemos" – conforme C. Vafa, da Universidade de Harvard[3], postula que nosso Universo deve ter um número adicional de dimensões. O renomado físico Michio Kaku, da Universidade de Nova Iorque, é quem melhor resume:

> Há um crescente reconhecimento entre físicos do mundo inteiro, entre os quais vários contemplados com o Prêmio Nobel, de que o Universo pode realmente existir num espaço de maior número de dimensões. Nos meios científicos, a teoria do hiperespaço é conhecida como a teoria Kaluza-Klein. Essa teoria já está a esta altura firmemente estabelecida como um ramo legítimo da física teórica contemporânea.[4]

O imobilismo é inimigo mortal da nossa expansão de cons-

[2] *Missão Planetária*, Ramatís e outros, médium Sávio Mendonça. Limeira, **EDITORA DO CONHECIMENTO**, 2016.

[3] Apud Brian Greene, in *O Universo Elegante*, SP, Cia das Letras, 2001.

[4] Michio Kaku, *Hiperespaço*, RJ. Rocco, 2000.

ciência, tanto na ciência como nas revelações espirituais – que, aliás, não podem se contradizer, já que a Verdade é uma só, conforme costuma lembrar Ramatís. E a forma de nos apropriarmos dela é permitindo que os novos conhecimentos ampliem sem cessar as nossas janelas mentais, para que através delas contemplemos sempre maior profundidade do Universo.

E é ainda Michio Kaku quem adverte: "Por várias centenas de anos, os matemáticos repetiriam esse erro simples, mas fatal, de afirmar que a quarta dimensão não pode existir porque não a podemos figurar nas nossas mentes"[5].

Portanto, acrescida agora da revelação complementar que os *tempos chegados* permitem, eis nesta obra a civilização marciana, não só figurada claramente, como situada em sua verdadeira dimensão espacial. Nossa vizinha fraterna e modelo para a nova civilização do Terceiro Milênio.

Conselho Editorial

[5] Op.cit.

Esclarecimentos necessários

Meus irmãos,

Pondo em vossas mãos esta obra, *A Vida no Planeta Marte e os Discos Voadores*, de Ramatís, devo esclarecer-vos quanto à natureza do assunto porque, a muitos, parecerá estranho e a outros, talvez, fantasioso. No entanto, para aqueles que já conhecem os fenômenos mediúnicos, não lhes causará espanto que a criatura do mundo físico possa ser um canal ou antena viva apta a receber os pensamentos dos que já partiram deste mundo. Aliás, o aspecto insólito do caso consiste, apenas, em que uma das entidades se encontra fora do plano dos chamados "vivos"; pois o fenômeno, em sua realidade abstrata, nada mais é do que o da transmissão de pensamento, já exaustivamente comprovado, e que é classificado sob o nome de telepatia. E, visto que eu figuro nesta obra com a função de "médium", ou seja, como intermediário entre o Além e a Terra, decerto são oportunos os esclarecimentos que passo a expor:

Quando eu atingi a idade de três anos, deu-se comigo um fato excepcional que, muitas vezes, fora considerado por minha progenitora. Certa manhã, na cozinha de nossa residência, em Curitiba, surgiu em minha frente a figura majestosa de uma entidade que, agora, posso determinar ser um espírito que se apresentava recortado no meio de intensa massa de luz refulgente, cuja aura, de um amarelo-claro, puro, com nuanças douradas, era circundada por uma franja de filigranas em azul-celeste, levemente tonalizada em carmesim. Seu traje, um tanto exótico, compunha-se de ampla capa descida até os pés e que lhe cobria a túnica de mangas, ajustada por um largo cinto esmeraldino. As calças eram apertadas nos tornozelos, como usam os esquiadores. A tessitura de toda a veste era de seda branca, imaculada e brilhante, lembrando um maravilhoso lírio translúcido; e os sapatos, de cetim azul-esverdeado, eram amarrados por cordões dourados que se enlaçavam atrás, acima do calcanhar, à moda dos antigos gregos firmarem suas sandálias. Cobria-lhe a cabeça um singular turbante de muitas pregas ou refegos, encimado por cintilante esmeralda e ornamentado por cordões finos, de diversas cores, caídos sobre os ombros. Fugazmente, pude entrever-lhe as mechas de cabelos, pretos como azeviche. Sobre o peito, uma corrente formada de pequeninos elos de fina ourivesaria, da qual pendia um triângulo de suave lilás luminoso, que emoldurava uma delicada cruz alabastrina.

Tal indumentária não denunciava uma expressão definida, mas sugeria algo de iniciático: um misto de trajes orientais. Depois, vim a saber que se tratava de um vestuário indochinês, mas um tanto raro porque era um modelo sacerdotal, antigo, muito usado nos santuários da desaparecida Atlântida.

Deslumbrado pela intensa aura de luz que invadia todo o aposento, eu, apontando a magnificente personagem, dizia à minha mãe, surpresa, que estava ali o "Papai do Céu".

Naturalmente, como criança tenra, cujo espírito ainda se encontrava liberto das contingências opressivas da matéria, eu certificava com os olhos do espírito aquilo que minha mãe não conseguia ver com a visão física. A fisionomia insinuante da entidade retinha minha atenção. Seus olhos aveludados, castanho-escuros, iluminados de ternura, dominavam-me com seu brilho que traduzia bondade e vontade poderosa. O espírito fitou-me amorosamente e, na profundeza do seu olhar impressionante, senti-lhe o afeto e quase a lembrança de um passado longínquo, que me segredava conhecê-lo na intimidade da alma. E quando, em angélico aprumo, ele fez menção de afastar-se, percebi-lhe, dos lóbulos centrais da fronte, dois sulcos luminosos, que fulguravam para o Alto. Em seguida, esfumou-se rapidamente, deixando-me na retina espiritual a sua imagem gravada para sempre.

Esse foi o meu primeiro contato com Ramatís.

* * *

Ao completar trinta anos de idade, um dia, após breve leitura, quando repousava no leito, eis que, inesperadamente, a sua imagem ressurge na tela do meu pensamento, embora sem a precisão dos detalhes que pudera notar-lhe na minha infância. E, através do fenômeno da "audição mental", pressentia-lhe a voz no silêncio e na intimidade da minha alma, como a lembrar-me de certo compromisso de trabalho em relação a um objetivo ideal. Nesse aquietamento de espírito, imagens e fragmentos de paisagens egípcias, chinesas, hindus, gregas e outras, desfilavam na minha mente como um filme cinematográfico, causando-me emoções tão cheias de encantamento que, ao despertar, eu tinha os olhos em lágrimas; e, no recesso da minha alma, sentia-me, efetivamente, ligado a uma promessa de ordem sacrificial, desinteressada e realizável, embora entre as opiniões mais contraditórias. Daí a minha atual despreocupação quanto à crítica favorável ou contrária aos comunicados que recebo de Ramatís, certo de que só o decorrer do tempo comprovará as realidades do que ele tem enunciado por meu intermédio.

Nessa época, eu tentava o desenvolvimento mediúnico, pois o excesso de fluidos, que vibravam em mim, transformou-se num fenômeno de opressão e ansiedade, que me levou aos consultórios médicos, ingressando, então, na terapia de sedativos e tratamentos de neurose e de sangue, sem que, no entanto, conseguissem identificar a verdadeira causa do meu estado, o qual era todo de ordem psíquica. Felizmente, um amigo sugeriu-me que eu devia "desenvolver-me num centro espiritista". Aceitei a sugestão e, efetivamente, em menos de trinta dias, recuperei minha saúde, quanto a esse estado aflitivo e anormal de perturbações emocionais. Devotei-me, então, a uma leitura intensa do setor espiritualista. Todavia, não consegui livrar-me da complexa confusão anímica, que é a "via-crucis" da maioria dos médiuns em aprendizado. No meu deslumbramento de neófito, alvorocei-me no anseio de obter ou desenvolver, o mais depressa possível, a mediunidade sonambúlica, pois ainda ignorava que as faculdades psíquicas exigem exaustivo esforço ascensional e que a disciplina, o estudo, a paciência e o critério cristão são os alicerces fundamentais do bom êxito. Além disso, a dor, com todos os seus recursos impiedosos, assaltou-me por largo tempo; doente, fui submetido a quatro operações cirúrgicas; sofrimentos morais, aumentados ainda por prejuízos econômicos, fecharam-me naquela situação acerba em que a alma se vê forçada a olhar as profundidades de si mesma em busca de um mundo extraterreno, liberto das ansiedades mesquinhas e de caráter transitório.

Então, no silêncio das noites insones, meditando profundamente, consegui encouraçar-me daquela resignação intrépida que decide o homem a aceitar todos os espinhos, desde que seja a serviço do Divino Mestre. E minha alma ouviu o cântico sublime daquele amor que nos leva a compreender que somos uma unidade cooperadora do equilíbrio do Universo Moral, servindo a Deus e ao próximo.

Após ter imposto esse traçado a mim mesmo, um dia, escutei a voz amiga e confortadora de Ramatís para guiar-me. E, então, a minha mediunidade começou a florescer como a flor cuja raiz encontrou um solo rico de energias vivificantes.

* * *

Tempos depois, comecei a escrever, ativado por uma intuição viva e notando que as idéias, por vezes, me surgiam rápidas, tão aceleradamente que não me davam tempo de fixá-las em sinais gráficos, nem poder atender às regras da linguagem e ao ajuste coerente do vocabulário. Embora escrevendo sob o império da minha vontade, era intenso o jorro de pensamentos que ligavam, que explicavam e coordenavam o assunto em foco, avançando além da minha capacidade datilográfica.

Deslumbramentos súbitos, motivos cósmicos se delineavam inesperadamente, e eu quase perdia o contato com o mundo de formas. Houve momentos em que julguei ouvir o "cicio" da irrigação da seiva no cerne da árvore e nas vergônteas e ramos da roseira. As configurações limitadas das coisas materiais esfumavam-se na minha mente, e eu me sentia integrado no todo cósmico. Então, fui tomado pela euforia de querer transmitir a todos essa sensação transbordante de júbilo espiritual. Puro engano. Diante de olhares espantados e de críticas superficiais, sofri grandes decepções, que me fecharam num mutismo constrangido. Alguns confrades não escondiam o temor de minhas palavras; outros citavam o exotismo das minhas divulgações. Tempos depois, acomodei-me, por ser tão impossível fazer-me entender quanto a um cego de nascença fazer compreender os esplendores cromáticos da aurora boreal. Contudo, apesar desse ambiente de dúvidas, decepções e incompreensão, minha acuidade receptiva foi-se apurando até que, finalmente, foi possível colocar-me em plena afinidade com Ramatís, aquela figura resplandecente que eu vira na infância, podendo, agora, receber seus comunicados sobre assuntos e problemas substanciais como os desta obra.

***

O leitor, muitas vezes, encontrará aqui certas perguntas ou indagações extemporâneas e, também, algumas de respeitosa discordância, as quais, no entanto, tiveram por objetivo provocar uma nova explicação, a fim de que o assunto ficasse devidamente elucidado. Aliás, Ramatís sempre nos pôs à vontade quanto às perguntas que entendêssemos de formular, pois esta obra visa a ser lida por pessoas de todos os matizes psicológicos. Daí a diversidade das questões propostas, algumas abordadas mais de uma vez, tendo em vista a oportunidade e conveniência de serem ventilados os diversos assuntos que se relacionassem com a nossa vida na Terra. Além disso, muitos leitores, considerando-lhe os aspectos morais, alcançarão identificar as causas de seus próprios deslizes, prejuízos e desregramentos, enquanto, na intimidade de sua alma, uma voz silenciosa lhes dirá que o remédio para todos esses males é o Evangelho de Jesus. Todas as conclusões desta obra são subordinadas a uma solução evangélica. O terceiro milênio, como afirma Ramatís, será o do Mentalismo Crístico; pois o convite espiritual que, até hoje, é feito ao homem, tem sido condicionado a superfícies destinadas a impressionar exclusivamente aos olhos, confinando a luz das verdades evangélicas às cerimônias religiosas e ao sectarismo de pregadores sentenciosos.

Eis, pois, mais um dos objetivos superiores a que atende este livro em que Ramatís, com a sua experiência milenária, discorre sobre uma humanidade superior, embora ainda num mundo material; mas que, entretanto, nos faz conhecer a maior parte das nossas insânias mentais e a urgente necessidade de extingui-las mediante a terapêutica santificante do Evangelho interpretado em Espírito e Verdade.

Os que sentirem e escutarem, através de sua leitura, o misterioso chamado do Amigo Divino, esses hão de descobrir e sentir a superioridade da humanidade marciana. O modo de vida em Marte é exemplo urgente de imitação.

Os que compulsarem esta obra não devem apegar-se, exclusivamente, aos aspectos superficiais de suas impressionantes revelações; pois, se não considerarem, de preferência, o conteúdo moral e espiritual da sua substância, é que, então, preferem ser despertados, mais tarde, pelos reagentes compulsórios da Lei Divina, a qual impõe limitação àquele livre-arbítrio que gera a indiferença e o desinteresse pelo convite do Pai. Se nunca é tarde, já é tempo de iniciarem, objetivamente, a jornada de sua própria redenção.

* * *

Talvez seja desinteressante uma obra que se ocupa da vida no planeta Marte, quando, afinal, ainda não sabemos orientar nossos destinos na Terra; mas semelhante concepção é bastante precária, pois se o critério de Cristóvão Colombo fosse idêntico, ele não se teria arrojado à patética aventura de descobrir a América.

E, se na mente do intrépido "sonhador" ou visionário, não se apagava a luz da miragem que o incendiava, foi porque, conforme ele deixou anotado na obra que escreveu sob o título *Libro de las Profecias* (referindo-se à existência de outro continente), sentia uma força ou intuição viva que o levou a desabafar assim: "Quem duvida que esta inspiração não me foi dada pelo Espírito Santo que, com seus raios de luz maravilhosa, me vinha avivando e ordenando que eu prosseguisse e, ainda sem cessar um momento, continua a inspirar-me com entusiasmo, consolando-me com a leitura da Sagrada Escritura, nos livros do Velho e do Novo Testamento, com as epístolas dos bem-aventurados apóstolos?..."

Assim, guardada a distância que possam atribuir a esta obra sobre a vida no planeta Marte, como de valor secundário, ela não escaparia à lei regente da evolução social. E por isso, como todas as do mesmo teor, foi também inspirada e concretizada mediante a articulação dos dois planos, o plano invisível e o nosso, tendo sido o signatário destes esclarecimentos apenas um veículo ou instrumento humano para dá-la a conhecer ao nosso mundo.

Em sua íntima substância, a *Vida no Planeta Marte e os Discos Voadores* vem dar um alto relevo à afirmativa de Jesus: "Na casa de meu Pai há muitas moradas". É óbvio que esta obra só encontrará eco edificante nos corações ansiosos pela verdadeira cristianização do homem, considerando que semelhante conquista moral é a única eficaz e segura para fundar a paz na Terra e asfixiar, para sempre, a estúpida moral dos códigos humanos, cuja mentalidade induz a ciência a exaurir-se no afã de descobrir o meio mais eficiente de assassinar homens, mulheres e crianças, aos milhões, mediante o extermínio provocado pelas explosões atômicas.

* * *

Ramatís informa que sua última encarnação na Terra foi no século X, tendo o seu traspasse ocorrido no ano 993, na Indochina, após ter fundado e dirigido um templo iniciático, que era frequentado por dezenas de discípulos. Em trabalho íntimo, Ramatís já nos assinalou vários de seus antigos discípulos, reencarnados no Brasil, os quais, efetivamente, estão cooperando com entusiasmo nas tarefas daqueles que o conheceram na Indochina, na Índia, no Egito ou na Grécia; e os mais afins viveram com ele na Atlântida e Lemúria.

Não temos autorização para maiores informações a seu respeito, mesmo porque ele as considera inoportunas. Em reuniões privativas, temos sabido que Ramatís vem operando, do plano astral, há muito tempo; pois, conhecendo o trabalho sideral da humanidade terrena, ele se esforça para cooperar na sua evolução. O triângulo com uma cruz que lhe pende sobre o peito é a sua insígnia de integrante da Fraternidade da Cruz e do Triângulo, ordem desconhecida para nós. Por vezes, menciona os inúmeros iniciados que passaram pelo nosso mundo pregando a Verdade em todas as latitudes do nosso orbe e acentua que "Jesus de Nazaré foi o mais fiel intérprete da Mente Divina".

* * *

Que Jesus nos abençoe e que este livro ingresse em todos os lares brasileiros, a fim de acordar nos corações aquele mesmo hino que, ao nascer no mundo o Salvador, fez que os anjos descessem para entoar a mensagem do Amor Universal, *Glória a Deus nas Alturas, paz na Terra aos homens de boa Vontade*!

Hercílio Maes

Prefácio

Entre as verdades objetivas integradas no neo-espiritualismo classificado de Espiritismo, uma das que têm encontrado maior relutância em ser aceita pelas religiões ortodoxas é a das comunicações dos chamados "mortos", ou seja, dos espíritos desencarnados que, depois de se encontrarem no mundo invisível, vêm falar aos homens. No entanto, semelhante fato está suficientemente comprovado por homens que se impuseram ao mundo pela sua autoridade de cientistas eminentes, embora, como tem acontecido sempre que surgem revelações estranhas à "ciência oficial", eles não tenham escapado aos motejos, às críticas dos que insistem em decifrar os fenômenos da vida universal, condicionando-os à configuração do meio em que vivem. É como se um peixe quisesse investigar e definir a vida terrestre atendo-se à fenomenologia do oceano. Certamente, uma de suas afirmações categóricas, seria que "fora d'água ninguém vive!"

Citaremos, pois, as experiências assombrosas levadas a efeito por William Crookes, o célebre físico inglês, que os seus compatriotas igualam a Newton; Paulo Gibier e Charles Richet, expoentes da ciência da França; Oliver Lodge, reitor da Universidade de Birmingham, e membro da Academia Real; Frederico Myers, que o Congresso Oficial Internacional de Psicologia, realizado em Paris, em 1900, elegeu seu presidente honorário; Camille Flamarion, sábio astrônomo de projeção mundial; Russel Wallace, famoso naturalista inglês; Cesar Lombroso e Ernesto Bozzano, eminentes psiquiatras italianos; Dr. William Brown, professor de psicologia; Artur Conan Doyle, escritor, cujas obras policiais, de feição científica, são conhecidas em todos os países;

e, finalmente, a Sociedade de Pesquisas Psíquicas, de Londres, cujas experiências, levadas a efeito por intelectuais respeitáveis, têm averbado nas suas atas múltiplos fenômenos que identificam e comprovam a comunicação dos chamados "mortos" com os que se dizem "vivos".

Porém, a fim de demonstrarmos que a negação obstinada dos atuais "doutores da lei" não tem amparo nem mesmo nos livros sagrados que constituem a base da religião que professam, vamos reportar-nos ao Velho e ao Novo Testamento da Bíblia Sagrada, destacando alguns fatos que atestam a veracidade das comunicações espiritistas.

De início, acentuaremos que, se Moisés, conforme consta do Deuteronômio, proibiu a evocação dos "mortos" ou espíritos, é porque essas comunicações são possíveis, pois, é de elementar bom senso que jamais alguém proibirá a prática de um fato que não existe.

Ainda, no Velho Testamento, ressalta com evidência especial a comunicação de Samuel (espírito) o qual, evocado pela pitonisa de Endor, se apresentou a falar com seu irmão Saul. E nos Evangelhos estão referidos outros casos idênticos, que constituem provas irrefutáveis da idoneidade dos mesmos fenômenos. Senão, vejamos:

A respeito do nascimento de Jesus, consta dos Evangelhos este relato: "O anjo Gabriel, dirigindo-se a Maria, disse-lhe: Ave, cheia de graça; o senhor é contigo; bendita és tu entre as mulheres. Conceberás e darás à luz um filho e lhe porás o nome de JESUS".

Outra comunicação espiritista é a do mesmo anjo, quando apareceu a Zacarias no templo e o avisou de que sua mulher Isabel iria ter um filho, que foi João Batista. Ainda o mesmo fenômeno, assistido por Pedro, Tiago e João, é o que se passou no Monte Tabor, quando Moisés e Elias desceram a confabular com Jesus. E referem ainda os Evangelhos que Maria Madalena, indo ao sepulcro em busca do corpo de Jesus, viu dois anjos que lhe disseram: "Buscais Jesus que foi crucificado? Não está aqui; pois ressuscitou, como tinha dito".

Ora, tais comunicações não diferem em coisa alguma das que, posteriormente, até esta data, têm sido dadas ao mundo, avultando sobre todas as que, entre 1857 e 1868 foram transmitidas a Allan Kardec, o missionário a quem foi confiada a codificação da doutrina espírita, a qual, condensada em alguns volumes e traduzida em diversos idiomas, está amplamente difundida por todos os países do mundo. A referida codificação foi-lhe transmitida sob assistência e controle direto do Espírito da Verdade, cumprindo-se, assim, a profecia de Jesus quando Ele disse: "Muitas coisas ainda tenho a dizer-vos, mas não as podeis suportar agora. Quando vier aquele Espírito da Verdade, vos ensinará todas as coisas, porque não falará por si mesmo". Há, porém, um fato culminante na história da França, o qual, em face da sua repercussão na consciência da Humanidade, merece destaque à parte, pois é uma das provas mais assombrosas e convincentes do intercâmbio das almas ou espíritos desencarnados com os que ainda se encontram encarcerados no corpo perecível. Referimo-nos a Joana d'Arc, essa heroína sem par na história do mundo, a qual, conforme suas constantes afirmações, teve sempre a assistência sobrenatural dos espíritos de São Miguel, Santa Catarina e Santa Margarida, cujas vozes ou conselhos ela ouvia, e seguiu com absoluta fidelidade, na complexa e imprevista missão que Deus lhe confiara, no sentido de organizar o exército francês e salvar a França, evitando que ela fosse subjugada pela Inglaterra. Sua condenação de ser lançada numa fogueira, sentença de morte decidida e lavrada pela Igreja Anglicana e pela Igreja de Roma, não foi porque esse fenômeno das vozes, que ela referia, não fosse reconhecido pelas ditas Igrejas, como um fato verídico ou autêntico. Sua condenação foi porque, conforme sentenciaram seus julgadores, as ditas vozes procediam de Satanás e ela era uma feiticeira a serviço dessa entidade maléfica. No entanto, correm os séculos, e em 18 de abril de 1909 o Papa Bento XV declara ao mundo que a Igreja, após o severo e escrupuloso processo canônico que ela adota para elevar alguém à hierarquia da santidade, reconhecera e decidira que a donzela de Domremy não era feiticeira, mas, sim, uma alma assistida pela graça divina; e, por isso, a Igreja resolvera canonizá-la, ou seja, em seus altares, a Igreja Católica Apostólica Romana tinha agora mais uma santa, a Santa Joana d'Arc. Por conseguinte, o fato desta obra haver sido transmitida ao mundo por uma voz ou pela palavra de uma alma ou espírito já desencarnado, que se identifica pelo nome de Ramatís, não desmerece nem diminui o seu valor, pois, se ela possui substância que valha, a singularidade da sua procedência não lhe altera o mérito. O que importa é considerar a pureza, a limpidez e a lógica de suas revelações ou conteúdo.

Sem dúvida, o orgulho de alguns sábios e a irrequieta inconformação de certos "doutores", recusando aceitar algumas verdades que só podem ser assimiladas através do canal psíquico da intuição, hão de contrapor-se às revelações contidas nesta obra, com o surrado "argumento": É absurdo! Ora, efetivamente, assim como não há coisa alguma mais verossímil e aceitável do que aquilo que se conhece, também, ao contrário, nada parece mais absurdo do que aquilo que se ignora. Aliás, repetimos, o grande, o maior obstáculo que se interpõe ao raciocínio dos sábios e dos teólogos do nosso mundo, quanto à assimilação de certos fenômenos do Universo, reside, justamente, em equacionarem suas perquirições, subordinando-as à limitação dos fenômenos circunjacentes do mundozinho em que vivem, como se o nosso orbe fosse a expressão regente do Cosmo. Contudo, os vôos da ciência metafísica, em futuro que não está longe, modificarão, por completo, todas as configurações dos atuais conhecimentos humanos; porém, de início, como sempre tem acontecido, semelhante reforma será recebida com as mofas do ceticismo alvar e das arguições obtusas das ciências relativas. Mas, a despeito de tais óbices, o tempo corre e esta ilha angélica, a Terra, rodopiando no espaço à razão de 1.800 quilômetros por minuto, segue, imperturbável, no seu vôo fantástico, de evolução, obediente aos determinismos das leis divinas, os quais se cumprem na época e na hora predeterminadas, independente do sim ou do não dos sábios humanos.

Aliás, os equívocos dos sábios nunca deixarão de existir porque em face do tempo e do espaço infinitos a inteligência humana é uma expressão limitada; e por isso, não conseguirá penetrar os segredos do Absoluto sem os naturais equívocos de quem busca alguma coisa que se encontra escondida nos escaninhos de um labirinto imenso. Portanto, o homem sábio, por mais genial, ainda que consiga voar alto como as águias, jamais subirá além das limitações da ciência relativa ao seu ambiente cósmico; ou seja, ante as incógnitas do Universo, os filhos de Deus, em todas as curvas da estrada da sua evolução, descortinarão sempre um marco indicador de sua rota com esta legenda: *rumo ao Infinito*!

Por conseguinte, os sábios são sábios, apenas, em relação

à época em que vivem e à ignorância prevalecente da maioria; pois se o sábio Ptolomeu, cujas concepções subsistiram até a Idade Média, se apresentasse agora a defender os princípios do seu sistema geocêntrico, bastaria opor-lhe um aluno do primeiro ano ginasial para confundir as suas teorias científicas. Na verdade, a Ciência, no decurso dos séculos, tem sido e continuará a ser, por toda a eternidade, uma substituição consecutiva de teorias que, embora em cada ciclo, cheguem a firmar princípios dignos de reverência, sempre, nas épocas subsequentes, as teorias anteriores vão sendo reformadas ou destruídas por revelações cada vez mais surpreendentes. É que a Ciência universal não tem *pontos-finais*. E tratando-se de equações ou premissas transcendentais sobre a fenomenologia do Cosmo, avançamos em dizer que grande parte das proposições inculcadas como "verdades definitivas" não passam de produtos científicos de simples ilusões; pois assim como os olhos humanos, ao observarem o pôr-do-sol, vêm uma tela harmoniosa de esplendores cromáticos, a qual, se observada "in loco", mostrará uma realidade difusa, muito diferente do que se vê a grande distância, os olhos dos telescópios incorrem também no mesmo equívoco. Não importa que eles alcancem perspectivas que abrangem bilhões de anos-luz, pois além desse "quantum" matemático, subsiste a distância imensurável que se chama o Infinito, sempre o Infinito. Eis por que muitas ilações científicas, embora formuladas por cérebros geniais, são decalcadas sobre aparências ou hipóteses; pois, às vezes, atrás, *mais além*, há outra realidade ou fenômeno que, depois de constatado, demonstra que as conclusões anteriormente fixadas mediante o que foi visto pelos olhos telescópicos, constituem verdadeiros erros ou equívocos.

Há a considerar, ainda, que a inteligência humana é impotente para solucionar certas incógnitas. Aliás, isto é comprovado por aqueles sábios que, reconhecendo-se meros instrumentos dos desígnios de Deus, têm a honestidade de confessar que a "sua descoberta" foi simples "obra do acaso". Estão nesta categoria os cientistas missionários como Roentgen, descobridor dos Raios X e, recentemente, o famoso Fleming, o biologista modesto, que ofertou à humanidade a miraculosa penicilina, e muitos outros. Sábios, de verdade, no sentido moral do termo, são, pois, os que, ante o *tudo* que ignoram, confessam que *nada sabem*; e por isso, o genial Sócrates é digno de especial reverência porque entre as suas sentenças judiciosas deixou também ao mundo esta lição de profunda humildade e sabedoria: *quanto mais sei, mais sei que nada sei*!

Retomando o fio das nossas considerações, temos de reportar-nos agora ao ponto alto desta obra, ou seja, o ser ou não ser de uma estupenda incógnita extraterrena: a revelação formal e peremptória de que o planeta Marte é habitado. Existe, lá, uma humanidade e, além disso, mais evoluída do que a nossa. Ora, semelhante revelação vem comprovar a pluralidade dos mundos habitados, verdade, aliás, enunciada pelo próprio Jesus, quando disse: Na casa de meu Pai há muitas moradas. *Não fora assim eu vos teria dito*. Qual será, então, a "casa do Pai" referida por Jesus? Certamente que é o Universo, é a imensidade do Infinito. E só uma dedução pueril pode justificar a estultícia de que, entre bilhões de mundos que existem no Universo, Deus haja concedido somente à Terra o privilégio de ser a morada de seus filhos; e consequentemente, esses sóis, essas estrelas e planetas incomensuráveis seriam, então, uma espécie de barcos siderais que Deus pôs a navegar no oceano cósmico do Infinito, completamente vazios, tendo como função única, servirem de regalo aos olhos dos habitantes do nosso planetazinho. Seria, ainda, como se um armador construtor de navios, construísse suntuosos transatlânticos equipados com todos os requisitos de conforto e comodidades adequados à vida humana, e depois, os lançasse nos oceanos, sem ninguém lá dentro, atribuindo-lhes apenas, a função de irem navegando, navegando sem qualquer rumo ou utilidade; ou então, somente para serem olhados, exteriormente, por alguns seres da fauna marítima.

Deixando de parte as incoerências graciosas ou insensatas, e encarando o problema em seus aspectos, com a lógica da razão e do bom senso, não tenhamos dúvida: até o fim deste século, a pluralidade dos mundos habitados, a pluralidade das existências, o intercâmbio do mundo invisível com a Terra serão demonstrados sob a luz de provas objetivas irrefutáveis. Porém, com certeza, logo que essas verdades forem insinuadas pela Ciência, mais uma vez os novos "sábios das escrituras", antes de se renderem à evidência dos fatos, voltarão com as mesmas impertinências da escolástica da Idade Média. Por mais que o iluminado Galileu afirmasse que a Terra é que se movia em volta do Sol, os "doutores" não se conformaram com essa condição subalterna, atribuída a este mundozinho onde tudo é insignificante, menos o seu egoísmo, as suas vaidades, o seu orgulho e a sua ignorância.

Essas surpreendentes conclusões da metafísica avançada terão tal repercussão na consciência da humanidade que os prosélitos das diversas religiões, muito alvoroçados, sairão em busca de um novo templo, onde possam retemperar suas emoções irreprimíveis e santificantes de amor ao *Pai que está no Céu*. E as massas, agitadas por um sincretismo espiritual contagiante, ei-las, depois, todas em romagem por um só caminho. Para onde vão? Vão a caminho da única Religião Eterna, a da Igreja de Amor Universal. E, finalmente, de uma vez para sempre, serão encerradas as divergências teológicas, exclusivamente humanas, que, durante tantos séculos, têm sido o pomo de discórdia entre as diversas crenças ou religiões, separadas por causa do mesmo Deus de paz e amor, que não tem filhos preferidos nem filhos enjeitados, pois, se assim não fosse, sua bondade e sua justiça deixariam de ser infinitas. Os homens começarão a compreender e a sentir a vida através do espírito porque todos saberão por que nascem, por que vivem, por que sofrem e por que morrem.

***

Finalmente: estamos no fim de mais um ciclo da evolução moral e física do nosso planeta. Esta civilização agoniza porque as consciências estão escravizadas, incondicionalmente, ao deus dinheiro; pois, na realidade, pelo requinte das vaidades exibicionistas do corpo, pela abuso de comodidades supérfluas e pela usura, os corações se transformaram em verdadeiros sacos de moedas. Estamos no "princípio do fim"; e as profecias categóricas do Apocalipse não demoram a cumprir-se. Jesus tambem as enunciou, dizendo: "Haveis de ouvir falar de guerras e rumores de guerras. Olhai, não vos assusteis; é necessário que assim aconteça, mas não é ainda o fim. Pois se levantará nação contra nação, reino contra reino e haverá grandes terremotos por diversas partes, epidemias e fomes, e aparecerão do céu, coisas espantosas e grandes sinais; mas tudo isto é o princípio das dores" (Mateus, 24: 6-8).

Efetivamente, a Humanidade não pode continuar, por mais tempo, sonambulizada no meio de tão densas trevas. A lei é evoluir, é avançar; e nada impedirá essa marcha para a frente e para o Alto, pois a ascensão dos mundos obedece a desígnios invariáveis, adstritos às leis de *causa e efeito* do Universo Moral. As hecatombes que já se denunciam, são a Terra e o Céu com seus potenciais psíquicos, de vibrações antagônicas, em atritos medonhos, em luta caótica para, mediante dores virulentas, recompor o equilíbrio moral e espiritual da consciência coletiva, de modo que a evolução moral da Humanidade seja acelerada até ficar em linha paralela com a sua evolução intelectual. Em sua profundidade, as futuras guerras e cataclismos não se destinam a matar corpos: destinam-se a "matar consciências" a fim de que, em caráter definitivo, a paz e a fraternidade entre os povos não seja essa paz grampeada a papéis assinados pela mão da Cobiça, pela mão do Egoísmo e do Orgulho; pois, com tais sentimentos no coração dos homens, não é possível que algumas assinaturas sobre um pedaço de papel tenham o poder de gerar virtudes que eles não possuem na consciência. A paz convencionada por tratados prova, justamente, que ela não existe na alma dos contratantes. Por que é desnecessário um decreto ou lei que obrigue os pais a amarem seus filhos? Não é preciso porque esse dever, essa virtude de amor incondicional, vibra no coração da família constituída. Pois semelhante expressão moral de amor ao próximo tem de tornar-se extensiva a todos os homens e a todos os povos entre si. A astúcia meditada dos diplomatas não evitará o afundamento desta civilização metalizada e utilitarista, que luta por não morrer, mas que morrerá, irremediavelmente, conforme tem acontecido a outras já desaparecidas, e que também nasceram e tiveram sua juventude, velhice e morte. A pedra já rolou do cimo das altas montanhas do Céu; e, qual monstruoso aerólito rubente e flamejante, deslocado do seu centro de gravidade, vem cortando os espaços, em corrida furiosa e louca para, em ribombos e provações inelutáveis, esmagar o cérebro desta humanidade impermeável aos conselhos amoráveis de JESUS.

E Deus *está presente*, pois não se trata de estruturar a conduta doméstica de uma família, mas sim de imprimir novos rumos, novas diretrizes morais e espirituais a um mundo onde vivem dois bilhões e quinhentos milhões de criaturas; mundo que o PAI criou para ser um paraíso, mas que os homens transformaram, conforme reconhecem, em um *vale de lágrimas*.

Há dois mil anos, Jesus, com real fundamento, apelando

para o PAI, intercedeu a favor da Humanidade pecadora, com estas palavras de misericórdia: "Perdoai-lhes, Senhor, porque eles não sabem o que fazem". Mas, agora, a Justiça Divina falará de outro modo porque os filhos da Terra *já sabem o que fazem*. No entanto, apesar de *já saberem o que fazem*, conjeturemos: que aconteceria ao Divino Jesus se Ele, agora, voltasse ao nosso mundo e saísse, de novo, à praça pública a pregar, com o mesmo desassombro, as suas doutrinas que *mandam dar* sem o intuito de *receber*; e, além disso, increpasse os ricos, os poderosos, e defendesse os párias, os humildes? Surgiriam, com certeza, novos fariseus, novos Caifás, novos Judas e outros algozes que o matariam pela segunda vez. E se não o matassem, então, pelo menos, não escaparia de ser jogado num instituto de psicopatas.

Esta, sem dúvida, seria a sorte do Mensageiro Divino, se, de novo, voltasse à Terra; pois, em vista da extrema decadência moral e da exaltação extrema de ódios, orgulhos e egoísmos em que se encontra o mundo, Ele, se houvesse de reportar-se aos múltiplos guias ou expoentes que têm condicionado os destinos da Humanidade, talvez a sua dor imensa desabafasse deste modo:— Ó almas, ó consciências que, durante vinte séculos, tivestes os destinos da Humanidade submetidos às diretrizes do vosso saber e do vosso domínio: que fizestes desse rebanho de ovelhas que vos confiei, pois vejo-o dividido e transformado em hordas de tigres, lobos e chacais?...

Sábios, filósofos e gênios criadores: que filosofastes, que descobristes, se não conseguistes guiar e iluminar as consciências com a luz dos ideais superiores, que honram e santificam?

Papas, arcebispos, cônegos e sacerdotes de todas as religiões: que doutrinas pregastes e exemplificastes, se não conseguistes converter o mundo aos preceitos da minha Igreja, cuja substância, cujo espírito **é amar a Deus sobre todas as coisas e ao próximo como a vós mesmos**?... Estadistas, sociólogos e legisladores: que leis promulgastes, que não estabeleceram na face da Terra a Justiça veneranda que julga o rico com o mesmo rigor que condena o humilde, o pobre, o desamparado?

Juízes, advogados e jurados: como julgastes, absolvestes ou condenastes, que não recuperastes as consciências doentes ou transviadas? ...Generais, almirantes e guerreiros que fizestes derramar rios de sangue: por que batalhastes se não conseguistes estabelecer a paz entre os povos, nem entre vós próprios?...

Acadêmicos, professores, literatos e jornalistas: que escrevestes e doutrinastes, se não fostes capazes de moldar a consciência da humanidade, no caminho do amor, da honra e da virtude?...

Sim: Ó almas, ó cérebros que tivestes os destinos do mundo em vossas mãos e a infância e a juventude de todas as gerações sujeitas às luzes do vosso saber e do vosso arbítrio: que uso fizestes da vossa faculdade de meditar e expor, de aconselhar e convencer, de esclarecer e orientar? Se, afinal, tendo vós sido os expoentes da moral que ensina e da força que governa, decorridos dois mil anos, me apresentais todos os povos, todas as nações prontas a deflagrarem a maior hecatombe de horror, sangue e morte como jamais se abateu na face da Terra, a qual, em verdade, é uma guerra também contra mim e contra o PAI que me enviou para vos dizer: *amai-vos uns aos outros como irmãos; amai-vos como eu vos amo!*

Ai de mim! ai de mim! pois, se há vinte séculos fui crucificado no Calvário uma só vez, agora, estou sendo crucificado todos os dias, no calvário de milhões de consciências e corações. Por isso, qual outro Jeremias às portas de Jerusalém, também eu vos lamento pela sorte, pelo *ranger de dentes* que vos aguarda. ... A imperdoável negligência de uns, e o livre-arbítrio de todos, subverteu, desarticulou o equilíbrio moral, social e econômico do mundo. Por tudo isto, os tempos são chegados para que a Humanidade deste planeta se reajuste aos princípios da Lei Divina, já que a maioria dos homens embora se "deslumbre com a maravilha do céu estrelado, ainda não acendeu uma vela no próprio coração". Contudo, não desesperemos em extremo. Se as dores agudas que se aproximam estão elevadas à contingência de uma dolorosa necessidade, trata-se de indispensável "operação cirúrgica" na alma da Humanidade, a fim de que ela, depois, crie no orbe um ambiente de paz e amor cristianizado. E, como prenúncio da era regeneradora, já se ouvem nas altas regiões estreladas as harmonias, os cânticos celestiais dos mensageiros de Jesus, anunciando que a periferia da Terra vai começar a ser bombardeada por formidáveis jatos de luz esterilizante, para que os espíritos das trevas que a circundam sejam afastados para outros mundos, cujo ambiente psicomagnético vibra em consonância com o teor moral, deprimente, dessas almas odientas.

Aproxima-se o terceiro milênio e, logo, nos seus albores, as almas começarão a sentir-se iluminadas por vibrações íntimas, de uma nova luz moral e espiritual, que transcende as nossas atuais concepções. Em vez dessa caridade anêmica, que nos sensibiliza porque o "infeliz" está "aqui", perto de nós, é o amor votado também *ao próximo que está longe,* é o amor de caráter universalista, virtude excelsa, comum nas humanidades dos mundos siderais, e que pode ser definida como "egoísmo de fazer o bem". O egoísmo extremo e rude que incrustou na mente dos homens do nosso mundo atual, a concepção materialista e voraz de que o tempo é dinheiro, será substituída pelo aforismo ou legenda santificante de que o tempo é amor-fraternidade.

Enfim, a raça dourada desse novo ciclo milenário transformará o nosso planeta em um verdadeiro paraíso, pois as concepções morais e sociais de seus moradores serão estruturadas à base do Evangelho de Jesus, o estadista ímpar, o sociólogo máximo que, na singela sentença "ama a teu próximo como a ti mesmo" estatuiu a lei eterna e única que, de modo absoluto e infalível, conseguirá fundar a verdadeira fraternidade na Terra; lei que ainda não foi superada pelos milhares de códigos que os sociólogos e estadistas humanos têm criado, para estabelecer a paz entre os homens, sem, no entanto, conseguirem alcançá-la com as suas experiências, que já duram vinte séculos. Reinará, também, uma nova Justiça, muito diferente dessa Justiça cujo símbolo tem os olhos vendados, para não poder ver os pesos falsos que jogam na sua balança ou não se envergonhar das trapaças que os homens fazem em seu nome. Justiça onzenária, em que o rico, o poderoso suborna ou aluga consciências por maior ou menor preço; não será, enfim, essa justiça da sofística, da astúcia e da retórica que subverte a Verdade, fazendo que o Direito se entorpeça, se curve até ficar torto, escamoteado no labirinto infernal dessas milhões de garatujas rabiscadas nos massudos calhamaços denominados autos e processos.

Igualmente, os *ministérios da guerra* terão substituído a sua legenda agressiva pela de ministérios da paz; e os aniversários das guerras, ou matanças fratricidas, deixarão de ser festejados. Finalmente, JESUS será reconhecido por todos os povos como o Sábio, Mártir e Santo que faz jus a festividades jubilosas no mundo inteiro; pois, enquanto cada país, atualmente, comemora os seus heróis ou libertadores privados, Jesus sofreu, morreu e ainda vive em espírito, na sua luta divina de salvar, não apenas um país, mas a humanidade inteira. As fulgurações sociais, morais e espirituais do terceiro milênio serão, enfim, a Nova Luz que jamais se apagará. E, então, a humanidade, integrada na paz, no amor, na fraternidade universalista, sentirá vibrar eternamente no seu espírito as harmonias celestiais do mesmo cântico que há dois mil anos os anjos entoaram nos céus da Palestina: *Glória a Deus nas Alturas, paz na Terra aos homens de boa vontade!*

José Fuzeira

Intróito de Ramatís

Meus irmãos,

Eis em vossas mãos, as notícias de uma coletividade que já compreende o determinismo da vida superior, reconhecendo que a situação física, nos mundos planetários, é a de provisória romagem para aquisição dos valores eternos do espírito.

Assegurando-vos a existência de outra humanidade mais evolvida do que a vossa, no campo das realizações terrestres, não temos por escopo distrair-vos das responsabilidades espirituais que vos incumbem. Cumprimos o sagrado dever de vos transmitir um relato singelo da civilização marciana, movidos pelo intuito de vos estimular, para que aproveiteis as derradeiras oportunidades da vossa renovação para o Alto.

A hora profética soou, inapelavelmente, convocando os homens de boa vontade, ajustando responsabilidades, e decidindo quanto ao novo plano de retificações espirituais. Lançamos mão de todos os recursos disponíveis, no momento, a fim de provocar um despertamento geral através de todos os sentidos. Sentimos quanto será triste o destino da criatura desterrada, para recompor a sua veste enodoada pelas indignidades psíquicas. Mundos rudes e impiedosos funcionarão, doravante, como tanques de lágrimas onde o homem terreno procurará, sob a dor e o silêncio de sua alma, os recursos de higiene que são devidos ao anjo das esferas edênicas.

Por isso vos lembramos os extremos em que vos encontrais: orbes inferiores já funcionando, como o curso letivo para a purificação tão necessária, ou mundos superiores acenando-vos para o curso da academia sideral.

Marte, na realidade, é a divina morada que vos aguarda noutras romagens, atraindo-vos amorosamente, na espera fraterna, desde que obtenhais o divino selo do Cristo. Quando vossas emoções vibrarem em consonância com a sublime filosofia do Evangelho; quando os vossos corações forem taças vivas da linfa maravilhosa do amor e iluminarem os caminhos traçados pelos vossos cérebros, então podereis transferir-vos, se assim o quiserdes, para o doce convívio dos marcianos, onde acalentareis sonhos jubilosos e encontrareis maior soma de Verdade.

Contudo, mesmo os que serão emigrados para recomeço das lições reprovadas, e que suspirarão, em momentos de nostalgia, ante a perda do seu "paraíso terrestre", não estão deserdados dos bens eternos de Deus. O magnânimo Pai vos atende sempre. Mas, quanto ao destino que preferis, Ele também é paciente em aguardar-vos na figura bíblica do "filho pródigo". Há um determinismo indesviável: o animal transformar-se em anjo. E há um livre-arbítrio, respeitado também pelo próprio Criador, em suas criaturas: a maior ou menor demora no desejo de *ser anjo*.

Havendo tomado conhecimento destas pálidas descrições, de uma realidade que ainda transcende o teor de nossas comunicações, como é a humanidade em Marte, oxalá possais vibrar de bom ânimo, reconhecendo que, por mais acerba que seja a vossa dor e mais desesperada a vossa vida terráquea, a bondade do Pai vos reserva um oásis de ventura, onde mitigareis a vossa sede de afetos e ansiedade de paz. E aqui vos recordamos, na pureza de nossas intenções: a senda iniciada para atingirdes objetivos tão divinos, ainda é a transmutação de vossas paixões inferiores na sublimidade do Evangelho Vivo de Jesus.

Paz e Amor

Ramatís

Planeta Marte
A visão da ciência astronômica do século XX

Marte é um planeta como a Terra. Gira em torno do Sol num curso que fica fora do da Terra. Seu diâmetro, de 6.800 km, é por conseguinte quase exatamente igual à extensão da costa brasileira. Marte é reconhecível pela sua luz brilhante, avermelhada. Com bons telescópios pode-se ver sua superfície e verificar que um dia em Marte tem quase a mesma duração que um dia na Terra.[1] Vêem-se manchas claras e escuras, havendo linhas de comunicação entre as áreas escuras, os chamados canais. Conclui-se que os lugares escuros são mares, ligados entre si através da terra por meio de rios ou canais. No decorrer de um ano de Marte, pode-se averiguar modificação da cor, nas partes de terra, o que indica vegetação, matas etc. Pode-se verificar ainda que Marte tem atmosfera de composição quase idêntica à da Terra. Ocasionalmente, observam-se nuvens. Nos dois polos, aparecem, durante o inverno de Marte, regiões brancas, que durante o verão recuam, o que leva a concluir que há gelo e degelo. Nos anos de 1882 até 1888, o astrônomo italiano Schiaparelli averiguou duplicação de alguns canais. A duplicação de um canal dá-se muito depressa, dentro de alguns dias, durando por toda uma estação do ano. A duplicação não era, porém, visível cada ano, ao mesmo tempo, em todos os canais. Não persistem dúvidas quanto a trabalharem as forças elementares da natureza

[1] "A Terra, é, pois, componente da sociedade dos mundos. Assim como Marte e Saturno já atingiram um estado mais avançado em conhecimentos, melhorando as condições de suas coletividades..." Do livro *Emmanuel*, pág. 20, cap. "A Tarefa dos Guias Espirituais", 2ª edição — Liv. Federação Espírita Brasileira.

em movimentos vivos e ritmo periódico na superfície de Marte. É evidente que esse planeta vive e cria, em obras semelhantes às da Terra. Em 24 de junho de 1954, o planeta Marte esteve em oposição ao Sol, isto é, visto da Terra, Marte ficou fronteiro ao Sol, visível no céu durante a noite toda. Nesse dia, sua distância da Terra era de 65 milhões de quilômetros. Em 2 de julho aproximou-se da Terra, sendo a distância entre ambos os planetas de 64 milhões de quilômetros. Em seguida, afastou-se novamente, atingindo em maio de 1955 uma distância de cerca de 400 milhões de quilômetros.[2]

[2] Esta era a visão que a ciência apresentava a respeito de Marte, quando foram feitas as primeiras edições desta obra. N.E.

Planeta Marte
O que sabemos hoje a seu respeito

Nos últimos séculos, com o progresso do conhecimento a respeito do Universo, e o surgimento no meio astronômico das idéias relativas à pluralidade dos mundos habitados, o planeta vermelho assumiu uma posição de destaque absoluto nessa área da ciência. Conforme nossa capacidade de observação astronômica evoluía, e podíamos ver mais distante e com maior definição, os astrônomos do século XIX começaram a perceber que a vida, se existisse em outros pontos de nosso sistema solar, poderia ter-se tornado uma realidade objetiva justamente em Marte.

A observação telescópica não deixava dúvidas de que nosso vizinho vermelho apresentava duas calotas polares que poderiam ser constituídas de água congelada. A observação sistemática do planeta já havia revelado também que ocorriam modificações, em termos de coloração, na superfície do planeta, conforme suas estações se sucediam, o que levava alguns a acreditar que estávamos diante de sinais de alguma forma de vegetação, cuja manifestação, em maior escala, poderia estar relacionada com a variação de temperatura, conforme as estações do ano se sucediam.

Mas foi sem dúvida a partir do astrônomo norte-americano Percival Lowell, já no final do século XIX, mais precisamente em 1895, que a possibilidade de vida — e mais do que isso, a presença de uma civilização extraterrestre avançada no planeta —, tomou corpo definitivamente e começou a ser discutida de maneira mais objetiva. O astrônomo afirmou na época que havia encontrado sinais de uma série de canais artificiais em Marte, os quais, em suas interpretações, levavam a água proveniente dos polos para várias cidades de uma complexa civilização. Lowell chegou a produzir mapas detalhados de toda essa estrutura, supostamente observada por ele ao longo de intermináveis noites ao telescópio, mas acabou não encontrando seguidores, pois outros astrônomos com equipamentos óticos similares, nas mais diferentes regiões do planeta, acabaram não conseguindo reproduzir suas observações. Até hoje existe um mistério em torno desse assunto. Estaríamos diante de uma grande ilusão?

Independentemente da falta de base, em termos objetivos, no que diz respeito às supostas descobertas de Lowell, a verdade é que o interesse por Marte, e as especulações sobre a presença de vida, persistiram ao longo das décadas seguintes. Fosse na ficção literária, ou mesmo no cinema, se existissem extraterrestres, eles habitariam aquele planeta. Mesmo dentro do meio astronômico, essa possibilidade não fora esquecida; pelo contrário, tal possibilidade continuava viva, alimentada por sucessivas observações de seu solo, que continuava a apresentar as já mencionadas mutações de coloração. Cada vez que Marte se aproximava da Terra durante as chamadas oposições (quando o Sol, Terra e Marte ficam alinhados) a atenção sobre nosso vizinho aumentava.

Assim, já com o surgimento da era espacial, tornara-se evidente que, após a colocação dos primeiros satélites na órbita terrestre, e a chegada do homem ao espaço, nosso vizinho receberia realmente uma atenção especial. No dia 14 de julho de 1965, entretanto, quando a espaçonave Mariner 4, lançada ao espaço no ano anterior pela Nasa, finalmente passou pelo planeta e obteve as primeira fotografias da era espacial, foi revelado um mundo bem diferente, onde as possibilidades de vida pareciam na verdade um sonho sem sentido que só poderia ser alimentado mediante uma fuga para o irreal. Cada uma das 22 fotografias obtidas pela espaçonave apresentava uma visão quase tão desoladora quanto a paisagem lunar, em que as crateras de impacto são o destaque maior. Não havia o menor sinal que pudesse levar alguém a pensar seriamente na possibilidade de vida ali existente, muito menos na presença de uma civilização avançada, como aquela imaginada por Lovell.

Mas, com o passar dos anos, essa visão foi sendo progressivamente modificada, mais uma vez. Em 1971, mais exatamente no dia 14 de novembro, entrava na órbita do planeta a espaçonave Mariner 9, também da Nasa — a primeira a orbitar o planeta vermelho, que obteria 7329 fotos, as quais, em conjunto, forneceriam pela primeira vez uma idéia real das condições ambientais reinantes não só no presente, como no passado. Podemos dizer que nossa ciência espacial começava realmente a explorar nosso vizinho mais polêmico.

Algumas das primeiras imagens já mostravam que Marte havia tido no passado condições ambientais bem mais favoráveis à presença de vida: foram fotografados inúmeros leitos de antigos rios, onde, em uma época remota, existira água. Definitivamente o planeta vermelho tivera uma atmosfera mais densa, rica em oxigênio, e as temperaturas teriam de ter sido, em termos de média, bem superiores às atuais. Ou seja, se a Mariner 4, em decorrência das próprias limitações tecnológicas da missão, havia fornecido uma imagem desoladora do planeta, sua sucessora trazia novamente uma motivação para um aprofundamento ainda maior das investigações, inclusive no que diz respeito à busca de sinais de vida, mesmo sem falarmos de algumas imagens realmente polêmicas na época, cujas interpretações reais circulavam apenas entre poucos dentro do complexo espacial dos Eua.

Entre as milhares de fotografias obtidas, existiam algumas que mostravam já os primeiros sinais de atividade inteligente no solo de Marte. Na região conhecida como Elysium, por exemplo, foram fotografados dois pares de pirâmides, todas com três lados, muito mais altas do que as existentes em nosso mundo, além de outras estruturas, aparentemente em ruínas. Os primeiros sinais de uma antiga civilização estavam descobertos, por mais que oficialmente a Nasa não aceitasse discutir tal realidade.

Após a missão Mariner 9, e principalmente a das Vikings, que chegaram a Marte em 1976, por maior que fosse a força da documentação conseguida pelos módulos orbitais, e pelos dois landors (módulos de descida), falar de vida inteligente no passado (ruínas), ou mesmo microbiana, acabou sendo considerado algo forte na época. De início, a Nasa tinha admitido resultados positivos em testes realizados com amostras do solo recolhidas pelos braços mecânicos dos módulos de descida das duas espaçonaves, que foram depois desconsiderados e agora estão sendo alvo de novas considerações. Por razões até acadêmicas e científicas, seria prudente aguardar uma nova espaçonave que pudesse fotografar o solo do planeta com um grau de definição ainda maior, e de uma distância mais reduzida. Isto para não falar algo fundamental: não é a Nasa que decide o que pode ou não ser divulgado; ela apenas participa e segue uma política que é elaborada fora de sua, vamos dizer, jurisdição.

Não foi difícil perceber nas "entrelinhas" das declarações de certas personalidades da esfera espacial dos Eua, como do hoje saudoso Carl Sagan, os sinais do que havia ou não sido encontrado em Marte. Ele afinal fora um dos principais responsáveis pelo projeto Viking e pela busca de vida em Marte. Sagan chegou, por exemplo, a publicar duas imagens bem sugestivas em seu livro Cosmos. Uma delas, das já mencionadas pirâmides do Elysium, fazendo uma referência de que deveriam ser mais investigadas no futuro, e outra do Vale Kasei, um antigo vale fluvial de Marte, que, como pode ser observado na fotografia, apresenta os sinais do que parece ser, em minha opinião, um processo de irrigação artificial a partir de uma de suas antigas margens.[3]

O fato é que com o fracasso da Mars Observer, declarada perdida e sem comunicação justamente no momento em que se preparava para entrar em órbita do planeta, em agosto de 1993, os norte-americanos só chegariam a Marte novamente em 1997 com a Mars Global Surveyor, e com a Mars Pathfinder (o primeiro jipe robótico), lançados ao espaço quase simultaneamente, logo após a morte prematura de Sagan. Ou seja, ele não viu tudo aquilo que certamente sonhava ver, o que de uma maneira muito especial parecia já saber. Basta ler o livro Cosmos para ter essa percepção. Chegou a falar da possibilidade de "existirem pequenas formas de vida em cada grão de areia do planeta, e grandes formas em outras regiões distantes dos pontos em que as Vikings desceram". Isso foi escrito 30 anos atrás por uma personalidade do mundo científico totalmente alheia à realidade do fenômeno Ufo. Imaginem se fosse diferente!

Com a entrada em órbita da Mars Global Surveyor, em 11 de setembro de 1997, e o pouso da Pathfinder, que já havia ocorrido em 4 de julho, os mentores do acobertamento e seus representantes dentro da Nasa deram uma cartada decisiva para tirar o interesse da mídia e afastar a população do que estava prestes

[3] Imagens bem definidas podem ser vistas no livro *Contato Final - O dia do reencontro*, 2ª edição, p. 15 do encarte, de autoria de Marco Antonio Petit, editado pela **EDITORA DO CONHECIMENTO**.

a acontecer. Tanto seus cientistas, como vários outros que já tinham feito denúncias contra o acobertamento das imagens do programa de exploração do planeta, sabiam perfeitamente que, com o nível de definição das câmeras da Mgs, o "véu finalmente cairia". O que aconteceu poucos dias depois foi um dos mais vergonhosos atos perpetrados nos Eua contra a consciência de seu povo, e porque não dizer da humanidade.

Logo depois de fotografar Cydonia, a região onde, em 1976, fora fotografada pela Viking, por várias vezes, a polêmica imagem de uma estrutura semelhante à cabeça humana fitando o céu, e que se tornara uma espécie de ícone dos sinais da antiga civilização, a agência espacial chamou a imprensa e liberou uma imagem surpreendente em que nada ou quase nada podia ser visto, o que, segundo as declarações oficiais da Nasa apresentadas conjuntamente com a imagem, comprovava que o "rosto", ou a "face", como também passou a ser conhecida, simplesmente não existia como uma estrutura. Tudo não passava, como oficialmente já era dito desde sua descoberta, de uma ilusão.

Recordo-me perfeitamente de ter assistido esse triste espetáculo, inclusive nos telejornais da época em nosso país. O que mais me surpreendeu foi a facilidade que tanto a mídia, como expressiva parcela da população, encararam o que estava sendo oferecido. Coisas desse tipo acontecem, e são planejadas supostamente a partir da idéia de que expressiva parcela da humanidade pode ser facilmente manipulada mediante o nível de percepção de suas mentes, o que na verdade, sabemos, está muito próximo da realidade. Como consequência desse "espetáculo", vez por outra, vejo ainda, para minha surpresa, alguns colegas de nossa própria área se referirem à essa estrutura como um engodo. Para agirem assim, devem desconhecer todos os estudos que já foram realizados por várias personalidades, inclusive do mundo astronômico e acadêmico, especialistas em ótica, processamento de imagens etc, os quais já divulgaram seus estudos técnicos. O que a Nasa fez até hoje em contrapartida: disse não, não existe nada! Por acaso algum dia a Nasa declarou que os Ufos existem?

Mas, como de costume, a fraude foi logo descoberta, e, como também acontece normalmente, ignorada quase totalmente pela mídia e pela população desatenta. A nota oficial foi manchete, a denúncia sobre a fraude esquecida. A agência espacial além de ter fotografado pela primeira vez, na referida missão, "a face" na mais desfavorável posição possível, em termos de inclinação, havia suprimido na hora de "montar" a imagem todos os recursos básicos utilizados normalmente no processamento de imagens. Para que se tenha uma idéia clara do que foi feito, basta dizer que, depois da descoberta da fraude por aqueles que sempre denunciaram o acobertamento, foi utilizada uma foto aérea do Pentágono para demonstração do que havia sido feito. Passada para o mesmo nível de definição utilizado na imagem do "rosto", o centro do poder militar norte-americano ficou simplesmente irreconhecível.

Com a reconstituição da devida definição, a primeira foto da "face" conseguida depois de mais de vinte anos, como declarou posteriormente à imprensa o astrônomo norte-americano Tom Van Flandern, do US Naval Observatory, autor de vários livros, comprova de maneira definitiva que estamos diante de uma estrutura artificial. Flandern chegou a fazer um detalhado depoimento revelando os motivos e detalhes que o levaram a essa conclusão, apresentando tudo posteriormente na forma de uma conferência pública em Washington, no dia 8 de maio de 2001, em que teve o apoio de outros especialistas (físicos, geólogos etc).

Com o efeito gerado pela manobra relativa à foto da "face", e com a mídia acompanhando à distância a missão, a Nasa, mediante a Mgs, deu seguimento ao mais extraordinário processo de mapeamento fotográfico do planeta vermelho, enquanto a Pathfinder explorava particularidades de seu solo, que permitiu não só documentar de maneira evidente os sinais da antiga civilização nos locais antes já vislumbrados, como a detecção de outras ruínas e sinais de estruturas gigantescas que aparecem preservadas nas fotos, como se fossem coisas em atividade na atualidade. Como continua a fazer até hoje, periodicamente, mediante seus press releases, chamava a atenção para algumas fotos sem maiores implicações.

O fato é que, após a Pathfinder e a Mars Global Surveyor, o planeta eermelho foi "invadido" literalmente por nossas missões espaciais. No momento, estão em operação, além dos dois jipes robóticos (Spirit e Opportunity), entre outras espaçonaves, a Mars Reconnaissance e a Mars Express, da Agência Espacial Européia.

A Nasa parece que está se preparando para fazer grandes

revelações, ou pelo menos deu já alguns passos decisivos nessa direção. Segundo as declarações oficiais, Marte foi realmente, em uma passado não muito bem mensurado em termos de antiguidade, um mundo com condições ambientais bem próximas às da Terra atual: possuiu rios, lagos, e provavelmente mares, e uma atmosfera mais densa e rica em oxigênio. Suas recentes manifestações revelaram que o planeta vermelho foi possivelmente "habitável". Mesmo hoje, existiria muito mais água do que inicialmente foi imaginado no passado; água inclusive em estado líquido, longe das regiões polares, onde sabemos que existe em abundância.

Mediante os estudos realizados em um pequeno fragmento do planeta (o meteorito ALH84001), a Nasa já havia afirmado, em um evento na Casa Branca em que o presidente Bill Clinton apresentou o fato como a descoberta do século, que Marte possuiu vida primitiva (microbiana), em passado remoto. Conforme foi divulgado na oportunidade, foram achados sinais claros de vida em estado fossilizado. Agora a discussão em termos oficiosos é se existe ainda alguma forma de vida na atualidade, mesmo que seja "só vegetal". O que falta dizer? As condições e a base para as afirmativas finais já estão lançadas, e provavelmente serão feitas de maneira individual. Passo a passo, com o passar dos anos, estamos sendo preparados para essas revelações.

Existiu não só vida inteligente no passado e uma civilização cuja origem não podemos ainda fazer idéia, como hoje existe vida vegetal, e, mais do que isso, uma forte presença também de seres cujas instalações foram e continuam sendo fotografadas, como afirmamos antes. Essas fotos, e nossas interpretações, independentemente das negativas oficiosas da Nasa e da Agência Espacial Européia, constituem uma prova definitiva. Esta não só é minha opinião, mas a de inúmeros investigadores independentes dos Eua e da Europa, incluindo astrônomos, físicos, geólogos, biólogos, especialistas em processamento de imagens, etc.

Rio de Janeiro, 8 de abril de 2008.

Marco Antonio Petit[4]

[4] Ufólogo, conferencista, autor de seis livros, dentre eles: *Contato Final - O dia do reencontro, UFOs, Espiritualidade e Reencarnação, OVNIS na Serra da Beleza*, editados pela **EDITORA DO CONHECIMENTO**. É co-editor da revista Ufo, e principal responsável no Brasil pelo exame detalhado e divulgação das imagens

1. Aspectos gerais marcianos

"Na casa de meu Pai há muitas moradas".

(João, 14:2).

"Muitas coisas ainda tenho a vos dizer, mas não as podeis suportar agora. Quando vier aquele Espírito da Verdade, Ele vos ensinará toda a verdade, porque não falará por si mesmo, mas dirá o que ouvir, e vos ensinará as coisas que virão"

Jesus

(João, 16: 12-13)

PERGUNTA: — Marte é habitado?

RAMATÍS: — É um dos mundos enunciados por Jesus quando Ele disse: "Há muitas moradas na casa de meu Pai". Vive lá uma humanidade mais evoluída do que a terrestre, embora guardando certa semelhança física.

Marte é um grau sideral à vossa vanguarda e é, também, a vossa futura realidade espiritual; porém, tal ascensão não se processa aos saltos nem sob regime de cruel constrangimento ou de privilégios inadmissíveis no curso que a Lei Suprema estatuiu para a evolução planetária.

Inúmeros planetas em que a brisa é melodia celestial e os seres vivos se assemelham a focos de luz policrômica, em que a humanidade é um todo sinfônico de luz, perfume e sons, constituem, todos, vossas futuras moradas. E assim virão a ser a Terra, Marte e Mercúrio; pois na sua eterna pulsação de vida e ansiedade, a cadeia de orbes que se prendem ao invisível colar cósmico,

mais recentes que revelam sinais da presença extraterrena em Marte, liberadas pela Nasa, e pela Agência Espacial Européia.

forma a alta e imensurável escada de Jacó que o homem terá de subir para alcançar a Verdade espiritual que lhe facultará a conquista da felicidade celestial absoluta.

Jesus traçou o roteiro definitivo para vos libertardes das reencarnações expiatórias; porém, infelizmente, ainda preferis a ganga inferior em vez da "túnica nupcial" a envolver vossa alma criada para a Luz e para o Bem em todos os recantos do Universo.

PERGUNTA: — Os habitantes de Marte são muito mais adiantados do que os da Terra?

RAMATÍS: — Sim; pois já são isentos dos impulsos da violência e das deprimências ou vícios das paixões inferiores que ainda imperam na Terra. Eles demonstram usufruir a paz de uma vida serena e equilibrada no campo emotivo, muito contribuindo para esse ambiente as instituições sábias que os dirigem, orientadas por espíritos de profunda compreensão e equidade.

PERGUNTA: — Poderíeis dar-nos idéia mais nítida desse adiantamento, em relação ao nosso grau evolutivo?

RAMATÍS: — Sem a presunção de um cálculo exato, tomando por base a cronologia do vosso provisório calendário terrestre, pressupomos que os marcianos, em relação a vós, estejam adiantados moralmente um milênio; e mais ou menos cinco séculos, no campo científico.

PERGUNTA: — Na esfera científica, quais os setores em que é maior a disparidade de evolução?

RAMATÍS: — Em quase todas as ciências que dependem de "energia motriz". Na Terra estais subordinados, especialmente, à eletricidade; porém, no planeta Marte, graças à engenhosa descoberta e aproveitamento da força magnética, cuja essência íntima está profundamente relacionada ao conhecimento do plano etérico, os marcianos lograram progressos ainda inconcebíveis para o vosso mundo.

PERGUNTA: — Quais as características científicas e técnicas da Terra que mais se aproximam das realizações marcianas?

RAMATÍS: — Achamos certas semelhanças nos vestuários, embora ainda ignoreis o tecido magnético e de ação terapêutica. O mobiliário residencial e sua decoração apresenta alguma equivalência, dando-se o mesmo com os edifícios públicos. Existe, igualmente, semelhança nos traços e aspectos das vossas modernas e largas rodovias e avenidas.

PERGUNTA: — Na botânica e na química, distanciam-se muito de nós?

RAMATÍS: — Nesses dois setores os marcianos conseguiram um avanço verdadeiramente genial, do qual a vossa ciência ainda está muito distanciada. No que respeita à botânica, por exemplo, precedem-vos de duzentos a trezentos anos quanto ao "quimismo" vegetal; pois alcançaram prodígios que, sem exagero, são os que referem os vossos contos de fadas.

PERGUNTA: — A duração do dia, em Marte, coincide exatamente com a prevista pelos nossos astrônomos?

RAMATÍS: — Sim; é de vinte e quatro horas e quarenta minutos, mais ou menos, somando um total de 688 dias o ano marciano. As estações são mais longas e sem as violentas mutações da atmosfera terrestre.

PERGUNTA: — A atmosfera de Marte é realmente como afirmam os nossos cientistas?

RAMATÍS: — É semelhante à da Terra, embora mais rarefeita por estar em sintonia com a natureza mais delicada de seus habitantes.

PERGUNTA: — Os marcianos poderiam suportar a nossa atmosfera?

RAMATÍS: — Mediante adaptação gradativa e metódica, poderiam suportar o vosso meio, porquanto não existem absolutas diferenças biológicas.

PERGUNTA: — E nós também poderíamos adaptar-nos à atmosfera marciana?

RAMATÍS: — Há a considerar que a atmosfera de Marte é bastante tênue para os vossos pulmões, que são adequados ao oxigênio contaminado de impurezas. E enquanto a vossa respiração depende, especialmente, de quantidade, a dos marcianos é essencial pela qualidade. Eles poderiam adaptar-se mais facilmente ao vosso meio, por poderem absorver o magnetismo ambiente que lhes é elemento vital. Ao contrário, vós seríeis um tanto afetados em vossa função respiratória por não poderdes substituir ou compensar "volume por qualidade".

PERGUNTA: — No entanto, os nossos astrônomos alegam a impossibilidade de vida humana em Marte, pela considerável falta de oxigênio. Que vos parece?

RAMATÍS: — Desse ponto de vista, demasiadamente exagerado, os marcianos também poderiam alegar a impraticabilidade de vida na Terra, em face de existir excesso de oxigênio. E, talvez, pela sua impureza, o considerassem até mais adequado aos pulmões hipertrofiados dos batráquios, do que próprio para os seres humanos. Alegam os vossos cientistas que a atmosfera marciana é pobre de oxigênio, mas nós indagamos: em relação a que padrão? Ao vosso mundo? Porventura, esses cientistas têm alguma base ou fundamento racional e acatável, que os induza a fixar a vida cosmológica do vosso planeta como o padrão absoluto para aferir os valores "aquém" ou "além" no Universo?

PERGUNTA: — Quais os requisitos que favorecem os marcianos, nessa respiração qualitativa, que enunciais?

RAMATÍS: — Supervisionado pela própria lei reguladora da vida, grande parte desse metabolismo proveio da necessidade de adaptação gradual às modificações do ambiente. A respiração periférica tornou-se mais "profunda", mais etérica. O mesmo fenômeno se verifica, atualmente, em relação ao pulmão humano, terrestre, comparando-o com o mesmo órgão dos homens que existiram nas épocas primitivas. E os animais antediluvianos possuíram pulmões rudes, semelhantes a monstruosos foles de couro cru, por terem de absorver um ar atmosférico saturado dos gases deletérios de um mundo em formação.

Os marcianos são, pois, admiravelmente receptivos às "emanações magnéticas" do ar que respiram. Porém, o seu equilíbrio orgânico, quanto à saúde, resulta, essencialmente, do seu sistema dietético, pois eles têm repúdio absoluto pela ingestão de qualquer alimento ou produto de origem animal; não cometem excessos de mesa e têm, igualmente, natural aversão aos vícios do fumo e do álcool. Acresce, ainda, que a proteção fisiológica alcançada pela sua genial medicina, dispensa-os da terapêutica de corrosivos ou alcalóides. Desconhecem, também, os quadros aflitivos das múltiplas enfermidades terrenas, tais como o histerismo, a sífilis, as alienações mentais, doenças produzidas por existência desequilibrada e pelas constantes exaltações ou conflitos emotivos.

Finalmente, portadores de uma tessitura organofuncional

excelente, em que prevalece a circulação arterial sobre um pequeno campo de rede venosa, o seu equilíbrio vital não exige grandes quotas de oxigênio para atender o seu delicado metabolismo respiratório.

PERGUNTA: — Então, podereis dizer-nos qual a natureza das moléstias graves que afetam a saúde dos marcianos; e, também, qual a sua longevidade, tomando por base o tempo que atribuímos ao nosso ano terrestre?

RAMATÍS: — No capítulo "A Medicina em Marte", abordaremos, detalhadamente, os diversos aspectos referentes a essas indagações.

PERGUNTA: — Os nossos cientistas obstinam-se em afirmar que a temperatura de Marte, durante o dia, atinge um grau de calor tão elevado que os terrícolas não poderiam suportá-lo; acontecendo o mesmo durante a noite, pois o frio excede muito as temperaturas mais baixas do nosso orbe. Por conseguinte, num ambiente de tais extremos, a vida dos terrícolas seria absolutamente impossível. Não vos parece?

RAMATÍS: — O defeito proverbial da ciência terrena é conceituar situações da vida noutros orbes, exclusivamente baseada no "modus vivendi" dos terrícolas. Entretanto, podemos afirmar que em inúmeros planos de vida há organismos humanos, à base de silício, alumínio, ferro e outros elementos, embora sob constituição "fisioquímica" distante de vossas compreensões. Mundos há, de ordem física, em que a predominância de hidrogênio e hélio, nos seres, cria-lhes admirável "luz áurica" transparente e visível à menor obscuridade, lembrando os noctívagos vaga-lumes. Não podeis firmar conceitos basilares, atendo-vos ao ambiente cósmico e restrito de vossa morada planetária, julgando "ex-abrupto" a constituição dos outros orbes que se encontram espalhados pelo Infinito.

PERGUNTA: — Tais conclusões se firmam, no entanto, em investigações de caráter científico, apoiadas em resultados de matemática astronômica. Haverá erro nesses cálculos?

RAMATÍS: — Mas os vossos cientistas também sabem que os espaços estão inundados de poeiras cósmicas, cinzas dos desgastes planetários, ocasionados pelas faíscas "eletromagnéticas" dos movimentos e oscilações dos sistemas solares. As próprias linhas de forças magnéticas que sustentam e ajustam satélites aos núcleos solares, perturbam e interferem nos raios luminosos que viajam em direção ao vosso mundo. Há a considerar, também, que as atmosferas que circundam cada orbe, se tornam lentes gasosas deformáveis aos raios luminosos; resultando, por isso, certa percentagem de erro na vossa visão astronômica, e, também, na própria observação espectral que resulta da decomposição prismática. A ciência terrestre não desconhece esses percalços; e como em ciência não há pontos finais, ela, através do tempo, vai expondo novas teorias e impondo corrigendas que importam em formais desmentidos a concepções anteriores, tidas como definitivas.

De Newton a Einstein, quantas vezes a ciência astronômica teve que retificar as premissas e o curso de suas observações. Como exemplo, citaremos o que aconteceu quanto à concepção científica que proclamou o sistema geocêntrico como verdade incontestável; porém, mais tarde, foi demonstrado, justamente, o contrário, ou seja, a realidade do sistema heliocêntrico.

PERGUNTA: — Qual a temperatura natural de Marte, baseando-nos em nossas convenções termométricas?

RAMATÍS: — Nas regiões equatoriais a temperatura oscila de 25 a 30 graus, a qual é agradabilíssima ao sistema biológico marciano. Chove raramente; e, pelas quedas bruscas, à noite são comuns as geadas; mas isto não traz preocupações aos habitantes, pois a ciência marciana domina as forças da natureza e sabe agir em oposição aos desequilíbrios atmosféricos.

PERGUNTA: — E essas quedas bruscas de temperatura, à noite, não serão insuportáveis e nocivas, pela fuga rápida do calor do solo?

RAMATÍS: — Esqueceis os satélites que, por sábia disposição do Criador, absorvem mais calor durante o dia e à noite funcionam como refletores para Marte.

PERGUNTA: — O Sol, em Marte, não é porventura menos intenso do que sobre o nosso mundo? E essa maior distância não dificulta a vida, em face de menor aquecimento?

RAMATÍS: — Deus, que gerou e equilibrou os mundos, no Cosmo, depois de criado o mais difícil e complexo, não poderia incorrer em erros tão crassos, desorientando-se na questão de climas, pressões, vegetação e outros imprevistos incompatíveis com a vida humana. Não comportam estas páginas singelas um tratado de "cosmogênese", mas lembramos-vos que as leis da relatividade cósmica são bem mais lógicas e exatas do que a ciência humana.

Os raios solares penetram na atmosfera de Marte com mais vigor e pureza, compensando a maior distância, porque também encontram menor obstáculo na atmosfera mais rarefeita. E à noite o calor irradiado do solo também é compensativo, pela razão simples de que esses raios solares penetram mais profundamente, em atrito com os lençóis magnéticos dos minerais subterrâneos.

PERGUNTA: — Poderíamos obter ilações ainda mais claras, nesse assunto, com relação à "relatividade cósmica"?

RAMATÍS: — Afirma-vos a ciência que um planeta, quanto mais distante do Sol, mais velho em sua massa planetária. Consequentemente, planeta como Mercúrio, mais próximo do Sol, é mundo novo, exalando cortinas de gases provenientes dos depósitos de minerais subterrâneos, gases que se acumulam na atmosfera, formando, à distância considerável do solo, um verdadeiro biombo que impede a penetração direta dos raios solares, demasiadamente cáusticos. Esse biombo de gases, que forma outra esfera em torno de Mercúrio, atenua e suaviza a intensidade do Sol mais próximo. Relativamente a essa lei, Saturno, lá no extremo, onde o Sol se lhe afigura modesta laranja empalidecida, recebe os raios solares absolutamente diretos, pois, sendo planeta envelhecido, não opõe obstáculo de gases já extintos e dispersos no Cosmo.

PERGUNTA: — Afirma-se que a própria pressão atmosférica, em Marte, é tão baixa, que um homem terreno lá não viveria, salvo com vestimenta pressurizada. Será assim?

RAMATÍS: — Folgamos na distinção — homem terreno. Quanto ao marciano, cuja vida é acentuadamente aérea, em poderosas aeronaves movidas pela força magnética, já vos notificamos que seus organismos não se imantam fortemente à lei de gravidade, a qual também podem controlar satisfatoriamente. Adiante, explicaremos como a medicina marciana conseguiu prodigiosa substituição na corrente sanguínea, eliminando a quota de minerais demasiadamente atraídos pela lei de gravidade.

PERGUNTA: — Poderíeis dar-nos alguns esclarecimentos a respeito do tráfego, locomoção e trânsito nas cidades marcianas?

RAMATÍS: — Três quartas partes do movimento é feito pelo ar, mediante aeronaves de absoluta segurança, cuja capacidade possibilita conduzirem muitas toneladas de mercadorias e centenas de passageiros. O tráfego sobre o solo e o trânsito pedestre, no circuito das cidades e nas rodovias, constitui, apenas, uma quarta parte do movimento global.

PERGUNTA: — Quais os tipos dos veículos rodoviários?

RAMATÍS: — Em geral, são amplos, construídos de matéria semelhante ao tipo plástico, do vosso mundo, porém muitíssimo mais resistente. Suas cores são claras, translúcidas e radioativas à noite. Tais veículos deslizam sobre o solo, que possui flexibilidade semelhante à da espuma de borracha. Em movimento, lembram flóculos de luzes policrômicas que, à distância, assemelham-se a irisadas manchas de claridade poética. Variam em seus feitios caprichosos: alguns recordam a configuração das conchas do mar, recortadas de volutas e frisos cintilantes; outros lembram escrínios de jóias, forrados de veludo transparente, que ressalta nos seus assentos suspensos ou flutuantes. Há, ainda, espécies de automóveis artísticos, cujas formas imitam a silhueta do cavalo-marinho; mas a configuração geral dos veículos tende, sempre, a copiar a imagem dos pássaros ou a estrutura delicada de um inseto.

PERGUNTA: — Qual é o sistema de sua propulsão?

RAMATÍS: — Complexa bateria de condensadores capta a energia magnética do ambiente e a refina e transfere para os acumuladores que se calibram na própria radioatividade dispersa. Quanto ao seu movimento, tais veículos são construídos sobre "roletes" de matéria flexível, que giram em torno de eixos móveis e minúsculos rolamentos que centuplicam os impulsos iniciais. Deslizando alguns centímetros acima do solo, lembram as vossas aeronaves quando decolam dos campos de pouso. Em seguida, alçam-se a maior altura, até que firmam a velocidade em vôo gracioso. Então, os "roletes", girando em intensa velocidade, afiguram-se manchas coloridas.

PERGUNTA: — Quanto ao tráfego mais intenso, nas estradas e nas rodovias, não há perigo de abalroamentos?

RAMATÍS: — Todos os veículos são revestidos de um campo magnético-radioativo, que abrange uma área tripla do próprio veículo; e possuem, também, um sistema de "radar" que opera diretamente no "éter cósmico", dando simultânea visão e noção antecipada de qualquer corpo que se encontre até centenas de quilômetros de distância. Mesmo quanto ao risco de um possível abalroamento, o atrito seria apenas entre os seus campos magnéticos de refração externa. Haveria certa compressão dos campos radioativos, sem prejuízos na estrutura física dos veículos. Os condutores estão, igualmente, livres de quaisquer perigos porque viajam resguardados por campos magnéticos com gravidade própria, habilmente controlada pela radioatividade do ambiente. Além disso, na topografia do orbe predominam as planícies, possibilitando visão ampla.

PERGUNTA: — Contudo, apesar de tais precauções, esses bólidos vertiginosos, à flor do solo, não oferecem perigo ao trânsito dos pedestres?

RAMATÍS: — Os campos magnéticos dos veículos repelem, antes do choque, qualquer ser ou corpo postado em sua direção, mesmo a uma centena de metros. Conseguem, mesmo, deslocá-los de sua linha sem lhes causar danos. Acresce, ainda, que toda travessia se processa através de aberturas em forma de arcos graciosos cavados nas rodovias. Não se conhece qualquer desastre funesto, no tráfego, pois existem ainda outros recursos ou precauções que deixamos de enumerar. Quanto ao tráfego no centro das metrópoles, é calmo, pois a humanidade marciana "vive" mas não se "aflige". Todas as viaturas podem operar à feição de helicópteros, pela simples graduação dos campos de gravidade em oposição ou conexão com o exterior. Os veículos marcianos, quais verdadeiras aves mecânicas, retratam, em suas figuras graciosas, a docilidade dos pombos e o encanto dinâmico do beija-flor. Normalmente, o marciano deixa seus veículos à margem das cidades, locomovendo-se, depois, facilmente, mediante o recurso de suas membranas intercostais e pelo radar.

PERGUNTA: — Há muitos oceanos, iguais aos nossos, e existem zonas desertas?

RAMATÍS: — A superfície líquida é muito menor do que a sólida, e suas águas se infiltram bastante no solo. Os mares são pouco profundos e os continentes são muito recortados, existindo enseadas e golfos em quantidade.

Quanto às áreas desertas, existem algumas, de areia fulva; mas noutras zonas existem campos de cultura, os bosques e exuberante vegetação que se estende à margem dos canais suplementares ou artificiais. E os imensos cinturões que observais, da Terra, quais bordados de verdura forrando as zonas ribeirinhas dos canais, são constituídos de ubérrima vegetação sob controle científico.

PERGUNTA: — Os famosos canais entrevistos da Terra foram construídos pelo homem marciano?

RAMATÍS: — Trata-se de extenso sistema de canais naturais, integrantes da própria natureza topográfica do planeta. Ligam os mares mediterrâneos aos polos e alimentam a rede de canais suplementares, menores, que a engenharia marciana construiu a fim de impedir a excessiva infiltração de águas no solo e, também, alimentar as regiões áridas que têm deficiência do líquido precioso. Graças a essa rede de canais menores, ligados aos principais que a natureza edificou, os bosques, parques modelos de experimentações de botânica dirigida, pomares, campos e lavouras, são irrigados convenientemente.

PERGUNTA: — Há o degelo que a nossa ciência constata através de seus telescópios?

RAMATÍS: — Sim, e às vezes algo violento, principalmente porque a superfície marciana é quase plana, com raras elevações. Mas o Criador, que é Magnânimo e Sábio, provendo seus filhos conforme suas necessidades evolutivas, quando plasmou em sua Mente Divina a configuração de Marte, modelou também a rede desses canais que, em caprichosos sulcos, captam e distribuem harmoniosamente os excessos do gelo nos polos. E o homem, que foi feito à semelhança de Deus, completou a Obra Divina, com o outro sistema menor, de canais suplementares, que nutrem as zonas de vegetação e a vida animal.

PERGUNTA: — A vegetação é realmente avermelhada? E há uma só tonalidade nessa cor?[5]

RAMATÍS: — É ligeiramente avermelhada, no sentido genérico, mas de colorido mais vivo, translúcido e penetrante, em relação à vegetação clorofilada de vosso mundo. Existem outras nuanças, mesmo em tons esverdeados e esmeraldinos, que são,

[5] "Vi-me à frente de um lago maravilhoso, junto de uma cidade formada de edificações profundamente análogas às da Terra. Apenas a vegetação era ligeiramente avermelhada, mas as flores e os frutos particularizavam-se pela sua variedade de cores e perfumes." Do livro *Cartas de Uma Morta*, pág. 127, edição LAKE.

na realidade, outra vegetação símile da classe das conhecidas muscíneas terrenas. Cobrem grande parte do solo rochoso de algumas regiões relativamente úmidas, estendendo-se em aveludados tapetes de encantadora perspectiva. A vegetação comum e predominante no planeta, quando tenra, apresenta matizes de verde-azulado, combinado com gradações da cor alaranjada e sinais primários do vermelho, lembrando a tonalidade peculiar das folhas novas das roseiras. Trata-se de vegetação nutrida e seivosa, magnificamente aproveitada para fins industriais. Em fins da época semelhante ao outono terrestre, atinge a coloração do castanho-avermelhado.

PERGUNTA: — Ser-nos-ia possível conhecer os motivos por que em Marte a vegetação é avermelhada, enquanto em nosso globo predomina o verde?

RAMATÍS: — É de física primária que a luz branca se decompõe em sete cores espectrais, refrangíveis. O Sol que vos envolve com o calor afetivo e vos proporciona suave magnetismo sob o prisma da Lua, lança-vos os seus raios brilhantes, os quais, originariamente, são brancos. Atravessando a vossa atmosfera, que se transforma, realmente, num imenso reservatório de luz, essa luz branca, que sabeis não ser simples, vai-se prismando sobre todas as coisas e objetos, que se envolvem nessa claridade. As cores espectrais que compõem o raio solar, branco, vão sendo absorvidas, gradativamente, em infinitos matizes e refletem outras cores correspondentes. O colorido, pois, depende sempre da estrutura molecular do objeto ou ser, conforme a sua capacidade e disposição para absorver e refletir a cor sintônica à vibração fundamental. Consequentemente, a disposição molecular da Terra se ajusta, vibratoriamente, ao nível da cor verde, a de Marte ao avermelhado e a de Saturno ao azul suave.

Reunindo todos os mundos que recebem, absorvem e refletem, coloridamente, a luz solar, teríeis, por síntese, novamente, o raio branco do Sol. Nos vossos tratados de astronomia bem podeis verificar os relatos de mundos cor de topázio, rubi, ametista, esmeraldinos e citrinos; outros, de um rosa-lilás, vão às extravagantes combinações de violeta, ouro, verde-malva e opala. Quais lentejoulas faiscantes, dependuradas na abóbada celeste, bordam, em franjas coloridas e translúcidas, a cortina imensa do Cosmo indevassável.

PERGUNTA: — A água de Marte é igual à nossa?

RAMATÍS: — É algo semelhante, embora muitíssimo mais leve. Cremos que os vossos astrônomos, em recente análise espectral, devem ter verificado que as neves e nuvens, em Marte, são compostas quimicamente de H_2O, variando, no entanto, quanto à especificidade e peso. Sob reações científicas, pode ser igualada à da Terra; porém o marciano prefere para seu uso um tipo de ***água pesada***, grandemente radioativa e que melhor lhe nutre o sistema "organomagnético".

PERGUNTA: — A claridade é semelhante à terrestre?

RAMATÍS: — É de um brilho mais suave, sedativo, menos excitante, pendendo para a cor branca, sob cuja vibração os contornos de objetos e cores se tornam mais nítidos, lembrando em torno uma tênue polarização luminosa, sensível à maioria dos marcianos, que têm vista etérica. A prodigalidade de luzes que se combinam nas alvoradas, sobreleva muito, em beleza, as auroras boreais da Terra. A descida suave do Sol, no poente, cujas cores fundamentais, refletindo na tela nívea a luz ambiental, provocam centenas de matizes exóticos, lembra o pórtico de um paraíso.

PERGUNTA: — A composição das calotas polares é, realmente, produto de gelo acumulado, à semelhança de nossos polos?

RAMATÍS: — Nisso a ciência terrena não se equivocou, inclusive na anotação das nuvens azuladas, que registrou em suas observações. O que por vezes nos surpreende é que a mesma ciência, negando oxigênio suficiente em Marte, anota calotas polares e nuvens azuladas que resultam sempre de hidrogênio e oxigênio, na fórmula comum. Essas nuvens fundem-se, na primavera, em cada hemisfério e renovam-se no outono; algo semelhante ao que ocorre no vosso globo. Uma parte de água se evapora; outra segue o curso natural dos canais topográficos e uma última parte infiltra-se, fortemente, pelo solo, escapando à circulação. Em face de a atmosfera marciana ser mais tênue e translúcida, acentua-se a vossos olhos a brilhante alvura das calotas, em contraste com qualquer outra cor, por mais suave que seja.

PERGUNTA: — Essas nuvens azuladas são exclusivamente resultantes das evaporações dos gelos polares?

RAMATÍS: — A maior percentagem provém do agrupamento de vapores de água, expelidos por enormes conjuntos de máquinas possantes, que fazem parte das instalações gigantescas, produtoras de chuvas e de recursos para atenderem à falta de água e de líquidos químicos nas regiões distantes da rede de canais. Funcionam continuamente com energia extraída da própria atmosfera e possuem admirável capacidade de armazenar, novamente revitalizadas, as energias consumidas.

PERGUNTA: — Podemos conhecer a estrutura dessas máquinas e o seu funcionamento, especialmente, a respeito da produção de chuvas? E essas máquinas atendem também a outras necessidades públicas?

RAMATÍS: — No capítulo referente às indústrias marcianas, abordaremos esses detalhes. Antecipamos, entretanto, que os habitantes de Marte dominam quase todas as forças ocultas da natureza e poucos são os problemas de ordem física que não encontram solução.

PERGUNTA: — Há, realmente, dois satélites em torno de Marte, conforme certifica nossa ciência astronômica?

RAMATÍS: — São dois os satélites naturais, que constituem a âncora do orbe e refletem as energias magnéticas indispensáveis, na dosagem prevista pelo Sublime Técnico que é Deus. No entanto, quando maiores progressos fizerdes no campo da ótica e da instrumentação telescópica, verificareis a existência de inúmeras bases flutuantes no campo gravitacional marciano. Trata-se de satélites artificiais locais, de pouso interplanetário e utilizados, especialmente, para observações astronômicas além da atmosfera comum.

PERGUNTA: — Esses dois satélites naturais são habitados?

RAMATÍS: — Apenas um deles oferece condições análogas a Marte, embora o teor magnético de sua atmosfera já esteja mais fraco. Seus habitantes são de estatura bem menor do que a dos marcianos, pois não ultrapassam um metro de altura. Porém, alcançaram educação espiritual superior e progrediram imensamente no campo científico. Também possuem aeronaves interplanetárias, as quais diferem um pouco das adotadas pelos marcianos porque a força magnética equivalendo à natureza específica de cada atmosfera, o magnetismo usado para mover as aeronaves do satélite, é mais desvitalizado.

PERGUNTA: — E esse satélite habitado, é visitado pelos habitantes do planeta Marte?

RAMATÍS: — Evocando certas definições graciosas do vosso mundo, podemos assegurar que são muito comuns os "fins de semana", da parte dos marcianos, no satélite habitado. Há perfeito e comum intercâmbio aéreo, com linhas regulares e aperfeiçoadíssimo sistema de telegrafia colorida, inclusive recepção televisionada, intercontinental. No dito satélite, pomares, jardins e bosques plantados à beira de lagos edênicos; regiões primorosas de verdura aveludada, com magníficos campos de esportes, todos sob atmosfera magneticamente preparada, formam recantos jubilosos, com que os habitantes do satélite atraem os marcianos, em visitas fraternas e turísticas. O tradicional espírito amoroso dos habitantes de Marte tem sido uma contínua bênção para os seus irmãos desse satélite.

PERGUNTA: — Podereis esclarecer-nos a respeito do tipo das aeronaves, veículos ou embarcações que proporcionam esses intercâmbios fraternos?

RAMATÍS: — Noutro capítulo, em que abordaremos o setor de transportes em Marte, vos daremos minuciosos detalhes das maravilhosas possibilidades que, no futuro, vos esperam, logo que conquisteis a energia magnética.

PERGUNTA: — Uma vez que, entre Marte e esse satélite, existem meios de comunicação fácil, a vida administrativa do mesmo, está subordinada ou é orientada pelo governo marciano?

RAMATÍS: — Embora com características e responsabilidades autônomas, esse satélite "goza" ou está sob o protetorado de Marte, porém, essa proteção não tem qualquer afinidade ou paralelo com o domínio compulsório e egoísta que algumas nações do vosso orbe exercem comumente sobre os povos menores ou mais fracos. A sua humanidade deve, em grande parte, seu progresso aos técnicos e preceptores marcianos, que lhes transmitiram os conhecimentos de seu progresso técnico e científico.

PERGUNTA: — E entre ambos há algum intercâmbio de feição material, conforme sucede entre os povos e os continentes do nosso orbe?

RAMATÍS: — Entre Marte e seus satélites efetuam-se enormes transações benéficas, no campo dos materiais radioativos;

porém, todas essas permutas estão subordinadas aos elevados princípios de reciprocidade, de ser útil e de servir, sem quaisquer interesses subalternos ou fora dos preceitos cristãos.

PERGUNTA: — As cidades e as residências dos habitantes desse satélite são idênticas às do planeta Marte?

RAMATÍS: — As suas metrópoles são semelhantes às marcianas, no setor arquitetônico e nas disposições topográficas, diferindo, porém, quanto à sua extensão e amplitude, que estão em relação com a estatura dos habitantes.

PERGUNTA: — Disse o irmão que o outro satélite natural de Marte, não é habitado. Podeis citar-nos a causa?

RAMATÍS: — Sua atmosfera, além de muitíssimo rarefeita, é impregnada de uma saturação gasosa bastante irritante, nociva à vida animal e que se assemelha ao gás sulfídrico.

Rezam as tradições marcianas que esse satélite funciona como condensador magnético dos lençóis de magnetismo impuro que, naquele campo astronômico, deixam os astros inferiores.

2. Aspectos humanos

PERGUNTA: — Em Marte existe um só tipo racial ou são diversos?[6]

RAMATÍS: — Os marcianos originaram-se de várias raças, mas atualmente apresentam dois tipos fundamentais ou predominantes que sobrepujam os grupos remanescentes de outros troncos e de características mais heterogêneas. Em zonas análogas à vossa Europa, distingue-se o tipo alourado, de cabelos sedosos, de cor semelhante à da areia praieira e que alguns usam compridos, caídos poeticamente, até os ombros. A sua pele é delicada, num tom rosado, e a fisionomia tranquila. Os olhos variam entre o cinzento-esverdeado e o azul-claro, límpidos, translúcidos e impregnados daquela ternura que reflete a paz da alma. Esse tipo, que é de aspecto feminil, de movimentos poéticos e suaves, embora cerebralmente acima dos terrestres, revela a expressão familiar das crianças calmas, educadas e de caráter inofensivo.

Noutra região, guardando características semelhantes às dos que habitam nos vossos climas mais aquecidos, próximos do equador, há outro tipo de menor estatura, variando entre um metro e meio a um metro e sessenta de altura, atarracado, de pele morena, muito lisa e luzidia, sem rugas, sinais ou manchas. Tem cabelos curtos, rentes; seus movimentos são vivos, enérgicos e decididos, exsudando muita vitalidade expressiva da sua

[6] Sob o ponto de vista físico, os marcianos não diferem de nós; há os louros e os morenos, gostam de flores e as têm em grande variedade. Suas casas são construídas como cidades-jardins; as casas construídas em torno do cursos de água; exteriormente elas parecem construídas de vidro colorido. Revista *O Teosofista*, julho-setembro de 1955, p. I, autor C. Leadbeater.

configuração mais masculina. Tipo de cabelo preto, olhos escuros, castanhos, aveludados, que refletem um misto de energia e brandura. Nota-se, em suas expressões gerais, o domínio da mente sobre a esfera emotiva, denunciando um tipo mais prático do que o alourado.

PERGUNTA: — Há muitos tipos intermediários?

RAMATÍS: — Sim; e também com expressões peculiares, conforme os tendes na Terra. Alguns ultrapassam a estatura comum e outros ficam aquém do normal, embora isso ocorra em menor percentagem do que no vosso mundo, porque os etnologistas marcianos já corrigiram as características somáticas, irregulares, dos tipos inferiores, mediante um processo científico que lhes permite atuar com êxito no fenômeno genético, intervindo nos elementos hereditários e agindo na própria cromatina da vesícula seminal. Desse modo, orientam, gradual e progressivamente, os ascendentes biológicos no crescimento e na formação dos sistemas responsáveis pelas modificações organogênicas. Embora, como é natural, também se defrontem com as influências mesológicas, que caldeiam tipos excêntricos, na conformidade de cada região, já se denuncia um novo padrão geral, um terceiro tipo condicionado a princípios eugênicos mais adiantados. A restante minoria compõe-se de tipos mais heterogêneos, remanescentes das tribos primitivas que habitaram as zonas rurais, mas que também já se reproduzem sob diretrizes de controle científico.

PERGUNTA: — Poderíeis indicar alguma raça do nosso mundo que melhor se aproxime do padrão comum no planeta Marte?

RAMATÍS: — O tipo claro, alourado, de fisionomia algo transparente, aproxima-se dos vossos tipos nórdicos, porém de estesia mais perfeita. O amorenado, baixo, de aspecto forte e nutrido, mais nervos e fibras, em vez de ar seráfico, comumente o encontrais nos latinos puros, de cabelos negros, rostos cheios, movimentos vivos e dinâmicos.

PERGUNTA: — Quais as características que mais os destacam da semelhança geral conosco?

RAMATÍS: — O seu metabolismo "psicofísico" obedece às mesmas leis fundamentais de vossa constituição orgânica; e as linhas fisionômicas, embora da mesma configuração, são destituídas de rugas precoces e dos estigmas de vossas aflições, decorrentes de uma existência descontrolada. O semblante humano, que revela sempre o estado de alma da criatura, é neles límpido e sereno; inspira confiança e é convite à afeição pura. Os seus olhos cristalinos, expressivos de ternura, lembram aquele conteúdo formoso e angélico que iluminava continuamente o semblante de Jesus. Principalmente a tonalidade da pele é o que mais os destaca dos terrícolas, pois é lisa, aveludada e luzidia como a pele das crianças; parece esticada sobre os ossos e não tem quaisquer sinais desagradáveis. Mesmo quando atingem a velhice, embora ela perca a exuberância da juventude, conserva o tom rosa-azeitonado; e suas fisionomias ascéticas, de perfis santificados, são isentas das rugas do ancião terreno. Os velhos que identificamos na população marciana refletem a figura veneranda de apóstolos, sadios, sem os achaques que provocam movimentos tardios e fatigados. Não se lhes notam vestígios dos traços violentos que golpeiam certas fisionomias terrenas; nem as expressões denunciadoras de quaisquer sentimentos ou recalques de emoções agressivas ou deprimentes. O homem amadurecido da Terra, equiparado ao velho marciano, é um ancião decrépito e vencido.

PERGUNTA: — Quais as causas que dão origem a esse tipo de fisionomias aveludadas, graciosas, de expressão quase infantil?

RAMATÍS: — São produto de uma alimentação puríssima, à base de sucos e essências vegetais e frutíferas; e o clima puro e sadio também contribui para isso.

As toxinas, que comumente desarmonizam a irrigação sadia da pele e dos músculos, foram eliminadas do sistema circulatório dos marcianos. Além disso, a medicina já adaptou os seres ao meio correspondente, tendo, ainda, solucionado completamente o problema das carências vitamínicas, calóricas ou de minerais. Igualmente, a suavidade do sol eliminou os tipos pálidos; e a ausência ou controle do frio excessivo diminui os tipos de faces congestas, resultantes do afluxo sanguíneo demasiado.

São tipos rosados e louçãos; o sangue corre-lhes nas veias de modo suave, sob o ritmo inalterável de um coração equilibrado, virgem dos exageros nutritivos e dos estimulantes perniciosos; e isento, também, das prejudiciais exaltações emotivas que irritam os sistemas simpático ou parassimpático. A cor rosada, translúcida, dos marcianos é devida, igualmente, ao sangue destituído de gorduras da alimentação carnívora, o qual, pela sua fluidez, transparece sob a pele, à "meia-luz", emprestando ao semblante uns reflexos de suave colorido rosa-louro. Imunes às neurastenias incontroláveis e comuns dos terrícolas, os seus modos exibem certo donaire; e suas palestras agradáveis, emolduradas de gestos expressivos, traduzem o encanto da graça espiritualizada.

PERGUNTA: — Não há certa monotonia nessas características físicas ou estados emotivos comuns a todos?

RAMATÍS: — Essa monotonia é aparente, pois deixais de considerar os valores espirituais que são profundamente opostos nos seres humanos. O mundo terreno já vos tem apresentado criaturas xifópagas e quíntuplos gêmeos, cujo temperamento, intelecto e caráter divergem bastante entre si, comprovando-se a existência de personalidades diferentes e separadas por princípios ou idéias contrárias. Sem embargo da harmonia física, a identidade geral dos marcianos no campo subjetivo cria-lhes estados que vos parecem monótonos, mas, na realidade, eles vivem um mundo mais vibrátil, mais intenso e rico de emoções, que vós não podeis avaliar tomando como padrão as vossas paixões terrenas. Neles, as gamas de emotividade espiritual superior multiplicam-se, afinam-lhes os recursos do intelecto e ampliam-lhes todas as concepções cósmicas, tornando-os contemplativos e supersensíveis às emoções estéticas. Seus estados psíquicos mais profundos encontram campo mais vasto para a receptividade de emoções superiores, desconhecidas para vós e que os tornam, individualmente, mais em intimidade com Deus.

A monotonia emotiva a que vos referis é uma dedução afim às espécies inferiores e não aos conjuntos ou humanidades evolvidas, como acontece em Marte. Só há um só instinto ou emotividade nos cardumes ou nas alcatéias, porque peixes e lobos são espécies exclusivamente instintivas; já entre os cães, que são um grupo em trânsito das fronteiras do instinto absoluto para as da sensibilidade psíquica, verificais que começam a individualizar-se, pois já sabem amar e morrer heroicamente na defesa de seu dono. Assim, comparativamente, os recursos emotivos e estéticos são mais apurados em Marte, e mais materializados na Terra, porque estais mais próximos da inconsciência animal, dominados pelas paixões inferiores que confundem grupos e raças.

PERGUNTA: — Os marcianos são dotados de cabeleira e capilaridade idêntica às dos habitantes da Terra?

RAMATÍS: — Podeis obter ilações fáceis sobre esses detalhes, baseando-vos na própria morfologia terrena, pois sabeis que o "primata", o hirsuto habitante das cavernas, foi o ancestral peludo que deu origem aos tipos humanos da atualidade. Depois, à medida que esse bruto veio se refinando nas sucessivas gerações até a vossa civilização hodierna, ele foi perdendo o seu aspecto, todo eriçado de pêlos. Por sua vez, a mulher, que evolveu em sentimento mais rapidamente do que o homem, reduziu ainda mais cedo o seu invólucro capilar, justamente, pela sua maior proximidade da figura ou imagem angelical do futuro. Naturalmente que as modificações do meio, tornando a Terra menos inóspita e de atmosfera mais saneada, também influíram na quase extinção do espesso manto peludo. Igualmente, os vestuários, a alimentação mais débil, a redução biológica da supra-renal que nutre os capilares, atrofiaram ainda mais o crescimento dos pêlos no corpo.

Por conseguinte, é evidente que, à medida que o espírito da civilização avança, os corpos se apuram em beleza e, naturalmente, a indumentária cabeluda dos seres tende a extinguir-se. É fácil, então, compreender por que os marcianos são destituídos de excrescências capilares e dotados de corpos cuja pele rivaliza com o aveludado das pétalas de rosas. Seguindo, pois, a lei da genética espiritual, em que a figura admirável do anjo, com seus cabelos soltos, poéticos e resplendentes, traduz beleza e encanto sideral, também os marcianos cultivam a cabeleira como um ornamento de estesia angélica.

E sendo profundos conhecedores do metabolismo magnético que regula o campo "quimiofísico" do sistema endocrínico, isentaram seu organismo das gorduras que sobrecarregam a circulação sanguínea dos terrícolas, provocando-lhes os estados enfermiços de seborréia que lhes dá cabo dos cabelos.

A riqueza vital do sangue e a ausência de ingurgitamentos sebáceos no couro cabeludo, tornaram os marcianos de tipo louro possuidores de cabelos semelhantes a fios de seda dourada, translúcida; enquanto os amorenados apresentam cativantes adornos de natureza aveludada. As expressões físicas dos marcianos já estereotipam e denunciam os primeiros traços do futuro anjo das esferas edênicas. Em suas fisionomias manifestam-se as primeiras expressões da "criança divina"; e nos gestos os primeiros movimentos acolhedores dos "gênios celestiais". O binômio "razão-sentimento" já se revela em equilibrada sintonia espiritual.

PERGUNTA: — Os marcianos são dotados de dentes ao nosso modo?

RAMATÍS: — É o que possuem de mais perfeito. Assemelham-se a colares da mais admirável simetria. Afeitos a se alimentarem de sucos, pastas, "tabletes", filhoses ou óleos aromáticos, vegetais tenros e frutas gelatinosas, os marcianos não possuem dentes caninos e incisivos, predominando os pré-molares e os molares quase idênticos entre si. De espessura delicada e com um aspecto brilhante de porcelana transparente, a arcada dentária surge-lhes como um poético adorno na fisionomia atraente. Não existe a deformação facial peculiar aos terrestres, pois a sua alimentação não lhes exige esforços, nem os movimentos irregulares do maxilar inferior. É de senso científico que, nos vertebrados inferiores, os dentes aparecem em massa e, quando muito crescidos, também caem aos punhados. Só nas espécies superiores é que principiam a diminuir as mudas e o número de dentes, inclusive as reduções que modificam a configuração de acordo com o tipo de alimentação predominante. A nutrição forma os dentes, pois os paleontólogos conhecem a espécie de alimento preferido pelo animal morto, ao simples exame de sua dentadura, conseguindo identificar os arrancadores e mastigadores de folhas, os roedores de cascas ou os carniceiros.

O homem terreno, na preferência alimentar mista, de carne e vegetais, apresenta um conjunto de dentes apropriados à mastigação de alimentos heterogêneos. O tamanho das mandíbulas de algumas raças terrestres é resultante dos movimentos dispersivos e largos que os seus maxilares fazem na mastigação, dando a esses tipos que sentem voluptuoso prazer na glutonaria um "facies" ou estigma "psicofísico" um tanto animalizado.

Consequentemente, a frugalidade dos marcianos dispensa-os de esforços triturativos e contribui para que eles possuam dentes semelhantes a um magnífico colar de pérolas níveas e simétricas, que deixam bem distantes os remendos precários da odontologia terrena. Finalmente: a evolução, ou refinamento dos sentidos do espírito, repercute nas modificações fisiológicas e estéticas que se operam no corpo.

PERGUNTA: — Os marcianos caminham a pé, nas mesmas condições em que o fazem os terrestres?

RAMATÍS: — Eles, como vós, andam, correm ou firmam-se de pé, se assim o desejarem. Porém, pela densidade atmosférica ser bem mais tênue do que a vossa, sofrem menor pressão, podendo, sem esforço pronunciado, saltar além de cinquenta metros ou, se apressados, deslizar, ligeiros, sobre a grama aveludada ou nos caminhos forrados de substância flexível. Nesta espécie de vôos deslizantes, para se equilibrarem, erguem os braços e, arqueando os ombros em conexão com as omoplatas, forma-se-lhes nessa parte uma espécie de protuberância, algo parecida com uma membrana muscular, que lhes dá mais equilíbrio e segurança. Fazem lembrar a pose do pássaro no seu vôo estático.[7]

PERGUNTA: — Essas protuberâncias deixam-nos um tanto confusos, pela nossa configuração, que, normalmente, achamos ser um padrão estético, fundamental, da espécie humana. E quase não podemos compreender em nossas condições terrenas as figuras "desses homens marcianos deslizantes". Que dizeis?

RAMATÍS: — No vosso mundo existem atletas que alcançam além de dezesseis metros de distância, em saltos vigorosos. Desde que pudésseis demorar, abrandar esses saltos, algo de "câmara lenta", teríeis conjeturado o que os marcianos realizam normalmente e sem espanto. Não há exotismo nessa locomoção: lembrai-vos de que no reino das tartarugas ninguém acredita no salto da lebre. E por analogia, em vosso mundo, citaremos também, embora de plano inferior, o salto retardado do canguru e a agilidade dos felinos que parecem deslizar à superfície do solo. Se os marcianos já não vos conhecessem pela "televisão interplanetária" e pela telefotovisão, também duvidariam de vossas realidades humanas. Como vedes, tudo é relativo e na conformidade necessária ao meio e à adaptação à forma.

PERGUNTA: — Quais as características dos vestuários marcianos?

RAMATÍS: — Usam trajes apropriados às atividades, feitos

[7] "Vi homens mais ou menos semelhantes aos nossos irmãos terrícolas..." ..."além dos braços tinham ao longo das espáduas ligeiras protuberâncias à guisa de asa que lhes prodigalizavam interessantes faculdades volitativas." Do livro "Cartas de Uma Morta", de Chico Xavier, pag. 127, edição da LAKE.

de tecidos parecidos com o "nylon", mas que têm a propriedade de ser magnetizados, a fim de neutralizar as emanações radioativas e maléficas do solo, ou os impactos vibratórios do meio ambiente astrológico.

PERGUNTA: — Qual a forma e confecção dessas vestes?

RAMATÍS: — São roupas radioativas, confeccionadas sem botões, costuras ou excrescências, produzidas em massa, num processo alheio às vossas concepções. Enfiam-nas pela cabeça, adaptando-se hermeticamente ao corpo e possuindo a singular faculdade de auxiliarem a regulagem da pressão e da temperatura interna do corpo, em face das modificações do exterior. Em virtude de os glóbulos vermelhos aumentarem conforme a altitude, esse traje radioativo tem, ainda, a propriedade de atuar no campo magnético-vital que circunda a medula óssea, estimulando esta a produzir maior ou menor quota de glóbulos vermelhos para atender às alterações rápidas de altitude, muito comuns na vida marciana, que é, preferencialmente, aérea. Comumente, os trajes são de uma só peça, firmados por cintos largos, de metal ionizado, não opressivos; pois os marcianos não têm o abdome hipertrofiado como os terrícolas. Há outros tipos de vestuário, de jaqueta e calças à parte, também firmado pelo cinto ou faixa intermédia, na qual se encontra o centro de controle do magnetismo circulante no traje. Os sapatos são de material transparente, flexível e adaptáveis exatamente aos movimentos anatômicos dos pés, que são delicados, sem as calosidades ou excrescências dos pés terrenos; pois, em vista de os recursos dietéticos já haverem eliminado os excessos de minerais circulantes mais afins à gravidade do orbe, a pressão do corpo marciano sobre o solo é suave.

PERGUNTA: — Usam, então, poucos modelos ou tipos de vestuário?

RAMATÍS: — São vários os trajes, mas há um vestuário único, predominante, de tecido igual e confecção idêntica, que é o traje comum de trabalho. É flexível, de rápida adaptação aos movimentos, muito resistente às reações do exterior, com bolsos internos facilmente acionáveis. Outro, de características apreciáveis, é o que usam para se deslocarem em viagens de turismo ou de estudos profissionais, o qual, além de auxiliar o equilíbrio termobarométrico em relação ao meio, possui minúsculo aparelho no cinto largo, que, por eflúvios símiles do radar, acusa as diferenciações energéticas suscetíveis de afetar os seus portadores. Nesse mesmo cinto conduzem um "telefonevisão" portátil e um registrador análogo ao ditafone terrestre, onde são gravados por projeção todos os assuntos desejáveis.

Enunciamos, ainda, que o traje mais importante, fruto de dezenas de pesquisas e experimentações, por vezes infrutíferas, é o que serve para as viagens interplanetárias. Esse é o vestuário especial que resume, em si, todos os recursos de laboratório, defesa, controle de segurança fisiológica interplanetária, contra os imprevistos do exterior hostil. Possui notável campo magnético circunstante, formando uma espécie de invólucro atmosférico que, envolvendo o ser, protege-o contra o atrito das reações barométricas e termométricas do meio ambiente.

PERGUNTA: — As vestes femininas são muito diferentes das masculinas?

RAMATÍS: — As mulheres marcianas vestem-se da mesma forma que os homens, embora olhos argutos possam notar graciosos toques ou indícios que as identificam. Quase sempre há um pequeno emblema, um arabesco singelo, colorido e poético que distingue a figura feminina. Porém, em Marte, os afetos espirituais e fraternos sobrepõem-se a certas disposições precárias, muito comuns na Terra, a respeito de sexo; e, por isso, não existem quaisquer curiosidades ostensivas quanto a essas identificações exteriores, pois o equilíbrio emotivo repousa nas afinidades eletivas de espírito para espírito, ou seja, nos afetos duradouros que visam aos planos divinos e eternos e não em quaisquer superficialismos de caráter transitório.

A mulher marciana participa, integralmente, de todas as atividades comuns ou excepcionais do orbe com as mesmas prerrogativas masculinas. E o vosso mundo também, um dia, alcançará o mesmo equilíbrio social e espiritual, assim que a mulher puder galgar os postos de comando mais essenciais; pois, então, ela com o seu sentimento delicado e terno, conseguirá influenciar o caráter do homem no roteiro da honestidade impoluta e do entendimento humano, operando uma completa reforma na estruturação moral da consciência coletiva.

PERGUNTA: — As mulheres marcianas preocupam-se com a maquiagem?

RAMATÍS: — Elas condenam todo artificialismo por ser incapaz de superar a realidade, além de sua duração efêmera. A fisionomia pintada é contrária à beleza feminina, porque é estesia de um mundo de bonecas e não de seres humanos. Do mesmo modo, a flor de papel, por mais perfeita que seja, não substitui nem rivaliza com a beleza agreste da rosa verdadeira.

Entre as mulheres pintadas, do vosso mundo, a beleza estética é a que resulta da mulher "mais bem pintada". No entanto, entre as que se apresentam na sua beleza natural, essa estesia também se manifesta pela mulher de "beleza mais natural". O artificialismo da pintura feminina, além de transitório, é decepcionante porque apresenta dois contrastes ostensivos e discordantes: num lado, a mulher pintada, que atrai e seduz pela arte do seu artificialismo; e, no outro, a figura oposta, sem "maquillage", abatida, pálida, rugosa e humilhada porque esta última é que é a verdadeira; e, por isso, tem de viver o triste complexo de ser apenas a sombra da "outra".

PERGUNTA: — Os marcianos crêem, então, que a pintura ou maquiagem inferioriza a mulher?

RAMATÍS: — De maneira alguma, não vão a esse extremo. Contudo, o desinteresse que a mulher marciana tem pela pintura fisionômica prende-se à lógica do seu raciocínio sensato; e, também, porque a sua atração afetiva se exerce mais pelas afinidades espirituais do que, realmente, pelos encantos físicos. Neste ponto, há que levar em conta a distância espiritual que Marte evidencia sobre a Terra.

PERGUNTA: — E como interpretam o fato de a mulher terrena se pintar, movida pela faceirice de se tornar mais atraente?

RAMATÍS: — Para o homem terreno, ávido de emoções e caprichos exóticos, a mulher, que o atrai exclusivamente pelos recursos artificiais da pintura, arrisca um tanto a sua ventura íntima, pois, mais tarde, na sua vida conjugal, ela terá de mostrar-se na sua expressão verdadeira; e, então, a decepção emotiva do homem será mais intensa porque a figura real que se lhe apresenta, na vulgaridade do lar, diverge completamente da "outra", repleta de garridice e cores sedutoras. É como a escuridão muito forte, que se faz após a luz muito intensa. A não ser quando esses contrastes ilusórios são supridos pela beleza moral, pela renúncia de almas femininas excelsas, a atmosfera doméstica será destituída de encantos para o homem egotista; pois o artificialismo que ateia fogo ou põe em alvoroço as paixões inferiores dificilmente se acomoda às decepções fortes de tal realidade.

PERGUNTA: — Os marcianos usam jóias, distintivos, ornamentos ou enfeites? As mulheres marcianas apreciam colares, pulseiras ou decorações?

RAMATÍS: — Isso seria incompatível com o grau de espiritualidade que já alcançaram. Vivendo ardentemente o conceito de "ser útil e verdadeiro", evitam motivos ou recursos que as valorizem artificialmente. Nas estatísticas de ascensão espiritual, observa-se que, à medida que a alma se vai libertando das contingências das formas, vai revelando, também, que se apossa de uma concepção de beleza real e superior. As pinturas berrantes, os enfeites excessivos na forma de berloques, brincos ou condecorações, tão ao gosto terreno, lembram ainda o deleite primitivo dos silvícolas, enlevados nas suas quinquilharias e penduricalhos exteriores. Eles compensam a ausência de raciocínio espiritual, com os entretenimentos e exterioridades infantis, assim como algumas seitas religiosas compensam a vacuidade espiritual das massas na ostensividade das cerimônias idólatras e nas liturgias de colorido fascinante. O verdadeiro desapego ao mundo ilusório das formas sugestivas é apanágio das almas já afeitas ao "reino silencioso do Cristo".

PERGUNTA: — Mas os enfeites humanos da Terra não deixam de revelar essa delicada estesia a que o irmão alude com referência a Marte, pois são confeccionados nas mais sedutoras ourivesarias. Não achais?

RAMATÍS: — Embora sejam enfeites de safiras, turmalinas, diamantes, topázios ou rubis, engastados em rendilhados de ouro ou de prata, ou pendentes de ricos colares ou, ainda, em pulseiras refulgentes — na realidade, é tudo a ingênua sublimação dos zulus das contas de vidro ou dos pajés com os seus penduricalhos de ossos. A diferença consiste, apenas, na qualidade ou natureza dos objetos. As pinturas ostensivas e berrantes, nas máscaras dos selvagens, ainda encontram o seu reflexo na maquiagem da civilização ou nos folguedos de carnaval. Aliás, no vosso mundo, já conceituais que os homens sábios são modestos e avessos a jóias ou bens materiais. Isto vos comprova que os descobridores dos tesouros que "a traça não rói e a ferrugem não come" não colocam a sua ventura na transitoriedade dos superficialismos terrenos, que se findam à beira do túmulo.

O estado espiritual dos marcianos, de maior grau evolutivo do que vós, afasta-os de exterioridades exibicionistas, tal é a riqueza de sua sensibilidade sideral. Eles preferem revestir o solo, os umbrais e os pisos dos edifícios e dos lagos, com lâminas de metais preciosos, a retalhá-las para os enfeites do corpo perecível.

PERGUNTA: — É desairoso, porventura, o uso de um cronômetro no pulso, a fim de se verem as horas que marcam a disciplina cotidiana?

RAMATÍS: — Folgamos em que tenhais determinado: "a fim de se verem as horas que marcam a disciplina cotidiana"; pois confundis a função intrínseca do relógio humano com a sua virtual aparência de enfeite, o que vos leva ao uso de custosos e ricos cronômetros, mais ostensivos como "ornamentos de pulso" do que, propriamente, pela sua utilidade prática. No entanto, é comum agravardes os vossos orçamentos domésticos, no sacrifício do "essencial útil", como é um cronômetro para marcar as horas, pelos espalhafatosos enfeites, que são ainda um eco longínquo do bugre ornamentado de lentejoulas exóticas.

PERGUNTA: — Notamos que o irmão, quando se refere às coisas e seres marcianos, alude a aspectos translúcidos, deixando-nos a impressão de que se refere a uma luminosidade "extraterrena". Como poderemos assimilar a idéia desses aspectos translúcidos a que vos tendes referido diversas vezes?

RAMATÍS: — Cada planeta, seja a Terra, Marte ou Saturno, apesar de sua massa densa e obscura é, também, energia luminosa e translúcida, que se condensa e extravasa em radiação chamada "aura". Todo orbe que trafega no Infinito, além de sua luz, cor material que lhe é própria, possui outra luz que se expande de sua intimidade, a qual é perceptível só aos clarividentes reencarnados ou aos espíritos de maior sensibilidade cósmica. Assim como o átomo é minúsculo sistema de planetas eletrônicos, em torno de um núcleo "microssolar", dotado de energia ainda física e também de uma aura radioativa, a Terra faz parte de um sistema idêntico, porém macrocósmico, que é regido pelo Sol. Isto justifica o conceito de que "o que está em cima está embaixo" e o "assim é o macrocosmo, assim é o microcosmo". Como o átomo também é luminoso, de refulgência só perceptível no campo etérico ou astral da visão interna, todos os seres ou coisas do vosso mundo são portadores de "auras radioativas", que se compõem da soma de todos os átomos radioativos que palpitam na intimidade da substância. A Terra, consequentemente, possui a sua gigantesca aura radioativa, que lhe ultrapassa a configuração física e a própria atmosfera de ar, a aura que é a soma de todas as auras microscópicas e radiantes dos átomos existentes nas múltiplas formas da matéria. À proporção que as coisas e os seres se purificam intimamente, os "átomos luminosos-etéricos" vão predominando e sobrepondo-se na massa compacta que conceituais de "matéria". No conceito científico de que matéria é "energia condensada", também podeis conceber uma "luz etérica condensada", de frequência vibratória além de vossos sentidos comuns, e que se constitui pelos "átomos etéricos" que compunham a energia em liberdade. Assim que a substância, que compõe os seres e as coisas, se vai refinando, despojando-se dos invólucros densos e obstruentes, essa "luz aprisionada" ou "luz etérica acumulada" também se vai polarizando em torno, visível já aos clarividentes e às criaturas que atuam psiquicamente além das fronteiras comuns do plano físico.

PERGUNTA: — É esse o motivo por que mencionais muito a "luz polarizada" das coisas marcianas?

RAMATÍS: — Essa luminosidade que palpita por trás das formas materiais transitórias, tão intensa e pura quanto mais intimamente se possa penetrar da essência do espírito, vai-se tornando mais visível ou identificável, em concomitância com o progresso espiritual das criaturas. Mais profundamente, tereis que procurá-la, e a encontrareis, buscando maior intimidade com Deus, no ideal crístico que transforma o animal em anjo. O homem que em vosso mundo caminha exaustivamente no seio da floresta, abrindo extenso cipoal para encontrar a luz do dia, lembra o espírito fatigado, que peregrina através das configurações físicas, para, enfim, lobrigar a Luz do Criador. Jesus lembrou-vos significativamente: "O reino de Deus está em vós". Daí a pronunciada ascendência de luz que se revela nas atividades marcianas, na feição da citada "luz polarizada", porque se trata de um mundo límpido, sem as sombras de quaisquer paixões inferiores. E essa luz, mais atestável sob a visão psíquica, aumenta de pureza e intensidade à proporção que vos libertais das paixões de cólera, ciúme, ódio, luxúria ou perversidade; pois tais deprimências baixam o teor vibratório do magnetismo divino que interpenetra todos os seres, dando lugar às sombras espessas que afastam a alma da Fonte Refulgente do Pai. As desarmonias mentais ou psíquicas são emanações semelhantes às nuvens densas em dias ensolarados e que roubam ou absorvem os raios vitalizantes do Sol. A aura etérica e astral de Marte recebe, continuamente, o hálito perfumado da espiritualidade dos seus moradores; o seu ar magnético é pleno de eflúvios puros, ansiedades angélicas e júbilos afetivos, que exsudam dos conclaves de religiosidade pura, dos intercâmbios afetuosos e das realizações estéticas no reino das flores, da música e da pintura. A persistência sublime de "desejos ascensionais" e a procura constante de "mais luz" e "mais amor" geram sempre uma claridade eletiva para atrair a Luz Cósmica da intimidade de Deus.

PERGUNTA: — A Terra também alcançará os desideratos marcianos?

RAMATÍS: — Certamente, pois as forças criadoras de tais efeitos ou resultados permanecem latentes na intimidade de toda substância do vosso mundo. Podeis perceber essas forças de tendência expansiva, no próprio fenômeno corriqueiro de laboratório, em que os cientistas transformam a matéria sólida em estado gasoso. Sob a temperatura excitante do calor, formas densas, inexpressivas e letárgicas, sublimam-se em energia radiante, expansiva e de conteúdo purificado e luminoso. Essa operação laboratorial microcósmica tem o seu equivalente na maravilhosa sublimação da alma grosseira, rude, animalizada, quando sob o calor das virtudes celestiais e da temperatura divina do Pai, alcança o prodigioso estado arcangélico.

PERGUNTA: — Essa "força de tendência expansiva" é luz que existe na intimidade das coisas e seres que mencionais?

RAMATÍS: — É a própria aura do CRISTO SOLAR que passa a ser sentida, absorvida e perceptível, assim que vos integrais em estados de alma bem mais puros. O Alento Divino, que se condensa por Lei Cósmica, com mais "proximidade" nos sistemas de galáxias e mais perto de vossas almas, nos sistemas solares, é que vos impele, continuamente, para o "mais Alto".

É o caminho silencioso do coração, tão preconizado por Jesus, o mais curto e seguro roteiro para irdes à intimidade do CRISTO. Os mundos que formam os colares rodopiantes dos sistemas solares estão todos impregnados desses espíritos planetários, inconcebíveis condensadores da LUZ CÓSMICA. O vosso globo ignora que navega num oceano de Luz Resplandecente, que é o corpo diáfano do CRISTO SOLAR. Se ainda viveis submersos nas sombras dos fluidos impuros que atuam em faixas inferiores, se apenas vos contentais com a luz pálida do Sol Físico, é porque ainda não vos esforçais para assimilar o conteúdo evangélico descido do Sol Espiritual, que comanda e rege os destinos do vosso mundo. No entanto, Marte, irmão mais velho e mais equilibrado, é já um prisma receptivo da Luz Crística Solar, da absorção do fulgento alimento que vos citamos. Eis por que se percebe nas coisas marcianas uma suave transparência psíquica, uma tênue refulgência que dá a tudo o aspecto de "luz polarizada".

Na realidade, é a Luz Crística do sistema solar, que se faz algo visível no campo magnético marciano, já purificado, assim como a luz do Sol se vai tornando perceptível à medida que as nuvens densas e impenetráveis se desfiam, afinam e adelgaçam, mostrando-o, depois, em toda a opulência de suas refulgências irisadas e deslumbrantes.

3. Casamento

PERGUNTA: — Há em Marte um período de noivado, e, em seguida, o casamento, à semelhança do que se passa na Terra?

RAMATÍS: — Entre vós, comumente, a fase de noivado é de exagerado sentimentalismo, em que o homem e a mulher trocam juras ardentes, na esfera das paixões efêmeras ou da poesia insincera, para depois instituírem um purgatório na figura de lar doméstico. Na realidade, o noivado terrestre ainda é a confusão do "amor espiritual" com o "amor carnal". Somente no declinar da existência, quando a mente rememora os excessos instintivos e zelos tolos que lhe abreviaram a vida pungente, é que se compreende a lição triste das cicatrizes produzidas pela ausência do amor verdadeiro e altruístico, do espírito eterno. Na regra diretora de segurança econômica de vosso mundo em que, dando, empobrecemos, e recebendo, enriquecemos, o casamento também raramente vai além de um mútuo negócio, onde as paixões significam a mercadoria em trânsito. Quase sempre, a procura recíproca é mais de equilíbrio fisiológico, do que amparo espiritual e entendimento divino. Em Marte, no entanto, os moços têm a pura noção do verdadeiro amor, que provém da realidade espiritual e da responsabilidade de que a atmosfera do lar é exercício de universalização. A constituição do lar doméstico desperta-lhes imensos cuidados, mais fundamentalmente quanto ao êxito de "ascensão" espiritual, do que às possibilidades de "sensação" advinda do acerto conjugal. Esse noivado é fase de sincera confissão espiritual e exercício preliminar para o melhor encontro na intimidade do coração, muito antes de preparação às relações de necessidade biológica no campo genético.

PERGUNTA: — Essa confissão é uma pragmática, uma exigência, ou regra costumeira?

RAMATÍS: — Trata-se de uma disposição espontânea, que é comum entre todos os futuros cônjuges, dentro do conceito comum: "ser útil e verdadeiro". É um mútuo estudo em que se procuram analisar, sem constrangimento ou segundas intenções, comparando-se, entre si, as condições emotivas e psicológicas, honestas e exatas, que podem auxiliar ou influir na ventura da união conjugal. Contrariando a dissimulação instintiva dos noivados nos mundos símiles da Terra, os noivos marcianos exumam de sua intimidade tudo o que pode criar conflitos futuros, e se expõem mutuamente, analisando efeitos e consequências. Distanciam-se acentuadamente das disposições prejudiciais comuns do prelúdio conjugal, na Terra, em que há imensa preocupação de se valorizar, reciprocamente, virtudes que ainda não floriram na intimidade do espírito. O casamento terrestre, na feição comum de acordo básico sobre a transitoriedade dos corpos físicos, transforma-se em arena de conflitos emotivos, assim que cessa o elo vigoroso da paixão satisfeita.

PERGUNTA: — Não há probabilidade de também falsearem os futuros cônjuges marcianos, embora se submetam à rigorosa preliminar de auscultamento espiritual?

RAMATÍS: — Não cremos que sejam prováveis tais acontecimentos decepcionantes, após o enlace matrimonial, pela simples razão de que a união repousa sobre as bases de uma realidade já conhecida. As desilusões são produtos de acontecimentos inesperados, que em vez de corresponderem aos ideais ou projetos desejados, contradizem estes e causam amarguras. Em virtude de os marcianos se unirem só após o absoluto conhecimento de todas as virtudes e defeitos recíprocos, em qualquer manifestação emotiva ou espiritual não pode haver decepções, porque não ocorrerão fatos imprevistos, nem contrariedades desconhecidas. Conservando-se voluntariamente acima das contingências carnais, baseando a ventura conjugal no intercâmbio formoso das relações espirituais, isentam-se os esposos marcianos da proverbial melancolia dos lares terrenos, em que, tanto o homem como a mulher, que ardentemente se desejaram pela fascinação do corpo, declinam, irremediavelmente, para a indiferença gradativa em proporção à velhice. O moço marciano não firma a sua ventura no jogo transitório das configurações sensuais; e a mulher não confia a sua felicidade à circunstância de casar-se com um "galã" cinematográfico. Importa-lhes, em essência, o conhecimento recíproco das qualidades espirituais que são duradouras, que sobrevivem à deformação dos corpos e se aquecem continuamente sob o contato diário. Não havendo, como condição primordial, a atração pelo corpo, mas sim, o reencontro de almas afins para a eternidade, o lar marciano apresenta o delicado aspecto de uma escola de boa vontade.

PERGUNTA: — Quais as primeiras características do casamento?

RAMATÍS: — Após o beneplácito oficial, isento das festividades ruidosas com que, na Terra, os mais favorecidos afrontam os deserdados da sorte, a união é consagrada em admirável reunião espiritual, com a presença do "guia da família", vindo do Espaço, o qual traça as diretrizes psicológicas para os futuros eventos ascensionais dos espíritos que se uniram para os deveres conjugais. Quando, futuramente, o casal aceita a incumbência de admitir, no seu lar, uma alma que deseja reencarnar, o mentor espiritual expõe os planos da "concentração pré-gestativa" que, à míngua de vocábulos específicos, chamaremos de "quarentena mental".

PERGUNTA: — Como poderíamos conceber a idéia dessa "quarentena mental"?

RAMATÍS: — Os jovens recém-casados iniciam uma fase de concentração mental, com intervalos periódicos, que culmina em uma espécie de "retiro mental", absoluto, como preparo de suas almas para essa missão sublimada. Após a concepção, os cônjuges procuram, então, plasmar, no plano "astroetéreo", a configuração daquele que virá habitar o seu lar. Atuam em uníssono com o poder mental do "guia" doméstico, para que se forme um "duplo etérico" da mais perfeita contextura e equilíbrio anatômico possível, auxiliando a alma que vai reencarnar no corpo em gestação. Essa "descida" para o plano físico é feita, também, com a contribuição do próprio espírito reencarnante, que une suas forças psíquicas aos demais, a fim de atingir o melhor desiderato na configuração do molde perispiritual de seu futuro corpo. Conhecendo profundamente as leis do mentalismo, os marcianos esforçam-se para desatar, ainda no plano astral, os elementos que na "Mente Divina" podem tecer com pureza a estesia do organismo em gestação. E o orientador desencarnado, de comum acordo com o "médico clarividente", que é o visitador periódico da gestante, anota os progressos da configuração mental dos pais e do reencarnante expondo as corrigendas necessárias e sugerindo os recursos mais apropriados para o sucesso desejado.

PERGUNTA: — Há sempre necessidade dessa quarentena mental?

RAMATÍS: — Ela tem por essencial objetivo disciplinar o ritmo das forças criadoras, para que o corpo do futuro filho seja da conformação do tipo biológico marciano, sadio e mentalmente equilibrado. O espírito reencarnante, embora ainda no Espaço, já conhece os ascendentes biológicos e hereditários que irá desenvolver no organismo materno, a fim de auxiliar a edificação de sua veste carnal, nas mesmas disposições de garantia e perfeição que o "virtuose" exige para o instrumento intérprete de sua vontade.

PERGUNTA: — Há necessidade de o espírito reencarnante co-participar dessa quarentena?

RAMATÍS: — É um trabalho que comumente classificais de "equipe" no vosso mundo. As três almas ligadas espiritualmente, sob a direção de amoroso mentor, exercitam-se para a posse progressiva dos atributos que compõem a estrutura dos anjos criadores de mundos. Não há privilégios nem favores na escalada sideral; a alma é a principal tecelã das suas venturas gloriosas, que a aguardam nos planos de inconcebível Beleza e ilimitada Sabedoria. Através de mundos como a Terra, Marte e outros, em romagens no vestuário de carne, o espírito desenvolve as maravilhosas forças cósmicas que lhe dormitam na intimidade sideral, a fim de atingir a fase definitiva do estado angélico.

PERGUNTA: — Consequentemente, essas obras esotéricas que existem em nosso mundo, nas quais se ensina o desenvolvimento mental e se fala muito em "mentalismo", representam esforços para a ascensão a mundos como Marte?

RAMATÍS: — Sois vós os artistas de vossos destinos, e, quanto mais vos entregardes ao desígnio de um bom destino, mais breve estareis em condições de emigrar para mundos mais evolvidos. Se em Marte é necessário o domínio mental para atender aos imperativos de uma vida mais "criadora", no futuro ainda indefinido, é óbvio que hoje ou mais tarde, sempre tereis que um dia iniciar essa disciplina de direção mental consciente.

O eloquente orador que extasia o público hipnotizado ou o artista que inunda o salão de sinfonias arrebatadoras têm o seu curso na singeleza das primeiras letras do alfabeto e no solfejo das primeiras notas da pauta musical. O anjo planetário que orienta e alenta a humanidade de um mundo, como o vosso, cuja aura diáfana vos interpenetra na divina função "crística", também não se isentou do modesto curso dos compêndios do mentalismo iniciático nos mundos de formas. É Jesus ainda quem vos adverte: "E muitos há que têm olhos e não vêem". E, também: "A cada um conforme suas obras".

PERGUNTA: — Como pode influir essa "quarentena mental" dos marcianos na formação física do corpo?

RAMATÍS: — Em vosso mundo já se torna conhecido o poder extraordinário da mente humana na fase de gestação. Inúmeras mães que ainda resgatam as suas imprudências da época delicada da concepção, vivem atribuladas com os descendentes neuróticos, angustiados, hipertireóidicos, estigmatizados e de cacoetes, que trazem o selo indefectível do desequilíbrio e desregramento mental da época gestativa. Cientistas estudiosos e sensatos, da Terra, reconhecem absolutamente a influência da mente materna na constituição "psicofísica" dos descendentes. A profilaxia de geneticistas inteligentes, que exigem períodos de serenidade espiritual e ausência de conflitos emotivos entre os familiares afastando notícias trágicas e mórbidas, emoções imprevistas, acidentes, fatos repugnantes e revelações perniciosas, para a época de gestação, demonstra conhecer muito bem o perigo dos impulsos desgovernados da mente materna. Raramente a sabedoria terrestre cerca a mulher gestante dos recursos necessários, para que se faça uma conformação "anatômica-humana" compatível com a estética comum do mundo. Várias vezes, o espírito desregrado que deve reencarnar, para tortura dos pais, adversários no passado, culmina encontrando substância mental desequilibrada na esfera materna, o que o obriga a materializar-se em repulsiva configuração teratológica, e que a vossa ignorância costuma atribuir aos desígnios de Deus.

É necessário compreenderdes que a alma destinada a um

sofrimento estigmático no vosso mundo, é entidade descontrolada em sua composição psíquica, descendo ao campo de formas na mais acerba alucinação espiritual. Desde que encontre um conteúdo equilibrado e harmonioso no campo mental materno, a que se achega, a sua corporificação se dará dentro dos ditames cármicos estabelecidos, embora dolorosos. Porém, se ainda surgirem impulsos de outra mente desgovernada, que é a futura genitora, tais desequilíbrios mentais atuarão a esmo e discriminatoriamente, estabelecendo recalques genéticos inferiores e culminando em gestar detestável figura teratológica. A medicina comum, entontecida, limita-se a considerar os "genes" e o curso físico "organogênico", distante da realidade terrível, que é o produto de duas mentes adversárias e em atrito. Desnecessário vos recordar, então, o fundamento da "quarentena mental" marciana, durante a gestação, que estabelece, no campo ginecológico, a segurança para uma corporificação fundamentalmente humana mas perfeita.

PERGUNTA: — As relações conjugais se processam sob a mesma exigência biológica dos organismos terrenos?

RAMATÍS: — É justamente no plano das relações sexuais que os marcianos mais se sobrepõem aos terrícolas. Revelam-se profundamente conhecedores das leis espirituais que regem o mecanismo da concepção e estão libertos das apregoadas contingências de "necessidade biológica", sob o império do sexo. Consideram o intercâmbio sexual como sagrado ensejo criador, em vez de sensação física própria dos mundos inferiores. E atribuem ao fenômeno genésico uma espécie de "procuração divina", em que a criatura se transforma em um "deusinho" capaz de atuar no microcosmo e dar vida no campo físico. Na realidade, a mulher e o homem, configurando dois campos magnéticos opostos, na hora relacional se transmutam energias vindas do Alto e forças criadoras do mundo instintivo, as quais fazem o seu misterioso encontro na zona do "plexus abdominal", que é o exato limiar controlador dos automatismos criadores. Nesse encontro criador, os "centros de forças" do homem e da mulher, na figura dos chacras que se distribuem à periferia do corpo etérico, revitalizam-se pelo magnetismo oposto que os envolve como alimentação energética. Muito acima de "objeto-sensação", a mulher é poderosa antena viva de forças, funcionando como captadora do magnetismo descido das regiões superiores, o qual é vitalizado e corporificado na "hora relacional". Só o desconhecimento integral da realidade divina que palpita no intercâmbio genésico é que transforma o ser humano à feição do saltimbanco que resolvesse fazer graças fesceninas num templo sagrado.

PERGUNTA: — O casamento, em Marte, obedece à mesma pragmática terrena?

RAMATÍS: — Sob a égide comum de "ser útil e verdadeiro", o casamento marciano é apenas a consagração oficial daquilo que já está consagrado em espírito. Distante da preocupação carnal, sob os auspícios da bondade, do amor fraterno, do altruísmo e mútua renúncia, os cônjuges marcianos apenas atendem aos imperativos das leis humanas, quanto a cadastro, registro e compromisso social, porém, na mais singela cerimônia de caráter comum. Não há o exagero costumeiro de muitos enlaces terrenos, em que se procura fundamentalmente a festa convencional da sociedade, embora sejam frágeis as bases que foram edificadas para a verdadeira felicidade da alma. O "compromisso mútuo" entre os jovens marcianos é bem a decisiva disposição de "farei a ti o que desejo que me seja feito".

PERGUNTA: — Apesar dessas concepções elevadas a respeito das relações sexuais, porventura não se faz necessário mantê-las para o equilíbrio "psiconervoso"?

RAMATÍS: — Os marcianos, quer mental ou fisiologicamente, não apresentam esse imperativo biológico da "carência sexual", como elemento compensador das ansiedades "psiconervosas". Tratando-se de espíritos equilibrados na esfera emotiva e mental, governando perfeitamente toda série de emoções e impulsos instintivos, absolutamente voltados para as ascensões de ordem "extraterrena", têm suas ânsias voltadas para campos vibratórios mais sutis e de voluptuosidade mais demorada, por ser mais pura. Espíritos de tal quilate, harmônicos e sublimados, à procura constante da estesia divina, estão livres dessas psicoses angustiosas que a vossa ciência classifica de histerias, ninfomanias ou complexos freudianos. A sua rede nervosa basicamente vibrátil aos estímulos de ordem espiritual e a sua mente afastada voluntariamente das concepções impuras de sexo dispensam os recursos terapêuticos das relações periódicas conjugais. Quando o desejo sexual se lhes manifesta como necessidade, ambos pressentem, ou "escutam" na intimidade da alma, a voz criadora que lhes solicita o concurso para a descida de outra alma interessada na escola física. Não é, pois, o impulso "sexo-orgânico" que lhes passa a dirigir o metabolismo, mas sim a mente submissa e equilibrada que principia a tecer os fios sagrados para compor e ajustar o mecanismo à necessidade do instante procriativo. Como o oleiro tranquilo, que se entrega à composição de rico vaso, qual artista que é escravo da beleza de sua obra, os pais marcianos deliberam servir-se de todos os recursos divinos, para que o chamamento do Alto seja cumprido sem ferir as diretrizes estéticas e sensatas da Lei Suprema.

PERGUNTA: — Na psicologia marciana, qual é o sentido exato que atribuem ao sexo?

RAMATÍS: — Consideram-no o recurso dinâmico que permite ao espírito sair do mundo imponderável para se ligar à forma; o sagrado mecanismo das forças invisíveis para a descida das almas ao campo material. Verdadeiro descenso "luminoso" ao casulo de carne, para o retorno ascensional consciente, o espírito serve-se desse mecanismo que o homem terreno tanto avilta, mas que é o recurso "angélico-funcional" disposto no mundo de formas redentoras. Enquanto não evidenciardes a consciência exata dos objetivos sagrados e criadores do processo sexual; enquanto o respeito não vos guiar evitando que vos avilteis no nível infra-humano das relações da carne, cremos que é inútil a volúpia autocontemplativa de vos considerardes sábios cientistas, artistas ou sacerdotes, na face da Terra, pois se falhais na consciência moral do "elo sexual", confundindo ou pervertendo o objetivo essencial do sexo, não podereis vos considerar mais do que escravos de uma paixão inferior.

PERGUNTA: — Devemos, então, ver como ato desairoso o impulso natural do sexo, que é condição básica de nossa vida?

RAMATÍS: — De modo algum queremos vos tolher nas funções naturais do fenômeno genésico e dos recursos arbitrados pela Natureza no mecanismo do sexo. Consideramos, tão somente, a inversão dos valores que atribuís ao processo e à sinalética sexual, tornando-o afrontoso, porque o vosso mundo é que o inferioriza. O imperativo sexual não é fenômeno limitado às funções fisiológicas ou procriativas da configuração físico-humana. Vós o encarais especialmente como um motivo de sensação voluptuosa e de que abusais até a alucinação: mas vos equivocais, considerando que o sexo seja absoluta distinção na estrutura do corpo físico, ou apenas dois polos diferenciadores denominados "masculino" e "feminino". Perante as disposições divinas, o sexo masculino é identificação de alma com disposições mais ativas, enquanto o sexo feminino corresponde às entidades predominantemente passivas. Desde a posse instintiva absoluta e natural dos agrupamentos primitivos, até o objetivo sagrado na sublimação do "amor divino", o sexo representa o curso natural e puro que, gradual e progressivamente, conduz o homem-animal até a contextura definitiva do anjo eterno.

PERGUNTA: — Em nosso mundo existem muitos casos de desequilíbrios extremos, que foram satisfatoriamente resolvidos com o ajuste sexual. Que nos dizeis a este respeito?

RAMATÍS: — Somente a compreensão elevada das funções sexuais alcançará suplantar a terapêutica comum do mundo, afastando os pacientes dos recursos proverbiais da "psicanálise" e das neuroses clássicas dos estados patológicos do sexo. Porém, antes da preocupação da genética dirigida, deve existir a disciplina emotiva das relações sexuais, no controle absoluto do instinto inferior e da imposição bruta do reino animal. É fácil comprovar que os homens sábios, demasiadamente entretidos com o intelecto, geralmente são afeitos à continência sexual. Criam, naturalmente, uma segunda natureza que lhes coordena as forças inferiores e as sublima para os eventos benéficos e criadores no campo mental. A angústia sexual, responsável pela multiplicidade de aspectos patológicos de ordem neurótica e emotiva, não será solucionada sob a frieza de comprimidos, injeções ou tisanas de qualquer espécie; só o amor espiritualizado, manifesto e vivo, sob a inspiração sadia da conduta evangélica, conseguirá a terapêutica tão desejada no plano sexual. Jamais podereis encontrar aquele "amor ideal", tão desejado, no íntimo da humanidade, algo de santificante, que transcende as formas comuns, grosseiras, da vida humana, através do excesso das aberrações sexuais. O instinto satisfeito pode dar-vos transitória sensação de paz, na letárgica condição que advém após as trocas genésicas, mas o amor verdadeiro só o conseguireis quando o fizerdes independer das relações efêmeras da carne.

Acima do sexo definido pela biologia do vosso mundo, palpita a alma eterna e repleta de ansiedades afetivas e duradouras, cuja angústia aumenta tanto quanto as frustrações contínuas na troca de sensações grosseiras. Os sonhos etéreos que flutuam em torno de vossos espíritos sedentos de afeto e de compreensão, impregnam-se de vibrações grosseiras, aviltam-se e definham, se os tentais resumir na precariedade de uma sensação oriunda dum breve encontro carnal. Procurar o equilíbrio psíquico através do ajuste sexual é, na realidade, terapêutica do vosso mundo; porém, no plano do espírito, essa concepção é comparável ao recurso de iludir o pássaro aflito ou ansioso por liberdade, prendendo-o numa gaiola.

PERGUNTA: — Qual a situação primordial da mulher, em Marte, com relação ao casamento e à união sexual?

RAMATÍS: — O homem a considera nobre companheira, o complemento exato de sua ansiedade. Ela coopera e participa, integralmente, de todas as atividades humanas, operando ao nível do homem, na ciência, na arte, na filosofia e na religiosidade. É preceptora tão eficiente quanto o seu companheiro, e compõe metade dos Conselhos Diretores do governo marciano, fazendo-se notada na indústria, na administração e nas próprias comunicações interplanetárias. No entanto, embora ombro a ombro com o homem nas atividades públicas ou privadas, ela procurou sempre manter-se na esfera do "feminismo delicado", acentuadamente passiva, sem perder a divina função de "inspiradora e graça humana". Desistiu de uma competição feroz com o elemento masculino, no sentido de uma perigosa e ridícula "masculinização" virtual, que termina em grosseiro plágio das funções do homem. Plena de atividade e vigor, movendo-se com desembaraço e segurança no meio ambiente, guarda supremo cuidado na sua figura, a qual irradia sempre graça e beleza em todos os setores ou ambientes da vida humana. Embora nos agrupamentos marcianos da raça loura ela quase se confunda com o talhe masculino, múltiplos movimentos e realizações que é chamada a efetuar traem, já, a sua presença poética e emotiva. No campo da afetividade recíproca, a mulher marciana é um halo de luz e poesia, insuflando ternura em seu companheiro e recebendo deste o alento de energia de que também precisa para atuar com equilíbrio e prazer no mundo de formas. A permanente boa vontade que existe entre o homem e a mulher, em Marte, exclui e elimina todos os perigos que se geram em vosso mundo, sob o guante sombrio do ciúme, da cólera ou amor-próprio ferido. Sem abdicar de sua ternura, avessa à competição com o homem, ela seguiu ao encontro espiritual do seu companheiro, adoçando-lhe o temperamento e firmando-lhe o caráter. Compreendendo que nunca poderia abdicar da função sublime e extrema de ser mãe — a "médium" da vida —, a mulher marciana adotou a inteligente atitude de "genializar-se" mesmo femininamente. Procurou sua emancipação exterior, desprezando os artificialismos que a poderiam afastar dessa divina função de ser o templo sagrado do espírito reencarnado. Soube evoluir para os níveis definitivos do intelecto e da ciência marciana, sem perder a tessitura simbólica do ente angélico; conseguiu formar com o homem o maravilhoso binômio "sentimento-razão", sustentáculo glorioso de uma vida feliz.

PERGUNTA: — A gestação e o parto, em Marte, obedecem às mesmas leis da genética terrena?

RAMATÍS: — Marte, como orbe de natureza física, não poderia se distanciar anormalmente das leis comuns da evolução, no campo funcional da gestação e do parto. Desde o mecanismo da sinalética sexual até a hora do "vir à luz", o espírito reencarnante opera no casulo materno, sob condições análogas às terrenas. Ressalvam-se, no entanto, as condições de ordem psíquica, mental e espiritual, que é de imensa superioridade sobre as que circundam os cônjuges terrestres. Conforme já esclarecemos, tanto o pai quanto a mãe conservam-se em estreita colaboração de ordem mental, controlando a emotividade e fornecendo ao reencarnante a melhor quota de fluidos salutares. Criam uma zona psíquica de harmonia e equilíbrio para que no astral o futuro filho atue com serenidade no reingresso à forma física.

PERGUNTA: — O período de gestação é mais curto do que na Terra?

RAMATÍS: — Só em casos excepcionais, quase à semelhança dos prematuros do vosso mundo, pois, em geral, a fase gestativa marciana é um pouco mais longa do que a terrena, embora sem oferecer os quadros mórbidos e opressivos da gravidez terrena, que apresentam certas parturientes demasiadamente negligentes com seus altos deveres de "médium" da vida.

Os espíritos da aura marciana, além da estrutura do sistema orgânico-físico, têm que prover, na forma, o ajuste dos seus delicados veículos astrais, muito mais requintados do que os vossos no plano imponderável. A gestação marciana é logicamente um pouco mais demorada porque, ao espírito reencarnante, também é mais complexa a ligação com a matéria, pela maior "distância" vibratória entre o espírito e o plano em que vai corporificar-se. Acresce, ainda, que o período gestativo é também a reprodução, num resumo biológico, de todas as formas que precederam a configuração definitiva do homem. Sendo os marcianos entidades mais evoluídas do que os terrenos, é óbvio que a sua gestação se retarda um pouco mais, em face de existir uma fase "mais além", que deve reproduzir, no último mês, a configuração do homem terrestre, porém, aperfeiçoado. O recém-nascido, em Marte, assim que se desliga da placenta, oferece a figura exata do ciclo completo do homem terreno, assim como o "recém-nascido" terrícola traz no "facies" o estigma do "primata das cavernas", que é a fase que precede a figura atual do vosso orbe. Embora ocorra essa sequência gestativa mais longa do que a terrestre, já vos dissemos que os médicos marcianos podem retardar ainda mais, ou acelerar as fases da gestaçao, utilizando processos que escapam ao vosso entendimento.

PERGUNTA: — Há certa correlação de fenômenos entre os esposos quando da gestação da esposa, conforme há quem afirme existir na Terra?

RAMATÍS: — Normalmente, quando o espírito se reencarna nos mundos físicos, e que procura reduzir o seu perispírito para atingir internamente os contornos da matriz feminina, encontrará mais facilidade para esse encaixe vibratório-etérico, se puder recorrer também ao magnetismo que exsuda do futuro pai. O espermatozóide doado pelo homem, à medida que vai desatando, na matriz materna, a configuração do nascituro, também alimenta e expande o campo magnético que vive em si, potencialmente, como substância energética masculina. Em consequência, o período gestativo cria fenomenologia de identificação comum, entre os esposos, embora diferenciados pela matéria. Não importa se ambos estão separados, em corpo físico, pela distância do mundo de formas, porquanto não existem separações vibratórias do mesmo magnetismo, que se possam interpor e interpenetrar-se, mesmo a consideráveis distâncias.

O psiquismo do genitor, que fica em estado de "hipersensibilidade" magnética, sofre a atuação mais enérgica e intensa do psiquismo da esposa em estado de gestação e consequentemente em íntima relação com os planos imponderáveis. Forma-se, então, uma ponte, um elo psíquico indestrutível entre ambos, e, pela rigorosa lei de correspondência magnética do Cosmo, inúmeros estados emotivos e psíquicos da mulher projetam-se no campo etereomagnético do homem. Desencadeiam-lhe, por vezes, até fenômenos objetivos e de ordem enfermiça, atestável nos quadros ginecológicos.

O chinês, o índio e certos povos exóticos, pressentindo essa influência "psicomagnética" entre os esposos, quando das épocas gestativas, faziam-se co-participantes do período de gestação, culminando alguns no exagero de ficar de "quarentena", enquanto a esposa não cessava as atividades comuns. A vossa ciência já deve ter verificado inúmeros casos de dispnéia, náuseas e afogueamento abdominais, que por reflexão magnética têm provocado fenômenos no esposo da gestante.

PERGUNTA: — O parto, em Marte, é doloroso como na Terra?

RAMATÍS: — Não se justificaria que assim fosse, pois a mulher marciana é espírito liberto do carma, símile da Terra, guardando equilíbrio e severa dignidade na esfera das atividades conjugais. Não somente graças aos recursos da medicina espiritualizada de Marte, como em face da nutrição sadia e energética, aliada à harmonia emotiva e ausência de desregramentos, a hora do parto é acontecimento despido de toda preocupação, realizando-se na mais impecável serenidade e ritmo funcional sob o controle perfeito da Natureza. Em face de um sistema nervoso delicadíssimo e da maravilhosa distribuição endocrínica no campo dos hormônios, o mais perfeito cronômetro do vosso mundo perde para a delicadeza dos estímulos nervosos que controlam toda a operação do parto. Para os nossos olhos espirituais, na hora do parto marciano, o sistema dos chacras, ou seja, os centros de forças distribuídos à periferia do corpo etérico, lembram-nos a mais perfeita orquestração de cores cintilantes e de energias puras. O comandante augusto e divino do sistema, que é o chacra coronário, na mais fascinante pulsação rítmica, emite do seu centro níveo e imaculado os mais deslumbrantes fulgores dourados, que partem em função com o variado colorido das bordas exteriores. Não nos recordamos de haver encontrado, na Terra, essa harmonia e ritmo "etereofísico" na hora grave do nascimento Pudemos observar o quanto pode o pensamento nobre e evangélico auxiliar a mulher no delicado momento de ser o templo sagrado de outra vida.

PERGUNTA: — Quais são os motivos que mais podem atribular a mulher terrena, na hora do parto, ou mesmo, no período gestativo?

RAMATÍS: — Fundamentalmente é a ausência de evangelização, quando a mulher é um pomo de rebeldia e avessa à gestação, desempenhando essa nobre tarefa sob os imperativos corrosivos da mente revoltada. A preocupação imensa de evitar a deformação do corpo perecível costuma criar situações deprimentes para o espírito reencarnante, o qual desce à Terra sob compromisso que a futura mãe assumiu ainda no Espaço. Inúmeras vezes, espíritos endividados, desejando fugir à causticidade da própria consciência, aceitam reencarne entre as suas vítimas ou algozes, para um entendimento e aproximação, na escola do lar terreno. No entanto, assim que a gestante sente o fluido hostil daquele com quem ela ainda não se ajusta e se dispõe a romper o compromisso íntimo e sagrado, recorrendo ao aborto, essa disposição mental, ao acentuar-se no pensamento materno, vai-se infiltrando, qual veneno aguçado, na intimidade do reencarnante; e este, muitas vezes, para garantir a sua materialização, não trepida em esgotar a futura mãe, a fim de fazer sobreviver o seu corpo. E se a gestante não modifica o seu pensamento daninho e adverso, meditando sempre na expulsão do intruso que lhe povoa a mente, é possível ir até a desencarnação na hora da "délivrance". O temor de não nascer leva o espírito reencarnante a proteger o seu casulo de carne sob qualquer condição, mesmo extraindo completamente o "tônus vital" da gestante, ficando esta com menores probabilidades de êxito na sobrevivência após o parto. E se, efetivamente, o aborto for consumado, dificilmente a abortante escapará, para o resto da existência física, dos mais acerbos sofrimentos na esfera genital. A alma que ela desprendeu, compulsoriamente, ser-lhe-á terrível fantasma de todos os momentos de debilidade psíquica, com a agravante de esperá-la, à beira do túmulo, para a desforra definitiva.

Se o Inferno de Dante precisasse de alimento contínuo, para criar sofrimentos acerbos, acreditamos que seria suficiente manter na Terra as "instituições de aborto", para que esse alimento fosse fornecido diariamente e em condimento excitante. Os infelizes que, em vosso mundo, ainda trocam a comodidade da matéria pela insânia de destruir o corpo já comprometido antes do reencarne, se assim o fazem, traindo contratos espirituais, é porque ignoram os pavores satânicos que os esperam no "Além", quando as almas enlouquecidas, que não puderam descer ao mundo físico, se lhes aderirem vampirescamente e por tempo imprevisto.

PERGUNTA: — E quais os efeitos da mente contrariada, mesmo que cumpra o seu dever de gestar e ser mãe?

RAMATÍS: — O período da concepção é a mais delicada e sensível manifestação das forças dos reinos imponderáveis. Pensamentos, emoções e disposições de ordem psíquica gravam-se em torno do campo mental, diretor da configuração do corpo em gestação, com a mesma facilidade com que as vozes e os sons musicais se fixam na cera dos discos gramofônicos. As vibrações que se sucedem, se inferiores, irritam as formações genéticas, acentuando a manifestação dos genes belicosos ou deprimentes e concorrendo para que o sistema "psiconervoso" se constitua sob tensão irregular. A criança ingressa no campo físico, conduzindo no comando do psiquismo diretor de sua existência estímulos irritantes ou manifestações letárgicas, na conformidade do conteúdo que foi dosado pela mente materna na gestação. Não vos deve ser estranho que as crianças muitíssimo irritáveis, nos primeiros meses de vida, são as amamentadas por mães ou amas-secas irritáveis, neuróticas ou hipertireóidicas. Outras mães distanciam-se completamente no ato de doar o precioso líquido ao seu descendente, transmitindo, através do leite, os pesares, a melancolia e o desalento irremediável. Nessa infeliz disposição de insuflar psiquismo mórbido, no próprio ser que acalentou no ventre, favorece, desde cedo, o evento de mais um hipocondríaco na Terra. Esse é o motivo por que as mães marcianas se mantêm vigilantes em todo o curso da gestação, e, na fase rapidíssima de amamentar, exercem a sua função sob um clima de efusão e júbilo espiritual. É certo que a desumanização da figura marciana, para linhas angélicas, já procedeu a inúmeras modificações nos processos de nutrição, estando o "recém-nascido" isento das necessidades do lactente terrestre. Apenas nas zonas rurais ainda apegadas ao tradicionalismo da forma, embora equilibradas, a amamentação é processo aceitável.

PERGUNTA: — É possível conceber a existência do divórcio,

em Marte?

RAMATÍS: — O divórcio, na feição com que o imaginais, é acontecimento próprio dos mundos contraditórios, das decepções e desajustes imprevistos. As desilusões domésticas são produtos naturais das contradições psicológicas, entre esposos, que se unem afetando "harmonia", quando, na realidade, são portadores de mazelas habilmente dissimuladas entre si. O divórcio, comumente, é a solução precária para a união conjugal, que se efetua sob bases transitórias, na origem do noivado defeituoso. Os corpos que se separam, por lei, apenas confirmam a separação que já existia entre as almas.

Em Marte, a principal firmeza da afinidade conjugal reside na sadia atitude dos noivos, quando se autopsiam no recôndito das almas, sem receios ou falsas veleidades de amor-próprio, a fim de estabelecerem a segurança emotiva e o entendimento espiritual. Não pode haver decepções e surpresas entre aqueles que, previamente, puseram a nu o teor de suas "piores possibilidades". Daí não haver instituição propriamente dita, entre os marcianos, para solver as dissensões conjugais, porque não se presumem desilusões naquilo que já está absolutamente previsto. Aceitando o nobre compromisso de se ampararem mutuamente nas próprias debilidades espirituais, os jovens marcianos eliminam o fundamento espinhoso das alterações e dos caprichos insatisfeitos. O desinteresse do prazer sensual, que é completamente substituído por ansiedades ardentes de "mais espiritualidade", extingue a solução do divórcio.

PERGUNTA: — Os elos conjugais marcianos são indissolúveis?

RAMATÍS: — Há completa liberdade de dissolução e reconstituição de um novo lar, o que pode ser efetuado pelo simples acordo recíproco. Tratando-se de espíritos emancipados de carma disciplinador, já no limiar da fraternidade universal, distantes da idéia de "posse" muito ao gosto terreno, o que importa à humanidade marciana é o perfeito entendimento de relações fraternas. Existe perfeita "liberdade" no agir e decidir, assim como alunos de uma instituição tradicionalmente impecável assumem a responsabilidade de seus atos para consigo mesmos. A própria união conjugal pode ser efetuada sem o beneplácito das autoridades vigentes, porque não oferece esses aspectos deformados das relações terrenas. No entanto, assim como o estudante criterioso é o primeiro a cumprir os seus deveres para com o regulamento e estatuto da sua academia, o marciano é absolutamente afeito à ordem e ao equilíbrio para o bem coletivo. É de norma comum, mesmo no vosso mundo, que os direitos se sucedam aos deveres realizados. Não há necessidade de obrigações compulsórias para a harmonia da coletividade marciana, uma vez que é impossível encontrar um só cidadão em falta com o meio em que vive. Agem sob o império exato de um critério espiritual superior, sem malícia, subterfúgios ou interesses subalternos, graças aos seus sagrados objetivos que estão muito além dos tesouros precários dos mundos físicos. Não lhes pode ocorrer inversão de valores, quando esses valores são indestrutíveis e invioláveis, quais sejam os bens do espírito eterno. Não há indissolubilidade entre os elos conjugais, podendo se suceder a mais espontânea e natural separação entre os cônjuges, fato raro e que, quando ocorre, é por razão de objetivos superiores.

PERGUNTA: — Supondo um divórcio "espontâneo" entre os cônjuges marcianos, quais seriam as razões e os objetivos superiores?

RAMATÍS: — Esse divórcio só poderá suceder pela definitiva separação de "corpos", do mesmo lar, pela transferência espontânea para outro local, outra comarca de atividade, quando convém a um dos cônjuges fixar-se em nova zona de labor. A separação é unicamente visando à oportunidade de se constituírem dois novos lares, para novas reencarnações de almas amigas, parecendo-lhes egoísmo que a separação tão longa ou definitiva elimine a oportunidade de novas oficinas domésticas de trabalho reencarnatório. Todos os atos dessa humanidade são de absoluta abdicação individual, sempre em favor da coletividade. O bem comum sobrepõe-se ao bem do indivíduo, na mais natural e alegre renúncia. Quanto aos resultados emotivos, inclusive as tradicionais frustrações comuns à Terra, desaparecem pela continuidade dos motivos que geraram as uniões conjugais. Não havendo o interesse gerado pela paixão carnal, base de quase todas as tragédias de vosso mundo, os afetos conservam-se íntegros, imunes de manchas dos mundos transitórios.

PERGUNTA: — Há sempre êxito e absoluta afinidade entre noivos, culminando sempre em casamentos sem conflitos?

RAMATÍS: — As uniões se fazem através de "afinidades

eletivas", em que a reunião de dois seres, no mesmo lar, deve aumentar as quotas de emotividade espiritual. É a aproximação de duas metades, o mais afins possível, para compor uma unidade também mais harmoniosamente alcançável. Desde que entre os dois jovens, em mútuo teste para casar, se verifique desperdício de aprendizagem conjugal, ambos, leal e sinceramente, desistem do projeto em mente. Interessa-lhes, sempre, o aproveitamento máximo da vida física, para a mais breve libertação das contingências reencarnatórias.

4. Família

PERGUNTA: — Os marcianos estão submetidos aos mesmos dispositivos da constituição de família que são adotados na Terra?

RAMATÍS: — As características fundamentais são análogas, porém a norma comum em Marte é já a composição da "família universal". O lar é organização muito diferente do vosso egocentrismo de "família por vínculos sanguíneos", em que vos devotais ferozmente ao grupo doméstico, considerando os outros grupos alheios como adversos ou estranhos no campo dos favores humanos. Não existe essa disposição rígida e estreita de manter coeso o círculo restrito do lar, baseado exclusivamente na descendência da mesma ancestralidade. O agrupamento doméstico, marciano, assemelha-se à generosa hospedagem de "boa vontade", em que o homem e a mulher aceitam a divina tarefa de preceptores de almas que buscam o aperfeiçoamento espiritual. Muito acima da idéia de "propriedade" sobre os filhos, prevalece o conceito de "irmandade universal", em que o organismo físico, sendo apenas um veículo transitório, não deve sobrepor-se às realidades morais, evolutivas, do indivíduo espírito eterno reencarnado.

PERGUNTA: — Como se exerce essa função preparatória para a "família universal"?

RAMATÍS: — Através da consciência de que o grupo doméstico é um perfeito conjunto de almas ligadas por velhos compromissos apenas diferenciadas pelas condições de cônjuges, parentes, pais ou filhos. A recordação de outras vidas, que é comum entre os marcianos, anula filosófica e espiritualmente os complicados laços de ascendentes biológicos que compõem o quadro consanguíneo. A convicção de que a realidade espiritual sobrevive às condições físicas, desvanece as preocupações ancestrais de sangue e tradições de família. Os corpos físicos que servem de *habitat* aos espíritos descidos do Espaço, são considerados provisórias e rápidas estações de pouso educativo em vez de características pessoais de família.

Consideram o lar como oficina e escola de aperfeiçoamento espiritual, distante da "arena doméstica" em que os terrícolas se digladiam nos conflitos gerados pelos sentimentos ferozes do ciúme e do amor-próprio. A célula doméstica significa-lhes antes a preliminar do entendimento espiritual, sobrepondo-se à instituição de deveres de parentela física. Não se entrechocam interesses opostos, porque os preceitos puros do espírito prevalecem acima da transitoriedade da carne. O homem e a mulher marcianos convivem e se confraternizam, intercambiando forças do magnotismo divino e absolutamente desinteressados de manterem "pontos de vista" pessoais. Amam-se e admiram-se, aventando experimentações para o mútuo aperfeiçoamento, assim como os escolares se amparam para o êxito das lições em comum.

PERGUNTA: — Não poderá haver um desajustamento, embora sob aspectos diferentes dos da família terrena?

RAMATÍS: — Em qualquer plano físico de educação espiritual, o desajuste é admissível, pois os espíritos permanecem em função de "ajuste" consigo e com o próximo. Os marcianos estão absolutamente certos da necessidade desse ajuste, que os predispõe à máxima "boa vontade", visando ao perfeito e mútuo entendimento fraterno. No vosso mundo, os desajustes na família sempre derivam do jogo feroz dos interesses materiais e da carne, onde o ciúme, o ódio e o capricho conduzem até o homicídio entre parentes. O homem terreno deixa-se cegar pela violência das paixões animais. Em Marte, no entanto, os desajustes domésticos só ocorrem no plano intelectual, na preferência religiosa ou artística, que não implica em separação ou conflito em comum. A família marciana sempre permanece em absoluta harmonia espiritual, mesmo que sejam profundamente opostos os propósitos emotivos no mundo exterior. Não se lhe conhecem as frustrações conjugais que deixam cicatrizes emotivas, porque já se libertou de desejos ou impulsos veementes quanto ao sexo.

PERGUNTA: — Achamos um tanto dissociativa a indiferença pela realidade consanguínea da família. Cremos que a linha biológica, a ancestralidade e as mesmas disposições tradicionais de família, significam mais amparo e unidade coesiva. Que achais?

RAMATÍS: — Esqueceis que a maioria das famílias terrenas estão profundamente divididas na intimidade espiritual. Comumente os cônjuges mantêm uma conduta artificial, intercambiando sorrisos convencionais como satisfação e resguardo social. Porém, na realidade, a maioria dos lares terrestres não passa de melancólicas hospedarias para o alimento e reunião dos corpos cansados, enquanto as almas vivem quase sempre distantes umas das outras. É a catadura feroz e costumeira do chefe de família, que traz para o seu lar as mazelas dos próprios desregramentos; são as cenas de ciúmes animalizados, ateando incêndios de cólera e brutalidade que chegam a degenerar em dramas e tragédias irreparáveis; é o filho privilegiado, que transforma o seu custoso automóvel em traço de união entre o lar e o prostíbulo; a moça caprichosa, rude no trato caseiro, mas afável e sofisticada no ambiente social; a esposa encerrada na toalete", preparando-se para a exposição ambulante de jóias e cosméticos; é o caçula exigente e autoritário, transformado, por negligência e incompreensão paternal, em ditador dentro do lar; são os casos comuns em que a mesa doméstica das refeições é um palco de desavenças, transformando num ambiente de guerra uma reunião que, por todos os motivos, deve ser de bênçãos e de paz. E por estas realidades deprimentes e dolorosas, multiplica-se o número dos que cultivam amizades estranhas por não compreenderem a grandeza moral e espiritual do sentido exato da família.

Tudo isto prova que, debaixo das ascendências biológicas e consanguíneas, os lares terrenos abrigam antigos espíritos adversários, algozes e vítimas do passado, que Deus, pelo seu infinito amor, reúne, a fim de que, mediante um esforço de boa vontade, possam saldar mútuos débitos do pretérito.

Porém, infelizmente, a maioria dos componentes da família terrena, desinteressados do problema do indivíduo como espírito eterno, converte os lares em cárceres de lutas e discórdias, perdendo essa feliz oportunidade, que lhes seria abençoada, se a utilizassem para se congraçarem e unirem sob essa fraternidade espiritual e eterna já alcançada pelos marcianos, cuja inteligência e acuidade não os escraviza às afeições rígidas e transitórias do parentesco da carne, em detrimento da evolução da alma; pois o seu anseio é espiritualizarem-se continuamente até poderem alçar-se aos altos remígios do amor cósmico e participarem das venturas celestiais da santidade.

PERGUNTA: — Não há deveres conjugais, com responsabilidades definidas, para esposo e esposa?

RAMATÍS: — Ambos gozam das mesmas prerrogativas e integram-se nas mesmas responsabilidades. Não existe essa linha divisória terrena, de obrigações masculinas ou femininas. Trabalham em comum para o bem da coletividade. Nas residências marcianas não existe a azáfama culinária causada pela alimentação a "horas certas", que ocupa a mulher em exaustiva tarefa diante do calorento fogão terreno.

Como o alimento é o mínimo exigível para a vida física, completando-se o seu energismo na quota do magnetismo atmosférico, a temperança nutritiva, isenta das glutonices de vossos repastos, permite à esposa cooperar eficientemente com o companheiro em todas as suas atividades externas, aumentando assim a afinidade já existente por eleição espiritual.

PERGUNTA: — A família marciana não faz refeições todos os dias?

RAMATÍS: — Uma das principais características do estado evolutivo de um mundo semelhante a Marte é, justamente, a sua menor sujeição às necessidades ou exigências de feição material. O modo simples e restrito de alimentação dispensa ou livra os marcianos dessas constantes aflições e tensões nervosas que martirizam os terrícolas pelas desordenadas correrias a que são obrigados diariamente por causa de seus horários fixos na "hora do almoço" e à tarde, quando têm de regressar ao lar.

PERGUNTA: — A família marciana se constitui à semelhança terrena, quanto à associação de pai, mãe e filho?

RAMATÍS: — Os vínculos consanguíneos são idênticos e os filhos atravessam o período infantil, de adaptação, sob os cuidados protetores dos pais. Difere, no entanto, o sistema de educação na tenra idade ou infância, porquanto lá se cogita, a sério, das contingências e necessidades psíquicas do reencarnado, muito antes das exaltações e dos caprichos do bebê rechonchudo que é a alegria do lar. A compreensão de que, acima do indivíduo-corpo, encontra-se a alma em busca de aperfeiçoamento íntimo, induz o pai marciano a cuidar e atender, com zelo especial, à evolução moral de seus filhos como entidade espírito, mesmo que isso importe em sacrifício ou prejuízo dos interesses do "lar material".

PERGUNTA: — Cremos que em nosso mundo os objetivos educacionais a respeito da criança atendem também à melhoria do espírito, embora varie quanto à idéia que cada um faz dessa entidade "espírito". Não vos parece?

RAMATÍS: — Não pomos isso em dúvida; mas, na verdade, o esforço mais acentuado dos pais terrenos concentra-se em preparar os filhos para que eles consigam êxito futuro, no que concerne, especialmente, a se "instalarem bem na vida", e pouco atendendo às virtudes superiores da alma, as quais exigem um curso moral e instrutivo de maior profundidade.

Não podeis ignorar que muitas das moças voluntariosas e de caprichos estranhos e insubmissos que vão ao extremo da cólera ou dos choros e crises histéricas, foram aquelas "bonequinhas" graciosas e queridas da família, a quem os pais outorgam poderes discricionários para fazerem do lar um campo de desatinos e arbitrariedades, levadas, geralmente, à conta de "gracinhas" desculpáveis. Raros, também, são os lares terrenos, onde o "caçula" não se transforma em feroz "reizinho" que solapa e subverte todos os princípios da disciplina doméstica, sob o olhar dos pais embevecidos, ou da visão complacente dos avós emotivos.

O desconhecimento da realidade espiritual-reencarnatória que é comum a todas as almas, conduz os pais aos mais profundos erros educativos, confundindo as necessidades da alma com o instinto proverbial dos ascendentes hereditários. O apego de sangue na tradição da família terrena, o zelo demasiado em torno dos descendentes que o amor-próprio do conjunto doméstico leva ao extremo de defender e justificar os erros dos filhos, contribuem, decisivamente, para os infelizes desajustes futuros dos moços e das moças, desamparados e desprevenidos diante de um mundo hostil e contraditório. Só o controle disciplinado, inadiável e inteligente das exatas qualidades do espírito reencarnado, polindo-o em suas asperezas e recalques milenários estratificados em outras vidas, é que firmará a criança no rumo certo de sua segurança social e moral na fase adulta. Doutro modo, os impulsos inferiores da matéria que serve de corpo, em combinação com o psiquismo indisciplinado, criam uma entidade "psicofísica" descontrolada, impulsiva, arbitrária e tolerável só à base de favores e interferência alheias. E como o mundo é severa escola de educação espiritual, funcionando como departamento de correção psíquica, chega o momento em que o moço ou a moça voluntariosa são contrafeitos em suas incontroláveis atitudes prejudicialmente aquecidas na família condescendente. Abatidos, estupefatos e dolorosamente decepcionados com a resistência encontrada aos seus caprichos, até entre os mais íntimos, então, alguns deles, feridos no amor-próprio e humilhados pelo abandono e reprovação exterior, culminam o seu desespero no ato de revolta que é o suicídio. Na realidade, a causa está firmada lá na infância, no conjunto da família, onde os pais negligentes e os avós extasiados concorreram para o florescimento de um conteúdo moral impróprio das condições do meio agressivo que é a Terra, como escola disciplinadora e não como palco de expansões emotivas inferiores, contrárias à vida ambiente.

PERGUNTA: — Qual o recurso seguro que utilizam os pais marcianos para o êxito do moço futuro?

RAMATÍS: — A vigilância e correção precisa e imediata, num sentido pacífico e estético, desde o primeiro impulso incontrolável do "rechonchudo bebê" que, desde a "primeira vez", foi tolhido nos impulsos perniciosos. Sabem os pais marcianos que nos bastidores daquele corpo tenro, gracioso e sedutor, atua o acervo psíquico, milenário, repleto de idiossincrasias e caprichos de ordem "pré-reencarnativa", o qual deve ser absolutamente controlado, desde o primeiro instante de sua manifestação, a fim de não pôr em perigo a própria ventura do reencarnado. Figurando o corpo físico como o peculiar "cavalo selvagem" dos enxertos do reino vegetal, haveis de compreender que a seiva bruta e agressiva da hereditariedade biológica que circula nesse organismo, atuará vigorosamente sobre a alma reencarnada, procurando impor sua força selvática e seu domínio hostil. Desde que o espírito reencarnado se deixe dominar por essa energia agreste, libertando também o recalque de suas mazelas psíquicas estruturadas nas vidas anteriores, não tardarão os efeitos nocivos que tanto desajustam a harmonia exigida para a felicidade humana. As paixões inferiores do mundo material, quando subjugadas pelo psiquismo superior, transmudam-se em forças construtivas e criadoras, assim como a dinamite explosiva se torna energia dócil e de utilidade, sob a direção segura e racional dos técnicos inteligentes. A cólera indisciplinada que é responsável por tantos cárceres e hospitais, quando purificada, transforma-se no espírito energético dos heróis, dos santos e dos pioneiros dos bens humanos.

Condicionando rigorosamente a fase infantil a um ritmo de correção íntima, sem os falsos sentimentalismos da fase áurea da criança, os marcianos estabeleceram metódica e eficiente disciplina para o espírito reencarnado, conduzindo-o à fase adulta sob harmoniosa pulsação de ajuste espiritual ao meio físico. A subida íngreme do estado de bebê ao de cidadão de responsabilidade pública, em Marte, é feita sob a serenidade vigilante que o afasta das surpresas instintivas.

O vosso **sentir** paternal ainda é produto do egocentrismo de um "ambiente de sensações". É, pois, indispensável que todas as emoções, inclusive as mais nobres, sejam subordinadas ao controle do raciocínio; e o amor para com os filhos não deve fugir a essa regra. **Amar** os filhos, no sentido exato do termo, importa, acima de tudo, em saber conduzi-los visando, não apenas, o futuro homem-**corpo**, mas, especialmente, o homem-**espírito**. Os pais que sabem atender a este aspecto moral, libertam-se dos sentimentalismos afetivos que degeneram em liberdades nocivas. E nesse sentido, Deus nos dá esta lição edificante: a sua bondade, embora infinita, não impediu que a sua sabedoria criasse a severidade dos mundos de correção espiritual, destinados aos que se afastam da linha reta estabelecida pelas suas leis, pois não basta **sentir** o amor; é preciso **saber** exercê-lo de modo que bondade e sabedoria formem duas linhas paralelas, a fim de que se estabeleça o equilíbrio entre o **sentir** e o **saber**.

PERGUNTA: — Há necessidade de tanto zelo, na família marciana, para o bom êxito do futuro cidadão, quando já se trata de espírito equilibrado?

RAMATÍS: — Citamos as duas influências que podem perturbar o reencarnado no mundo material: a vigorosa atuação dos instintos inferiores e a bagagem psíquica adquirida noutras vidas. Embora o espírito reencarnante, em Marte, já apresente condições superiores no seu psiquismo, ao ingressar em novo organismo, fica submetido às influências instintivas e hereditárias da linha morfológica carnal. O orbe marciano, embora de ambiente aprimorado pela sua humanidade evolvida, não deixa de ser constituído de substância material, com sua energia primitiva, fundamentalmente ativa e com tendência sempre para o domínio completo. Nunca deixam de agir no espírito as tendências hereditárias organogênicas, cabendo a este, no entanto, fazer predominar os princípios superiores. Daí o cuidado com que os pais marcianos procuram extinguir os rebentos instintivos, que tentam atuar na alma quando ainda impotente para fazer valer os seus direitos e costumes.

PERGUNTA: — A ausência de filhos, pelo costume da "criança itinerante", não cria a solidão nos lares marcianos? Não se estabelece, assim, semelhança com os lares terrenos sem filhos?

RAMATÍS: — Semelhante ausência é compensada pela presença e bulício de outras crianças itinerantes, que cotidianamente estão em peregrinação pelos lares distantes de suas comarcas. Acresce, também, que o filho que saiu a peregrinar pelo orbe, só em raros casos deixa de retornar, pois os laços espirituais também são vínculos de permanência em família consanguínea. O marciano é avesso à misantropia, embora sejam débeis os laços que os unem em família física. Os lares, notadamente à noite, são ambientes festivos, com prodigalidade de luzes, em contínuo intercâmbio fraterno; essas reuniões são assuntos de alta significação, criando compromissos recíprocos de visitas e divertimentos graciosos. Os jardins inundados de luz e as clareiras atapetadas de veludo vegetal transformam-se em verdadeiros umbrais de alta espiritualidade, onde os jovens trocam as mais ternas juras de amor condicionado aos objetivos da evolução espiritual. Desaparecem o convencionalismo, a frase feita, as prevenções de família adstritas a ascendências biológicas, para existir somente o impulso fraterno e a amizade espiritualizada.

PERGUNTA: — Há, também, moços marcianos que continuam a morar no mesmo lar?

RAMATÍS: — Podeis conceber, sem receio, o lar marciano símile ao da Terra, com as manifestações de júbilo que formam a intimidade dos que extinguem os paredões convencionais do mundo profano. Os moços continuam na comunidade doméstica, considerada como natural e ótimo ambiente de confabulações espirituais, onde os laços consanguíneos são postos a grande distância das preocupações eternas da alma. O lar marciano, completamente isento de discussões, caprichos e dissensões, é o "oásis" que faz reviver, nos seus componentes, as fascinantes tertúlias próprias dos planos etéricos. É sedativo ambiente de paz, de alegria e afeto puro, despidos de preconceitos isolacionistas.

PERGUNTA: — Em Marte há reuniões em datas festivas, como sejam aniversários, noivados e outras comemorações?

RAMATÍS: — Naturalmente, pois se trata de humanidade particularmente apegada a tudo o que é jubiloso e sadio; essas tertúlias de alegria, porém, dispensam a ingestão de líquidos alcoólicos, que tanto deprimem e desmoralizam as comemorações terrenas.

Os marcianos, embora comparados aos terrícolas, sejam verdadeiros super-homens, quando se desafogam e se libertam das preocupações materiais, não retêm quaisquer resíduos mentais, semelhantes a esses recalques aflitivos, que enchem de rugas as vossas fisionomias, denunciando, muitas vezes, uma velhice precoce. Por conseguinte, quando eles se congregam em reuniões festivas, o seu temperamento alegre e gracioso faz com que se assemelhem a crianças felizes, exalando aquela graça e santidade sempre abençoadas por Jesus. No entanto, a sua aura de ternura e afeto impõe tal reverência e tal respeito, que desarmaria o mais atrevido terrícola. São almas já no limiar da "aura crística", que aliam à sua mente austera e sábia um misto de encantamento tão irresistível, que nos leva a defini-los como verdadeiras crianças adultas.

Quanto a datas festivas, eles consideram a do nascimento por um prisma de significação mais elevado do que vós o compreendeis, pois não festejam esse acontecimento adjudicando-o à entidade física, mas sim ao advento da alma ao *habitat* material, como ensejo feliz de maior aprimoramento espiritual.

Os noivados são cursos de beleza santificante, em que o objetivo essencial é a união de duas almas que visam, especialmente, a fortalecer e ampliar as manifestações fraternais do amor espiritualizado e eterno, dispostas a proporcionar a outros irmãos do plano astral a sua descida e ingresso na escola ativa da reencarnação, a fim de poderem, também, adquirir a experiência e os conhecimentos indispensáveis a novas tarefas na esfera da evolução espiritual.

PERGUNTA: — O regresso dos ausentes provoca motivo de júbilo ostensivo conforme acontece entre nós?

RAMATÍS: — Quaisquer recordações agradáveis, quer aniversário, a partida de criança itinerante ou o seu regresso, os compromissos de noivado, hospedagens, término de compromissos oficiais, cursos acadêmicos ou simples ideais concretizados, são motivos de alegria geral. Há imensa preocupação de que a alegria de um seja participada por toda a coletividade próxima. Sem exagerarmos, podemos afirmar que os marcianos utilizam todos os pretextos para transfusão de alegrias e afetos. Sob noites da mais refulgente claridade, provinda da iluminação "alta", como a designam os habitantes, as ruas, os bosques e logradouros públicos são recantos buliçosos. O trepidar suave das aeronaves imóveis, no ar, sob a luz do luar, de tons rosados, e o movimento festivo dos veículos coloridos, lembrando brinquedos plásticos que deslizam sobre o solo, criam disposições afetivas e desconhecidas no vosso mundo, ainda dominado pelas competições ferozes no jogo dos interesses materiais.

PERGUNTA: — Nessas festas íntimas tomam parte conjuntos musicais análogos aos da Terra?

RAMATÍS: — Se as tribos primitivas, onde mal despontam os primeiros bruxuleios da razão, não dispensam o concurso da música, ainda que seja o rudimentar cantochão de ritmo monótono e cansativo, ou o batuque implacável e soturno nas noites longas, os marcianos não poderiam prescindir da divina linguagem musical. Os conjuntos instrumentais são vulgares nas festas íntimas ou públicas, na mais infinita variedade e modos excêntricos de execução. Incríveis combinações de sons, ainda inacessíveis aos ouvidos terrenos, repercutem na atmosfera límpida e cintilante de Marte, em ondulações suaves, assim como a voz dos sinos das catedrais pousa, suavemente, no dorso das colinas enluaradas. A cortina de magnetismo que interpenetra mais vivamente a atmosfera marciana, permite uma ressonância musical de limpidez e harmonia inconcebível para vós. Das residências iluminadas deslumbrantemente, onde não se distingue a simpleza do "pobre" ou o preconceito do "rico", despedem-se sons maviosos, quais bandos de lantejoulas cintilantes, que parecem esvoaçar pelo arvoredo majestoso. Maviosos conjuntos mecânicos, feitos de substância vítrea e que funcionam sob a energia "magnético-elétrica", dirigidos por grupos de executantes exímios nas mais incríveis improvisações, fazem pasmar, por vezes, os próprios circunstantes, tais as inéditas execuções que só a inspiração superior é capaz de realizar. Em virtude da excêntrica faculdade desses instrumentos, que emitem eflúvios de faixas sonoras em frequências "infra" e "ultra" às terrenas, suas frases assumem as mais belas colorações de matizes dos planos celestiais.

PERGUNTA: — Poderia o irmão nos descrever pormenorizadamente os tipos desses instrumentos e como se operam essas fulgurações, em combinação com as melodias?

RAMATÍS: — Reservamo-nos para vos descrever, no capítulo da "Música", essa fascinante propriedade dos instrumentos musicais, bem assim o "plurifono", a mais soberba e majestosa criação da técnica musical em Marte, instrumento que ultrapassa todas as possibilidades das mais adiantadas orquestras sinfônicas terrenas, pois funciona sob o maravilhoso trinômio "luz-som-cor".

PERGUNTA: — A velhice da família marciana também difere, em suas características principais, da dos terrícolas?

RAMATÍS: — Conforme ireis verificar nas comunicações que vos daremos sobre a desencarnação, a velhice, em Marte, é assunto de pouca monta, em face da partida do espírito para o Espaço, antes de atingir o limite do aniquilamento vital. No vosso mundo as "cãs" significam os recursos de que a Divindade lança mão, a fim de o homem terreno efetuar um preparo consciencioso e mesmo profilático, para o regresso ao seu verdadeiro lar, que é o mundo espiritual. A velhice terrena é período compulsório de meditação e revisão dos feitos e deslizes sucedidos nas fases da mocidade; trata-se de recapitulação terapêutica, espécie de "catarse", que vai despojando o espírito de suas impurezas mais densas, ante a contrição das aventuras desairosas ou das irregularidades mentais. Podeis avaliar, pela voz sentenciosa dos "vovôs", que seus espíritos parecem alcançar a maturidade espiritual e seus olhos denunciam a tristeza da existência, na velhice, quando em confronto com a beleza da vida humana. Em face da manifestação harmônica com os princípios superiores da alta espiritualidade, a família marciana atinge o umbral da "velhice", revelando o mesmo júbilo, equilíbrio e vitalismo da mocidade, pois as funções metabólicas do corpo dependem profundamente, na sua estrutura, do equilíbrio e otimismo da mente. Embora ocorram modificações na aparência fisionômica, por se tratar de mundo de vida adstrita ao ciclo da forma, o acontecimento é suave, sem quaisquer reflexos que atinjam a alma, pois esta continua intacta na sua exuberância de superioridade e compreensão moral.

5. Infância

PERGUNTA: — Quais os hábitos comuns dos filhos marcianos?

RAMATÍS: — Desde que o agrupamento doméstico, em Marte, é considerado curso preparatório para o evento da família universal, o lar é local transitório, destinado principalmente ao reencarne dos espíritos que procuram novas experiências no campo material, para melhor entendimento cósmico. Os filhos significam, portanto, verdadeiros hóspedes em visita de confraternização espiritual, acima das características consanguíneas que se particularizam por identidade fisionômica. Não tardam em ser eliminados os laços identificadores de "descendentes da carne", para prevalecerem exclusivamente as qualidades magníficas do cidadão cósmico, irmão eterno.

PERGUNTA: — Desaparece, então, a ascendência ou autoridade disciplinar entre pais e filhos?

RAMATÍS: — Extinguem-se os paredões convencionais da carne, para surgirem as características do espírito eterno. Em quase todos os lares marcianos, as recordações de vidas anteriores são perfeitamente identificadas, mesmo independente dos "relatórios pré-reencarnativos" ou dos "elos psíquicos" que adiante conhecereis no assunto das reencarnações. Os membros componentes das novas famílias carnais sempre recordam, jubilosos, sem constrangimentos, as várias situações de suas existências anteriores, em que pais, filhos, esposos ou esposas envergaram trajes e condições carnais opostos. Não os preocupam as prerrogativas, muito ao gosto terreno, das "árvores genealógicas" e dos ancestrais famosos no melodrama terrestre. Consideram o corpo de carne assunto secundário, como instrumento diferenciador de trabalho, algo dos vestuários humanos, que comumente valorizam o estilo ou o toque peculiar de uma alfaiataria. A preocupação máxima de pais e filhos, esposos ou esposas, é a de valorizarem sempre o conteúdo do homem interno, que é a alma, a verdadeira unidade da família cósmica.

PERGUNTA: — As crianças, porque se reconhecem espíritos reencarnados, não assumem responsabilidades e deveres para com os pais?

RAMATÍS: — Quando as almas estão completamente identificadas e integradas na responsabilidade fraterna, desaparece a necessidade de obrigações, que se anulam pela espontaneidade da consciência emancipada. Já podeis comprovar, na Terra, que as recordações de vidas anteriores, que vos bruxuleiam na mente, estão desembaraçando preconceitos religiosos, anulando fronteiras de raças e eliminando as separações que distinguem as famílias à base das configurações hereditárias. Pouco a pouco, a divulgação da idéia reencarnatória vos dá a concepção exata de espíritos eternos e irmãos, compreendendo que a exterioridade física é apenas acessório de transe. Assim que puderdes comprovar que os vossos atuais progenitores já foram vossos filhos, alhures; ou que os filhos detestados, do vizinho rancoroso, foram vossos amigos diletos no pretérito, haveis de extinguir, gradualmente, os tolos preconceitos da separação pelo corpo físico. A idéia de propriedade de uma progênie, constituída à base de ascendentes biológicos, do vosso mundo, terá que ser reajustada com toda a urgência, em face da implacável dissolução que o túmulo exerce nos vestuários de carne.

PERGUNTA: — Os filhos são livres de logo assumirem o seu destino?

RAMATÍS: — Encetam suas peregrinações de aprendizado espiritual muito cedo, em tenra idade, embora lhes seja facultado continuarem no lar o tempo que lhes convier. Trata-se de uma sequência tão natural e tradicional, em Marte, que não se sucedem cenas dolorosas nos momentos de separação afetiva, mas lembram a partida de hóspedes simpáticos, que devem atender a objetivos diversos dos de seus hospedeiros. Os afetos que se processam exclusivamente no espírito e na convicção da eterna indissolubilidade dos laços definitivos da alma eliminam as despedidas compungentes e as situações confrangedoras dos soluços angustiados. O sorriso de alegria e de compreensão, aliado aos bons desejos para o amigo espiritual, que se despede à procura de um ideal para o bem comum, forma o quadro emotivo da hora em que a criança revela o seu senso direcional no mundo marciano.

PERGUNTA: — Esse senso direcional, em tenra idade, não traz preocupações aos pais, quanto à segurança do filho precocemente entregue ao turbilhão da vida pública?

RAMATÍS: — Reconhecemos que a preocupação de vossa pergunta se baseia nas condições comuns de vosso mundo, ainda agressivo e egoísta. No entanto, estamos fazendo considerações sobre civilização equilibrada, onde o amor e a verdade são normas comuns de vida. No vosso mundo, tão contraditório e repleto das mais dolorosas ciladas, sobrevivem o infeliz enjeitado e o órfão dos casarões aristocráticos, ou o dos umbrais gélidos das igrejas; mas por que haveria preocupações dos progenitores, em Marte, onde o serviço fraterno e a harmonia de vida são mais dominantes que a necessidade de vossa alimentação na Terra? Não é o menor abandonado, no vosso mundo, também o tipo da "criança itinerante", marciana, embora sob a condição da figura infeliz do animal expulso do aconchego materno?

PERGUNTA: — Cremos que o fato de o lar marciano ser mais evolvido do que o terreno importaria em maior assistência aos filhos. Parece-nos que essa partida em tenra idade é algo de prematuro, um "deserdamento de afetividade". Não será?

RAMATÍS: — Não é a demora no aconchego do lar humano que soluciona os problemas eternos e íntimos de cada alma, que é componente indissolúvel da humanidade universal. As famílias humanas são breves estágios físicos, de pouso espiritual, onde as almas, algemadas pelos laços consanguíneos, renovam lições de amor ou abrandam incêndios de ódio do passado. Seria profundo equívoco crer que o aglutinamento biológico simpático deve sacrificar a identidade real da alma. Mesmo Jesus, o Sublime Orientador de vossos destinos espirituais, quando vos advertiu "abandonai pai e mãe, mas segui-me", referia-se à profunda necessidade de libertação dos laços consanguíneos da família humana, para o mais breve ingresso na família universal e eterna. Não preconizou extinção de deveres familiares, nem sugeriu a fuga das responsabilidades espirituais, mas lembrou-vos a incongruência da exclusividade afetiva nos agrupamentos domésticos, amando-vos apenas pela identidade de sangue e desprezando o Cristo — que é Universal. A reunião de almas habitando corpos afins e ligadas por imperativos de sangue é tão-somente o palco provisório para o aprendizado do amor do espírito, que é o amor verdadeiro.

PERGUNTA: — Mas o lar não deve funcionar como união dos espíritos, embora iludidos pela aparência física?

RAMATÍS: — Embora de feição íntima e simpatia carnal, paradoxalmente, o lar ajusta as almas para o entendimento recíproco e as separa propositadamente para novas afeições estranhas. A vossa necessidade de compor novos lares afasta entre si os pais e filhos, para novas deliberações conjugais; as exigências educativas bem cedo treinam a família nas horas domésticas da ausência dos filhos; idéias mais importantes, por vezes, obrigam os descendentes queridos a longos estágios e romagens fora das fronteiras domésticas; labores excessivos podem constranger o chefe de família a contínuas viagens; e, finalmente, a enfermidade divide a família entre o hospital e o lar, a morte entre este e o cemitério. Persiste a separação da família nas modificações comuns do crescimento dos filhos, nas diferenças dos patrimônios intelectuais ou artísticos, religiosos, políticos ou emotivos, entre si. Enorme é a diferença mental da criança buliçosa para a avozinha rememorando as ilusões do mundo; a passividade da esposa pode distanciar-se enormemente do intelecto ativo do companheiro; pois ambos procuram ideais de sexos opostos; os gostos, as profissões e os cursos acadêmicos afastam, isolam e criam conflitos mentais entre irmãos. A filha que já divide o seu afeto com o noivo escolhido desprende-se do antigo afeto que tinha aos pais, culminando, por vezes, em separações físicas definitivas, em face das contradições de caprichos ou idéias. Na realidade, as linhas morfológicas que determinam a constituição dos corpos do agrupamento doméstico, os próprios interesses em comum dentro do mesmo lar, podem não aproximar e unir verdadeiramente os seus componentes. O verdadeiro afeto, o amor real, santo e indissolúvel, revela-se quando os familiares se encontram atraídos pelos elos eternos do espírito e sob a égide sublime de Jesus. As prerrogativas dos mundos de formas separam, comumente, os constituintes da mesma célula familiar, comprovando-vos que só o afeto cósmico é o sobrevivente no jogo dos interesses humanos.

PERGUNTA: — Como se entende a "criança itinerante" a que o irmão aludiu em elucidação anterior?

RAMATÍS: — É a criança emancipada, que se desvencilha dos laços domésticos e cedo peregrina pelo mundo, à procura dos objetivos íntimos que deseja concretizar. A "criança itinerante" reina de modo absoluto no local e ambiente em que se apresenta, alimentando uma das tradições mais jubilosas entre os marcianos. Todas as portas lhe são abertas e todos os gostos lhe são satisfeitos, havendo intensa preocupação de alegrá-la, chegando-se até a competição sadia de fraternidade. As interpretações, o riso farto, as narrativas excêntricas dos caminhos percorridos, servem de motivos encantadores para os ouvintes, que prodigalizam à criança felizes momentos de ternura espiritual.

PERGUNTA: — Existem lugares especiais para serem abrigadas as "crianças itinerantes"?

RAMATÍS: — Em todos os lares há leito, biblioteca, e os jogos e as distrações baseadas no esclarecimento científico, artístico ou religioso. A criança principia a sua responsabilidade inerente ao futuro cidadão, absorvendo, através de suaves lições repletas de sucessos agradáveis, os elementos culturais e educativos necessários à vida física. Quando se aproxima de agrupamentos familiares, significa a bênção divina doada pelo Pai, pois compensa a ausência da descendente daquele lar, que também saiu cedo na peregrinação de "criança itinerante".

PERGUNTA: — Quais os motivos que incentivam todos a cooperar para o maior êxito e ventura da "criança itinerante"?

RAMATÍS: — A consciência da verdadeira vida do espírito eterno. A humanidade marciana proporciona à infância o máximo de venturas e esclarecimento, porque o cidadão adulto, que é a criança crescida, bem sabe que está doando ao pequeno peregrino, exatamente ou mais, aquilo que também recebeu na sua fase tradicional de "criança itinerante". Funciona, ali, sem sofismas ou interesses, a perfeita aplicação viva do "fazei aos outros o que quereis que vos façam". Ocorre-lhe, ainda, que em novas romagens, de retorno ao seu planeta, há de envergar novamente o traje da "criança itinerante", voltando a usufruir, novamente, os efeitos do ambiente tradicional de amor e alegria que alimenta ao prematuro peregrino. Enquanto o homem marciano aprimora continuamente o seu mundo físico, revivendo em novas reencarnações "conforme suas obras", o cidadão terreno, infeliz e ignorante, semeia a corrupção, a desordem, o delito e o sofrimento, para retornar em futuras romagens, a fim de auferir os resultados dantescos de suas próprias criações infernais.

PERGUNTA: — Não há perigos e acidentes para a "criança itinerante"?

RAMATÍS: — A probabilidade de acidentes sempre existe nos mundos físicos, que são de substância rígida, contundente, seja na Terra, Marte, Vênus ou Júpiter. No entanto, o acidente no meio marciano só pode ocorrer mediante a soma de coincidências imprevistas, que ultrapassem a tradicional vigilância técnica e as seguras previsões científicas. Salvo acontecimentos mais próprios da natureza, como erosões, quedas de rochas, modificações locais no solo subterrâneo ou reações magnéticas de planetas intrusos, não se cogita de acidentes graves.

PERGUNTA: — Quando ela se desloca, dum local para outro, não há probabilidades de acontecimentos de ordem mais emotiva ou moral?

RAMATÍS: — Essa jornada é isenta de perigos, quer pela ausência de malfeitores ou criaturas alienadas, em Marte, onde a existência delituosa seria acontecimento espantoso, como por tratar-se de um mundo isento das necessidades cármicas de purificação compulsória.

PERGUNTA: — Não devemos pressupor acidentes decorrentes do trânsito?

RAMATÍS: — O acidente de responsabilidade pessoal seria também assunto confrangedor demais para um cidadão marciano, cuja vida espiritual é o seu exclusivo objetivo no mundo de formas. Não manifesta a volúpia egocêntrica, a insanidade moral, a cólera, a neurastenia, a vaidade e a grave irresponsabilidade espiritual do condutor de veículos de vosso mundo, que se assemelha mais a um "duende" ou "alucinado", deixando, às vezes, no rastro de sua passagem motorizada, algumas vítimas de sua imprudência ou impiedade.

PERGUNTA: — Poderemos avaliar, mais ou menos, os motivos da ausência desse perigo de trânsito?

RAMATÍS: — No capítulo "Aspectos Gerais" expomos detalhes do "trânsito marciano", que demonstram a impossibilidade dos abalroamentos de veículos, pelas leis sábias de magnetismo, e pela disposição nobre e cristã dos seus condutores. Acresce, ainda, que a vida marciana é preferencialmente aérea, condicionando-se o tráfego terrestre a um quase divertimento, com despreocupação da angustiosa "perda de tempo" do habitante terreno.

PERGUNTA: — É em tenra idade que a criança marciana enceta o seu caminho pelo mundo? Poderíamos conhecer-lhe a idade aproximada, tomando por base a da criança terrena?

RAMATÍS: — Assim como conheceis, em vosso mundo, adultos cuja mente se nivela à de uma criança de 10 ou 12 anos, podeis encontrar em Marte o oposto, em que, na idade de 7 anos, comumente, a criança possui melhor discernimento e senso de responsabilidade do que oitenta por cento da humanidade terrena. Daí haver casos em que a criança itinerante parte do lar na idade equivalente aos três anos terrestres, mas com um senso diretivo muito superior ao da vossa capacidade física.

PERGUNTA: — Não é um tanto prematura essa partida para o mundo profano, aos três anos de idade?

RAMATÍS: — Na própria Terra que vos serve de morada, inúmeras almas têm-se destacado em tenra idade, revelando discernimento superior a muitos adultos. Citamos Mozart, na esfera da música, que aos cinco anos de idade já regia concertos de sua própria autoria.

PERGUNTA: — Quais as características físicas da criança marciana?

RAMATÍS: — A fisionomia é de querubim crescido; cabelos normalmente claros, sedosos e transparentes, emoldurando o rosto que lembra a porcelana translúcida. Os olhos são límpidos como gotas de orvalho de cor azul-celeste escapando para um verde que lembra a palha tenra. A atmosfera tênue de Marte conduz a longa distância o seu riso farto e a sua voz musical, lembrando os sons delicados de harpa afinadíssima. As mãos são lisas, de pele aveludada como cetim; e os movimentos vivos, com a palma das mãos sempre voltadas para cima, deixam a impressão constante de prodigalidade espiritual. As meninas movem as mãos com a mesma graça das pombas quando pousam, cheias de garridice, nos ninhos macios.

Embora tentando fugir aos lugares-comuns das vossas descrições romanceadas, desprovidos de vocábulos que possam assinalar com exatidão os tipos das crianças marcianas, lembramos-vos, apenas, que se assemelham perfeitamente a fascinantes figuras vivas, que os vossos artistas se esmeram no pintar, acima da vossa realidade, nos cromos e ilustrações de obras luxuosas.

PERGUNTA: — Quais os seus sentimentos emotivos ou psicológicos?

RAMATÍS: — São crianças absolutamente desprovidas de afetações, sofismas ou melancolias do sofrimento precoce. Alegres e simples, exteriorizando o que lhes vai na alma sem frustrações ou descontentamento; são serviçais, ternas, naturalmente respeitosas e com profundo senso espiritual de autoconsciência em todas as suas atitudes. Ninguém as censura, por não merecerem reparos intempestivos; revelam a mesma disposição do caráter do adulto, sendo úteis e verdadeiras, em perfeita harmonia com qualquer situação no ambiente. Assim como a flor não sabe o que é a virtude ou o pecado, mas se manifesta e cresce, embelezando e perfumando o jardim, apenas no desejo ardente de "mais sol", a criança marciana é a flor viva e rutilante, que desabrocha no cenário material, regida pelo desejo veemente de "mais Deus".

PERGUNTA: — O prematuro abandono dos lares, por parte dos filhos, não lhes extingue os laços afetivos que constituem certo prazer da vida humana?

RAMATÍS: — É conveniente não confundir a afetividade espiritual com o sentimentalismo terrícola. A serenidade espiritual, sem os extremismos melodramáticos ou emoções descontroladas é uma das mais admiráveis características dos marcianos, que vivem distantes do pieguismo e das exageradas emotividades dos pais, que se fanatizam à figura provisória do filho de sua carne, assim como o artista se obseda pela sua obra. Também não se descontrolam, no outro extremo inconveniente, na cólera e violência, em que desabrocham o seu orgulho e amor-próprio feridos, na brutalidade dos castigos corporais aos filhos desobedientes ou caprichosos. Inúmeras criaturas, em vosso mundo, que têm devoção pelos filhos à maneira de ídolos sagrados, não se furtam de odiá-los, furiosamente, quando eles se emancipam e contrariam os caprichos das tradições de família. Permanecendo num senso de equilíbrio afetivo, os marcianos não extinguem o amor no afastamento prematuro dos filhos, nem se manifestam aflitos, por considerarem a vida física apenas o interlúdio da verdadeira vida, que é a espiritual. Esta é inseparável entre os que se amam na pureza do afeto cristão de irmãos eternos. A liberdade concedida bem cedo, aos filhos do lar marciano, é uma contingência ou atitude tão natural como a que adotais com vossos filhos quando consentis que eles se separem de vós a fim de atenderem aos seus deveres escolares ou educacionais, indo, às vezes, até para lugares distantes.

PERGUNTA: — Essa criança itinerante, que perambula sempre, não se pode deformar psicologicamente, pela prematura emancipação?

RAMATÍS: — Não deveis considerá-la ao nível ou próxima da criança terrena, pois não se trata de criança com recalques de caprichos nocivos, irritável, imprudente e avessa às tarefas sérias, nem sob a influência dos vícios perniciosos de vossos adultos desequilibrados. Está bem longe da figura desatinada do moleque da Terra, que é cínico, insincero e rude, portador dessa linguagem fescenina que macula a beleza da infância terrestre. A criança marciana é espírito equilibrado no Amor e no Bem, que retornou ao vaso físico, apenas para embelezar a alma já de conduta santificada. E os adultos que a cercam são criaturas boníssimas, construtivas e puras de espírito, que desde o berço até a imaculada velhice, dominam as asperezas dos instintos inferiores. Bem cedo, a criança aprende que o corpo é o traje efêmero da alma necessitada, em vez do figurino personalístico configurado pelo homem terreno.

PERGUNTA: — A criança marciana está livre das enfermidades naturais da infância terrena?

RAMATÍS: — O sofrimento, funcionando como processo compulsório de purificação humana, nos mundos físicos, serve apenas para os espíritos distantes da consciência espiritual. Os recursos patológicos são canais drenadores das "toxinas psíquicas", que ainda se incrustam nos veículos sutis da alma, como sejam as impurezas produzidas pelo ódio, ciúmes, desatinos, luxúria e outros desvios morais tão comuns nas existências humanas desarmonizadas. As chagas, tumores, neuroses, hipertrofias, úlceras, cânceres etc., resultam da causticidade que o veneno psíquico produz na intimidade extramaterial do corpo astral. A cura se processa na "descida", na "congelação" dessa carga peçonhenta, drenando-a para o campo material, que é o seu verdadeiro correspondente vibratório. A matéria funciona como "fio-terra" e absorve, na manifestação patológica, o quimismo cruciante que ainda oprime e afogueia o espírito aflito. A lepra, repulsiva e dantesca, nada mais é que a terapia espiritual de urgência, que a alma pecadora, ansiosa por se reabilitar, requereu à direção divina, para expurgar o tóxico aniquilante que lhe penetra em todos os interstícios perispirituais. Alucinada, vagando em pungente angústia no tráfego das esferas invisíveis aos sentidos físicos, submersa e oprimida num casulo de magnetismo impuro, coercitivo e atroz, brada aos céus pelo socorro ou tratamento generoso da dor. Suplica, enfim, a oportunidade salvadora da reencarnação, que lhe significa o único recurso terapêutico para aliviar seu sofrimento. Daí poderdes notar a conformação comumente observada nos leprosos, e também nos cegos; porque, na subjetividade de sua consciência espiritual, reconhecem a necessidade de processos de urgente filtração tóxica, através dos poros sensíveis da carne. Em virtude de os espíritos terrestres, com raras exceções, ainda conservarem na sua intimidade grande percentagem do "tóxico psíquico-mental" trazido doutras vidas, a Terra é a "lavanderia" moral e espiritual, em que a alma expunge suas nódoas no rio cristalino das lágrimas purificadoras. É tão benéfico o sofrimento que Jesus, o vosso Mentor Espiritual, vos aconselhou a máxima resignação ante a dor, para não perderdes os salutares proventos da expurgação deletéria da alma. E para que o espírito terrestre atinja as horas do sofrimento mais acerbo, sem a impulsiva "autodestruição" provocada pela falta de preparo psíquico, existem as enfermidades congênitas, da infância, em vosso mundo, que vão graduando as almas num ritmo iniciático à dor, para que, mais tarde, possam atingir o "clímax" exigível no expurgo do conteúdo nocivo à sua evolução espiritual.

PERGUNTA: — Consequentemente, a criança marciana está isenta do sofrimento, porque já é espírito superior?

RAMATÍS: — Tratando-se de alma equilibrada e emotivamente sadia, dispensa essa rede de "canais drenadores" do psiquismo desvirtuado, assim como a veste imaculada prescinde de sabão cáustico para a extinção das nódoas.

PERGUNTA: — Na peregrinação que faz a criança, em Marte, ela se interessa pela música e aprende o manejo de instrumentos musicais?

RAMATÍS: — A aprendizagem musical, em Marte, é assunto tão necessário e exigível quanto o curso de alfabetização no vosso mundo. Não é apenas condição de cultura artística ou destaque na esfera comum de vida física. Faz parte da existência cotidiana, pela mesma razão que o ar se faz preciso à vossa respiração. À medida que a alma alcança estados de sublimidade emotiva, busca a sua "nutrição" espiritual como imperativo rítmico da correspondência vibratória do Cosmo. O selvagem do batuque, de ritmo monótono, cansativo, guarda imensa distância do apreciador de Brahms, Bach ou Wagner, assim como o alimento material do homem das cavernas significa monturo detestável ao paladar de um Francisco de Assis. A criança marciana, espírito sublime reencarnado, não só se serve da arte musical como necessidade de "biologia espiritual-psíquica", como ainda a transforma em vivo complemento do seu linguajar sutil e festivo. Habilíssima em qualquer execução instrumental, improvisando melodias e frases musicais com excessiva facilidade, diverte-se em se comunicar por um vocabulário sonoro, entendível e festejado pelos adultos. Os infantes marcianos têm seus instrumentos como prolongamento vivo de seus espíritos alegres e sinceros. Unem a palavra ao recurso telepático do pensamento e ajustam um excêntrico fundo musical com seus instrumentos portáteis, compondo diálogos "sui-generis", que fazem o encanto e a alegria da vida marciana. São composições em que se revela um espírito de filigranas inteligentes, folgazão, festivo e de uma sagacidade impregnada de pureza só comparável à das almas santificadas. Podemos afirmar que, em Marte, já se pratica o treino necessário para o entendimento da verdadeira e definitiva linguagem do espírito nas altas esferas, qual seja a música. Daí tornar-se esta arte, na criança marciana, um preceito fundamental de manifestação incessante e desfrutável sob as combinações de cor, luz e som, a maravilhosa trindade das humanidades superiores.

PERGUNTA: — Esses instrumentos usados pela criança têm qualquer semelhança com os da Terra?

RAMATÍS: — Variam, alguns, quanto à configuração e ao processo de execução, embora tenhamos notado inúmeros análogos aos da Terra. Destacam-se, entretanto, pela confecção em material superior, mais vibrátil, e uníssonos nas repercussões sonoras. Pelo conhecimento perfeito das leis vibratórias em todos os campos da vida humana, a instrumentação musical dos marcianos é toda acústica, manifestando-se a mais perfeita limpidez de sons e harmonias, despida das proverbiais ressonâncias e distorções dos conflitos vibratórios provindos da heterogeneidade do material empregado. Embora guardemos detalhes específicos para vos transmitir adiante, no capítulo referente à música marciana, esclarecemos que os instrumentos mais comuns e preferidos pela criança marciana são algo parecidos com as harmônicas-de-boca que se afidalgam, atualmente, no vosso mundo, e que emitem prodígios sonoros nas mãos de apreciados "virtuoses". São pequenos aparelhos de forma circular, como dois pratos de metal superpostos, com ranhuras em toda a extensão, e que além de funcionarem melodicamente com o mais sutil impulso de ar emitido pelos lábios, possuem delicado conjunto interno, de minúsculas "conchas" de substância vítrea e coloridas, receptíveis ao magnetismo humano, que giram e rodopiam velozmente, na mais fantástica combinação de consonância musical. Tais harmônicas em forma de graciosas conchas rasas, superpostas, permitem obter os mais incríveis recursos sinfônicos, em face de outros dispositivos, de rápida adaptação.

PERGUNTA: — É a única instrumentação usada pela criança itinerante?

RAMATÍS: — São múltiplas as formas que assinalamos de instrumentos preferidos pelas crianças, mas fogem imensamente à tradicional morfologia dos que usais. Somos obrigados a nos cingirmos às descrições semelhantes, a fim de poderdes compreender a capacidade técnica e real dessa instrumentação, que chega a abranger as espécies de harmônicas, flautas, bandolins, miniaturas de harpas etc. Anotamos, também, certa esfera translúcida, eriçada de agulhas cônicas, que as crianças giram rapidamente, como esses piões multicores do vosso mundo, com a fascinante faculdade de serem regulados desde os sons agudíssimos que emitem, à semelhança dos pássaros estridentes, até as mais deliciosas combinações de vozes cristalinas. Sob os dedos de movimentos inconcebíveis e que provocam exóticas combinações melódicas, em consonância com a velocidade rodopiante do instrumento, dificilmente o homem da Terra notaria ser música instrumental, acreditando em maviosos cânticos da passarada festiva. Quando se reúnem os itinerantes, que convergem de todos os ângulos das cidades, portadores dos instrumentos mais variados, cessa a atividade comum e o povo co-participa dos maravilhosos momentos de graça e espiritualidade superior, em que os bandos gárrulos de crianças interpretam todas as vozes da natureza, desde os sons do regato refrescante sobre as pedras polidas até as combinações misteriosas do canto do "pássaro espiritual". Este é um dos traços mais encantadores da vida marciana, e que tornam as crianças itinerantes em motivos de júbilo, arroubos e ineditismos, na figura de uma graça divina doada ao orbe: não vos podemos transmitir de quanta beleza e magnetismo divino se exornam esses momentos, em que os espíritos marcianos anulam as fronteiras da idade física, para se unirem, uníssonos, na intimidade santa da manifestação "crística". À simples enunciação de "crianças itinerantes", modifica-se a pulsação do ritmo da vida social e comum, porquanto esses bandos de aves humanas que peregrinam de cidade em cidade, de comarca em comarca, são como traços-de-união entre todos, conduzindo em suas romarias, canções, melodias, costumes e ineditismos de outras regiões. São consideradas sempre turistas ou mensageiros da boa vontade, cuja linguagem mais comum é a ternura, a música, a cor e a admirável fonte de renovação magnética que lhes transborda como alimento energético para os mais velhos.

PERGUNTA: — Havíamos concebido a idéia de que essa criança de emancipação espiritual fosse sisuda, avessa aos folguedos e trotes comuns da infância terrena. Não é estranho?

RAMATÍS: — Quanto mais o espírito humano se sublima em direção aos mundos edênicos, mais ele se aproxima daquele conceito de Jesus: "Vinde a mim os pequeninos, porque deles é o reino dos céus". A tristeza, a melancolia e o excesso de sisudez são mais próprios das almas pessimistas, insatisfeitas, demasiadamente dadas às situações prosaicas da vida efêmera. A figura definitiva do anjo, que paira acima dos entendimentos e interesses humanos, não é de catadura triste e penosa, exageradamente preocupada com as opiniões exteriores; na realidade, é fisionomia radiosa, doce e terna como a criança desprevenida e inocente. Seus movimentos são expansões de afetividade incondicional; sua presença acende alegrias no coração. Em consequência, o adulto marciano é uma "criança crescida", que vibra incondicionalmente ante a contagiosa presença da alegria do itinerante. E este, ainda mais vibrátil no conteúdo espiritual sublimado, porque é menos matéria e mais espírito, revela-se na mais absoluta e espontânea disposição travessa, folgazã, na mais pura garotice que é toda inofensiva e atraente. Esse estado de pureza infantil não lhe rouba as características latentes do espírito evolvido, de mente dominadora e muito além dos pruridos geniais do vosso mundo. Sob a figura alegre e expansiva do anjo majestoso, também palpita a sabedoria cósmica do gênio divino.

PERGUNTA: — A criança, em Marte, começa a trabalhar logo, em tenra idade?

RAMATÍS: — Existe, sim, a obrigação de aprimoramento para os objetivos sagrados do trabalho, que é necessário ao bem comum; mas a criança marciana alcança esse desiderato sob gradual e inteligente curso preparatório, espontâneo e imperceptível, que lhe dá a obrigação laboriosa como um prazer sempre desejável. A habilidade dos psicólogos marcianos favoreceu-os na instituição de recursos suaves e progressivos, nas exigências do labor cotidiano, que puderam eliminar todo o aspecto alérgico, desagradável e monótono das tarefas prosaicas. Os pais estão distantes do falso pudor de serem confiadas tarefas comuns à criança mais favorecida no campo econômico; não privam sua prole de desenvolver suas energias em potencial, que através do trabalho humano criam as condições dinâmicas do futuro anjo criador. A disciplina de cooperação no plano físico forma o curso preparatório para o desenvolvimento das forças cósmicas que estão condensadas na intimidade da alma criada por Deus. Os mundos físicos ou materiais não são vales de lágrimas, penitenciárias do Espaço ou celas planetárias de expiações espirituais, na feição comum com que conheceis essas definições; na realidade, significam sempre, e eternamente, abençoadas escolas de retificação espiritual. O Criador, que é infinitamente Sábio, Bom e Justo, não teve em mente criar departamentos corretivos, mas, sim, institutos de aprimoramento sideral. A dor e o sofrimento são "processos" de aperfeiçoamento espiritual, à semelhança da lixa que beneficia e dá polimento à madeira, do ácido que asseia a vidraça ou do cinzel que desbasta o carbono e o transforma em rutilante preciosidade de ourivesaria.

PERGUNTA: — Como é essa preparação gradual para o trabalho, que recebe a criança marciana?

RAMATÍS: — É a adaptação crescente a uma profissão ou labor, suave e imperceptível, em vez de uma obrigação repentina e que se torna desagradável pela ausência de preparo psicológico. Analogamente, lembramos os ajustes gradativos que o acadêmico faz no curso de Medicina, e que o blindam naturalmente contra os efeitos repulsivos da patologia, possivelmente não suportados se fossem apresentados "ex-abrupto". As crianças marcianas vão agregando aos seus divertimentos, lazeres e iniciativas, pequenos esforços que as condicionam às responsabilidades definidas. Os pedagogos traçaram um ritmo educativo e compulsório em toda a peregrinação das crianças itinerantes, que as predispõe ao labor futuro na comunidade. Embora com todas as vontades e gostos favorecidos, sempre lhes são exigidas tarefas, ajustes e cooperações para suas próprias solicitações. Quando em trânsito, nos veículos à sua disposição, devem cuidar dos controles magnéticos, espécie de "radar" que impede o choque de contrários nas mesmas faixas de tráfego; o alimento obtido nas "reservas nutritivas" públicas pede-lhes as iniciativas de busca, escolha e auto-serviço; o líquido aguarda--lhes as providências de dosagens radioativas; os instrumentos públicos despertam-lhes reflexões preliminares para os manejos funcionais; o leito nos lares de hospedagem espera os cuidados da arrumação adequada; o vestuário e o asseio são tarefas que devem ser executadas pessoalmente, embora sob orientações superiores. Em todos os lares de visitações, a criança propõe uma tarefa de responsabilidade à seguinte que a substituirá. Milhares de motivos graduais vão intensificando o potencial laborioso, criando uma segunda natureza dinâmica e disciplinada, além dos recursos de cooperação a que se vê obrigada a criança no concurso alheio, despertando maiores ensejos de fraternidade. Normalmente, o menino se transforma em cidadão adulto, portador de um conteúdo energético laborioso e suficiente, que o predispõe às tarefas mais prosaicas e fatigantes, sob a mesma índole com que se mantém nos folguedos e prazeres. Existem seres, na Terra, que, ainda nos derradeiros dias de suas vidas físicas, não suportam a imobilidade ociosa, vivendo inquietos e ativos, sem poderem libertar-se da condição dinâmica que se modelou através de uma infância árdua e laboriosa. Sentem-se prazenteiros, otimistas e desafogados no trabalho contínuo, nas obrigações materiais que lhes compensam o transbordamento de energias criadoras. É o trabalho, na realidade, que desata o conteúdo do espírito candidato à angelitude.

PERGUNTA: — Em face da ausência prematura do lar, a criança marciana não se sente nostálgica, à distância dos afetos mais chegados?

RAMATÍS: — Essa nostalgia de que falais é comum aos espíritos sublimados, porque reflete a saudade do seu verdadeiro *habitat*, que é o mundo edênico. A concepção da fisionomia triste do anjo desterrado tem seu fundamento, pois o meio hostil obriga a entidade espiritual a um recolhimento íntimo, procurando compensação à sua manifestação subjugada pelas forças que lhe limitam a expansão sideral. Afora isso, a criança marciana, que é também um espírito a caminho da angelitude, não é possuída de melancolia pela ausência do lar humano, uma vez que vive, no âmago de sua contextura espiritual, as vibrações expansivas do "amor fraterno", universal.

PERGUNTA: — Até que idade análoga à terrestre a criança itinerante prossegue em sua peregrinação voluntária?

RAMATÍS: — Até o equivalente físico dos sete anos terrestres, quando assim preferem, ou, então, prosseguem até quatorze ou vinte e um anos, no vosso calendário, porque realizam o curso educativo, periódico, consecutivamente aos lugares que frequentam na peregrinação. Lembramos-vos que a espontaneidade e livre escolha de estudos ou profissões, ou mesmo de trabalho, em Marte permitem a cada um viver, tanto quanto desejar, nos objetivos que traça para sua ventura íntima. Ocorre, no entanto, que, em se tratando de almas muito evoluídas, ingressam normalmente no ciclo comum da vida coletiva.

6. Educação e escolas

PERGUNTA: — Como são os edifícios escolares, em Marte?

RAMATÍS: — São algo semelhantes às últimas edificações escolares do vosso mundo, que já se constroem em função da necessidade pedagógica. Formam conjuntos extensos, comportando dezenas de edifícios amplos, de material vítreo, translúcido, alguns de forma retangular, com o aspecto de enormes blocos de vidro terrestre, inteiriços, de cobertura plana; outros são ovóides, de abóbadas maciças, e cercam a edificação principal, assemelhando-se aos tanques gigantes das refinarias de petróleo, caracterizando-se pelas suas estruturas agradavelmente coloridas e iluminadas. Lembram imensos focos de luz polarizada, entre vastos caramanchões cobertos por trepadeiras solferinas e cipós cor de topázio. Nas bases inferiores, viceja prodigalidade de flores cor de rubi e gema-de-ovo, brotando do seio de aveludados cinturões de vegetação lilás e de imaculada brancura, e que constituem fascinantes rodapés de relevos vivos e rendilhados cintilantes. Extensos canteiros de grama esmeraldina, com reflexos avermelhados, servem de tapete natural para os estudos ao ar livre, sob a direção de afetuosos preceptores.

PERGUNTA: — Quais as cores preferidas para essas escolas?

RAMATÍS: — As cores internas ou externas são as do próprio material de que são feitas as paredes, à semelhança das residências a que já nos referimos. As salas de estudo afiguram-se espaçosos caixões de cristais suavemente coloridos, que absorvem a luz solar e a polarizam para o interior, em tons sedativos e poéticos, propiciando uma riqueza de matizes refrescantes, nas zonas tropicais, e caloríficos nas regiões polares. As paredes, assentadas em compridas e transparentes corrediças de metal polido, podem ser deslocadas facilmente, formando amplas aberturas que põem em comunicação com o interior das salas vastíssimos jardins externos, que as inundam de perfumes inebriantes, trazidos pela brisa das colinas.

PERGUNTA: — Exige-se, também, nas escolas, a cor funcional ao tipo de estudo?

RAMATÍS: — Essa peculiar disposição de cor funcional, como é exigível em Marte, refere-se à necessidade de a alma se exercitar, gradualmente, nos campos de todas as atividades humanas, a fim de incorporar em si maior padrão de cores, sons, luzes e perfumes, aumentando sua bagagem sideral e apressando a sua ventura eterna, no apercebimento vibratório das belezas cósmicas. Eis por que as salas reservadas aos estudos científicos ou pesquisas são iluminadas comumente por suaves tons lilases "extraterrenos", sugerindo cores além do violeta; as cogitações filosóficas se processam em ambiente de sedativo azul-claro; os esforços intelectuais mais objetivos, ou de ordem mental criadora, se realizam sob a luz amarelo-dourada; as evocações históricas, como são de caráter mais afetivo, sucedem-se nos salões de refulgente carmim-rosado, a cor do afeto.

PERGUNTA: — Essas cores apenas predispõem emotividade ou também auxiliam a maior percepção espiritual?

RAMATÍS: — Em virtude da maravilhosa combinação de "luz-cor-magnetismo", peculiar a toda atividade marciana, o ambiente de cada sala de estudo é envolto por um magnetismo luminoso e colorido, cuja aceleração ou redução de frequência predispõe os alunos à correspondência com o assunto em cogitação, quer excitando ou suavizando o ritmo vibratório cerebral, ou produzindo estados dinâmicos mentais, ou a serena meditação. Na realidade, a cor magnetizada não atua diretamente nos centros sensoriais do cérebro, mas no duplo etérico e no astral, que é o campo íntimo onde o espírito age diretamente e com mais eficiência. Embora o cérebro apresente efeitos objetivos, capazes de serem assinalados por aparelhamento análogo aos detectores de mentira ou eletroencefalógrafos, é no campo causal que se exerce a sua mais enérgica atuação. Já conheceis no vosso mundo a influência da cor na estrutura psicológica de cada ser; aquele que se sente tranquilo sob o clima azul-claro, pode-se tornar inquieto diante do verde-seda; o que prefere esse verde como sedativo, pode sentir-se incomodado em face do azul. Os cientistas, em Marte, produzem "faixas vibratórias cromáticas", em torno das crianças, predispondo-as psicologicamente à maior receptividade do estudo, pela atuação das cores e matizes prediletos aos estados emotivos e mentais. Conhecendo as cores básicas que predominam conforme a esfera de estudos, científica, filosófica ou artística, conseguem bons prognósticos sobre os alunos, observando-lhes a predileção por determinada cor e verificando que espécie de atividade essa cor fundamenta.

PERGUNTA: — Quais essas cores básicas e como atuam?

RAMATÍS: — Considerando, por exemplo, que o vermelho é cor excitante e vital, capaz de agir no sistema endocrínico e apressar a função da tireóide, e, consequentemente, do metabolismo orgânico, a criança que, em Marte, é letárgica nas suas funções de assimilação pedagógica, por hipofunção endocrínica, é transferida para o salão vermelho, no qual encontra excitações para melhores desideratos mentais. No caso inverso, do aluno ser um hipertireóidico, em que o sistema nervoso apressa o raciocínio além do ritmo natural exigido pelo estudo, o seu aprendizado é continuado em salas cuja cor atue como frenadora da glândula tireóide. Embora façamos comparações ao gosto terreno, vos advertimos que essa atuação da cor é exercida fundamental e diretamente no "campo astral ou etérico", através dos centros de forças que a medicina ocultista oriental denomina de chacras, ou "discos" na vossa linguagem ocidental.

PERGUNTA: — A natureza comum dos estudos é mais progressiva do que os nossos sistemas pedagógicos?

RAMATÍS: — O principal fundamento do ensino marciano é desenvolver a imaginação da criança, em perfeita sintonia com o mundo invisível. Sendo a vontade fator preponderante no equilíbrio da vida humana, os mestres submetem os alunos a exercícios graduais de imaginação, fazendo-os evocar, na mente, objetos que foram previamente examinados. Ensinam-lhes a delinear no campo imponderável da imaginação, estrelas, rosas, objetos ou formas geométricas, em que a luz e a cor devem predominar. Acentuam-lhes o exercício até que essa imaginação se faça correta, à luz examinadora dos professores clarividentes.

PERGUNTA: — Um aluno que pretende ser pintor, recebe o mesmo ensino preliminar que um músico?

RAMATÍS: — O aluno de predicados inatos para pintura, além do curso primário de adaptação mental, bem mais adiantado do que o de vossas academias, ingressa num instituto especializado, a fim de aprender a lei de correspondência das funções psicológicas e etéricas das cores. Geralmente, os vossos pintores fixam as cores em rigorosa conformidade com as que lhes apresenta a paisagem do mundo material, ignorando, a maioria, que as nuanças cromáticas vão muito além do academismo fotográfico do orbe. Muito "além" da expressão objetiva de "cor-substância", existe algo que interfere na intimidade etérica e astral de cada ser, criando estados emotivos e psíquicos, que erradamente são atribuídos a acontecimentos morais ou patogênicos. Para vosso melhor entendimento, diríamos que o "mundo de fada", das cores, é regido por um espírito, isto é, por uma qualidade ou consciência coordenadora que entra em relação direta e profunda com o fragmento sideral que é o espírito do homem. Daí a necessidade de o futuro pintor, em Marte, precisar discernir a função "psico-astral-etérica" de cada cor, muito antes de ela representar aspectos do ambiente físico. O fato de o vermelho excitante provocar elevação de calor no aposento que é decorado com ele, o azul ser refrescante e o branco ou cinza baixar a temperatura bem vos comprova uma energia ou força, um "espírito consciencial", que atua no campo magnético do mundo e consequentemente no plano espiritual de cada criatura.

PERGUNTA: — O aluno que já foi pintor em outra existência, deve tornar a repetir essa arte, apesar de já ser um exímio artista?

RAMATÍS: — Não é aconselhável repetir-se as mesmas experiências humanas, se estas não oferecem ensejos para novos progressos de aperfeiçoamento. Não haveria sensatez espiritual, se a alma tivesse de voltar a reproduzir, "ipsis litteris", as mesmas realizações que já estratificou no subconsciente, como patrimônio inalienável.

PERGUNTA: — Não há, então, conveniência em o artista renovar suas tentativas, a fim de aprimorar melhor a sua primeira experiência?

RAMATÍS: — Quando se trata, como dizeis, de aprimorar a

primeira experiência, isso importa em reconhecer que ele precisa repetir a lição anterior, por não haver conseguido aprendê-la perfeitamente. Neste caso, é óbvio que ele necessitará repetir a "lição", até que faça jus a passar para curso mais adiantado.

Há, entretanto, a considerar que o artista, seja ele pintor, músico, poeta ou, também, profitente de qualquer ciência, para alcançar o auge da perfeição possível no "seu mundo", precisa que se aperfeiçoe, também, na "arte" ou "ciência" das virtudes superiores da alma; pois, sem este fundamento, a inspiração do artista não alcança aquela receptividade "espiritual" que possibilita à alma captar as expressões superiores do "motivo" que a empolga.

PERGUNTA: — Por que, conforme afirmam os espíritos, precisamos voltar a nos reencarnar na Terra, se em Marte isso não é condição exigível?

RAMATÍS: — Se retornais a novas reencarnações para repetirdes as mesmas experiências, tantas vezes vividas, é porque não executais com firmeza e diligência as tarefas que vos são dadas para o vosso eterno Bem Espiritual. E como não realizais os vossos labores espirituais com o devido respeito e correção às leis do Cosmo, mas os substituís pelos valores transitórios dos mundos de formas, haveis de repeti-los até exaurir-se a sedução por paixões inferiores. Em Marte, a repetição das mesmas lições recebidas em reencarnações anteriores seria um paradoxo, equivalendo ao acadêmico, do vosso mundo, que resolvesse retornar ao curso primário para balbuciar novamente o a-b-c. Em face das vossas contraditórias romagens reencarnativas, em que "desceis" à matéria e "regressais" sempre com o desalento e a queixa profunda em vossas almas, tanto "lá" como "cá", cremos que longa ainda é a estrada de espinhos para conhecerdes a Verdade. Ainda não vos preocupais em desatar os laços do "mundo de César", a fim de gozardes a liberdade definitiva do "mundo de Deus". Alegais sempre a necessidade de equilíbrio entre a matéria e o espírito, dedilhando o conceito popular de "nem tanto à terra, nem tanto ao mar". A realidade, entretanto, é que ainda apreciais imensamente os mundos materiais com as suas ilusões e seduções transitórias; ainda vos atrai e fascina o desejo e o manuseio de quinquilharias terrestres, na feição de sedas e veludos, símbolos hierárquicos, relevos personalísticos; enfeites e bordados, gloríolas e latifúndios. Ainda não vos seduz o mistério santificado do "meu reino não é deste mundo", nem vos importais com os "tesouros que a traça não rói e a ferrugem não come". Naturalmente, não vibrou, no âmago do vosso espírito, a "voz silenciosa do EU SOU!".

PERGUNTA: — Como são os livros, em Marte?

RAMATÍS: — São feitos de substâncias radiantes, em cores verde-seda, ou azul-claro, a fim de não fatigarem a vista. As gravuras parecem animadas, cheias de vida. São chamados livros "definitivos".

PERGUNTA: — Por que "livros definitivos"?

RAMATÍS: — São os livros históricos, os dicionários e as enciclopédias que registram os assuntos já definitivos no campo a que se reportam. Suas folhas exalam, muitas vezes, certos perfumes correspondentes aos assuntos expostos.

PERGUNTA: — Como poderíamos entender esses perfumes em analogia com os assuntos?

RAMATÍS: — Imaginai, por exemplo, livros terrestres, que, descrevendo panoramas geográficos da Índia, exsudam perfumes de sândalo, natural daquele país; outros, que, descrevendo uma floresta, exalam os odores agrestes da mata virgem e dos parasitas ou das folhagens úmidas debruçadas sobre os regatos. Se é um livro de narrativas históricas, evoca os odores das épocas romanas, egípcias ou os sutis perfumes da aristocracia francesa; um tratado de zoologia exala as emanações das espécies em estudo; uma explicação técnica, de enciclopédia, desprenderá as características odorantes dos assuntos em cogitação, seja uma técnica de fundição ou a exposição científica na indústria química das tintas. Desnecessário lembrar a riqueza de motivos odorantes que pode existir num tratado de flores, ervas ou frutos.

PERGUNTA: — Essas folhas impregnadas de perfumes não se tornam estéreis com o uso constante?

RAMATÍS: — O processo de impregnação de perfumes, nesses livros definitivos, está muito além das vossas perspectivas mentais, porque são obtidos com os maravilhosos recursos do magnetismo, que permite, em tudo, processos realmente definitivos. A gama olfativa dos marcianos também é mais extensa e mais etérica que a dos terrícolas, facultando-lhes viver mais profundamente no campo imponderável.

PERGUNTA: — É possível um relato mais detalhado desses livros?

RAMATÍS: — Não é fácil, por não possuirmos vocábulos específicos para vos esclarecer o teor da energia magnética que os marcianos empregam nas suas realizações superiores. Da mesma forma que vos seria difícil explicar aos antigos romanos que as imagens projetadas numa tela cinematográfica ou aparelho de televisão são produzidas pela eletricidade, também nós deparamos com dificuldades idênticas para vos revelar as conquistas avançadas da ciência em Marte. Vamos expor, no entanto, o mais aproximado possível, um relato em correspondência com a vossa percepção mental. Os livros definitivos, compostos de folhas radiantes, assemelham-se a lentes finíssimas, iguais aos mais finos papéis de seda, que refletem, em terceira dimensão, os caracteres impressos. A impressão tipográfica não é análoga à terrena; os caracteres se imprimem por projeção, nas páginas translúcidas e suavemente coloridas.

PERGUNTA: — Afora esses livros definitivos há outro processo de leitura?

RAMATÍS: — Existe a projeção em "retângulos vítreos"[8], transparentes, de pequeno porte, que favorecem a alfabetização e as leituras transitórias. É algo semelhante à vossa cinematografia; porém, a tela vítrea age, também, em absoluta sincronia com todas as oscilações da projeção. É magnetizada e, automaticamente, sintoniza a cor básica, o tamanho adequado dos caracteres e a quantidade de luz suficiente para a leitura agradável. A imensa superioridade da aprendizagem intelectual e científica, em Marte, provém da feição de espontaneidade e divertimento que elimina a fadiga e a monotonia do estudo.

PERGUNTA: — Ainda se pratica o esforço da memorização?

RAMATÍS: — Os aparelhos de projeção são diminutos e desmontáveis; cabem facilmente no bolso usado pelo marciano. A projeção é sem cone luminoso, mas através de "raios invisíveis", espécie de "ultravioleta", ou visíveis apenas quando formam as imagens no retângulo radiante. As cintas que vibram nos "microprojetores" são impressas para dupla projeção. Conforme a frequência regulada no projetor e em sintonia com a tela radiante, os caracteres que estão sendo projetados podem ser

[8] Descrição do que viria a ser os atuais celulares e tablets.

substituídos imediatamente pelas próprias imagens e quadros vivos a que se referem. É suficiente um suave movimento no botão regulador de frequência, para que, em vez da projeção de letras, se fixem as imagens ou cenas que os mesmos caracteres estão expondo. A memória, pois, também assimila pela visão o que a mente está fixando pela leitura.

PERGUNTA: — Poderíeis nos citar um exemplo comum do nosso mundo, que elucide essa mudança vibratória, de letras para imagens correspondentes?

RAMATÍS: — Citamos o processo distinto que vos dá, separadamente ou ao mesmo tempo, a radiofonia e a televisão. Difere, em Marte, porque a modificação se processa no mesmo campo vibratório da imagem projetada, enquanto no vosso caso muda a frequência vibratória do som para visão, ou vice-versa. Podeis tomar, como exemplo aproximado, a idéia de que as vossas fitas de "gravadores de som" pudessem gravar, ao mesmo tempo, vozes e música, destacando-as, depois, conforme a frequência atuada.

PERGUNTA: — Essa leitura projetada nos retângulos radiantes não será uma derivação das realizações cinematográficas que já possuímos?

RAMATÍS: — Esforçamo-nos para que vos aproximeis, o mais precisamente possível, da realidade científica marciana, sem pretendermos vossa compreensão total das explicações; pois, o máximo de vossa ciência atual, em múltiplos casos, corresponde só ao mínimo de Marte. Há certa semelhança na configuração e funcionamento da aparelhagem marciana com a terrestre, no campo da ciência e da técnica, mas o que constitui a falta maior de analogia é o tipo de energia magnética em uso. Naturalmente, se desejásseis explicar a um homem primitivo como é a vossa telegrafia, teríeis que afirmar-lhe tratar-se de uma espécie de batuque à distância, produzido com pequenos pedaços de ferro e martelados silenciosamente. Ele ficaria surpreso, imaginando pequeninos tambores do tamanho de limões, fazendo-se ouvir a quilômetros de distância. Mencionando-vos lentes, películas, retângulos, projetores, cintas, páginas e frequências, cingimo-nos, obrigatoriamente, ao vosso campo morfológico e familiar, a fim de que possais mentalizar o que é desconhecido conceitualmente do vosso intelecto. Vestimos um aristocrata com roupas de pobre e vos pedimos que imagineis um príncipe. Cremos que se defrontásseis certos aparelhos científicos, usados em Marte, manifestaríeis a mesma impressão de espanto que teria o homem primitivo diante de vossa televisão.

PERGUNTA: — Qual a natureza do ensino escolar em Marte?

RAMATÍS: — Vai muito além dos métodos exaustivos e dos desperdícios pedagógicos terrestres, que nivelam no mesmo padrão vibratório tipos infantis opostos e de cerebração diversa. Faz-se, primeiramente, a seleção em que se comprova a tendência receptiva da criança, para depois despertar-lhe certos centros sensoriais, e desenvolver zonas cerebrais ainda incomuns na Terra. Graças aos recursos da cromosofia iluminada e do "eletromagnetomental", no campo etérico, produz-se um aceleramento nas percepções mentais infantis, que favorece o entendimento breve e a identificação na esfera psíquica. Os preceptores criam atmosferas combinadas aos raios do astral superior, que predispõem o psiquismo da criança para maior sensibilidade e percepção das rápidas frequências vibratórias no éter marciano. Absorvem, assim, maior quota dos ensinamentos e compreendem melhor as causas que geram, no invisível, os efeitos objetivos na matéria.

PERGUNTA: — Quais os recursos gerais usados pelos pedagogos?

RAMATÍS: — Todas as manifestações da natureza, como sejam a cor, a luz, o som e a poesia, são sincronizadas com o desenvolvimento das faculdades psíquicas superiores das crianças. Há preocupação fundamental de que nas lições e experimentos, sejam abrangidos os fenômenos em suas manifestações visuais, auditivas, olfativas, táteis, gustativas e em perfeita correspondência com as percepções, já latentes, do sexto sentido.

PERGUNTA: — Esse sexto sentido tem alguma identificação conosco?

RAMATÍS: — É o que chamais de intuição, no vosso mundo, e que está se desenvolvendo mais pronunciadamente nas raças latinas, onde se formará a sementeira para a sexta raça mãe. Surge, aos poucos, como imperceptível impressão vaga, sem perceberdes a origem, e o atribuís a uma espécie de "faro espiritual", porque associa remotos conhecimentos aos fatos observados no momento. Inúmeras tribos, em vosso mundo, possuíam essa faculdade bem desenvolvida, graças a um efeito produzido pela astralidade incomum. Usavam-na com êxito, na procura de desaparecidos das aldeias ou no reconhecimento de posições inimigas. Na pedagogia marciana, a criança desenvolve a intuição sob um ritmo disciplinado e progressivo, num processo de "auscultamento espiritual" do mundo invisível. O que, em vosso mundo, alguns esforçados esotéricos ou ocultistas têm conseguido parcialmente, os marcianos fazem em "massa", como condição comum de sua evolução.

PERGUNTA: — É o sexto sentido que dá aos marcianos a sua convicção de imortalidade, ou essa convicção é por causa do progresso científico?

RAMATÍS: — O verdadeiro saber humano não se manifesta pelo intelecto, porém, pela intuição. Deus, que é o Todo, o Cosmo, o Espírito Infinito, desde que seja intelectualizado pelo homem, ou definido pela criatura, teria de ser limitado, circunscrito, reduzido. Essa definição não pode ser real, uma vez que o infinito, o ilimitado, o incriado é impossível de ser definido pela parte que é apenas criada. No campo científico o homem pode satisfazer o seu intelecto, formalizando e delimitando as suas ações ambientes, porque define detalhes entre as fronteiras do que vai conhecendo. Mas só a intuição, que é a própria manifestação cósmica de Deus, pode compensar a impossibilidade de o intelecto definir o Todo pela parte. **Sentir** Deus filtrando-se pela parte, que é o homem, é mais exato e mais certo do que **saber** Deus abrangido pelo espírito humano. E como esse "sentir Deus" aumenta tanto quanto aumenta a consciência da parte em direção à consciência cósmica do Todo, o intelecto nunca poderá defini-Lo, porque não pode alcançá-Lo dentro de uma fórmula fixa e matemática. Considerando a consciência humana uma circunferência, que se dilata tanto quanto evolui esse homem, e Deus um conjunto de raios que partem do centro em todas as direções, verificareis que, por mais expansão que obtiver a consciência humana, nunca poderá alcançar os raios que partem para o infinito. Daí a impossibilidade de a parte humana definir o Todo Cósmico. Os marcianos, mais modestos que os terrícolas, em suas concepções espirituais, deixam-se "penetrar", na quietude de suas almas, nutrindo-se com a verdadeira ciência, que é a eterna e ilimitada concedida por Deus, mas sem o meio artificial da instrumentação humana. É verdade que a sua ciência lhes completa o conhecimento no campo das formas, mas é a intuição que lhes permite a sabedoria de Deus.

PERGUNTA: — As matérias ensinadas correspondem, por exemplo, aos nossos ensinamentos de matemática, geografia, história ou línguas?

RAMATÍS: — Existem matérias semelhantes, embora exclusivamente ensinadas só no seu conteúdo útil e proveitoso, que é facilmente compreendido, ante os recursos admiráveis da cinematografia adaptada a cada matéria em estudo. Na geografia, o sistema de "telefotografia" capta e projeta todos os relevos e acidentes da natureza, em suas manifestações naturais e em escalas relativas, ajustando milimetricamente as cores exatas às imagens das "telas radiantes". As películas confeccionadas de matéria vítrea, flexíveis e transparentes, quando projetadas, revelam detalhes na conformidade da substância que compõe as telas.

PERGUNTA: — Como se ajustam e funcionam essas telas radiantes, em sintonia com as projeções?

RAMATÍS: — Conforme a espessura, cor, posição e conteúdo vítreo, essas telas podem acentuar os altos e baixos relevos do solo, contrastar particularmente as espécies vegetais e ampliá-las dos "mapas projetados", para fins de estatísticas. Como esse "telefotogeográfico" é precedido pelos recursos magnéticos das "lentes de profundidade etérica", a combinação "tela-projeção" pode ressaltar e definir quase todas as variações atmosféricas do momento, auxiliando o levantamento "aéreo-gráfico" do planeta. Analogamente aos recursos fotográficos empregados na esfera astronômica, do vosso mundo, os marcianos empregam o sistema de telefoto e projeção, a fim de estudarem os setores da natureza invisíveis a olho nu.

PERGUNTA: — Essa denominação de "telefotografia" não conviria mais ao "longe" do que "penetrar no mundo invisível"?

RAMATÍS: — Empregando o termo "telefotogeográfico", ante a insuficiência de vocábulos precisos ao assunto, desejamos conceituar a idéia de "fotografia além do vosso mundo visível", mais "distante e longe" dos vossos olhos, mas sem nos referirmos ao campo infinitesimal ou microscópico.

PERGUNTA: — As escolas possuem quadros, mapas e bancos, análogos aos da Terra?

RAMATÍS: — Embora sejam órgãos educativos de um plano mais evolvido do que a Terra, não podem prescindir de recursos algo semelhantes e que lhes servem de apoio no mundo das formas materiais. Diferem, no entanto, esses recursos, pela composição dos detalhes da escola, sempre em razão da harmonia do todo. É esse um dos mais belos característicos de Marte, porque o seu habitante, em mais íntimo contato com Deus, observa e organiza as suas ações, também em sentido mais cósmico. A escola assemelha-se a uma orquestra, onde cada peça e objeto constituem uma nota componente do conjunto. A criança sente-se eufórica e ativada em seu senso de curiosidade, pelos atrativos inéditos que surgem todos os dias, e que a encantam pelas originais e inesperadas composições do seu ambiente de estudos. Há sempre uma ligação íntima de cores, formas, luzes e melodias, que ondulam, suavemente, em sintonia com as lições em curso.

PERGUNTA: — Podereis expor-nos uma comparação mais acessível à nossa mente?

RAMATÍS: — Imaginai um salão destinado a estudos de botânica, dentro do qual, para simular e se descrever, com mais realismo, a matéria da aula que está sendo exposta, flutuam no ar ambiente os aromas exóticos das espécies silvestres e, também, os da mata virgem com suas árvores gigantescas, em cuja ramaria a passarada irrequieta vibra cânticos de suavidades indescritíveis, os quais, associados ao rumorejo dos regatos, criam no salão de estudo um panorama de aspectos admiráveis e impressionantes; e até a temperatura (estabelecida artificialmente) é fixada à semelhança do clima refrescante ou úmido da floresta; e onde, enfim, semelhantes recursos, aliados à influência dos mestres no psiquismo da criança, satisfazem à visão, ao olfato e aos demais sentidos; então, vos certificareis de que o aluno marciano, sob o encantamento e a ternura dessas emoções, aprende sem o sacrifício ou esforço exigido pela memorização comum ao vosso mundo.

Ele abrange todo o conteúdo das lições que recebe; e quando a evoca, associa-lhe as idéias afins, estereotipadas no seu espírito, justamente, pelas doces emotividades que lhe foram suscitadas nos seus estudos de fundo educacional e psicológico.

Os alunos não fossilizam os ensinamentos no subconsciente, à maneira do vosso antigo mestre-escola, mas vivem os acontecimentos. A simples evocação de uma palavra, pelo seu significado, liberta e põe em movimento nos seus sentidos, todo o cortejo das sensações que lhe são adstritas. Subjetivai, pois, tudo isto, e tereis uma idéia aproximada dos processos e da configuração dos estudos numa aula das escolas de Marte.

PERGUNTA: — Os alunos são reunidos em grupos, à feição comum de nossos educandários?

RAMATÍS: — São agrupados após rigoroso exame efetuado pelos "médicos pedagógicos", conforme a síntese psicológica das tendências de cada aluno. Em face de a reencarnação ser crença geral e comum, em Marte, os médicos reconhecem que o mais importante na criança é auscultar-lhe a alma; pois, na sua intimidade, ela traz impressa a verdadeira memória de suas vidas pregressas. Mediante sentidos desenvolvidos e faculdades aguçadas pelo exercício, esses médicos efetuam o diagnóstico "psicomental" do aluno, e examinam-lhe no invólucro perispiritual os matizes astrais predominantes. Através do duplo etérico, podem observar os centros de forças mais desenvolvidos e predizer, com relativa segurança de diagnóstico, as futuras possibilidades da criança. Selecionam-nas e as agrupam, conforme maior ou menor disposição para determinada arte, ciência, filosofia ou faculdades psíquicas que se apresentam embrionariamente.

PERGUNTA: — Quais as características desses "médicos pedagógicos"?

RAMATÍS: — São professores que fazem cursos similares aos de medicina e aprendem a estrutura biológica dos seres, concomitantemente com as faculdades psíquicas, que também desenvolvem no curso acadêmico.

PERGUNTA: — Esses médicos pedagógicos, de faculdades superiores à massa, porventura, também não incidem em erros? Será Marte um setor perfeito?

RAMATÍS: — Marte ainda está muito longe da perfeição, a qual, aliás, é sempre relativa; pois a perfeição em sua expressão integral ou absoluta, só em Deus existe. É também mundo de trânsito, um banco escolar na universidade do Cosmo, embora mais evoluído do que a Terra. Nos diversos planos em que o espírito atua, há sempre algo que a sua inteligência desconhece, pois esta é relativa e não pode conter o conhecimento completo do Todo. O homem aumenta a sua compreensão e apura o seu sentimento, mas o equívoco é sempre substituído por outro equívoco mais sutil, na conformidade do seu progresso e na manifestação mais alta, porque o ilimitado saber só a Deus pertence. Consequentemente, os médicos marcianos também incidem em equívocos, mas num plano muito além de vossos atuais conhecimentos.

PERGUNTA: — Existe só um tipo de "médico pedagógico", ou são várias as especialidades nesse sentido?

RAMATÍS: — A esfera de medicina pedagógica, marciana, compreende principalmente a classe dos "médicos cromosóficos", "psicômetras", "quirólogos"; e, finalmente, os "mentores clarividentes". Preliminarmente, todos educam e aperfeiçoam a sua faculdade radiestésica, inata em todos os habitantes, e que os favorece nos diagnósticos pedagógicos. Mas é na esfera educativa que militam as sumidades mais expressivas de todas as atividades marcianas, como sejam os técnicos, filósofos, cientistas e artistas, que se congregam para melhorar sempre o futuro cidadão. Os mentores clarividentes norteiam os destinos decisivos do planeta e prevêem as necessidades da civilização, à medida que esta avança para o mais Alto. O povo comumente os conhece como os "pais da civilização" e alguns deles já se encarnaram na Terra, na figura de missionários e profetas que agiram divinamente no vosso ambiente. Esses mentores hierárquicos, que assumem tais responsabilidades exclusivamente pelo conhecimento e capacidade, e não pelo prestígio político, levam a bom termo, com absoluta dignidade, as suas tarefas edificantes.

PERGUNTA: — Como se processa essa faculdade de clarividência que citais?

RAMATÍS: — No decorrer destas mensagens, em que já nos comprometemos a abranger vários setores da vida marciana, vos daremos detalhes do assunto da pergunta.

PERGUNTA: — Como agem os "médicos pedagógicos", no exame da criança?

RAMATÍS: — Cada um pesquisa e experimenta conforme a esfera de sua especialidade, formulando conclusoes nos exames psíquicos, etéricos e astrais, inclusive na zona mental instintiva, para extrair a melhor síntese psicofísica. Posteriormente, em reuniões em conjunto, os examinadores apresentam os relatórios individuais referentes ao setor da sua atividade.

PERGUNTA: — Podíamos ter uma noção do médico quirólogo?

RAMATÍS: — É o que estuda as formas anatômicas, o tecido epidérmico, os sulcos, sinais, movimentos e flexibilidade característicos das mãos das crianças, a fim de conhecer-lhes as emoções e os pensamentos instintivos. As suas conclusões são absolutamente lógicas, respeitadas pelas tradições e confirmadas pelas provas experimentais, sempre em correspondência com o evento de outras ciências. Os prognósticos psicológicos também podem variar, conforme a capacidade individual de análise, de raciocínio e observação do médico quirólogo, quanto à época do acontecimento ou à riqueza de detalhes, mas os fundamentos são puramente científicos.

PERGUNTA: — Achamos que esse estudo de "sulcos, sinais e linhas" das mãos, parece "anticientífico", muito ao gosto dos "ledores de buena-dicha", na Terra. Não é essa técnica incompatível com o nível científico marciano?

RAMATÍS: — A má intenção e o descrédito lançados por alguns impostores não destroem a revelação divina acessível aos que são iniciados, assim como o vinho azedo não invalida a existência de vinho são. Esse aspecto "anticientífico" que lembrais é o que precede, comumente, a todas as consagrações científicas, que marcam o esforço humano para o progresso natural das coisas. Os vossos atuais quirólogos, embora de afirmações e prognósticos claudicantes, são os pioneiros do futuro médico quirólogo terrestre. A antiga medicina escatológica dos pajés e curandeiros de tribos selváticas; os médicos barbeiros, das sangrias e vesicatórios; as panacéias e teriagas, que tiveram seu êxito por mais anticientíficos que os acheis, também fundamentaram as científicas realizações de hoje. Foi do aspecto anticientífico da anestesia contundente e à base de rum, que atingistes os atuais recursos da anestesia gasosa e brevemente alcançareis a "bioelétrica". As majestosas aeronaves que hoje cruzam os vossos céus provêm das "anticientíficas" caranguejolas de lona do início do século; a famosa penicilina tem os seus ancestrais anticientíficos no mofo, que os maias e os incas já preparavam há mais de 500 anos, como recurso terapêutico. A "íris-diagnosis", que já foi panacéia de respeito científico, e, posteriormente, considerada charlatanismo, restaura-se, hoje, sob a visão técnica e científica de sábios alemães. Inúmeros "médiuns espiritistas", que atualmente manifestam pruridos anticientíficos de faculdades psíquicas, incomuns, revelam as primeiras configurações dos futuros "pedagógicos", à semelhança de Marte.

PERGUNTA: — O "anticientífico" com que nos exprimimos, é em virtude de não existir fundamento coerente, lógico e experimental nos fatos quirosóficos citados. Não vos parece?

RAMATÍS: — Considerando que o mundo em que viveis é apenas uma escola de educação cósmica, na qual todas as realizações são apenas transitórias e não pontos finais de ascensão espiritual, não podeis admitir como absolutamente científicas ou exatas as conclusões continuamente substituídas e que denominais de "leis regentes". Nos mundos materiais e em evolução como o vosso, é suficiente uma geração para se verificar quão precária é a chamada estabilidade ou verdade científica. Por maiores que sejam os vossos surtos de progresso, sempre tereis que corrigi-los e modificá-los, decalcando os vossos passos sobre os conhecimentos anteriores, embora abandonados na caminhada humana. A vossa ciência médica, hodierna, glosa a ingenuidade do século XVIII, em que predominava a medicina das "sanguessugas", dos vomitórios e das cauterizações bárbaras, onde a clínica era miniatura de oficina de ferreiro com foles e assopradores improvisados. O cliente trazia, nas faces, a aflição do animal que vai ser marcado a ferro em brasa. No entanto, já avaliastes o riso sadio dos futuros médicos psicoterápicos, quando defrontarem as estampas dos vossos atuais tratados científicos, onde criaturas pálidas, com ríctus nervoso, estendem os braços para serem "perfurados" com arames polidos, que lhes penetram as carnes e as veias, injetando-lhes substâncias químicas violentas?

PERGUNTA: — Sempre consideramos os sinais das mãos destituídos de qualquer profundidade psicológica. Daí a nossa justa dúvida em uma ciência quirosófica apregoada como exata.

RAMATÍS: — As mãos revelam, em sua estrutura, a plasticidade, a temperatura e os movimentos identificadores dos estados físicos, nervosos e circulatórios, em absoluta correspondência com as manifestações ocultas das energias etéricas, astrais e mentais do espírito. Há considerável diferença entre a postura da mão que abençoa, e a daquela que maldiz ou fere; há, também, grande dispersão de energias fluídicas da mão do pródigo e voluptuoso, como há a proverbial reserva do egotista e do avaro. Na voz sábia do senso popular, o pródigo é considerado um "mão-aberta", porque deixa escapar tudo o que apanha; e o segundo, avaro e egocêntrico, é o "mão-fechada", na feição de prudência e cautela. Há criaturas de cujas mãos flui um alento criador, que aviva e renova o que tocam, consideradas "mãos benéficas", favoráveis para o plantio, postura de aves e poda vegetal; outras, infelizes, exsudam fluido doentio por onde passam, ficando estigmatizadas de "mãos ruins". A cólera contrai os dedos, crispa-os; o júbilo, a alegria os afrouxa; a meditação atua inconscientemente nas mãos, motivo pelo qual o pensador foi sempre estruturado com a cabeça apoiada na mão cismadora. A sensualidade excita a mão e a deixa inquieta; a ansiedade faz mover os dedos incessantemente; as mãos são mansas e ternas como as pombas, quando acariciam com pureza espiritual; são traidoras, perigosas e coercitivas no crime, ou quando escondem a má intenção da alma que as move. No dizer bíblico, Deus pôs o destino do homem em suas mãos, advertindo que toda atividade emocional e psíquica deixaria nesse apêndice humano a sua marca, o seu selo definitivo. Recolhei-vos um instante e deixai-vos envolver pelo silêncio meditativo da alma; pensai em júbilo ou na cólera; imaginai abençoar ou esbofetear, e então sentireis fluir vigorosa e distintamente, pela palma das mãos, o fluido amoroso como a brisa das colinas ou os jatos anavalhantes produzidos pelos pensamentos raivosos e deprimentes.

PERGUNTA: — Quais as características do médico cromosófico marciano?

RAMATÍS: — Trata-se de avançado cientista que pode ler as cores exatas da aura humana, com vidência segura desenvolvida por métodos experimentais, em perfeita sintonia de pureza espiritual. Sua função pedagógica é examinar a cor básica da aura da criança, identificando o tom fundamental ou o colorido que predomina definitivamente em todas as suas atividades psíquicas. Além de conceituar o conteúdo psicológico, cabe-lhe, também, ajuizar e avaliar as tendências emotivas da criança, através da observação de outros matizes de cores acidentais que surgem sobre o colorido fundamental.

PERGUNTA: — Como poderíamos conceber essa cor fundamental e os matizes suplementares que surgem na aura das crianças?

RAMATÍS: — Considerai uma criança cuja cor áurica predominante seja um carmim-rosado, puro, brilhante, que a envolve completamente, mas pintalgado de nuanças, pontos ou bordas de outras cores. Mediante a cor básica, predominante, do carmim-rosado, o médico cromosófico reconhece um espírito de admirável renúncia por amor ao próximo, pois essa cor é a reveladora de almas desinteressadas, capazes do afeto mais puro. Identifica-se por esse colorido rosa-carmim, translúcido e imaculado, um caráter espiritual completamente devotado ao amor. Quanto aos demais matizes inconstantes, que perpassam sobre o fundo carmim-rosa, revelam os estados de alma, que acidental e emotivamente podem acionar o espírito. Conforme as tonalidades e os tipos de cores que refulgem, o médico cromosófico vai anotando as diversas emoções, virtudes ou deficiências que podem ser acessórios a essa alma devocionalmente amorosa.

PERGUNTA: — Se a cor límpida, carmim-rosa, representa na aura o amor puro e desinteressado, qual seria a cor de um amor egoísta, interesseiro e sensual?

RAMATÍS: — Quanto mais puro é o amor, tanto mais brilhante, límpido e translúcido será o carmim-rosa que o identifica. E se esse amor é já um sentimento extensivo a toda a humanidade, então os mais fascinantes matizes de lilás vivo e cintilante refulgem sobre o carmim-rosado, formando franjas e rendilhados de soberba beleza. No entanto, o amor egoísta, interesseiro e sensual, revela-se, também, por um carmim fundamental, mas de aspecto sujo, oleoso e opaco, manchado de "terra de Siena queimada".

PERGUNTA: — E quanto aos matizes acidentais que flutuam nessa aura, como podem eles identificar outros estados de espírito da criança?

RAMATIS: — As tonalidades claras demonstram sentimentos e virtudes superiores; as escuras, sombrias, viscosas ou espessas, manifestam paixões inferiores. No caso de uma criança portadora de aura carmim-rosa, puro e elevado, com manchas azuis ou traços brilhantes de um verde-seda no invólucro áurico, comprova-se um espírito de amor e renúncia absoluta.

Além desse afeto puro, é dominado por emoções místicas identificadas pelo azul-celeste, límpido e de atrações poéticas ou artísticas, ajustado pelos tons do verde-seda. Desde que esses matizes azuis e verdes se demonstrassem sujos, escuros e disformes, saber-se-ia que essa alma capaz de renúncias pelo próximo revelava-se, entretanto, primitiva no campo artístico e ignorante nas ansiedades espirituais.

PERGUNTA: — No caso de a criança marciana revelar o espírito dum cientista em potencial, qual seria a cor básica de sua aura?

RAMATÍS: — O médico pedagógico marciano reconhece o espírito altamente científico ou mentalmente evoluído, na criança, pela predominância do amarelo-dourado, que é a cor reveladora de inteligência desenvolvida pelos recursos científicos e intelectuais. Há que considerar, também, os inúmeros outros matizes de cores, que normalmente se movem em todos os campos áuricos humanos, responsáveis pelas diversas outras expressões emotivas. Desde que essa aura amarelo-dourada, clara e de fascinante limpidez, além da cor fundamental, esteja enfeitada doutras cores, também há que lhe estudar cada matiz acidental. Os fulgores de carmim-rosa esvoaçando em nuanças brilhantes e puras, denunciam que o sábio está a serviço da humanidade; o caso de adornos de um azul transparente sobre o fundo amarelo-dourado, fundamental, denota o gênio entregue a objetivos espirituais; nuanças de verde-seda ou de esmeralda cristalina denotam que, além de cientista ou profundo intelecto, existe, também, o espírito versátil, fecundo e engenhoso, lembrando a fertilidade da natureza.

PERGUNTA: — Obviamente, se a criança marciana é um espírito científico, porém, afeito ao egoísmo, interesse e má intenção, essas cores todas tendem a escurecer e manchar?

RAMATÍS: — Não esqueçais o binômio "luz e sombra", em que se baseiam todos os movimentos ascensionais do espírito em direção à intimidade cósmica de Deus. Em todas as expressões áuricas, os tons escuros, sujos ou oleosos, denotam vibrações de baixa frequência. Nos seres superiores, as cores da aura são fundamentalmente luminosas, claras, translúcidas, límpidas e delicadas, enquanto que as almas inferiores apresentam matizes escuros, ásperos, disformes e densos. O cientista, genial e estudioso, mas que mercadeja as suas criações e se inferioriza pela cobiça ao vil metal, embora sua aura seja de um amarelo-dourado, que identifica o sábio, tem a cor do bronze velho, azinhavrado e empoeirado, com todos os matizes das emoções predominantes. Essa aura ainda pode apresentar-se com os bordos alaranjados, espessos, denotando sinais do orgulho e intransigência, ou então os reflexos de rosa-salmão, sujos, demonstrando o gênio dominado pela sensualidade desregrada. Comumente, podereis encontrar sobre a aura o azul puro, celeste, da alma devota; na verde-seda límpida a do poeta ou artista excelso; no amarelo-dourado, brilhante, do gênio intelectual; os relâmpagos de vermelho-encarnado ou setas vivas cor de fogo, que se entrecruzam, a esmo, revelam que essas almas se deixam dominar pela cólera, raiva ou irritação, quando profundamente contrariadas.

PERGUNTA: — Essas litogravuras que trazem auréolas em torno da cabeça de criaturas santificadas, têm fundamento nas cores áuricas?

RAMATÍS: — Exatamente. Os verdadeiros pintores são inspirados, porque vivem mais íntimos com as esferas criadoras; seus espíritos transcendem a forma comum da matéria e pressentem os sinais identificadores da alta espiritualidade dos seus modelos e objetivos escolhidos. Se observardes atenciosamente essas auréolas luminosas, verificareis determinados sinais coloridos, que correspondem às nossas comunicações sobre a função da cor em correspondência com o grau espiritual.

PERGUNTA: — Em seguida ao "médico pedagógico cromosófico", de Marte, qual a função do médico "astroetéreo"?

RAMATÍS: — Os marcianos comprovam com absoluta segurança e lógica experimental a extraordinária influência que a atmosfera etérica exerce sobre cada planeta, nos seus seres e vegetação, agindo simultaneamente na estrutura dos "duplos etéricos" de cada coisa. Se ignorais essa influência, na Terra, é porque a confundis como sendo físicos os inúmeros efeitos que residem tão somente nas causas etéricas. Nessas atmosferas etéricas, são perfeitamente distinguíveis a temperatura, pressão, elasticidade, olfato ou tato, do mesmo modo como na vossa atmosfera física distinguis os efeitos positivos do calor, eletricidade e umidade. Como a substância quanto mais sutil tanto mais expansiva, é óbvio que a atmosfera etérica, que envolve o vosso mundo, também ultrapassa consideravelmente os contornos e os limites da própria atmosfera física, produzindo choques em outros invólucros etéricos planetários e sofrendo as suas reações suaves ou violentas. Mundos primitivos e densos que ainda exsudam gases deletérios e emanações radioativas grosseiras, ao se avizinharem doutros orbes de melhores condições etéricas, provocam descargas nocivas, penetrações incontroláveis e influências confrangedoras, agindo através do invólucro também etérico dos outros planetas.

PERGUNTA: — E que relação pode haver entre o médico astroetérico e o aluno marciano? Qual o fundamento da sua necessidade?

RAMATÍS: — Cumpre-lhe investigar quais foram as influências que atuaram, decisivamente, por parte dos astros, durante a gestação da criança, e, consequentemente, quais as forças estigmatizadas no seu perispírito. Na época da gestação, a mulher sofre fortemente a atuação das influências etéricas dos astros circunvizinhos ao seu mundo. Isto acontece pelo seu estado de hipersensibilidade, sob o influxo criador que lhe desce do Alto, como também pelo delicado ajuste da aura do espírito reencarnante, que lhe transmite integralmente as suas próprias idiossincrasias espirituais. O "duplo etérico" materno, nesse período crítico, em que outra alma tenta plasmar-se no mundo material, é poderosamente atuado pelo éter atmosférico, sob processo de química transcendental que escapa ao vosso entendimento. Transfundem-se, pela aura sensível da mulher gestante, incontroláveis energias dos vários planos da vida cósmica. Esse é o momento mais importante na existência física, quando o espírito se reduz na expansividade e elasticidade astral para resumir-se no aconchego sagrado da matriz feminina, que faculta à mulher a sublime função de "médium da vida".

Tanto a mãe quanto o futuro filho sofrem, na fase da gestação, os impactos vigorosos das auras etéricas de todos os mundos circunvizinhos, que lhe dosam a substância astral nas mais exóticas e excêntricas combinações de quimismo cósmico. Congregam-se, no veículo da criança, as energias heterogêneas, absorvidas de todos os astros que se aproximam na época gestativa. É óbvio que os mundos primitivos, de magnetismo coercitivo, viscoso e violento, deixarão seu conteúdo inferior na forma de futuras tendências nocivas; no entanto, os planetas superiores, conduzindo humanidades espiritualizadas, que lhes alimentam a aura com seu magnetismo puro de almas superiores, hão de legar impulsos artísticos, reflexões elevadas ou características afetuosas. E como a aura etérica de cada orbe é geometricamente progressiva sobre o núcleo físico, certos astros, que mal distinguis a olho nu, friccionam o vosso mundo com suas auras etéricas e alimentam a circulação astral no corpo perispiritual das crianças em gestação.

PERGUNTA: — Qual a conclusão do "médico astroetéreo", com referência à influência de astros vizinhos?

RAMATÍS: — Após cuidadosa e eficiente pesquisa, procura conhecer qual a vibração astrológica que predominou fortemente, durante a gestação da criança, até o momento de sua libertação da placenta e ingresso na atmosfera ambiental. Através da "astroetereologia", efetua o levantamento científico do conteúdo magnético desse astro dominante, e conhece os seus efeitos favoráveis ou prejudiciais nos veículos imponderáveis da criança. De posse dos elementos identificadores do astro, ser-lhe-á fácil prognosticar as tendências e impulsos que atuarão periodicamente no espírito, podendo prever as manifestações contrárias à peculiar harmonia da civilização marciana.

PERGUNTA: — Quais são essas manifestações contrárias à harmonia marciana?

RAMATÍS: — As que entram em conflito com o padrão comum de vida humana, já conseguido pelos marcianos, em face de sua sublimação espiritual. Considerai, por exemplo, que a Terra esteja bem próxima de Marte; figurai-a, astrologicamente, como o astro dominante em várias gestações marcianas. Tratando-se de um planeta mental e espiritualmente inferior, discordante do *habitat* comum de Marte, a sua ganga magnética, opressiva e sensual, incrustar-se-á fortemente nos corpos etéricos e astrais das crianças em gestação. Os sentimentos aviltantes da maioria terrena, que alimentam, continuamente, a aura etérica da Terra, atuarão na soma de impulsos incontroláveis e desarmoniosos, excitando o futuro cidadão marciano a manifestar inesperadas reações ao nível comum dos terrícolas. As proverbiais irritações, angústias, rebeldias e impiedades que tanto desequilibram a humanidade terrestre, através do invólucro etérico do orbe, se filtrarão por entre a própria atmosfera marciana, atingindo a intimidade celular de todas as almas em fase de reencarnação e deixando-lhes a marca inferior. Eis, portanto, a necessidade do médico astroetéreo, que sugere tratamentos cromoterápicos às crianças nascidas sob má influência astrológica, a fim de serem eliminados os resíduos de substância astral inconveniente.

PERGUNTA: — Como é esse tratamento cromoterápico?

RAMATÍS: — É o tratamento sob aplicação de cores radioativas e magnetizadas, através de processos estranhos ainda às vossas experimentações científicas. Trata-se de um "aceleramento vibratório", frequência mais rápida, capaz de higienizar vibrações contaminadas, tornando-as livres de seu conteúdo inferior. Pratica-se algo à semelhança do processo de decantação, pela modificação gradual produzida por "ondulações eletromagnéticas" e sob atuação energética de raios coloridos.

PERGUNTA: — Como poderíamos ter uma idéia aproximada dessa decantação em cores?

RAMATÍS: — Supondo, por exemplo, que a Terra é portadora de uma aura vermelha, suja, oleosa e espessa, produto das desarmonias psíquicas dos seus habitantes; e admitindo, igualmente, a existência de outros inúmeros matizes de cores, que revelam, separadamente, múltiplos estados emotivos dos terrícolas, a criança marciana, que durante o seu reencarne no seio materno, fica demasiado tempo com sua aura exposta à influência dominante da Terra, nasce em seu mundo físico com o perispírito manchado de vermelho-sujo, que é a cor fundamental do orbe terráqueo. Essa substância vermelha, viscosa e coercitiva, sempre tentará subverter a harmonia do corpo etéreo-astral da criança em crescimento, impondo-lhe o reinado das sorrateiras paixões que já foram extinguidas pela humanidade de Marte. É análogo ao ser que, envergando delicada veste lirial, impregnada de fragrante perfume, verifica em sua vestimenta, detestável mancha de lama fétida. Apesar de toda a sua boa vontade, essa mancha úmida e malcheirosa deixa-o inquieto e aflito, e, ao menor descuido, pode propagar-se e contaminar o resto do vestuário. O único recurso terapêutico é lavar o traje. Eis por que o médico cromosófico, em Marte, além das funções de "ledor científico de auras" é, também, uma espécie de expurgador dos corpos etéreo-astrais, que tenham sido manchados pelas auras de outros mundos inferiores. Supondo, ainda, que a criança, vítima da má influência terrestre, revele em seu corpo etérico as sombras do vermelho-sujo da aura da Terra, o recurso é proceder-lhe à purificação, decantando-lhe gradualmente, o teor viscoso e espesso, a fim de que o vermelho oleoso terrestre se transforme num vermelho puro, límpido e compatível com a vida psíquica marciana. A tonalidade pegajosa e impura da natureza terrena, que seria péssimo excitante etérico do psiquismo da criança marciana, ao purificar-se em um conteúdo cristalino e superior, também se modifica na feição de energia criadora e vitalizante da aura da criança.

PERGUNTA: — Nesse caso, um marciano inatamente colérico, de aura vermelho-sujo, tornar-se-á um homem delicado e afável, assim que lhe "decantarem" a aura para uma cor purificada?

RAMATÍS: — Não há melhoria espiritual sob coação ou intervenção exterior. Nem o Cristo, que é Caminho, Verdade e Vida, poderá purificar-vos por processo "ex-abrupto", sem que antes tenhais sido digno pelo esforço e livre-arbítrio. Ele é o roteiro, a influência benéfica, o elo divino entre Deus e vós, para que modifiqueis a vossa conduta e purifiqueis os veículos que servem ao vosso espírito na forma física, a fim de despertardes para a consciência definitiva do "EU SOU". — Nunca podereis atingir o desiderato supremo de sentirdes, em vós, o esplendor da Luz Cósmica da Realidade Incriada, enquanto não seguirdes o caminho silencioso do "meu reino não é deste mundo". Cresceis, da consciência individual que atua subjugada pelos invólucros de vários planos vibratórios, para o ajuste definitivo à consciência cósmica de Deus, a fim de recuperardes a Verdade perdida na "descida angélica". — Sois centros microcósmicos de consciência macrocósmica, funcionando através de escotilhas vivas, abertas para os mundos astrais e físicos, na incessante e gradual procura do Todo Eterno. Os pensamentos dominantes nesses veículos em que agis, criam e modificam as cores áuricas, clareando-as ou escurecendo-as, conforme os raios mentais que se prismam pelo corpo "etérico-astral".

Que vos adiantariam as intervenções exteriores, na terapêutica de exterminar ou purificar as cores inferiores e dominantes, geradas pelo vosso orgulho, maldade, luxúria ou sensualidade, se depois as criaríeis novamente, sob os mesmos impulsos degradantes? Aquele que recebe o seu traje branco, lavado, tê-lo-á sujo, outra vez, assim que descer ao plano inferior das minas de carvão.

PERGUNTA: — Por quê, então, eliminando-se a influência inferior da aura da criança marciana, ela se liberta definitivamente dessa mesma influência?

RAMATÍS: — Porque é um influxo acidental, originado pela presença de um astro inferior e não produto do psiquismo da própria criança. Desde que lhe seja purificado o corpo etéreo-astral, desaparece definitivamente a influência nociva, porque o seu espírito já emancipado, não mais evoca paixões que alimentam estados impuros. Em virtude da presença astrológica, boa ou má, se comprovar exclusivamente na época de gestação, quando a aura materna e a do espírito reencarnante se mostram desguarnecidas, pelo intercâmbio enérgico com o quimismo telúrico, não há mais possibilidade de novas "manchas áuricas" na criança marciana, assim que se liberta da matriz geradora.

PERGUNTA: — Irmão Ramatís, podíeis discorrer, mais amplamente, sobre essa questão de influências de astros na humanidade marciana?

RAMATÍS: — Em outras reuniões futuras, vos daremos considerações detalhadas e cientificamente comprovadas, que podereis conjugar num capítulo sobre a astrosofia marciana, compreendendo os motivos das influências planetárias na composição e função dos corpos físicos ou etéricos astrais.

PERGUNTA: — Poderíeis dar-nos mais alguns esclarecimentos quanto às funções do "médico pedagógico psicômetra"?

RAMATÍS: — É o cientista de suma importância no diagnóstico e selecionamento psicológico dos alunos. A sua missão é dificultosa porque exige muita abnegação, vigílias e renúncias, a fim de manter ativa a faculdade psicométrica. Cumpre-lhe a função principal de "ler" a aura do aluno e conhecer-lhe as deformidades psíquicas, oriundas de existências anteriores, seja de vidas marcianas ou de reencarnações sucedidas em outros mundos inferiores. Se em vosso mundo, Freud, além de "psicanalista", fosse um psicômetra, teria garantido absoluto êxito à Psicanálise, em virtude de saber exumar da intimidade do espírito os seus peculiares complexos "pré-reencarnativos".

PERGUNTA: — Como se processa essa leitura de "aura", no processo de psicometria?

RAMATÍS: — Mediante um objeto ou medalha chamada "talismã pré-reencarnatório", ou seja um "elo-psíquico", que pertenceu à própria alma da criança em suas vidas anteriores, o psicômetra ausculta o passado e reconstitui fatos, emoções, recalques e complexos que dominaram o psiquismo do examinado. O talismã é apenas um objeto material, cuja aura "etéreo-astral" foi devidamente preparada para funcionar como condensador vibratório dos acontecimentos circunscritos às vidas continuadas do espírito. A própria Terra pode ser considerada um objeto material, circunscrito por uma aura "etéreo-astral", na qual se conservam fixadas desde as idéias mais sutis ou o singelo ondular duma folha, até as imagens dos mais extraordinários acontecimentos coletivos da humanidade. O médico psicômetra é o responsável pela história "pré-reencarnativa" da criança, contribuindo, valiosamente, para que se estabeleça o diagnóstico definitivo procedido pela "Junta de Investigações Psíquicas" dos estabelecimentos escolares.

PERGUNTA: — Em que se resume o diagnóstico final da "Junta de Investigações Psíquicas"?

RAMATÍS: — É a conclusão definitiva procedida pelos médicos pedagógicos, como assunto rotineiro dos períodos escolares. O médico quirólogo, no seu relatório firmado nas características das mãos, expõe os estados emotivos e a sensibilidade a manifestar-se de futuro; o astroetéreo explica o teor da aura e a influência do astro dominante, aventando os impulsos desgovernados da criança; o psicômetra reconstitui o caráter da vida anterior, formulando sugestões espirituais e retificadoras no campo psíquico; o cromosófico revela a cor fundamental da aura, que identifica o verdadeiro caráter do aluno, assim como esclarece os matizes secundários que perturbam a manifestação básica colorida. Finalmente, o médico clarividente combina todos os dados recebidos nos relatórios, ajustando os que se identificam, sincrônica e sinfonicamente, a fim de concluir a "nota psíquica" definitiva do aluno e indicar-lhe as necessidades e selecionamento pedagógico.

PERGUNTA: — Qual a natureza desse "médico clarividente"?

RAMATÍS: — É a maior autoridade científica, em Marte,

reunindo, ao mesmo tempo, a máxima capacidade de ação no mundo físico, aos conhecimentos espirituais e poderes extraordinários no plano psíquico. Espírito eleito para o cargo, quando ainda em liberdade espiritual, antes do reencarne, é mentalmente desenvolvido e de completo autodomínio, capaz de agir além das próprias fronteiras mentais do plano em que vive. Assume a figura de cidadão comum, e embora genial e santificado, o médico clarividente é o que mais trabalha, permanecendo continuamente em contato mental com todos, e exaurindo-se na preocupação de aperfeiçoar o seu *habitat*. Responsável pela última palavra no diagnóstico das crianças, enfeixa em suas mãos os relatórios dos demais médicos e estrutura as diretrizes para modelar eficientemente os futuros cidadãos marcianos.

PERGUNTA: — Podemos presumir a existência de cidadãos terrestres, no nível do "médico clarividente" de Marte?

RAMATÍS: — Sim, pois espíritos desse quilate convivem em todas as civilizações, a fim de conduzirem mentalmente as almas para objetivos superiores. No vosso mundo, no entanto, eles trabalham ainda silenciosamente, protegidos das vistas profanas que os perturbariam em seu sagrado serviço de libertação espiritual. Quando os terrícolas puderem manifestar os princípios superiores dos marcianos, os "mestres" reencarnados no orbe poderão surgir à luz do dia, sem o receio de fanáticos adoradores ou ridículos profanadores.

7. Idioma, cultura e tradições

PERGUNTA: — Em sua vida de relação, os marcianos não se servem da palavra falada?

RAMATÍS: — Usam-na com certa parcimônia, na medida exata da necessidade na sustentação objetiva do diálogo, pois abreviam o curso das idéias com a receptividade intuitiva fortemente desenvolvida. O conceito de "saber falar" é uma das admiráveis virtudes dos marcianos, pois são avessos aos circunlóquios, às tessituras falsas e à proverbial logorréia dos terrícolas. No lar, em face da intimidade espiritual mais acentuada, prevalece a telepatia e compreendem-se com facilidade nesse mecanismo mental.

A conversa ou permuta de idéias entre os marcianos obedece, pois, a uma entrosagem entre a palavra falada e a transmissão de pensamento, que é, neles, uma faculdade congênita, fazendo com que a sua mente seja uma espécie de espelho onde se reproduz, fielmente, a "imagem" das palavras que pronunciam. Em tais condições, esses despistamentos da mentira e da hipocrisia, muito comuns entre os terrícolas, não seriam possíveis entre eles, justamente, pela sua faculdade de poderem ler os pensamentos uns dos outros. E na realidade, semelhante atributo, por ser um recurso comum a todos, é uma prova significativa da alta evolução da humanidade marciana; pois se Deus, ainda que por pouco tempo, concedesse esse privilégio aos habitantes do vosso orbe, as suas consequências morais e sociais seriam de tal modo catastróficas, que produziriam estragos idênticos aos causados por um terremoto cujas proporções calamitosas repercutissem em todos os quadrantes do planeta.

PERGUNTA: — Qual o idioma falado em nosso mundo, que mais se aproxima do linguajar marciano?

RAMATÍS: — Seria o tipo de linguagem com raiz nos chamados "mantras" iniciáticos do idioma "mântrico", remanescente dos povos lemurianos e atlantes.[9]

PERGUNTA: — Por que essa denominação de idioma "mântrico"?

RAMATÍS: — Em virtude de "mantra" ser uma palavra que os povos orientais adotam para definir concentração numa idéia que deve ser bem fixada na mente. A linguagem dos marcianos é, pois, um tanto meditativa porque eles conhecem o poder extraordinário do pensamento, bem como os efeitos ou perigos da palavra imprudente. Atendem, profundamente, ao sentido psíquico, intelectual e espiritual que a palavra deve refletir na mente de quem a ouve. "Pensa antes de falar", quer nos parecer um conceito de indiscutível origem marciana.

PERGUNTA: — Qual a letra alfabética de nosso mundo, cuja fonação tenha maior similitude com os sons que compõem as palavras da linguagem marciana?

RAMATÍS: — Quando visitamos Marte, em espírito, notamos que a letra "K", entrosada na letra "A", predominava constantemente na troca de palavras fônicas. Pronunciavam-na aberta, mas alongando a sua sonoridade.

PERGUNTA: — Essa linguagem é rica de vocábulos capazes de atenderem às exigências da linguagem de uma humanidade?

RAMATÍS: — Falam um idioma cujas palavras ou vocábulos exprimem muitas idéias. Acresce, ainda, que a faculdade telepática reduz-lhes a necessidade de um vocabulário demasiado extenso.

PERGUNTA: — Como compreendermos essa exiguidade de palavras que, no entanto, condensa longas frases ou muitas idéias?

RAMATÍS: — É uma concisão vocabular decorrente do grau de evolução espiritual e que alcançareis no futuro, à proporção que evoluirdes; pois, à medida que a alma se espiritualiza moralmen-

[9] "Uma única língua está em uso em todo o planeta." (Extraído da revista *O Teosofista*, julho-setembro de 1955 — Autor C. Leadbeater.)

te, ela abrange maior área da vida cósmica em todos os sentidos; e por isso, a linguagem vai-se tornando insuficiente para atender à multiplicidade de expressões mentais, cada vez mais complexas. Tal como aconteceria se o antiquado "carro de boi" tivesse de atender às mutações rapidíssimas da vossa vida moderna.

PERGUNTA: — Como compreender esse ajuste da linguagem às necessidades novas no paradoxo de redução vocabular?

RAMATÍS: — Na intimidade do espírito está sempre operando a vontade e a sabedoria do Criador, no sentido de conduzir tudo e todos sempre do pior para o **melhor**, e do imperfeito para o **mais perfeito**. Aliás, em vosso mundo atual, já estais adotando uma série de legendas e denominações abreviadas, que significam ou definem muitas frases ou idéias, aliviando, assim, a mente do século atômico, já atravancada de excessos de memória. E também, visando esse mesmo objetivo, já tendes o "Esperanto", idioma de amplitude internacional, cada vez mais difundido, o qual, na realidade, já é uma valiosa contribuição de síntese vocabular, a fim de que a vossa humanidade possa entender-se e confraternizar mais facilmente.

PERGUNTA: — Gostaríamos de um exemplo simples, comum, com que pudéssemos avaliar a redução de frases na linguagem, mas abrangendo uma idéia ampla.

RAMATÍS: — As exigências da vida atual, na sua complexidade e rapidez de acontecimentos, induzem-vos à abreviação do que é menos importante. Essa abreviatura passa a fazer parte integrante e definitiva da linguagem sem que percais a extensão da idéia nas relações costumeiras. Cingindo-nos ao vosso modo de vida comum e prosaica, citaremos alguns exemplos corriqueiros: em vez de designardes as instituições autárquicas pelos seus nomes extensos e complexos, estais usando apenas as iniciais; e o mesmo fazeis quanto aos institutos de previdência e aos departamentos do Estado, nomeando-os abreviadamente. Também, nos desportos, abreviais as longas denominações associativas e seus departamentos responsáveis, tendo criado um novo padrão linguístico composto de abreviaturas que definem maior quantidade de idéias. É o que ocorre, mais ou menos, com os marcianos: usam uma simples palavra à semelhança dos sinais gráficos da taquigrafia e que representa um grupo de idéias correlatas.

PERGUNTA: — Os marcianos usam escrita semelhante à nossa?

RAMATÍS: — Escrevem com muita rapidez, por sinais combinados, semelhantes aos da taquigrafia, a fim de poderem atender à multiplicidade de pensamentos que lhes é comum e dominante. E, habitualmente, gravam a linguagem falada em minúsculos aparelhos, à feição de ditafones comuns, os quais projetam as palavras em películas magnetizadas, "microfotográficas" , que podem ser lidas a qualquer momento, nos projetores de bolso. A visão marciana, graças à disposição de mobilidade "sui-generis" da retina, permite leituras "microscópicas" nos aludidos projetores portáteis.

PERGUNTA: — Podem fazer-se correções nessas cintas "microfotográficas"?

RAMATÍS: — Da mesma forma como fazeis nas fitas magnetizadas dos vossos gravadores de sons.

PERGUNTA: — Existem outras maneiras de escriturar seus pensamentos?

RAMATÍS: — Os escritores, autores, cientistas, relatores ou técnicos que desenvolvem labores intelectuais de responsabilidade recorrem, comumente, aos "etereoprojetores", maravilhoso aparelho sem analogia no vosso mundo, pois capta todas as ondulações emitidas pela mente de quem pensa; e, ao mesmo tempo, projeta sinais gráficos em telas apropriadas e facilmente reconhecíveis dentro do código preestabelecido. Esses "etereoprojetores" atuam no campo etérico, na zona etérica, na zona vibrátil do astral, onde as emoções assumem as formas mais exóticas e os pensamentos emitem cores sob configurações excêntricas. E mediante uma técnica especializada, os cientistas identificam com facilidade os sinais gráficos gerados pelas mais sutis nuanças do pensamento.

PERGUNTA: — Qual o aparelho terreno que nos pudesse ajudar a compreender a verdadeira natureza desses "etereoprojetores"?

RAMATÍS: — A televisão em sentido inverso. Esta se processa pela projeção de pontos que terminam compondo imagens, graças à disposição peculiar da visão humana; no entanto, os "captadores-mentais-etéreos" penetram na profundidade do éter, apanham as imagens em projeção no campo astral e as dissociam em pontos que se projetam nas telas apropriadas.

Conforme a natureza e disposição desses pontos, os observadores fazem a leitura do pensamento próprio, ou de outros que se submetem à experimentação. Brevemente, conforme pudemos constatar, a ciência marciana concluirá a nova configuração de "projetores etereomentais", que poderão desenhar na "tela vítrea" as formas exatas das concepções mentais. Preocupam-se, no momento, esses avançados técnicos marcianos, em transferirem do mundo imponderável para o campo objetivo da matéria as conformações do pensamento em suas cores fundamentais.

PERGUNTA: — Quais os obstáculos maiores, para que as imagens dos pensamentos emitidos no astral possam ser projetados nas "telas vítreas"?

RAMATÍS: — No mundo astral as cores diferem grandemente de suas congêneres no mundo material, pois, na realidade, o mundo físico é um aspecto exterior do mundo interno astralino. Há imensa dificuldade de interpretar, num campo objetivo, o conteúdo exato e psicológico das cores captadas para o plano de formas. Há tons inimagináveis, movediços, desconhecidos para os olhos mais sutis. O simples vermelho, no astral, junto à crosta do vosso mundo, pode apresentar 277 tons entre o escuro intenso e o outro extremo claro, quase apagado. Acresce que o mundo astral que rodeia Marte, por ser este um orbe superior, também é mais sutil e rico de expressões inconcebíveis ao homem comum. Hão de decorrer ainda muitos anos, até que a própria ciência marciana consiga captar, no astral, as cores em sua intimidade exata.

PERGUNTA: — Para nosso entendimento comum, gostaríamos de apanhar essa operação de "imagens" do astral que, projetadas no mundo material, definissem um modo de pensar. Será possível dar um exemplo?

RAMATÍS: — Suponde um pensador marciano meditando sobre um conceito devocional, com conhecimento de causa e elevada emoção; em torno de sua mente, no astral, forma-se um delicado cone em cor azul claro, cujo ápice é radiante e se expande em luminosidade para o Alto. Em face da longa experimentação dos cientistas no assunto, assim que o cone fosse projetado na "tela vítrea", material, saberiam que se tratava de um pensamento devocional puro de ordem ascensional e repleto de ansiedade, em face da forma do um cone se afinando. Esse cone irradiando luz de cor azul-clara revela sempre um sentimento espiritual, religioso, sincero e casto. O mesmo cone em um vermelho-vivo, afogueado, revelaria ansiedades sensuais; num verde-seda, aspirações pela natureza; num amarelo-claro, dourado, aspirações intelectuais. Naturalmente, apenas vos expomos um exemplo compatível com o vosso mundo.

PERGUNTA: — Em referência à captação de pensamentos no sentido de identificar a substância do seu teor moral, entre nós, já foi lançado um aparelho destinado a essa função, o qual temos visto citado como "identificador da verdade ou detector de mentira". Aliás já tem sido usado em investigações isoladas. Tais aparelhos têm algum mérito que imponha confiança?

RAMATÍS: — Todas as conquistas avançadas da ciência começam por tentativas de resultados quase sempre deficientes. E os aparelhos que referis já constituem um esforço apreciável nesse setor. Porém, no futuro, conseguireis fotografar e definir as vibrações pensantes de manifesta efervescência, tais como o ódio, o remorso, a culpa etc. Semelhante conquista, aliada à nova ciência que reconhecerá a telepatia e a psicometria como veículos de absoluta confiança, constituirão um processo normal de biotipologia criminal, a serviço dos departamentos da justiça.

PERGUNTA: — Existem escritores, em Marte, explorando assuntos semelhantes aos que, comumente, são considerados na Terra?

RAMATÍS: — O sentido literário marciano é essencialmente criador; e só em raras situações os escritores exploram assuntos evocativos. A evocação do passado significa-lhes um saudosismo estático ou inútil; são naturalmente avessos às pieguices das recordações românticas do pretérito. Encaram a vida sempre em sentido dinâmico, criador e em direção ao futuro que é nova oportunidade de renovação. Evocam o pretérito tão somente quanto aos fatos essenciais ligados às realizações do presente. Desde que o assunto já perdeu sua mensagem útil ao ambiente atual ou como roteiro quanto ao futuro, dispensam-se de evocá-lo. Os escritores preferem temas ajustados às circunstâncias do momento, distanciando-se da ficção ou artifício que ainda é do vosso gosto melodramático.

Na maioria, os vossos escritores, distanciados e alheios ao drama social, patético, que os rodeia, estão alvoroçados pela euforia de escrever "poemas" de circulação doméstica ou obras de ficção, sem substância objetiva, esquecidos das realidades amargas do vosso mundo atual, cujos males têm sua causa na profundidade ou no cerne das consciências. E neste sentido, os que possuem talento dão-nos idéia de atletas vigorosos correndo à caça de borboletas. São poucos os que abrem as janelas do seu gabinete para olharem e sentirem na alma os dramas dos grandes aflitos que vão passando lá embaixo. No entanto, perante Deus, as responsabilidades morais e sociais do indivíduo para com o seu meio estão na razão direta do seu conhecimento. Por isso, aos escritores, especialmente os que se julgam possuidores de atributos que os induzem a pleitear assento no trono da imortalidade convencional e transitória de vossas academias, cumpre o dever de porem o seu mérito a serviço da humanidade, a fim de que, na consciência das gerações pósteras, a luz de tais "astros" faça jus às bênçãos de Deus e não se apague da memória dos homens por serem símbolos ou expressões valiosas, não apenas como literatos mas, também, como paladinos ou missionários dos ideais sublimes e eternos que aproximam, cada vez mais, a criatura ao seu Criador.

PERGUNTA: — Quais os assuntos ou temas preferidos pelos escritores marcianos?

RAMATÍS: — Quando tecem histórias ou contos, sempre o fazem em sentido criador e endereçados ao futuro. Os autores esforçam-se por compor assuntos agradáveis e edificantes, que girem em torno de novos conhecimentos ou concepções de vida superior. Evitam narrações aventurosas, cuja função seja no conceito comum de "passar o tempo", sem substância de uma lição proveitosa ou construtiva. Os dramas passionais, as tragédias repletas de ódios e vinganças não encontrariam eco no leitor marciano, por serem assuntos inexistentes no seu *habitat*. As epopéias heróicas, que marcam momentos de exaltações no vosso mundo, onde heróis são glorificados porque cumpriram obrigações que lhes foram confiadas, também carecem de atenção ou curiosidade, em Marte, por ausência de melodramas inesperados. O elevado teor moral de acontecimentos que criam a vida espiritualizada não oferece ensejos para destaques de conflitos ou encontros guerreiros. A preocupação constante e geral de servir, amar e ser verdadeiro, elimina qualquer oportunidade dos fanatismos belicosos muito comuns nos mundos inferiores.

PERGUNTA: — Não se preocupam com os fatos essenciais da história do seu mundo?

RAMATÍS: — O critério na composição dos quadros históricos da civilização marciana é rigorosíssimo porque exige absoluta exatidão dos feitos enunciados. Não importam os movimentos e a psicologia pessoal dos personagens consagrados pela tradição histórica, mas somente os objetivos espirituais, superiores, que advieram dos acontecimentos. Aliás, a tessitura da história marciana é de harmonia e pacifismo, condicionada à ascensão espiritual, em que os mais destacados heróis venceram pela renúncia, pelo amor e dedicação. Não há falseamento, nem desajustes racistas, habilmente focalizados pelo historiador. Este, além de sua reconhecida honestidade pública, só pode desempenhar essa função, depois que obtiver promoção em rigoroso curso de psicometria.

PERGUNTA: — A poesia em Marte recorda o labor de nossos poetas?

RAMATÍS: — É outro recurso admirável dos marcianos, que transformam palavras em graciosos ramalhetes de sons emocionantes. É poesia liberta da rígida disciplina terrena; não obriga o poeta a controlar a inspiração, na exigência acadêmica do mundo, mas atende sempre a que a substância da idéia resulte natural e assimilável. O poeta marciano é um canal vivo de beleza espiritual. Desprendendo-se da forma angustiante do orbe, transcende as condições comuns da vida; e o seu estro, pelas expressões claras e humanas dos sentimentos que exprime, forma um laço de união entre a Terra e o Céu. Os sentimentos puros que governam a humanidade marciana permitem que as comunidades siderais projetem as suas vibrações sublimes como ajuda aos esforços dos seus vates.

Em vez do vosso poeta acadêmico que adota estilo rebuscado e excêntrico, de expressões vazias, sem sentido assimilável, que, enfim, faz do vocabulário uma espécie de fogo de artifício, o poeta marciano é, acima de tudo, uma alma, um coração que, sem redundâncias, traduz as excelsas emoções da espiritualidade. A mensagem silenciosa que desce do Alto, a sua alma dócil recebe-a e, sob o êxtase da inspiração, ele a transforma no prolongamento vivo do fascínio que se irradia dos "arcanjos da poesia". É poesia dinamicamente espiritual. Seu conteúdo endereça-se ao futuro distante dos fanatismos racistas e dos heróismos pátrios, e avesso, ainda, à vacuidade poética que faz da poesia uma espécie de noticiário simbólico ou charadístico. Não se justificariam em Marte, onde tudo é dinâmico e ascensional, os artificialismos pungentes e comuns de vossos jovens poetas que cantam dramas e pessimismos sem, entretanto, terem conhecido as amarguras da vida real. Os poetas marcianos cantam, de preferência, os anseios da alma em vez dos transitórios episódios da sua existência terrena. Ultrapassaram o limiar dessas pieguices anêmicas do "*eu sofro*", do "*eu te adoro*!" e vivem os princípios sadios do "mentalismo de consciência evangélica". Sua poesia é de linha vertical, para o Céu; e desprendida sempre dos imperativos do solo planetário. É poesia do espírito, centelha imortal; é luz eterna que se fragmenta de Deus.

PERGUNTA: — Poderíamos avaliar os princípios do "mentalismo de consciência evangélica" a que os poetas marcianos dão preferência?

RAMATÍS: — É a honestidade do espírito que vive aquilo que canta na beleza da poesia. O poeta marciano difere de inúmeros poetas terrenos que, festejando a vida com rimas deslumbrantes, inundam o ambiente com conceitos virtuosos, de musicalidade atraente, mas tão fora das realidades da vida que muitos deles não conseguem ajustar o singelo mecanismo de um lar.

Denominamos "mentalismo de consciência evangélica" para vos advertir que os poetas marcianos vivem aquilo que comunicam através da sua virtuosidade poética. Sua poesia é um retrato fiel da sua moral na vida pública e particular. E não se tornam aves de cânticos nefelibatas, esfuziantes de imagens grotescas e ridículas, que despertam atenção apenas pelo seu absurdo.

PERGUNTA: — Recordando os nossos poetas que cantam a natureza, as epopéias heróicas ou os amores clássicos da história humana, qual o assunto objetivo das poesias marcianas?

RAMATÍS. — Interpretam tudo que se refere à peregrinação do espírito nos caminhos futuros do Cosmo. Cantam em sublimes estrofes, tão livres quanto as libélulas sob o irisado das flores, desde o panorama celestial dos mundos felizes, até os esforços gigantescos que o espírito empreende para desvestir-se da forma escravizante e sublimar-se na plenitude do anjo.

Essa escalada, ainda incompreensível para a vossa mente

subjugada pela forma, é assunto de amplitude eterna, é uma divina epopéia que transcende os limites acanhados do vocabulário humano. Assim como não seria possível vos descrever a plenitude do sol, comparando-o à tosca luz de uma vela, não podemos vos elucidar quanto à peregrinação da alma eterna, em confronto com as limitações dos ambientes humanos.

PERGUNTA: — Em Marte não há museus ou instituições de tradição histórica e religiosa que sirvam ao homem moderno, como uma espécie de curso demonstrativo da evolução social?

RAMATÍS: — A clarividência dos mentores da civilização marciana conserva os relatos em dia, os quais, aliados à psicometria, mais ou menos conhecida de todos, possibilita fazer reviver os diversos estágios do passado, numa tradição verbal. A civilização marciana conhece todo o panorama e etapas de sua evolução progressiva porque sua visão espiritual abrange maiores perspectivas para "trás e para a frente". Assemelha-se à criatura que, subindo a um alto pico, vai desvendando, gradualmente, maior extensão da paisagem e estabelecendo confrontos com o que está embaixo, pois na base da pirâmide só lhe vê um lado e anota as características da "massa"; no entanto, assim que se coloca no ápice, não somente vê a configuração total da pirâmide, como ainda lhe anota as disposições relacionadas com o meio onde está edificada. O homem marciano possui consciência mais ampla do plano psíquico, desprezando grande soma de coisas adstritas ao mundo de formas. Afora alguns elementos de relação com o passado, absolutamente imprescindíveis, cinge-se às realidades arquivadas nos registros astrais, recurso conhecido dos iniciáticos de vosso mundo, como sendo os "registros akáshicos", cujo modo de operar foge ao assunto em apreço. Em face de tais possibilidades e graças à sua mentalidade, são mais idealistas do que conservadores. Rasgando sempre novas estradas no campo infinito da vida espiritual, a aura sombria dos vossos museus é substituída, em Marte, pela claridade diáfana que ilumina os atos nobres da vida, que aponta os caminhos pacíficos, os esforços do amor fraterno, a espontaneidade da renúncia pelo bem alheio e o desprendimento tradicional desses "bens" que a "alfândega" do Espaço não deixa passar e que ficam no vosso mundo à beira do túmulo.

Conhecendo profundamente que a vida material é apenas lição educativa espiritual, espécie de "estágio acadêmico" em região inóspita, o marciano não se apega definitivamente às tradições, ancestralidade de berço ou preconceitos de raça. O museu marciano é a breve biblioteca que possui, com inteligente parcimônia, exclusivamente aquilo que a mente não pode guardar ou que não convém memorizar. Significa o registro dos fatos principais do passado, cuja substância ainda tem ligação com a vida em curso.

PERGUNTA: — O irmão fala em registros. Não há objetos, insígnias, utensílios ou obras raras, que devam ser conservados para retificações históricas ou comparações educativas?

RAMATÍS: — A pergunta é induzida pela vossa preocupação condicionada à memória formada no mundo terreno, porque desconheceis, ainda, a maravilhosa dádiva do Pai, que é a "memória sideral", preexistente antes da reencarnação e que sobrevive sempre após o desenlace do corpo. Quando souberdes avivá-la convenientemente, quando puderdes unir num só fio eterno todas as contas que significam cada existência física e que, então, já tiverdes o conhecimento exato que ultrapassa o simbolismo do "tempo e do espaço", haveis de prescindir, completamente, dos museus e das preocupações de guardardes provas de vidas transitórias, como são as que viveis nos mundos planetários. E como os marcianos já ultrapassaram o limiar dessa compreensão sideral, pouco lhes interessa um museu atravancado de retalhos simbólicos de bandeiras, trajes, armamentos, condecorações e acessórios que atestam a belicosidade de mundos como a Terra. E uma vez que os marcianos vivem como verdadeiros irmãos sob os preceitos crísticos; e, por conseguinte, não têm adversários, nem traçam fronteiras racistas entre as suas comarcas, também não se justificaria entre eles a consagração de heróis que conquistaram louros em lutas sangrentas. A inexistência de fronteiras adstritas a nacionalismos territoriais exterminou o superficialismo de quaisquer símbolos representando pedaços de terra. A espada, o canhão, o fuzil, a bomba, a baioneta não existem nos museus marcianos por serem instrumentos que lembram os rios de sangue derramado nas guerras; pois, na realidade, os vossos campos de batalha são verdadeiros matadouros. A diferença consiste apenas em que, nuns, as vítimas são bois; e naqueles, em vez de bois, assassinais vossos próprios irmãos. Os marcianos não comemoram barbaridades fanáticas que são próprias ou compatíveis com a estupidez do homem das cavernas. Essas guerras ou chacinas não se concretizam em Marte porque o cidadão marciano é incapaz de falsear os princípios do "amai-vos uns aos outros" e do "não faças aos outros o que não queres que te façam".

PERGUNTA: — Não existem, então, quaisquer preocupações de tradição, nem mesmo quanto às figuras que são tidas como paladinos do progresso da civilização?

RAMATÍS: — É de senso comum que as tarefas de responsabilidade são confiadas sempre àquele que se presume ser o mais credenciado para executá-las. Consequentemente, não se justifica qualquer homenagem ou consagração especial a quem agiu como lhe cumpria; pois nada mais fez do que cumprir o seu dever. A surpresa ou espanto seria o de alguém escolhido para um labor excepcional e que o deixasse de cumprir por admitir que, após sua tarefa, não lhe rendessem homenagens. Desde que se confia missão especial a alguém, este já está consagrado pela confiança; devendo, pois, dispensar os acréscimos de lisonjas e vaidades, pois estes superficialismos são incompatíveis com as sublimes virtudes de heroísmo ou abnegação. Aliás, na história que tendes escrito sobre o vosso mundo e que, ingenuamente classificais de "história universal", muitos dos tijolos de seus alicerces estão firmados com a argamassa de palpites e errôneas deduções, consequentes, muitas vezes, das paixões atrabiliárias próprias do falível juízo humano. E por isso, tendes diversos réprobos e intrusos em cima do altar da imortalidade e desconheceis muitos mártires e santos que estão abandonados no sepulcro do ostracismo ou jogados na vala do anonimato. Tendes cultuado homens que escalaram os monumentos da vossa veneração à custa do sacrifício e da virtude de muitas almas que no vosso mundo viveram ignoradas mas que tudo lhe deram, inclusive a própria vida.

PERGUNTA: — Embora contrariando o espírito pacífico marciano, crê o irmão que não devíamos consagrar os patriotas que em lutas, mesmo sanguinárias, arriscaram sua vida para fazer valer princípios melhores do que os que perturbam a paz do mundo?

RAMATÍS: — Em Marte não seria considerado heroísmo ou motivo de consagração o sucesso, por mais absoluto, de um comandante num campo de batalha, isto, pela simples razão de que só a um general cabe executar tais tarefas. Desde que foi escolhido por ser o mais credenciado, não mais se justificaria realçar especialmente os seus heroísmos. Em nosso entendimento, no caso em apreço, herói merecedor de uma estátua, deveria ser, por exemplo, o fato de um padeiro ou sapateiro, que vencesse uma batalha sem ser militar. Este, sim, por ser um caso algo excepcional, faria jus a uma excepcional consagração. Por conseguinte, em nosso conceito, o general que até hoje, em vosso mundo, teve méritos extraordinários e ímpares, que fazem jus a uma imorredoura e imortal consagração, foi essa humilde camponesa, Joana d'Arc, que, sendo analfabeta e afeita somente ao trabalho de apascentar cabras e ovelhas, instantaneamente se transformou num general sábio, atilado, destemido e com uma capacidade de comando tão singular que derrotou os exércitos ingleses e salvou a França de ser submetida a colônia da Inglaterra.

Joana d'Arc é, pois, sob todos os títulos, o maior general que tem havido no vosso mundo, porque, além da sua ignorância inerente à simplicidade da vida rural, era mulher e tinha apenas dezoito anos; e ainda porque a "homenagem" que lhe prestaram foi consentir que essa heroína, emissária dos Céus, fosse torrada numa fogueira. General, enfim, tão sublime, que além de vencer os exércitos ingleses, tem direito à veneração da consciência da humanidade inteira porque, do cimo da sua cruz e já envolta em chamas, exalçou-se à santidade e grandeza do próprio Cristo, na pureza da sua inocência e no exemplo divino do perdão que ela também implorou para os seus algozes.

8. Religião

PERGUNTA: — Qual é a concepção a respeito de Religião em Marte?

RAMATÍS: — A ciência está absolutamente conjugada à Fé. A sabedoria e o sentimento estão intimamente unidos na mais lídima expressão de harmonia espiritual. Todas as conquistas dos marcianos no campo científico são uníssonas no campo da Fé. Os sábios marcianos não investigam nem pesquisam à semelhança de alguns cientistas da Terra que, procurando a origem das coisas divinas nas premeditações "terra-a-terra", sistematizam ou incorrem na negação inconsciente. A Ciência em Marte alenta todos os seus projetos e objetivos com o calor inerente à sua confiança ilimitada nos poderes superiores e diretores da vida cósmica.

PERGUNTA: — Porventura, há em Marte crenças diversas ou seitas religiosas, como acontece na Terra, defendendo postulados doutrinários distintos ou divergentes entre si?

RAMATÍS: — São diversos os sistemas de devotamento a Deus, embora todos convergindo para o mesmo objetivo espiritual. Não existem instituições dogmáticas defendendo postulados opostos, em conflito ideológico. Embora se distingam certas preferências de ordem mental, psicológica, estética, climática ou emotiva, a preocupação fundamental entre todos é a prevalência de fraternal unidade na diversidade.

PERGUNTA: — Podereis citar alguns exemplos mais objetivos, compatíveis com a morfologia do nosso mundo?

RAMATÍS: — Não ocorrem diferenças doutrinárias ou interpretações antagônicas da idéia Divina. Todos os sistemas religiosos são reencarnacionistas, admitem a pluralidade dos mundos e entram em contato com os espíritos desencarnados. Desaparece o conflito religioso, porque todos devotam Deus sob o mesmo aspecto do Absoluto, o Incriado ou Onipotente, acima de qualquer pretensão descritiva. Consideram a Mente Suprema como sempre existente, sem princípio nem fim, a causa sem causa. Em todo o orbe marciano, a concepção de Deus é uma só: o Absoluto Incriado Criador.

PERGUNTA: — Em que sentido diferem de nós?

RAMATÍS: — Apenas no processo devocional, que reúne os grupos na conformidade de sua estrutura psicológica mental, emocional ou espiritual.

PERGUNTA: — Servem-se de cerimônias ou liturgias, à parte, em templos apropriados?

RAMATÍS: — Congregam-se em templos, instituições ou comunas religiosas, distintas, entre si, quanto à feição devocional, mas sempre culminando no mesmo objetivo de alcance espiritual.

PERGUNTA: — A estrutura desses templos ou instituições religiosas assemelha-se à da Terra?

RAMATÍS: — Apresenta profunda analogia com a que adotais, exceto quanto ao material empregado, que é a substância vítrea, que lhes dá um aspecto de leveza e elasticidade, destacando-os muitíssimo das catedrais petrificadas e compactas que conheceis. Dispensam, no entanto, a exaustiva ourivesaria de pedra, os bordados excessivos nos granitos que enfeitam os edifícios religiosos terráqueos. A majestosa beleza que se evola de alguns deles depende exclusivamente da estética das linhas arquitetônicas, lembrando sonhos artísticos talhados no cristal colorido. Há, no entanto, dois estilos que muito se diferenciam, o que ireis conhecer, com detalhes, no decorrer destas comunicações. Os templos que se referem mais à emotividade dos marcianos apresentam edificação abobadada, de cúpulas translúcidas e torres que se erguem para o céu, lembrando antenas diamantíferas a captar o magnetismo divino do Alto. As instituições devocionais onde os fiéis se agrupam atraídos pelas afinidades mentais, têm apenas as cúpulas gigantescas, sem as torres, formando deslumbrante cobertura refulgente, análoga ao cristal azulado, verde-seda, amarelo ou lilás-rosa. Quase sempre se constituem de edifícios circulares, achaparrados, estendidos sobre fascinantes tapetes de verdura, pintalgados de flores. Os bosques límpidos, refrescantes e com fontes de água magnetizada e radioativa, formam extensos cordões em torno dos templos numa impressão graciosa de "ciranda" vegetal. Há, ainda, um ou dois tipos piramidais, inteiramente de lâminas vítreas e algumas edificações ao ar livre, sem abóbadas ou cúpulas, abertas ao influxo direto do sol, que atende ao gosto de inúmeros devotos, que na Terra lembrariam os antigos pitagóricos.

PERGUNTA: — Quais as diferenças desses credos, entre si, que os impelem a diversos sistemas devocionais, embora endereçados ao mesmo objetivo espiritual?

RAMATÍS: — São agrupamentos simpáticos e eletivos, que atendem às várias disposições psicológicas dos devotos. Esses santuários, templos e instituições são preferidos pelos marcianos, conforme as suas atividades na vida profana. Diferem do vosso mundo, porque agrupam os seus adeptos pelas afinidades mentais, científicas, artísticas ou emotivas, em vez de comunidades divididas por um psiquismo heterogêneo.

PERGUNTA: — E não há contradição quanto ao mesmo objetivo religioso?

RAMATÍS: — Variam no "modo devocional", mas não quanto ao objetivo único que é a mesma idéia de Deus. Na essência de suas venerações, o conteúdo é de uma só religião.

PERGUNTA: — Como se exercem essas diferenças devocionais, formando uma só religião?

RAMATÍS: — A religião não prescinde do Amor, nas suas manifestações sublimes, porque é um esforço que a criatura empreende no sentido de "religar-se" com a Divindade. E os marcianos, embora sigam estilos diversos, entre si, quanto à devoção, identificam-se absolutamente pela mesma disposição amorosa para com Deus e o próximo. Separam-se na preferência dos caminhos escolhidos para o seu "religare" ao Pai, mas objetivam um só alvo a atingir: o aperfeiçoamento do espírito e a integração consciente em um só Deus.

PERGUNTA: — Quais são essas diferenças devocionais?

RAMATÍS: — Alguns agrupamentos reúnem os escritores, autores, pensadores ou os que melhor se afeiçoam pelo intelecto; outros santuários abrigam apenas os artistas, os poetas, músicos etc.; há os que são integrados só pelos cientistas, enquanto determinados templos compreendem apenas os filósofos, metafísicos e aqueles que propendem para as divagações etéreas. Distinguem-se, também, os emotivos, que formam outro grupo à parte, pois se agrupam fraternalmente através de sentimentos especificamente afetivos. Finalmente, como sói acontecer em todos os mundos, há ainda um conjunto eletivo, integrado pelos mais desenvolvidos no campo mental e espiritual, de maior consciência cósmica no orbe, que formam a comunidade avançada no campo religioso. São os mentalistas que operam em uníssono, para o desenvolvimento espiritual das coletividades menores do planeta.

PERGUNTA: — Poderíamos ter uma noção mais objetiva de cada gênero devocional e das características de cada templo religioso?

RAMATÍS: — Exporemos noções claras de um dos agrupamentos distintos, no qual se reúnem aqueles que se juntam exclusivamente pelos sentimentos emotivos do afeto fraterno. É o "Templo do Amor", cujos adeptos distanciam-se grandemente das elucubrações mentais, científicas ou concepções filosóficas, para se unirem sob os imperativos da emotividade espiritual e despertarem suas energias divinas. Esse templo é decorado num dos indescritíveis matizes do carmesim-rosa, numa expressão de fascinante beleza; a tonalidade suave, límpida, fulgente e amorosa diz bem o simbolismo de sua cor, que é o amor. Esse matiz que ao mesmo tempo seduz e comove, na sabedoria cromosófica da ciência marciana, foi o escolhido para um efeito iniciático nos devotos emotivos, ligando-os pelos laços invisíveis do Amor Divino. Mas é um efeito produzido na intimidade etérica do ser, porque é utilizada a tessitura etérica da cor. Não se trata de influências objetivas, que a cor provoca atuando sobre o sistema nervoso, assim como o vermelho excita, o azul-claro suaviza ou o verde-suave desperta emoções pastorais. O efeito obtido pelo "eterismo-carmesim-rosado", no "Templo do Amor", é decalcado do mesmo matiz que revela uma aura humana, quando dominada pelo mais puro afeto.

PERGUNTA: — Só a presença dessa cor carmesim é suficiente para despertar os sentimentos afetivos dos presentes?

RAMATÍS: — A maravilhosa influência das cores, nos templos, é exercida em inteligente combinação de luz, perfume e sons. Todos os recursos vibratórios que possam atuar no psiquismo do espírito reencarnado são utilizados pelos cientistas marcianos, a fim de obterem o máximo de exaltação espiritual entre os religiosos. A luz, a cor, o perfume e o som também são dotados de verdadeiros "duplos-etéricos" e "substância astral", tornando-se os mais vigorosos "despertadores etérico-astrais" no psiquismo humano. Empregados em uníssono, na mais perfeita conexão vibrátil, são recursos enérgicos e positivos que elevam as frequências vibratórias para planos superiores. O espírito excitado pela luz, fascinado pela cor e avivado pelo perfume sintônico à emotividade, termina hipnotizado pela música e desprende-se da configuração carnal, alcançando as sutilezas dos planos edênicos. Não há milagres, privilégios ou mistérios na escalada sideral: a alma tece a sua felicidade através de um esforço disciplinado e ascensional. Os marcianos conhecem essa realidade imodificável e utilizam-se de todos os meios científicos ou psicológicos, para maior rapidez na ascensão espiritual. Nos seus esforços religiosos, para a alma religar-se ao Pai, o som, cor, luz e perfume funcionam como elementos energéticos, multiplicadores de frequências na intimidade divina do espírito.

PERGUNTA: — Qual a idéia que poderíamos fazer de um cerimonial no templo do amor?

RAMATÍS: — Não podemos vos transmitir a série progressiva dos elementos que conduzem os adeptos ao êxtase tão desejado. É uma sincronização coletiva e sob crescente dinamismo psíquico, que escapa ao vosso entendimento comum, exceto aos iniciados nos conhecimentos ocultos. Superficialmente, podemos vos notificar que o êxito depende das vibrações em uníssono, por parte dos presentes, que devem congregar seus pensamentos e ansiedades numa só pulsação rítmica. À medida que ocorre esse sucesso de ordem mais psíquica, o ambiente vai-se polarizando de uma luz imaterial, dominando, pouco a pouco, o carmim-rosado fundamental do templo. As novas cores que surgem, em maravilhosas tonalidades astrais, assemelham-se a suaves cortinas de matizes transparentes, que sob o fundo carmim-rosa formam as mais fascinantes combinações policrômicas. Os pensamentos e as emoções dos devotos, em virtude do ambiente de magnetismo concentrado, projetam-se nessa "tela energética" e produzem inconcebíveis figuras que se atraem, repelem, enlaçam-se ou se desagregam em suaves ondulações expansivas. Os recursos da luz, cores, perfumes e melodias que se casam em perfeita sincronia, oferecem o campo vibratório para a materialização das "formas-pensamentos" ou "figuras-emoção", assim como podeis apreciar as decorações que fizerdes com as tintas fosforescentes do vosso mundo. O êxito de tais agrupamentos religiosos, na clareza e interpretação dessas configurações mentais ou emotivas, depende, exclusivamente, da mais perfeita sintonia psíquica de todos. Os templos religiosos em Marte, sob esse diapasão elevado, constituem-se em verdadeiros templos, cujas lições memoráveis, em vez de se endereçarem à figura provisória do homem físico, dirigem-se à centelha imortal que é o espírito.

PERGUNTA: — A operação religiosa que enunciais, no templo, é apenas no sentido dos marcianos apreciarem o produto dos seus raciocínios ou emoções?

RAMATÍS: — Essa função devocional, em todos os templos, além de conjugar os fiéis em uma frequência vibratória angélica, permite-lhes efetuar a correção mental e o ajuste do sentimento, em sintonia com as vibrações da Lei Cósmica. Apreciando as suas irregularidades mentais e emotivas, coordenam as suas forças psíquicas e criadoras, a fim de efetuarem uma correção íntima na estrutura "etérica-astral" de sua personalidade espiritual. Exercitam, então, a vontade para obterem o equilíbrio emotivo e esforçam-se para produzir pensamentos ainda mais claros e sublimes.

PERGUNTA: — São esses os únicos objetivos dos cultos religiosos, em Marte?

RAMATÍS: — Quanto mais os fiéis se preocupam em sanar os seus defeitos mentais, que visualizam nas "formas-pensamentos" irregulares, apuram também a sua frequência vibratória e favorecem o campo magnético coletivo, para maior aproximação à Mente Divina no plano do Amor. Esse esforço ascensional no "Templo do Amor", permite a materialização de intensa aura, que vai desde o pálido-carmim até um rosa-lilás, de franjas azuladas, lembrando lentejoulas cintilantes. Essa manifestação de inconcebível beleza etérica, penetrante, é o "clímax" vibratório da reunião; nesse momento, os adeptos atingem o nível espiritual desejado e suas mentes se fundem na harmonia tão procurada em todo o trabalho. O ambiente magnetizado com os mais puros eflúvios do amor fraterno, torna-se um elo, uma "ponte psíquica" entre o mundo material e o astral superior. Não tardam, então, em se manifestarem espíritos representantes do "raio do amor", que trazem aos felizes discípulos, as dádivas de que se fizeram merecedores no esforço de confraternização e purificação espiritual. Invisíveis melodias flutuam no ambiente e luzes de matizes desconhecidos, refulgentes, pintalgam por vezes a aura fascinante, que faz despertar veementes desejos de "mais luz e mais verdade".

PERGUNTA: — Em analogia com a nossa percepção sensorial, como poderíamos ter uma noção das modificações íntimas, que produzem as cores, luzes, perfumes e música entre os religiosos marcianos?

RAMATÍS: — Imaginai-vos aprisionados num aposento todo pintado de vermelho fulgurante cuja luz afogueada, além de emitir reflexos perturbadores, ainda eleva a temperatura, misturando-se a odores sufocantes, etílicos ou sulfurosos, que vos asfixiam. Música estridente e metálica, mortifica-vos os condutos auditivos. Emanações fétidas vos irritam as narinas e a garganta. Senti-vos no auge do desespero e da alucinação; a luz vermelha, coruscante, vos deforma a visão e vos cega. Quando toda a vossa sensibilidade "psico nervosa" ameaça romper-se, num "clímax" infernal", eis que, por inesperado milagre, despertais em um outro aposento colorido em suave azul-celeste, onde se polariza delicioso raio de luar. A brisa refrescante e docemente impregnada com o perfume da violeta, pousa em vossa epiderme aquecida, enquanto invisíveis melodias fluem de aveludados violoncelos e cariciosos violinos, balsamizando os ouvidos irritados. O repouso toma-vos o sistema nervoso e um divino descanso espiritual afrouxa-vos o espasmo da alma. Essa pálida configuração, vos pode notificar as impressões e os estados de alma que podem produzir, nos seres humanos, a combinação agressiva ou benéfica da luz, som, perfume e a cor. Embora mui distante da realidade, podeis avaliar, na intimidade de vossa alma, o efeito hipnótico e o despertamento espiritual, que essa associação vibratória exerce no interior dos templos religiosos de Marte.

PERGUNTA: — Quais as diferenças existentes entre os demais templos, afora esse que é o templo do amor?

RAMATÍS: — Essas instituições e santuários religiosos se afinam de acordo com a idiossincrasia dos seus fiéis. O "Templo da Sabedoria" reúne os adeptos que no mundo profano se dedicam, especialmente, aos exercícios do intelecto, como sejam cientistas, escritores, psicólogos, matemáticos, engenheiros e demais técnicos afeitos ao labor mental de criar na forma. Esse templo é coberto por uma cúpula amarelo-claro, com reflexos dourados, e a sua decoração interna é na mesma cor. O amarelo puro é esotericamente definido como a cor do raciocínio brilhante, que revela o intelecto desenvolvido ou o sábio inconfundível. Observa-se, acentuadamente, na aura dos seres muito afeitos às pesquisas intelectuais. Corresponde, portanto, no Templo da Sabedoria, às ansiedades dos crentes que procuram desenvolver as suas faculdades intelectuais, apurar o raciocínio e ajustá-lo para um conhecimento cósmico. Nesse ambiente "amarelo-ouro" básico, em sintonia com luzes, perfumes e música afins à vibração da cor fundamental, os adeptos sensibilizam as suas faculdades intelectuais, assim como os simpatizantes do "Templo do Amor", afinam a sua emotividade fraterna na tonalidade essencial do carmesim-rosa. Operam-se os mesmos fenômenos, mais ou menos semelhantes, em todos os templos religiosos, quando dos exercícios devocionais. Varia, apenas a tonalidade da aura final, que se manifesta no "clímax" devocional e o tipo das "formas-pensamento" ou "imagens emotivas", que revelam, substancialmente, a natureza psíquica dos frequentadores. Enquanto no "Templo do Amor" se projeta majestosa aura de um carmim-pálido, que se matiza para o lilás-rosado, por ser o santuário do afeto e sob a custódia do "raio do amor" espiritual, no "Templo da Sabedoria", essa aura é amarelo-dourado, em cujo apogeu e êxtase, manifestam-se plêiades de espíritos vinculados ao "raio do intelecto". Os "pensadores religiosos" procuram desenvolver as faculdades criadoras do raciocínio, na esfera mental, enquanto os "emotivos religiosos" disciplinam suas emoções para o equilíbrio na esfera do sentimento.

PERGUNTA. — Ser-vos-ia possível dar-nos mais algumas noções objetivas dos demais templos e suas características devocionais?

RAMATÍS: — Há perfeita correlação entre os processos

usados em todos os templos religiosos marcianos, variando apenas quanto à natureza vibratória dos elementos funcionais, mas sempre de conformidade com a psicologia dos seus fiéis. Citamos, por exemplo, o "Templo da Arte", cuja cúpula e decoração interna são do mais fascinante verde-seda, no qual devocionam os artistas de todos os setores, sejam pintores, músicos, escultores, poetas etc. O "clímax" vibratório que leva os presentes ao êxtase divino, nesse templo, é mais rico de emoções e condições estéticas porque se trata de almas que labutam em esfera mais transcendental, cujas mensagens provêm diretamente do "raio da Beleza", onde pontificam os anjos encarregados da manifestação da Arte no planeta. Os artistas revigoram-se no contato mais íntimo com as entidades que são os elos da Estesia Divina no campo de formas e se manifestam no ambiente consagrado do "Templo da Arte".

PERGUNTA: — Há algum credo em Marte que se possa considerar propriamente "religioso", como devoção pura, independente de preferências estéticas, intelectuais ou artísticas ou emotivas?

RAMATÍS: — O culto que mais se aproxima desse sentido religioso, na acepção do termo que indagais, é o "Templo da Filosofia Divina". Magnificamente decorado num azul-celeste, cuja cúpula vítrea é fundida sob um processo iniciático, que não podemos vos revelar, esse templo é um sublime "oásis" de intercâmbio com as altas esferas, onde atuam espíritos do "raio Divino". Reúnem-se, nesse templo, todos os marcianos que se afinam pela absoluta meditação e contemplatividade; discípulos da indagação mística e preferencialmente ascéticos. Não mencionamos o vocábulo "ascético", no sentido do irmão que foge do mundo de Deus, para viver sem o mundo do qual não saiu Deus. Servimo-nos da figura de ascetismo, como nos parecendo a mais ajustável para definir-vos um estado de absoluto desprendimento, de plena renúncia, embora sem o afastamento das responsabilidades cotidianas. Esses adeptos do "Templo da Filosofia Divina" são os que integram os quadros dos orientadores, despreocupados das contingências da forma, que vivem quase em função de pureza espiritual. São verdadeiras antenas vivas, sentinelas avançadas, que fluem para a vida humana a ciência de Deus para o homem. Atuam na vida física marciana na função de preceptores e pensadores, que lembram um tanto os vossos "mestres" ocidentais ou os "gurus" orientais. Ao mesmo tempo que conjeturam no campo científico da matéria, vivem a existência contemplativa de filósofos transcendentais e intermediários da "Verdade Única".

É o "Templo da Filosofia Divina", no orbe marciano, o de menor frequência pelo ao seu alto índice espiritual, que possui a mais deslumbrante e excelsa combinação de cores, luzes, perfume e melodias. No seu ambiente azul-celeste, puro e inigualável, se processa o "clímax" espiritual mais deslumbrante. É o êxtase mais religioso, em que o ego humano se funde ao Ego Superior, vivendo, em função de transe, os reflexos ilimitados da Mente Cósmica. Para aqueles que nos lêem e compreendem nas entrelinhas, podemos assegurar que é no santuário da Filosofia Divina que o espírito melhor compreende o divino mistério do "Eu Sou", vivendo a saudade cruciante da Luz Eterna.

PERGUNTA: — Esses "filósofos contemplativos" permanecem jubilosos na vida física?

RAMATÍS: — Constituem o grupo das criaturas em que a imensa bondade do espírito casa-se à nostalgia espiritual dos mundos sidéreos. Cumprindo admirável missão junto a coletividade menor, não podem se furtar da lembrança perene que lhes acicata a intimidade angélica. Embora mitigando a sede de libertação da forma, quando se unem à sombra amiga do "Templo da Filosofia Divina", o retorno à forma sempre lhes é desagradável e penoso, porque mais vivas são as ansiedades espirituais. As sensações medíocres do mundo de carne não lhes podem compensar o êxtase divino das esferas de onde se originam.

PERGUNTA: — Existem cânticos, hinos ou preces sonoras nesses templos?

RAMATÍS: — Não conseguiríamos descrever os efeitos das vozes humanas nos templos de Marte, pois formam a esteira de luzes pela qual descem as almas que confiam as mensagens do Amor Divino. Os resultados criadores que modificam o ambiente, na eclosão das vozes unissonas, só podem ser conhecidos nos santuarios iniciáticos do vosso mundo, através dos "mantras" sincrônicos e coletivos, das hosanas e evocações que são os cânticos universais. Só os absolutos desprendimentos das configurações humanas, em estados de êxtase divino, podem vos delinear a maravilhosa combinação dos sons da voz marciana, com os deslumbrantes monumentos de sons e cores.

PERGUNTA: — Essas instituições religiosas, constituídas por diferentes aspectos psicológicos, poderiam se unir, num trabalho uníssono, sem conflito doutrinário?

RAMATÍS: — O nível de compreensão espiritual dos marcianos não permite a eclosão de conflitos ou diferenças em postulados do mundo provisório, porque estão identificados pela mesma unidade de objetivos. Em épocas especiais, mais conhecidas como "festivas solarianas", eles reúnem-se no "Santuário Fraterno" e co-participam, todos os cultos, na mais deslumbrante e elevada festividade de caráter fraterno e divino. Fundem-se todos os modos devocionais em uma só expressão de religiosidade, na mais vigorosa e esfuziante espiritualidade. Unidos pelo mesmo Ideal e vibrando sob a mesma emoção espiritual, projetam para a Fonte do Amor, que é Deus, a mais sublime e indescritível prece coletiva, onde a Fé se integra à Ciência, e formam a segurança biológica e psíquica do planeta.

PERGUNTA: — Trata-se de uma cerimônia incomum, assim como a que se realiza entre nós, através de congressos espiritualistas excepcionais?

RAMATÍS: — Não se efetua sob a preocupação exclusiva de rituais, nem apela para os atos litúrgicos à base de objetos e recursos pobres da ciência humana. É cerimonial de efeito puramente confraternizador, na valorização do mesmo conteúdo espiritual, que todos hauriram sob os tetos dos diferentes templos de religiosidade. Há indispensável ritmo disciplinado, como singelo "ponto de apoio" para a identificação dos grupos religiosos, inclusive a exposição miniatural das devoções diferentes, que assim despertam e sintonizam os fiéis em suas preferências de veneração à Divindade. Cria-se uma cadência gradual e ascensional, para efeito psicológico de aumento de energias psíquicas e aceleramento vibratório no ambiente coletivo. Nessas festividades incompreensíveis à mente terrena, milhares de espíritos marcianos, em épocas certas e afins às latitudes geográficas do planeta, unem-se para enviar a mais poderosa mensagem de oração grandiosa ao Senhor dos Mundos. Todos os recursos estéticos e vibracionais possibilitados pela ciência marciana, sob um índice de elevado espiritualismo, são utilizados nos congraçamentos fraternais, a fim de que a maior soma de energias e alento devocional permitam a "religação" da criatura ao Criador. Os fascinantes matizes coloridos e a refulgência de luzes, que se aliam aos perfumes de fragrância espiritual e à música de acordes esvoaçantes, sensibilizam a alma coletiva a apuram-lhe o conteúdo psíquico, no preparo aos futuros êxtases divinos. Há uma só disposição mental para se constituir o mesmo diapasão espiritual de intercâmbio fraterno. No astral, forma-se um gigantesco leque de cores e luzes, que se abre em comunicação com as altas esferas, cujo ápice policrômico se funde na cúpula translúcida do "Santuário Fraterno". As vibrações humanas, centuplicadas pela coesão espiritual, sobem à abóboda celeste para retornarem em torrentes de energias criadoras, que purificam os fiéis e higienizam a aura do planeta.

PERGUNTA: — Poderíeis nos descrever a natureza aproximada desse ato de confraternização, que se realiza no templo principal?

RAMATÍS: — As atividades religiosas se circunscrevem a um só tema de ordem universal, simbolizando todos os esforços endereçados a um só objetivo — Deus! Os religiosos intelectuais, científicos, artistas, filósofos ou mentalistas, canalizam todas as suas vibrações para um mesmo propósito escolhido em prévia assembléia especial. Procura-se criar, também, um "campo vibratório magnético", de sublime pureza, que permita a manifestação dos espíritos que orientam a civilização marciana. É um intercâmbio que também fazem com as altas autoridades espirituais, assim como usualmente fazeis nos congressos científicos, artísticos, políticos ou mesmo religiosos. Essas festividades concretizam as ansiedades que os marcianos alimentam durante o período anual.

PERGUNTA: — Qual é o motivo dessa ansiedade para a presença visível dos mentores espirituais?

RAMATÍS: — O motivo é de sublime importância para os marcianos, pois esses mentores traçam roteiros sábios, auxiliando a coletividade aos novos períodos de atividades humanas e ascencionais. Somente a produção de uma faixa vibratória adequada e eletiva, permite a presença individual desses espíritos; quando as quotas de fluidos ou qualidade vibrátil são precárias, torna-se difícil a materialização e reduz-se o êxito tão desejado.

PERGUNTA: — Somente nessas épocas excepcionais é que se manifestam essas entidades superiores?

RAMATÍS: — Naturalmente sempre se fazem presentes na

intimidade espiritual do orbe, embora invisíveis aos olhos físicos. Mas é somente nas ocasiões de confraternização, no "Santuário Fraterno", que podem se manifestar visivelmente, graças ao energismo magnético que se produz na sincronização dos presentes.

PERGUNTA: — *Em Marte existem núcleos de Fraternidades iniciáticas ou Instituições Ocultas, que preservam certos conhecimentos inoportunos à massa?*

RAMATÍS: — Não existem instituições deliberadamente iniciáticas porque os marcianos não usariam para fins desregrados qualquer conhecimento superior. Tudo lhes é oferecido à luz do dia; cada um absorve e assimila o que lhe é possível, sem necessidade de simbolismos que velem o que, sendo conhecido, pode ser criminosamente utilizado. Vivem em harmonia constante com os valores estabelecidos pela Inteligência Suprema e não traçam divisões de *momentos religiosos* no interior dos templos, e *momentos profanos* na vida exterior. Frequentam os templos como os alunos comparecem à instituição escolar, a fim de desenvolverem suas energias criadoras.

PERGUNTA: — *Não há preocupações de congregarem-se em associações que reúnam, ao mesmo tempo, o desenvolvimento esotérico e a filantropia?*

RAMATÍS: — A filantropia associada ao hermetismo, símile da maçonaria terrena, é dispensável em Marte, em virtude da absoluta correção do Governo, que exerce o seu mandato atendendo completamente todas as necessidades da população. Causaria imenso espanto a necessidade urgente de agremiações particulares, filantrópicas, a fim de atender o descaso ou a incompetência do conjunto governamental. Não podeis avaliar a lisura administrativa entre os marcianos, sem qualquer comparação com os salteadores de "traje a rigor", que ainda possuís no vosso mundo.

PERGUNTA: — *Porventura todos são oniscientes? Não existem mais avançadas concepções de vida ou forças perigosas, que aconselhem sigilo para com os menos credenciados?*

RAMATÍS: — Essa justificável necessidade que tendes, no vosso mundo, de velar a luz dos símbolos iniciáticos, os conhecimentos transcendentais, ao homem comum, é pelo terrícola ainda viver em contradição com os valores sublimes do Alto. Há perigo para a vossa coletividade, se o cidadão terrestre fica de posse de energias poderosas ou de conhecimentos excepcionais, antes de sua evangelização integral. Assemelha-se ao infante terrível, sem controle ou senso de responsabilidade, munido de bombas explosivas ou armas destruidoras. Se ainda não sabeis utilizar, sob critério superior, os recursos da energia atômica, o que não faríeis, tomando conhecimento de segredos de certas causas, se decidísseis intervir ostensivamente nas coletividades adversárias? Daí, os justos receios dos vossos Mentores Espirituais, que transmitem poderes excepcionais só aos dotados de consciência espiritual desenvolvida, capazes da renúncia ao "desejo" de mando no mundo material. Consequentemente, em Marte, é bastante a capacidade de assimilação mental, para se estar de posse do máximo possível ao grau sideral do orbe. Na verdade, existe um grupo de eleitos em espírito, que podem compreender com mais profundeza certas revelações prematuras, enquanto outros, menos agraciados em intelecto, ficam apenas com as luzes de superfície.

PERGUNTA: — Há diferenças mentais, nas interpretações entre os adeptos dos vários templos religiosos?

RAMATÍS: — Inegavelmente, em todas as manifestações de vida cósmica, continuam as diferenças mentais entre os seres. A Suprema Unidade é resultante de inúmeros aspectos, aparentemente contraditórios, que se unem na mesma pulsação ascensional. Os marcianos também manifestam diferenças nas interpretações dos valores secundários da Revelação: mas não criam conflitos, noções de adversários ou afinidades sectaristas. Reconhecem que só há uma Realidade Divina, insofismável e indefinível pelo homem, guardando o mútuo respeito pelas opiniões e concepções alheias. Nenhum templo religioso se considera detentor de toda a Verdade, assim como viciais a função religiosa no vosso mundo. Cada instituição marciana se afirma possuir um "pouco de Verdade", concluindo que toda essa Verdade, para ser comprovada, terá que ser a soma de todas as concepções existentes no Cosmo. Desinteressam-se, portanto, de afirmações parciais ou de interpretações conceptuais à parte.

PERGUNTA: — Examinando as comunicações sobre a religiosidade marciana, achamos exótica a evolução à base de "frequências vibratórias" ou correções de "formas pensamen-

tos" nos templos. Essa realidade demasiadamente científica parece-nos roubar a beleza da ética espiritual. Não será assim?

RAMATÍS: — A vossa crítica firma-se no tradicional sentimentalismo do homem terráqueo, que considera um cruciante acontecimento dramático o sarampo de seu filho, mas não vibra nem se comove quando milhares de "párias" em países distantes, sucumbem como ratos sob os tufões ou inundações.

PERGUNTA: — Cremos, no entanto, que esse mecanismo bastante materializável de "correção de pensamento", perde um tanto a tradicional poesia espiritual. Pensamos que é uma realidade um tanto alheia à idéia mística. Que vos parece?

RAMATÍS: — A Realidade é o espírito e não a matéria-forma que ele dirige, pois esta é escrava absoluta de leis científicas que lhe regulam os estados vibratórios, nas transformações comuns do contínuo "nascer, crescer e morrer". As suas manifestações em qualquer latitude da vida, estão sujeitas, concomitantemente, às leis cósmicas ou microcósmicas a serviço do Espírito Eterno. Os marcianos não guardam veleidades de "poesia espiritual" para com os valores transitórios da vida material: analisam e autopsiam friamente todos os movimentos relacionais da alma para com o mundo exterior. São avessos a qualquer "tabu" que alimente ilusões paliativas da realidade; exigem sempre o "real" exato, embora prosaico ou decepcionante, em vez da poesia conceptual do falso sentimentalismo. O espírito — a realidade interna — atua no campo de energias cósmicas e dessa atuação surgem os fenômenos objetivos, mas transitórios como o pensamento, o amor humano, o ódio ou a mentira. Essa manifestação é sempre um "algo" produzido, criado e com determinada duração de vida; não é pois real, porque não é fixo, indestrutível, eterno. Apenas o agente, o autor, como é o espírito, é que é eterno. Consequentemente, aos marcianos, afeitos à exigência absoluta do que é verdadeiro e inalterável, não lhes preocupa a "poesia" aparente dos fenômenos manufaturados no mundo de formas, mas a veracidade do processo como eles se manifestam. Assim, muito antes do aspecto de pieguice poética do pensamento ou da emoção, preocupa-os o conteúdo vibratório e as leis que disciplinam os fenômenos. Não há perda de "poesia espiritual" no esforço ascensional de "correção do pensamento" através de um exame às "formas mentais" que ele produz, assim como o coração não perde a sua poesia afetiva, porque a medicina já lhe assinala as frequências vibratórias nos exames de "eletrocardiografia". Conforme o coração humano, físico, é apenas a sede objetiva do verdadeiro sentimento da alma que é eterna, o cérebro humano é o centro anatômico do homem, pelo qual o espírito atua para criar no mundo provisório. Esses órgãos são apenas locais de pouso espiritual, de identificações e endereços de certas qualidades que a entidade imortal coordena para fins educativos. Mas a realidade é "quem" produz o pensamento e o sentimento, enquanto estes são de efêmera duração e estão na matéria subordinados às leis vigentes. Atualmente, já podeis conhecer a tessitura íntima do pensamento, na sua objetividade assinalável pelos "detectores de mentiras", na terminologia das "ondas ultramicrocurtas" cerebrais, e, em breve, conhecereis os gráficos implacáveis das ondas do "remorso", do "ódio" ou da "paixão sensual". O "quantum" de matéria mental produzido pelo espírito, em qualquer circunstância e estado emotivo ou intelectual, há de ficar impiedosamente registrado em prosaicas tabelas de "gráficos morais". Lenta, mas insensivelmente, ireis vos aproximando da "Realidade Cósmica", único objetivo capaz de vos dar a Ventura Eterna, assim como já vos conceituou Jesus: "Conhecereis a Verdade e ela vos libertará".

PERGUNTA: — Qual um exemplo que nos permita avaliar o "fornecimento de energias" que os devotos marcianos efetuam para produzir um ambiente magnético favorável à projeção de "formas-pensamentos" ou "figuras emotivas"?

RAMATÍS: — Lembramos o fato que ocorre na Terra, com os chamados "médiuns de fenômenos físicos", que exsudam força nervosa chamada "ectoplasma", para criarem atmosfera que facilite a materialização de espíritos ou a produção de vozes astrais. O acontecimento nos templos de Marte, embora com certa semelhança, é profundamente distinto, porque se trata de fatos no campo sublime da intimidade espiritual. No vosso mundo, os presentes em uma sessão de materializações unem-se para o fornecimento de energia física, embora delicadíssima, que sirva de base para a entidade desencarnada criar forma; nos templos marcianos, essas condições são conseguidas através da identificação de pensamentos ou da natureza vibratória dos mesmos sentimentos. Os objetivos são idênticos, mas as energias produzidas diferem profundamente quanto à qualidade.

PERGUNTA: — Ainda não estamos condicionados para esses processos ascensionais, sob um mecanismo onde a emoção, o êxtase e o sentimento podem ser obtidos, melhorados ou purificados pelos recursos da ciência humana?

RAMATÍS: — "Vós sois deuses", vos advertiu Jesus. A ciência humana só é falha e improdutiva quando distancia-se da Fé divina que orienta o roteiro à verdade única. Esses processos ascensionais podem ser provocados e intensificados pela ciência humana, quando esta for mais uníssona à Lei Divina.

PERGUNTA: — Sempre guardamos a idéia de "estados sublimes e divinos", conquistáveis pela meditação, na reflexão e no silêncio afetivo da alma. Esta concepção não está certa?

RAMATÍS: — Há que entender, também, que Deus, acima de tudo é "Ciência Cósmica". Podeis conseguir a angelitude exclusivamente através dos caminhos silenciosos da meditação, ouvindo apenas aquela "Voz do Silêncio" que opera na intimidade espiritual. Mas não modificareis o processo único do mecanismo científico, que só eleva os estados inferiores para os estados superiores, através das mudanças de faixas vibratórias. Embora vos entregueis à idéia de que o vosso êxtase é apenas um "estado sublime e divino", na intimidade do mundo interno, os fenômenos que se sucedem, conduzindo-vos a essa sublimidade, estão perfeitamente subjugados pelas leis implacáveis que regem as alterações vibratórias. Enquanto vos sentis eufóricos porque vencestes um estado inferior e lograstes um estado superior espiritual, na realidade científica do Cosmo, o vosso espírito conseguiu alcançar "frequências vibratórias" mais velozes e sutis, que já existem palpitantes na intimidade sideral. A frequência vibratória do "amor" humano é distintíssima da que se comporta sob a força destrutiva do ódio. A deslumbrante aura de Jesus é campo vibratório inacessível ao homem comum.

PERGUNTA: — Custa-nos, ainda, libertar-nos do tradicionalismo religioso do nosso mundo, em que as religiões sempre alimentaram o "tabu" do mistério dogmático, ou, então, a excessiva poesia fantasiosa, dos milagres ou das "graças" comuns, que tornaram as coisas tão irreais. Que devemos fazer?

RAMATÍS: — É necessário que o homem se desvencilhe dos falsos argumentos ou das superficialidades sentimentais. A "Verdade" que salva, predita por Jesus, exige a limpeza absoluta da mente atravancada por tradições religiosas ou premeditações pessoais, tornando o ser uma criança liberta dos condicionamentos ilusórios. Que vos serve a doce ilusão de um poente marchetado de cores e cindido por raios dourados, que emanam do Sol na descida do crepúsculo, se um dia a "realidade científica" vos mostrará a ilusão de ótica na refração dos raios luminosos? Podeis cantar a beleza imaculada do lírio do pantanal ou a configuração fascinante da rosa perfumada, mas não podeis fugir à realidade eletrônica que produz a cor, o perfume e a forma.

PERGUNTA: — Então podemos considerar que a tão decantada beleza das coisas criadas por Deus é apenas aparência?

RAMATÍS: — Aparência de uma realidade soberba e majestosa, que à medida que evoluirdes compreendereis como "poesia eterna". As configurações poéticas do homem, sob cuidadosa combinação ao gênero pessoal, são débeis bruxuleios do Estro Divino que criou a Poesia Eterna. É maior a emoção de um sábio ante a perfeição científica que disciplina a tessitura da asa de uma borboleta, do que o pieguismo do poeta diante da flor. A primeira emoção, a do sábio, é mais real do que a do poeta, pois ele vibrou sob um maior conhecimento da Verdade. Penetrou mais intimamente na realidade da vida verdadeira, enquanto o poeta, indiscutivelmente, permaneceu apenas na aparência, na superfície. As preocupações humanas quanto à definição da Realidade de Deus não influem nem modificam o conteúdo exato. A Potestade Única, Incriada e Criadora contém tudo em Si, em qualquer condição e sentido que imaginardes, porque não podereis pensar "fora de Deus", que é imanente em Sua Obra. Não há sacrilégio em dizerdes que Deus é o Motor Imóvel ou a "Frequência Vibratória Inalcançável"; nem mérito em O afirmardes a Divina Poesia ou o Amor Supremo, assim como não O definireis melhor na pomposidade dos vocábulos Ciência Cósmica ou Suprema Lei. Tudo está e cabe em Deus, pois Ele é o Único Existente Real. Nada mais existe além Dele; não há outro Deus competindo fora Dele. As palavras místicas, poéticas, científicas ou superlativas não O exaltam nem O diminuem, por não poderem modificá-Lo em Sua Eterna Contextura Cósmica.

PERGUNTA: — Em nosso mundo sempre ficamos impressionados pelas figuras "extraterrenas" dos seres santificados, cujo estado espiritual superior nos pareceu uma "graça" bem distante do prosaísmo dos elétrons. Podereis esclarecer-nos?

RAMATÍS: — Os mundos materiais formam os degraus vibratórios em que a alma excursiona, em sua "longa" viagem de retorno ao seu verdadeiro ***habitat*** de Luz Eterna. A "descida" ou a bíblica "queda angelical" vos exige que a posse do "antigo estado edênico" se faça sob o disciplinado processo de **desvestimento** das formas materiais. A Luz está em vós e nunca deixou de estar convosco; palpita na vossa intimidade e vos cria os anseios que traduzis em "desejos de libertação". Não são as prosaicas mudanças de faixas vibratórias, que realmente vos darão o conteúdo da Luz Eterna que permanece íntegra em vossa intimidade espiritual, mas é o maior alcance dessas zonas de vibração mais elevadas, que vos permitirão maior liberdade da Luz Espiritual. Os santos tradicionais do vosso mundo, que mereceram realmente a "graça" de maior refulgência espiritual, não foram presenteados com ofertas de "luz adicional", mas resplandeceram "graças" à sua própria luz interna. Atingindo faixas vibratórias superiores, tornaram-se mais translúcidos, gozando maior quota consciencial de luz. Quando Francisco de Assis, extasiado, identificou a presença do Sublime Jesus, o mecanismo científico sideral, no plano invisível, não deixou de agir sob o domínio das leis eternas que governam as mutações em qualquer latitude cósmica. O santificado padre, que é um símbolo de Beleza e Amor na estrada abençoada de vossa vida, só alcançou o plano crístico, onde Jesus atua, após ultrapassar a trivialidade comum das fronteiras vibratórias reguladas pela Lei Suprema de Correspondência Vibratória. O Amor em sua plenitude expansiva e na sua profundidade crística, é o maior "multiplicador de frequência" para a alma atingir as esferas espirituais inconcebíveis ao espírito reencarnado na matéria. Esse mesmo Amor transbordante da intimidade da Criação é que, sob a Lei Imutável da Ciência Cósmica de Deus, flui pelo canal vivo do Cristo, para em vosso mundo ativar as "frequências vibratórias" que registram desde a mais singela meditação até o êxtase misterioso da fusão com o Pai.

PERGUNTA: — Podereis esclarecer-nos, de modo mais objetivo, a respeito do amor crístico que possibilita nos aproximarmos de Deus, cada vez mais?

RAMATÍS: — Jesus é que vos conceituou: "Batei e a porta se vos abrirá". Destacou a necessidade do esforço que deveis empreender na indagação e procura da Verdade, distante das condições anormais dos eremitas das cavernas egocêntricas. O antigo sentimentalismo que só admitia salvação através de "ações de graças" ou de "tabus" religiosos, não conseguia criar um céu sem os recursos vulgares da técnica e ciência humanas, na instrumentação das rabecas, harpas e cânticos para os eleitos. Noutro extremo, o concurso da ciência do homem terráqueo servia para a composição de um inferno repleto de caldeirões e trempes escaldantes, que atualmente já exige urgente substituição para fogareiros, fornos, assadeiras ou caldeiras elétricas. Paradoxalmente, ao mesmo tempo que vós cultuais o sentido da ascensão da alma sob um misterioso processo de "graças" e "poesia celestial", necessitais de figuras e objetos humanos de "frequências vibratórias específicas", para enfeitardes o céu ou decorardes convenientemente o inferno do esquizofrênico Satã. Despojai-vos do "medo sagrado" que vos condiciona o espírito na formação milenária dos credos pagãos e buscai essa Verdade na indagação pura e liberta dos "tabus" poéticos ou religiosos.

PERGUNTA: — Embora reconheçamos o sentido científico na religiosidade marciana, em face de sua evolução espiritual, não conviria existir, também, uma só religião?

RAMATÍS: — Religião, no termo que comumente deveis empregar é a ação de "religar" a criatura ao Criador. É bem o esforço da centelha de luz à procura da Fonte donde se originou. Em sua pureza iniciática, esse empenho ascensional é despido de características pessoais ou coloridos sectaristas, devendo ser considerado uma vibração harmônica e emotiva acessível a todos os seres. É uma ansiedade pura, extraterrena, que não pode ser definida ou disciplinada através de rituais, promessas ou atitudes estandardizadas. O "ego" humano, em êxtase, adivinha, pressente e busca ansiosamente a sua integração no "EGO DIVINO", no mais sublime mistério revelativo do "EU SOU". Essa concepção íntima vivo no coração de todo homem de Marte. Embora ele se identifique com grupos eleitos pelas mesmas emotividades ou labores científicos e intelectuais, manifesta o seu sentimento verdadeiro de religiosidade através de uma silenciosa comunicação com Deus, independente de qualquer estímulo exterior de seita ou formas. A convicção irredutível de um só Deus, indefinível na linguagem humana e da impossibilidade do finito conceituar o Infinito, torna o marciano desinteressado das proverbiais discussões estéreis dos terrícolas. A criaturinha terrena, pretensiosa e envaidecida, ainda não se conforma de ignorar a tessitura exata da Realidade Primeira e última, do Absoluto Criador Incriado.

PERGUNTA: — Quais são as características fundamentais que podem identificar todos os credos num só objetivo, assim como as contas de um só colar se unem ao mesmo fio?

RAMATÍS: — Afora as diferenças superficiais que identificam psicologicamente cada agrupamento devocional, como sejam a cor, o perfume, a música e os exercícios "mântrico" para sincronização espiritual, todos os cultos marcianos objetivam a mesma Fonte Criadora e a devotam num mesmo estado de ansiedade interna. Não os preocupam as definições religiosas tão ao gosto da Terra, com referência ao Pai Supremo. Deus, Alma do Mundo, Jeová, Brama, Júpiter, Théos Eterno, Motor Imóvel, Lei Suprema ou Absoluto, pouco lhes importa como O denominam os vários componentes de vossa civilização. Dispensam a vestidura da mente humana, na impossibilidade do "criado" definir o Criador; entregam-se apenas à Intuição Pura que lhes flui pela alma e lhes deixa um pouco do verdadeiro sabor da Verdade.

9. Medicina

PERGUNTA: — Existem muitas enfermidades em Marte?[10]

RAMATÍS: — São muito poucas as de origem física e surgem só nas regiões rurais onde se congregam os remanescentes de gerações que se dedicam ao amanho da terra, usando máquinas ainda desconhecidas no vosso mundo. Cuidam, também, dos animais e os auxiliam na sua evolução biológica e no desenvolvimento do seu instinto diretor.

PERGUNTA: — Qual a natureza das enfermidades físicas que podem ocorrer?

RAMATÍS: — Embora sem o dramatismo das doenças existentes na Terra, aparecem alguns casos de perturbações circulatórias que exigem intervenções biológicas. Algumas vezes entre esses habitantes manifestam-se estados opressivos de origem dietética, causados pela alimentação à base de frutos ingeridos em seu estado natural, que eles preferem em lugar das pastas, óleos aromáticos, comprimidos ou gelatinas com que se alimentam os residentes nas metrópoles. Também as almas emigradas doutros orbes, principalmente as do vosso mundo, nas primeiras reencarnações no ambiente marciano, pela dissonância de suas vibrações psíquicas, o seu corpo apresenta certos desequilíbrios.

PERGUNTA: — E nos centros metropolitanos não se manifestam quaisquer outras enfermidades?

[10] "Os marcianos levam seus estudos de medicina a tal grau de perfeição, que as doenças foram eliminadas e mesmo os sinais de decrepitude, inerentes à velhice, são em grande parte evitados..." Trecho extraído da revista *O Teosofista*, julho-setembro 1955, autor o clarividente C. Leadbeater.

RAMATÍS: — É de senso comum que não existe a doença, mas sim o doente. E o marciano, na acepção exata da palavra, não é um enfermo. Sendo habitante de um mundo que pulsa mais intimamente com as vibrações etéricas do Cosmo, ele é afetado especialmente nas suas reações magnéticas. Em certas contingências do meio, sofre situações incômodas que lhe alteram um tanto o ritmo da rede sensorial; mas tal fenômeno não se enquadra no setor etiológico, pois seria absurdo que considerásseis caso patológico o cidadão que se sente mal porque está molhado da chuva ou suando sob o sol ardente.

PERGUNTA: — E quais as síndromes psíquicas dissonantes do ambiente marciano, trazidas pelas almas de planetas inferiores?

RAMATÍS: — Normalmente, os espíritos emigrados da Terra trazem no seu perispírito os recalques astrais, um tanto rudes, do ambiente terráqueo. Manifesta-se, então, um desajuste psíquico, semelhante ao que demonstraria o campônio rude, afeito à alimentação gastronômica e que, de repente, fosse submetido a alimentação exclusiva de caldos nutritivos, com a qual, embora mais vitaminizada, o seu organismo não se adaptaria sem apresentar reações. Assim também sucede com o espírito recém-chegado da Terra; apesar de se encontrar num ambiente mais evoluído, a sua vibração, ainda condicionada ao magnetismo terráqueo, impede-o de estabelecer perfeita sintonia com o seu novo *habitat*, pois tal equilíbrio processa-se gradativamente e não "ex-abrupto".

PERGUNTA: — Trata-se, então, de enfermidade puramente psíquica?

RAMATÍS: — Em sua verdadeira origem, todas as enfermidades provêm de causas psíquicas. Mesmo a criança congenitamente aleijada não passa de alma que resgata, em nova reencarnação, os seus desequilíbrios do pretérito. Consequentemente, a alma terrena, reencarnada em Marte, antes de se ajustar ao novo ambiente, o seu psiquismo condensa excessivo magnetismo em torno da glândula hipofisária, resultando certo desajuste no sistema endocrínico; e tais irmãos são facilmente identificados pelos espíritos do *habitat* marciano, por causa dos "estigmas" inferiores que denunciam sua condição de emigrantes planetários.

PERGUNTA: — E quais os meios usados para curar esses enfermos?

RAMATÍS: — Os médicos marcianos aplicam a "psicoterapia pré-reencarnativa".

PERGUNTA: — Como entender essa definição?

RAMATÍS: — É uma espécie de psicanálise freudiana, mas aplicada "aquém" e "além" de uma existência humana comum. Se Freud houvesse procurado identificar os conhecidos complexos da "libido" avançando numa psicoterapia "pré-reencarnatória", ou seja, que abrangesse a entidade psíquica ligada a outras vidas anteriores, ele se teria aproximado imensamente das verdadeiras causas ou origens desses distúrbios ou anomalias psicológicas.

PERGUNTA: — Poderíeis formular um exemplo acessível à nossa mente, a respeito de um ser humano com complexos "pré-reencarnatórios"?

RAMATÍS: — O indivíduo que foi carrasco em vidas passadas estratifica no seu psiquismo a figura dantesca do cutelo sangrento, do cepo da guilhotina ou da sala de torturas; e pode manifestar um "complexo de culpa" freudiano, nas reencarnações futuras, ao defrontar, por exemplo, um açougue, o matadouro ou os instrumentos do açougueiro. A lei de afinidade ou correspondência vibratória desperta-lhe as idéias acessórias: o tronco onde o magarefe retalha os despojos animais pode associar-lhe o cepo sangrento da decapitação; um simples braseiro de churrascaria evoca-lhe a tortura do ferro em brasa. O seu espírito, já um pouco sensibilizado, pode ter melhorado em reencarnações posteriores às de carrasco, contudo, no seu subconsciente ainda se agita a censura ao verdugo do passado. É o "complexo de culpa" que não pode ser identificado nem definido pela psicoterapia que se restringe ao círculo de uma vida única. E tais contingências reflexas, de vidas anteriores, ocorrem com muitos espíritos procedentes da Terra. O seu psiquismo estranha o novo *habitat* astral; e no seu íntimo, ele sente o constrangimento de quem se julga indigno do ambiente em que se encontra, resultando fechar-se numa retração silenciosa. E nestes casos, somente a psicoterapia "pré-reencarnativa" consegue estabelecer o equilíbrio psíquico.

PERGUNTA: — Nessa psicoterapia os médicos cuidam ape-

nas do seu reajuste psíquico ou condicionam-lhe, também, as relações de adaptação ao meio social?

RAMATÍS: — Além da assistência psíquica, dispensam-lhe a "terapêutica das contemporizações", a qual consiste em facultar a essas almas reencarnadas no planeta um desafogo natural ou tolerância para que não se conturbem mentalmente. O espírito emigrado da Terra, por exemplo, mesmo que possua sentimentos elevados, não consegue dominar, integralmente, o egocentrismo que lhe caldeou a personalidade durante milênios. Na sua intimidade espiritual há ainda recalques de lisonja, de admiração e outras afetações a que estava acostumado no seu mundo "anterior". Os médicos clarividentes concedem-lhe, então, repouso num burgo rural onde seus habitantes e o ambiente são mais propícios ao reajustamento psíquico dos espíritos classificados como "doentes psíquico-planetários". Essa terapêutica de contemporizações é semelhante à que adotais no vosso mundo nos casos de vícios deprimentes, como os dos alcoólatras, morfinômanos, cocainômanos e outros, permitindo-lhes doses suaves de alcalóides, a fim de atenuar-lhes o "clímax" e as superexcitações delirantes.

PERGUNTA: — Não usam medicamentos à feição da nossa farmacologia terrena?

RAMATÍS: — A origem e evolução da Medicina guarda certa semelhança em todos os planetas físicos. Varia apenas quanto a ser mais ou menos dolorosa ou eficiente, pois corresponde ao grau de espiritualidade de cada humanidade. Os medicamentos rudes, repulsivos e cáusticos, que ainda usais na farmacologia alopática, os médicos marcianos já não os adotam há muitos séculos, pois deram preferência à "homeopatia", a qual conservaram demoradamente; em seguida, surgiu o advento da psicoterapia; e, finalmente, a cromoterapia magnética. Nesta última realização, eles chegaram a modificar a estrutura do tecido da configuração humana e o metabolismo básico sem intervenções violentas ou dolorosas, pois agem diretamente no psiquismo genético da matéria, corrigindo os "moldes etéricos" subsistentes.

PERGUNTA: — Também seguiam a diretriz de diagnoses e exames sintomatológicos, como ainda faz a nossa clínica médica?

RAMATÍS: — Os médicos marcianos, por serem radiestesistas congênitos, dispensavam a apalpação sintomatológica ou dedutiva e sentiam, por assim dizer, no seu "sensório magnético", as origens patogênicas, sob essa excepcional faculdade, que chamais de "faro" nos cães, de senso diretivo nas andorinhas, pombos-correios e muitas outras aves migratórias; e ainda o misterioso "radar" que serve de guia aos morcegos, pois são cegos. Também eram avessos à demasiada instrumentação que se interpõe entre o médico e o doente, na auscultação, porque preferiam o contato magnético mais direto, sem depender da interferência material do instrumento. Essa sensibilidade radiestésica, algumas vezes, captavam-na através da ponta dos dedos, formando um fluxo magnético que auscultavam pela intuição.

PERGUNTA: — Temos encontrado médicos que nos deixam a impressão de possuírem uma faculdade oculta, pois acertam seus diagnósticos mediante uma técnica diferente dos princípios acadêmicos. Serão, porventura, médicos radiestesistas?

RAMATÍS: — Esses médicos podem ser considerados sob dois aspectos: uns são radiestesistas inatos e sua sensibilidade capta os fluidos magnéticos que acusam os estados sadio ou doente dos órgãos. Como o fígado, rim ou coração apresentam um teor vibratório que lhes é próprio ou característico, é suficiente o radiestesista auscultar o seu psiquismo sensível, e logo identifica as condições positivas ou negativas que predominam no órgão. Uma rosa sadia, viçosa, através do seu perfume, vibra magnetismo positivo em correspondência com esse seu estado vital; ao contrário, a rosa desfalecida, murcha, tem a aura reduzida, numa baixa frequência magnética, e até os pássaros e as borboletas passam a distância dessa flor anêmica. Assim são os órgãos humanos; irradiam a distância a sua energia viva e positiva, e deixam no radiestesista hábil e prático a sensação vibratória de vitalidade ou de anemia. O outro tipo de médico é o intuitivo, que descobre a causa patogênica, escutando a voz silenciosa de sua alma, ou então, é auxiliado pelos seus "ex-colegas", desencarnados, que o assistem nos casos complexos de sua profissão. Esses podem ser considerados "médiuns" inspirados; e, geralmente, são criaturas dignas, altruístas e confiantes na inspiração divina. É o médico-sacerdote; é o que não converte ou utiliza a dor alheia como um "balcão de negócio", transformando um surto de resfriado em broncopneumonia, a fim de aumentar o seu prestígio e também seus honorários.

PERGUNTA: — Em Marte nunca se manifestaram enfermidades iguais às da Terra?

RAMATÍS: — Trata-se, também, de um orbe físico, que evoluiu das mesmas bases rudimentares, comuns às demais massas planetárias, sofrendo as metamorfoses necessárias para adaptação biológica do homem ao seu meio; porém, não apresentou os quadros mórbidos do câncer, da morféia ou o cortejo das alienações mentais, inerentes à ordem ou teor cármico do vosso planeta; mas sua medicina também defrontou problemas severos na esfera patológica, como síncopes de ordem nervosa, por fortes atuações radioativas na região dos "plexos". E a nutrição, embora sempre tenha sido vegetariana, apresentou estranhas enfermidades comuns aos vossos quadros de alergia, pois o sistema endocrínico entrava em choque com o quimismo vegetal. Os fenômenos da digestão e produção de sucos e hormônios não se ajustavam sincronicamente, por causa de certas herbáceas mineralizadas, que produziam estados parecidos ao de excessiva azotemia. Também enfrentaram longamente intenso surto epidêmico de formação de cálculos ou pedras na vesícula, rins e na bexiga. Eram efeitos da alimentação contrária aos seus tipos orgânicos comandados por um psiquismo equilibrado. Eles desconheciam, ainda, as suas justas necessidades dietéticas. Essa fase, vivida há mais de cinco séculos, foi debelada sem dramaticidade, graças à cooperação direta dos mentores desencarnados.

PERGUNTA: — Como solucionaram esses problemas patológicos dos cálculos da vesícula e nos rins?

RAMATÍS: — A cirurgia se fez necessária nos casos de acidentes e de correções plásticas, sobre as deformidades ou estigmas psíquicos trazidos de planetas inferiores. O equilíbrio genético da biologia marciana sofria a compressão que os moldes perispirituais dos reencarnados impunham, pois há tanta hereditariedade nos impulsos formativos da carne quanto nas constituições pregressas do perispírito. As almas emigram de um orbe para outro, levando na sua estrutura perispiritual os recalques do seu estado evolutivo. Há muitos séculos, a medicina, em Marte, via-se obrigada a solucionar problemas nevrálgicos, tais como auxiliar o desenvolvimento das membranas nas omoplatas daqueles que ali se reencarnavam, cujos perispíritos, estigmatizados sob atmosferas coercivas, eram refratários a esses impulsos alados.

PERGUNTA: — Essa cirurgia exigia os recursos da anestesia comum?

RAMATÍS: — Há mais de quatro séculos os médicos marcianos aplicavam a "magnetoanestesia", depois de já terem tido grande sucesso na "eletroanestesia", que não produzia as excitações nervosas após as operações. Essa anestesia livrava os pacientes dos efeitos químicos, que atuam comumente de 49 a 56 dias no campo "psicofísico" e que se reajusta "biomagneticamente" após esse ciclo setenário. No futuro a vossa ciência médica na esfera da "radioastroterapia" vos notificará de inúmeras sequências que os marcianos observam no imponderável, pois já se denuncia em vosso mundo a mentalidade progressiva de vários cientistas da medicina, que penetram corajosamente na fenomenologia psíquica a fim de lobrigarem os complexos fenômenos da vida humana.

PERGUNTA: — Nos estados "pós-cirúrgicos" não ocorriam fenômenos inesperados, inclusive as manifestações de dores?

RAMATÍS: — Essas consequências não se produziam pelo "modus operandi" da cirurgia, pois o socorro de urgência era empregado rapidamente e indolor, mediante processos de "magnetismo eletrônico", que ultrapassam o vosso entendimento. Quanto às operações de extirpação de cálculos renais ou vesiculares, inclusive excrescências ou quistos sebáceos, focos ou proliferações anormais de tecido, eram eliminados pelo processo "sui generis" de desintegração ou "desmaterialização".

PERGUNTA: — Em que consiste esse processo de desmaterialização?

RAMATÍS: — A vossa medicina também alcançará esse resultado, assim que souber operar no "duplo etérico", ou seja, no "molde", na causa das expressões organogênicas. O problema resume-se em alcançar a rede etérica, através de instrumentos especiais "eletromagnéticos", capazes de agir no "duplo etérico" por meio de repercussão vibratória. Em virtude do "molde etérico" de cada ser humano constituir o invólucro, a tessitura original, perfeitíssima, de todo o cosmo celular que se estrutura em cada existência e sobrevive à decomposição da carne, toda ação nesse duplo etérico repercute no físico e vice-versa.

PERGUNTA: — Será possível dar-nos um exemplo dessa "repercussão vibratória"?

RAMATÍS: — Nas chamadas operações espiríticas, há o médium que denominais de "fenômenos ou efeitos físicos", o qual fornece a energia intermediária, denominada ectoplasma, espécie de "fluido nervoso" que tem a extraordinária faculdade de atuar entre os dois planos: o material e o espiritual. Esse ectoplasma do "médium", quando muito elementar, algo rude, possui muitas substâncias que se assemelham à emulsão das fotografias; essas substâncias não resistem à luz solar nem à luz elétrica; queimam-se e produzem o fenômeno da revelação dos laboratórios fotográficos. No entanto, habilmente utilizadas pelos espíritos desencarnados, é energia capaz de anular a "lei de gravidade" porque, atuando no limiar dos dois planos, positivo e negativo, cria nos objetos um campo de gravidade própria, fixada sob técnica transcendental dos químicos do setor astral. Daí a possibilidade das levitações de objetos e mesmo de criaturas humanas, pois, estabelecida a neutralização gravitacional, é fácil aos cooperadores invisíveis imprimirem sua vontade sobre os mesmos. De posse dessa energia extraordinária, os "médicos desencarnados" podem agir no "duplo etérico" dos humanos e interferir nos mesmos em condições semelhantes às de vossas operações cirúrgicas, podendo eliminar ou modificar qualquer tessitura anormal ou prejudicial. Denominamos esse processo de "repercussão vibratória", porque qualquer incisão "aqui", no plano etérico, repercute "aí", no campo físico. Consequentemente, a própria instrumentação cirúrgica "fisioetérica", da medicina do futuro, será caldeada ou materializada mediante a "emulsão do ectoplasma".

PERGUNTA: — Por que esse ectoplasma não pode resistir à luz?

RAMATÍS: — Porque a ação da luz, por ser impregnada de substâncias radioativas, saturadas de magnetismo denso, por assim dizer, mais físico, atuando na sua contextura, "queima" ou destrói as propriedades específicas da emulsão. Os cientistas de Marte manejam o ectoplasma sem tais precauções porque nos seus laboratórios já conseguiram imunizá-lo das reações da luz. E entre vós, com a utilização da luz vermelha, em gradações descendentes até da luz branca, não tardareis em obter os singulares "fenômenos de materializações" ou de "operações invisíveis" sob a luz natural. Jesus vos advertiu "que muitas coisas vos seriam ditas e que Ele não podia esclarecer na época em que descera à Terra". Essas coisas estranhas ou insólitas e que a vossa ciência oficial se recusa a analisar e reconhecer, já são fenômenos obsoletos no planeta Marte.

PERGUNTA: — Como se pode produzir um efeito físico quando os "médicos desencarnados" operam no "duplo etérico"?

RAMATÍS: — Considerai uma alça intestinal transformada numa hérnia. Os médicos desencarnados utilizam um pouco de ectoplasma, "fluido nervoso", o qual servirá de "canal" ou intermediário a fim de agirem no "duplo etérico" do paciente; mas para essas intervenções cirúrgicas, desmaterializam, também, as ferramentas e, aproveitando os seus "moldes etéricos", procedem à operação nas mesmas condições em que o fazem os vossos médicos. A técnica de tais operações é invisível aos olhos humanos. Essa medicina do "lado de cá", os marcianos a empregaram durante muito tempo e com resultados sempre satisfatórios; e será também o grande êxito da vossa medicina futura, em que os médicos "daí", farão exatamente e sem aparatos "mediúnicos", as mesmas intervenções no "duplo etérico", com resultados de completo sucesso no físico. O processo atual da vossa medicina causa espanto aos marcianos, seja a cirurgia que extirpa órgãos renováveis pelo "molde etérico", ou seja mesmo o processo singelo e cruciante de "perfurar" as veias na terapia injetável.

Os futuros compêndios de vossa medicina hão de assinalar como grotescos e rudes as vossas seringas hipodérmicas, os bisturis retalhantes e a farmacologia repulsiva e cáustica que adotais. E assim como os vossos cientistas atuais riem, à socapa, a respeito dos antigos vesicatórios, sanguessugas e vomitórios, os futuros médicos também vão rir-se e acharão atrasados o sistema e os recursos de vossa atual ciência médica. Na realidade, enquanto a vossa Medicina caminha "para cá", ingressando no limiar do mundo imponderável, os médicos desencarnados, a fim de ajudar-vos, seguem ao vosso encontro com os fatos dessa fenomenologia das operações mediúnicas. E conquanto os vossos acadêmicos ainda não admitam nem compreendam essas intervenções na "matriz etérica", os médiuns que possibilitam esses fenômenos, embora suportando a pecha de charlatões, irão aparecendo, entre vós, cada vez em maior número, como vanguardeiros honestos e destemidos, certos de que estão cumprindo uma tarefa ou missão a serviço da humanidade.

PERGUNTA: — Como identificarmos esse caminhar da Medicina terrena, em direção ao esforço dos médicos desencarnados?

RAMATÍS: — Na grande diferença que já podeis notar entre a medicina do vosso século e a de dois ou três séculos anteriores. Já pensastes quais seriam as reações emotivas dos médicos de Luiz XV, por exemplo, se lhes fosse noticiado que seus colegas poderiam regenerar tecidos mediante aplicação da radioterapia ou a cura da sinusite pelas "ondas ultrassônicas"? E quais são os "bisturis" que funcionam nessa terapêutica, se não os "bisturis invisíveis", na frequência de ondas invisíveis aos olhos humanos? Inconscientemente, o médico terreno avança celeremente em direção a "este lado", através do seu condicionamento progressivo à verdadeira realidade da vida — o mundo espiritual. Oxalá, muito breve, a caravana médica do mundo invisível possa estabelecer contato com os seus confrades da Terra; pois quando assim acontecer e vencerdes a vaidade acadêmica que se retrai a estudar o que é insólito ou de aparência incongruente, conhecereis uma parte da Verdade.

PERGUNTA: — Como os médicos marcianos desintegravam os cálculos nas vesículas ou nos rins?

RAMATÍS: — Por um sistema ou processo semelhante à aplicação de "ondas ultrassônicas", que já citamos; o paciente era submetido à frequência de "raios eterizados", que agiam nos moldes etéricos das litíases ou cálculos. Como a frequência era regulada apenas para a densidade micrometricamente existente nas pedras, a desintegração se fazia unicamente nas formações de cálculos ou areias renais ou biliares. Tratava-se de desmaterialização procedida dentro dos mesmos princípios atuais da concepção científica, que considera a matéria como "energia condensada" ou acumulada; ou ainda, no dizer do cientista Einstein, é "frozen energy", ou seja "energia congelada". Sob a ação dos "raios magnético-etéricos", a matéria dissolvia-se dentro dos moldes etéricos, voltando a ser pura energia, enquanto os médicos marcianos decompunham, depois, os pequeninos "moldes ou duplos-etéricos" que sustinham a energia condensada e formavam cálculos nas vias biliares ou renais. Em Marte não se conceitua a distinção dualista de "energia e matéria", pois é considerada uma só unidade, ou seja, unicamente energia — a essência do Universo. É óbvio que essa concepção de energia vos ultrapassa o entendimento, porque, condicionados, como estais, às vossas experiências passadas, ainda vos é difícil assimilar eventos que somente se concretizarão no vosso meio, no futuro, entre 5 a 10 séculos.

PERGUNTA: — Como se efetuam os tratamentos de ordem nervosa ou circulatória?

RAMATÍS: — Presentemente é muito empregado o processo da "cromoterapia", ou seja, o tratamento sob a atuação das "cores" no psiquismo do paciente. Mas é operação exercida na substância "astroetérea", porque é o aproveitamento vibratório natural da cor no Éter Cósmico. O que estamos expondo não pode ser considerado ao "pé da letra", mas apenas como simples analogia. No caso de uma "letargia psíquica", provocada por carga magnética opressiva, a aplicação terapêutica do vermelho-fogo, cujo eterismo é excitante, dinâmico e criador, auxiliaria o metabolismo endocrínico, despertando, através do mecanismo orgânico, a reação do psiquismo letárgico. Em caso inverso, de superexcitação, que conduz a um estado parecido ao hipertireóidico, seria aplicado o verde-seda, refrescante, ou o azul-suave, sedativo, que condiciona o paciente a reajustar-se às causas exteriores que lhe provocam excitações nervosas. As exaltações egocêntricas seriam neutralizadas pelo rosa-puro, que inspira a alma ao amor e à filantropia; a melancolia, a apatia, sob a ação do amarelo-claro, induz ao raciocínio superior. Embora seguindo a convenção emotiva da cromoterapia terrena, na sua atribuição científica ao valor das cores, deixamos-vos esse exemplo longínquo da realidade, que é o funcionamento vibratório do colorido no éter.

PERGUNTA: — As enfermidades circulatórias sucedem-se frequentemente em Marte?

RAMATÍS: — Não as considereis no sentido patológico do vosso mundo; assemelham-se ao estado de alguém fatigado por longa caminhada. É um desequilíbrio circulatório, resultante do dinamismo da vida marciana, em que o cidadão comum, pelo permanente bem-estar, superestima suas forças e, sem pressentir, cai em excessos. Essa fadiga circulatória é uma advertência semelhante aos sintomas dolorosos que apresentam o baço ou o fígado quando sobrecarregados em suas funções. Recorre-se, então, à cromoterapia marciana, a qual, em tais casos, é aplicada durante as estações de repouso.

PERGUNTA: — Como são essas estações de repouso?

RAMATÍS: — Um conjunto de edifícios pequenos, vítreos, situados à beira de lagos paradisíacos, rodeados por encantadores bosques revestidos de folhagem perfumada. Canteiros de erva tão macia quanto o veludo ostentam flores de odor fragrante. Inúmeros compartimentos, edificados com blocos de vidro colorido, absorvem a luz solar através das cúpulas saturadas de eflúvios magnéticos, projetados de gigantescos "anéis de força" que as circundam. Essa luz polarizada, muitíssimo além dos modestos esforços da "radioterapia" terrena, restabelece os hiatos da circulação e reajusta o psiquismo inquieto.

PERGUNTA: — É uma ação particularmente física que se processa na aplicação dessas cores, embora sob o "magnetismo etérico"?

RAMATÍS: — São espécies de raios terapêuticos, de matizes diferentes, que diremos azuis, verdes, lilases ou amarelos, e que agem diretamente na aura dos pacientes. O magnetismo opressivo que está comprimindo essa aura recebe desses raios um impacto dissolvente. Tratando-se de um caso oposto, ou seja, falta de magnetismo na circulação, os eflúvios fixam as energias que pairam no ambiente de repouso.

PERGUNTA: — Mas a cura que se faz na aura, pode modificar os distúrbios circulatórios do campo orgânico material?

RAMATÍS: — O potencial de radiação da cor, que é projetada e envolve a aura do paciente, torna-se em "radiações densas", que baixam vibratoriamente o sistema físico. Essa "massa" de luz radiante, que é depositada por projetores cromoterápicos sobre o doente, vai-se condensando na aura, porque esta é um prolongamento natural do campo "vital-magnético" do próprio organismo humano. No tratamento circulatório, a massa colorida, etérica, na lei "biopsíquica", converge diretamente para a coluna vertebral e se distribui pela medula óssea, onde se fabricam os glóbulos vermelhos. Sob essa atuação radioativa, algo do eletronismo do vosso mundo, modificam-se as quotas indispensáveis para normalizar a circulação. Assim como os glóbulos vermelhos aumentam na medula óssea, quando a criatura sobe para atmosferas mais pobres de oxigênio, que provocam respiração mais apressada, os médicos marcianos conseguem alterar as diferenças no fenômeno da hematopoese. Inúmeros processos que só conseguis agindo externamente ou diretamente no físico, os marcianos os conseguem pela via causal do "éter cósmico".

PERGUNTA: — Não ocorrem erros nessa medicina, como acontece, às vezes, em certas aplicações radioterápicas, na Terra, que produzem até destruição de órgãos delicados? Por exemplo: um excesso de radiação na medula não causa prejuízo, tratando-se de um "quantum" energético que mencionastes?

RAMATÍS: — Não sucedem tais casos, pois os médicos marcianos agem gradual e seguramente, de "dentro para fora", ou "centrifugamente", se assim quiserdes. Acresce, ainda, que o trabalho das radiações cromoterápicas, que descem para o campo medular do paciente, é devidamente controlado por aparelhamento parecido à radioscopia, mas sem a sua intermitência e efeito radioativo. Os fenômenos que ocorrem na intimidade "astroetérea" dos pacientes são projetados em telas especiais, lembrando filmes tecnicolores.

PERGUNTA: — A medicina marciana descobriu essa cura pelas cores subitamente, ou partiu de experiências que também poderemos seguir?

RAMATÍS: — Aprenderam a conhecer a frequência magnética de cada órgão pela sua cor peculiar. Criaram quadros de matizes claros e escuros, para cada caso e em relação aos vários sistemas orgânicos, podendo assinalar os casos de excitações, letargias, insuficiências, congestões ou atrofias comuns.

PERGUNTA: — Podereis citar um exemplo concreto, mesmo baseado em nossos parcos conhecimentos do assunto?

RAMATÍS: — Quando os médicos desencarnados receitam, pelos "médiuns", sobre as anomalias dos órgãos físicos, baseiam-se na cor dos mesmos, pois cada órgão tem a sua vibração específica, o que realmente é uma cor, pois todo o aspecto vibratório acessível à visão psíquica ou física é sempre de aparência colorida. O fluido vital que impregna os órgãos e que os compõe forma a aura vital numa cor básica; essa cor fundamental aumenta ou decresce em relação com os matizes, que aumentam ou diminuem em cada órgão. Lembra as cores do prisma, que reunidas formam a cor unidade, que é a branca. Essa aura vital é uma espécie de ovóide magnético a envolver todo o corpo humano. A enfermidade de um órgão faz escurecer a sua cor fundamental, porque baixa a sua faixa vibratória;

aparecem, então, zonas escuras, oleosas, à sua superfície, que denotam, com precisão, as zonas atingidas. Supondo que a cor básica do fígado humano, em perfeita saúde, seja um alaranjado límpido, no estado enfermo fica pontilhado de manchas marrom, verde-ardósia, cinza-escuro ou castanho-espesso. Esses matizes é que revelam as letargias, congestões, hipertrofias ou apenas insuficiências agudas. Os médicos marcianos, após submeterem certas lentes coloridas a um tratamento específico, vibratório, viam, através delas, as manchas que se formavam à periferia de cada órgão ou sistema afetado. Esses foram os primeiros rudimentos da atual cromoterapia.

PERGUNTA: — Não descremos dessa vossa notificação, mas não compreendemos essa ausência de medicamento positivo na homeopatia. Podereis elucidar-nos a respeito?

RAMATÍS: — Realmente, só depois que a ciência terrestre alcançar os desideratos da "clarividência", é que poderá atestar o imenso poder da homeopatia em sua "alta dinamização", pois esta penetra no cosmo celular diretamente pela aura vital. É o psiquismo que modifica o quimismo orgânico; a sua posição emotiva e energética é que permite a base fisiológica equilibrada. Consequentemente, o impacto vibratório que se cria no campo psíquico, pela penetração da energia homeopática, modifica a faixa vibratória emotiva existente, podendo atuar no temperamento emotivo do indivíduo. Acima das milésimas diluições é apenas energia, ou seja puro magnetismo de alto teor radioativo, que os clarividentes podem observar na aura vital do enfermo, lembrando uma névoa cintilante de vibração apuradíssima. A substância vegetal ou mineral, altamente dinamizada, ajusta-se, hermeticamente, naquele que é "eletivo" à homeopatia e "desce" vibratoriamente para o físico, completando-se o ciclo total em sete dias, obediente ao ritmo setenário. Atingido o metabolismo orgânico, a "energia livre" está incorporada ao mecanismo psicofísico. A natureza, em sua origem divina, então, cumpre a missão de reconstruir ou debelar as causas patogênicas, graças ao auxílio energético recebido.

PERGUNTA: — Por que o irmão falou em tipo eletivo para a homeopatia? Podíeis esclarecer esse detalhe?

RAMATÍS: — O eleito para a homeopatia é o tipo sensível ao medicamento, de psiquismo confiante na droga, que aparentemente é inócua; é capaz de poupar as energias e evitar excessos quando está entregue ao tratamento infinitesimal. Intimamente, "elege-se" para a absorção do remédio; dinamiza em si não a "fé" inconsciente do pieguismo popular, mas a disposição animadora, cientificamente dinâmica nas vibrações curativas; segue ao encontro da poderosa emissão energética da alta dinamização. Tratando-se a homeopatia de terapêutica já no limiar das fronteiras espirituais, todas as condições psíquicas negativas prejudicam a sua incorporação energética, enquanto que a vocação favorável é base do êxito. Apenas nos casos "neutros", da criança, é que a homeopatia age realmente na feição da prescrição pura. O outro tipo "eletivo", quase congênito, refere-se ao indivíduo de grande sensibilidade espiritual; acessível aos ideais nobres, delicado, de psiquismo bem formado e afeito ao dinamismo criador. A própria crença nas forças magnéticas e a convicção da sobrevivência da alma, são fatores que operam na condição eletiva. Como já vos lembramos, a homeopatia é ciência de maior êxito, no futuro, porque exige, também, maior quota de espiritualidade.

PERGUNTA: — E quais são as origens das enfermidades nervosas que atingem os marcianos?

RAMATÍS: — São as modificações do meio magnético e que pela sua sensibilidade mais apurada agem mais vivamente. O clima físico já não lhes atua tão intensamente, porque o padrão vibratório de seu organismo é mais rápido, em relação aos terrícolas. À medida que os planetas se afastam do seu núcleo solar, modificam as suas temperaturas e pressão atmosféricas. Como a matéria é energia condensada, diminuindo a pressão em torno, que se exerce e reage, átomo por átomo, há maior vazão de energia dos seres. A matéria adquire maior energismo, e, consequentemente, maior penetração no campo imponderável magnético. Comparativamente aos vossos habitantes, os marcianos estão mais "dentro" da energia livre, porque seus corpos também são menos substância e mais energia. Fugiram mais, por assim dizer, do exterior, no seu aumento vibratório. Os seus distúrbios nervosos partem mais do interior, pela influência magnética inerente às condições do meio e às influências astrais. Analogamente, podeis lembrar o efeito que em vós produz a "atmosfera baixa", prenunciando tempestade, e que se torna opressiva, ou o fenômeno de ótima disposição quando após um dia tristo, denso, úmido e enevoado, o sol envia a sua luz acariciante e o céu se torna límpido.

PERGUNTA: — Supondo que a medicina não pudesse livrar esses estados opressivos e magnéticos, surgiriam moléstias graves ou incuráveis?

RAMATÍS: — O abafamento magnético terminaria desarmonizando o delicado trabalho do conjunto endocrínico, pois a excessiva carga magnética concentrada em torno da hipófise transformaria o seu comando físico. O desequilíbrio se faria em todo o sistema glandular, atingindo o metabolismo funcional e até as composições químicas dos hormônios. Adviriam, breve, estados desencontrados de excitações ou letargia e um descompasso nas relações entre a tireóide, supra-renais, baço, fígado, pâncreas, ovários ou glândulas sexuais masculinas. Na esfera "astral", na lei vibratória dos polos contrários ou semelhantes, cada glândula emite um impulso que é contrabalançado por outra reação de equilíbrio, cuja delicadeza funcional depende do absoluto estado sadio da hipófise. Embora não sucedesse a gravidade patogênica que seria peculiar no vosso mundo, haveria sempre um desequilíbrio "psicofísico", uma consequência "motivação hepática", com sinais de hipocondria.

PERGUNTA: — Tomando por base a nossa longevidade, qual é a média comum de vida dos marcianos?

RAMATÍS: — Em face de serem portadores de organismos sadios, num perfeito equilíbrio entre o espírito e o corpo, podem atingir a meta dos cem anos, numa velhice agradável. Embora também predominem, nas estruturas orgânicas, as leis da ancestralidade biológica, derivadas de vários tipos primitivos que revelam maior ou menor longevidade, o marciano centenário é evento alcançável. Difere, no entanto, do vosso tipo ancião, porque o velho de Marte, na idade de cem anos, é muitíssimo superior no seu aspecto e vigor, rivalizando com o terrícola de cinquenta anos de idade.

PERGUNTA: — Os médicos marcianos possuem aparelhamento semelhante aos que usamos na Terra? Por exemplo: os de radiografia?

RAMATÍS: — Ainda existe aparelhamento no gênero, mas sem as complicações de radioatividade prejudicial aos tecidos orgânicos, pois funcionam com a energia inofensiva do "magnetismo etérico". Fotografam os tecidos, as massas orgânicas em cores convencionais, que são projetadas nas telas vítreas diferenciais. Conforme a frequência magnética, o paciente fica entre o aparelho e a tela vítrea, o qual projeta, separadamente, em cor específica, apenas o que se prefira; seja o sistema linfático, o ósseo, circulatório, nervoso ou glandular. Em virtude de os médicos marcianos radiologistas conhecerem perfeitamente o fundamento vibratório de cada divisão setenária do corpo humano, usam a frequência identificadora da cor de cada sistema. Os eflúvios invisíveis, projetados, só se materializam ao tocarem as telas e revelam, então, o órgão ou o sistema orgânico sintônico ao magnetismo acionado. Surge, então, o sistema nervoso num verde fosforescente, o endocrínico num lilás transparente ou o circulatório no vermelho-cintilante; os "plexos" e as ramificações ganglionares mostram-se como verdadeiras constelações radiantes. Há, também, projeção apenas de órgãos, para servirem de estudos à parte, os quais devem ser sensibilizados, previamente, sob um tratamento magnético que lhes cria um padrão vibratório apropriado à projeção colorida. Assemelha-se, no campo físico, ao preparo de lâminas para o microscópio, em que determinados microrganismos só reagem sob uma cor ou quimismo específico. Há cores especiais para esse preparo antecipado à projeção, pois enquanto certos matizes facilitam observar as funções do órgão projetado, outros permitem somente a visão dos contornos anatômicos. Os aparelhos também projetam as funções biliares, as pulsações cardíacas, as produções enzimáticas, os movimentos peristálticos intestinais, a fabricação de sucos gástricos ou a ação da rede broncopulmonar no fenômeno da oxidação respiratória. Sob um engenho micro etérico observam-se, também, as inúmeras funções das glândulas endocrínicas e a fabricação de seus hormônios, e que a ciência terrestre ignora em parte. Os médicos clarividentes, que vislumbram no astral, apreciam o trabalho imponderável da própria glândula "epífise" ou o metabolismo dos chacras, que se espalham à periferia do "duplo etérico". Examinam as absorções vitais pelo centro de força esplênico e acompanham o curso disciplinado do fluido pela rede chácrica, até atingir o "clímax" de fusão no chacra coronário, onde o espírito centraliza o seu comando "psicofísico".

10. Alimentação

PERGUNTA: — A alimentação dos marcianos assemelha-se à nossa, no gênero?

RAMATÍS: — São integralmente vegetarianos. Consolidaram sua civilização sempre distantes dos macabros banquetes de carnes e vísceras sangrentas, que formam a mórbida alimentação terrestre dos humanos. As descrições dos vossos matadouros, charqueadas, açougues e frigoríficos enodoados com o sangue dos animais e ainda o ambiente patético de seus cadáveres esquartejados, tudo isso lhes causa a mesma repugnância e horror que vos dominaria diante de cruentos festins de carne humana.[11]

PERGUNTA: — Provavelmente seu metabolismo fisiológico dispensa alimentação carnívora, porém, acreditamos, nós somos organicamente necessitados de carne. Estaremos equivocados?

RAMATÍS: — Eles conhecem e deploram o sofisma de "carência proteínica", que fundamentais em transitórias ilações científicas, para justificardes a vossa alimentação carnívora, visto que, para provar o vosso equívoco, bastaria considerar a existência, em vosso mundo, de animais como o elefante, o boi, o camelo, o cavalo e muitos outros, bastante corpulentos e vigorosos e que, entretanto, são rigorosamente vegetarianos.

[11] "O problema da alimentação essencial através das forças atmosféricas já foi resolvido, sendo dispensável aos seus habitantes felizes a ingestão de vísceras cadavéricas dos seus irmãos inferiores, como acontece na Terra, superlotada de frigoríficos e de matadouros." (*Novas Mensagens*, pág. 57, de Humberto de Campos, pelo médium Chico Xavier.)

Contingência esta que depõe contra o assassinato de animais inofensivos, adotado por vós como base da vossa alimentação. Mesmo porque já tendes provas irrecusáveis de que podeis viver e gozar ótima saúde sem recorrerdes à alimentação carnívora.

Em resumo, os marcianos, em sua alta inteligência, classificam o desvio "psicofísico" que orienta o modo da vossa alimentação, como perversão do gosto e do olfato; e tão rude que vos rebaixa ao animalismo de sugar o tutano de ossos e de ingerir vísceras na feição de saborosas iguarias.

PERGUNTA: — E qual é a espécie da alimentação dos marcianos?

RAMATÍS: — Nutrem-se de pastas, filhoses e geléias aromáticas, impregnadas do magnetismo etérico das flores; servem-se, também, de óleos pesados, ricos de vitaminas em suspensão e tabletes de suco concentrado de frutos. Apenas os remanescentes de antigas tribos, que vivem afeitos às zonas rurais, misturam na alimentação frutos crus, vegetais tenros e folhas de hortaliças, colhidos nas lavouras, sob o regime de tratamento químico. Os técnicos rurais semeiam e cultivam, também, certas plantas sob "regime astrológico", que lhes permite obter seiva mais vigorosa e espécies fortemente magnetizadas. Embora mais afeitos ao cultivo do solo, do que ao raciocínio brilhante e avançado do homem comum das cidades, eles conhecem perfeitamente a influência da esfera etérica, que interpenetra os mundos físicos e regula a vitalidade magnética de todas as coisas.

PERGUNTA: — Por que essa semeadura sob influência astrológica, quando os nossos cientistas costumam afirmar que a astrologia é charlatanismo? O fato não é contraditório ao espírito científico dos marcianos?

RAMATÍS: — É possível que a vossa ciência também considere miragem de boa fé, a profunda influência da Lua no campo do vosso magnetismo telúrico. No entanto, por mais que duvideis de "influenciações astrológicas" no sentido etérico, é a Lua que governa, no vosso mundo, desde a gestação humana, a poda das árvores frutíferas, a "deita" de ovos, o desenvolvimento das flores, frutos e da lavoura, até os movimentos das marés e a coordenação do reino animal. A influência lunar comanda tanto os estados da circulação vegetal, quanto os da sanguínea, suavizando-os ou excitando-os, na conformidade de suas fases periódicas. A psicopatologia já reconhece um certo tipo de alienado, o lunático, que tem o seu "clímax" de exacerbação neurótica na fase da "lua cheia". Inúmeros legumes que são plantados em desacordo com a Lua, desenvolvem grotescamente as suas folhas e caules à superfície, enquanto que as raízes ficam mirradas, porque a força lunar sugou-lhes toda a seiva magnética para o alto. Os serradores de árvores de indústria sabem que o corte sob o crescente lunar estraga-lhes a madeira, porque a seiva sobe com os microorganismos ou "carunchos", que depois perfuram o lenho, para sobreviverem, ante a seiva que se extingue pela seca. É tão evidente a influência "magnética" da Lua, em vosso mundo, que os indivíduos nascidos no "clímax" astrológico lunar são de cútis de um branco pálido, carne mole, imersos em sonhos e visões, místicos, governados pela luz astral das noites enluaradas. Revelam em seu psiquismo visionário e de sonhos proféticos, os estados psicológicos que coincidem perfeitamente com as fases lunares.

PERGUNTA: — Não pomos dúvida na influência positiva da Lua sobre a Terra mas a consideramos apenas algo físico, custando-nos admitir que um astro, por vezes invisível a olho nu, consiga influenciar tipos de plantas ou temperamentos humanos.

RAMATÍS: — Vossos cientistas também duvidavam das influências magnéticas da atmosfera, e sabem, hoje, que o êxito de uma delicada operação cirúrgica, se depender do domínio nervoso do médico, pode ser alterado em face do estado das manchas solares. A precisão dos instrumentos de ótica, aferições micrométricas e transmissões de rádio; o campo eletrônico em relação às linhas de forças dos polos magnéticos da Terra, todos esses elementos desarmonizam-se em face das reações provocadas pelas tempestades de magnetismo em ebulição no Sol. No entanto, o que hoje considerais sensato e lógico, comprovado pela experimentação científica, já foi considerado charlatanismo, quando enunciado há três mil anos nas obras herméticas. As aeronaves do vosso mundo verificam, cotidianamente, que os instrumentos de bordo se desequilibram assim que voam sobre as perpendiculares magnéticas das pirâmides do Egito, comprovando o poderoso efeito de um magnetismo certificado há mais de dois mil anos. A versatilidade dos exames de sangue, pesquisas luéticas e dos detritos orgânicos na esfera parasitológica, que apresentam resultados contraditórios em poucas horas, provam o desconhecimento dos laboratologistas em sintonizar suas operações e colheitas de material, sob o efeito lunar sincrônico ao caso. A Lua tanto exacerba como imobiliza letargicamente as coletividades microgênicas e a virulência filtrável, ocasionando incoerências nas notificações terminológicas objetivas. Na realidade, viveis continuamente influenciados por atmosferas etéricas, que vibram convosco, que vos comprimem e pressionam, influenciando vosso temperamento, alterando-vos ante a perspectiva de qualquer mudança do ambiente físico.

PERGUNTA: — A alimentação marciana é sintética?

RAMATÍS: — Os marcianos extraem as essências dos vegetais e das frutas para comporem as suas principais refeições. Graças aos recursos avançados de sua química, obtêm extraordinários compostos do reino vegetal e mineral, com sabores e vitalidade psiquicamente dirigidos, o que ainda é incompreensível para o vosso senso. Conhecem a influência positiva com que os conteúdos vegetais atuam no psiquismo, quando favorecem ou diminuem a sensibilidade do espírito.

PERGUNTA: — Qual um exemplo prático desse aproveitamento do extrato do vegetal, para uma reação psíquica?

RAMATÍS: — Não vos serve o fumo, pateticamente, para obterdes ilusões de calma, inspiração e coordenação de raciocínio para o trabalho? Não vos condicionais, por vezes, ao cigarro, de modo tal que a sua ausência vos provoca aflição e dificuldade de pensar? Diferem, no entanto, os marcianos, pelo fato de não auferirem sensibilidades psíquicas condicionais, através de substâncias perniciosas, como os alcalóides, que deprimem as vossas energias vitais, no quimismo da morfina, cocaína, maconha e outros barbitúricos, que desatam quadros mórbidos no êxtase opressivo dos opiômanos. Eles aproveitam, tão-somente, o "extractum vegetalis" que enriquece e não deprime o organismo psíquico-vital, mas o predispõe para raciocínios equilibrados ou superiores.

PERGUNTA: — Gostaríamos de um exemplo adequado à nossa sensibilidade terrena, para avaliarmos mentalmente esse processo marciano. Poderíeis atender-nos?

RAMATÍS: — O incenso que queimais nas igrejas ou em labores espiritualistas eleva o vosso pensamento para as cogitações espirituais superiores porque são essências de fragrância purificadora do astral. Não vos deprimem, mas hipersensibilizam-vos para as altas evocações porque atuam sob frequência vibratória do astral superior, enquanto os alcalóides, como substâncias orgânicas azotadas que debilitam a contextura vital, funcionam em faixas vibratórias de um astral coercitivo Há odores que acionam o mecanismo sensual, arrastando o espírito à regência da esfera animal, e outros que favorecem a alma na ascensão para esferas de meditações sublimes. O perfume dos pessegueiros floridos, nos dias ensolarados da primavera, quando as pétalas esvoaçam quais lentejoulas faiscantes contra o céu azul e transparente, despertam-vos recordações saudosas das paisagens de luzes e flores edênicas, que decoram o verdadeiro *habitat* das almas bem formadas. A flor bela e o seu perfume inebriante, atuando no vosso psiquismo, aquietam o coração e suavizam a alma.

PERGUNTA: — A alimentação marciana também é submetida aos horários peculiares que nós adotamos, e em quantidade proporcional ao equilíbrio orgânico?

RAMATÍS: — Já vos dissemos que é alimentação qualitativa, em vez de quantitativa, pois além de ser em pastas, tabletes, comprimidos ou filhoses de sucos e essências concentradas, completa-se pela nutrição energética do magnetismo que interpenetra a atmosfera de oxigênio puro.

Sendo os marcianos espíritos já libertos das contingências inferiores da matéria, as trocas metabólicas exercem-se através de uma rede arterial predominante, que se impregna do magnetismo puro ambiental. E não determinam horas fixas para a alimentação, salvo em ocasiões festivas ou reuniões previamente combinadas. Quando viajam, mesmo em suas excursões interplanetárias, podem levar, nos bolsos, alimentação para muitos dias.

PERGUNTA: — Mas os seus organismos, sendo, também, de ordem física, não sofrem diminuição de "volume", não se debilitam em sua contextura carnal, em face de sua alimentação parcimoniosa e só à base de sucos e essências?

RAMATÍS: — O que perdem em quantidade, ganham em qualidade, conforme já vos dissemos alhures. Aliás, podeis constatar, no vosso mundo, que inúmeras pessoas de porte robusto e aparentemente saudáveis podem ser débeis e enfermas, incapazes de competir com tipos delgados, magros, mas vivos e resistentes.

Atualmente, em vosso mundo, já se concebe que o corpo humano é apenas um aspecto de "matéria ilusória", predominando um número inconcebível de espaços vazios, "interatômicos", sobre uma quantidade microscópica de massa realmente absoluta. Comprimindo todos os espaços vazios que existem na intimidade do corpo físico, até se tornar o que em ciência considerais de "pasta nuclear", obtereis uma pitada de pó microscópico, que é a "massa real" existente. Consequentemente, tereis de admitir que o organismo humano, na realidade, é maravilhosa rede de energia sustentada por um gênio cósmico. O homem é espírito aderido ao pó visível aos olhos de carne, mas na realidade é mais nítido, dinâmico, verdadeiro e potencial, no seu verdadeiro *habitat* espiritual, livre do pó enganador. A necessidade de alimentação sólida, farta e consistente de que falais, é ingênua ilusão, produto apenas das contrações espasmódicas que vós ainda não sabeis compensar no campo energético do magnetismo humano. Ingeris grande quantidade de massa material, na forma de lauta alimentação, mas apenas absorveis massa ilusória, perfurada de espaços vazios, da qual o corpo só assimila o conteúdo energético para o sustento de sua rede de magnetismo. Nutris, na realidade, só os espaços vazios e magnéticos do corpo. Daí, a existência do metabolismo apurado dos marcianos, que inalam os princípios vitais através da respiração, na forma de elementos elétricos e magnéticos, hauridos do Sol e do meio ambiente, e de um oxigênio puro que seria insuficiente ao vosso sistema de respiração impura. À medida que evolverdes para as expressões espirituais mais afinadas, ireis desenvolvendo o mecanismo mais delicado e qualitativo da alimentação, e por esse motivo ainda sereis êmulos dos marcianos, satisfazendo-vos com a nutrição pura do magnetismo solar, a caminho do entendimento de que a verdadeira nutrição, alhures, é a que obtereis no próprio magnetismo do Amor Divino.

PERGUNTA: — É o tratamento químico dessas frutas que proporciona aos marcianos a aquisição de um corpo sadio e distante das nossas mazelas orgânicas?

RAMATÍS: — Na realidade, a alimentação à base de frutas e sob o domínio químico da seiva dirigida, concorreu grandemente para o mais breve êxito da saúde harmoniosa, em Marte, como vereis em oportunos trabalhos, que na esfera da medicina vos iremos transmitir. Mas é o equilíbrio "espírito-matéria" o principal responsável por esse êxito orgânico, pois a saúde do corpo é consequência, também, da saúde da alma, quando essa se mantém distante de desequilíbrios ou descontroles mentais. Os marcianos manifestam perfeito equilíbrio "psicofísico", sem os estímulos anômalos e os corrosivos comuns à vossa excitação de apetites mórbidos. Sempre foi respeitada a verdadeira função do aparelho digestivo, como um meio de nutrição prosaica e não elemento de prazeres epicuristas.

PERGUNTA: — Não acbais que o sistema biológico terrestre ainda nos exige alimentação farta e consistente, a fim de podermos atender aos imperativos de uma existência árdua e exaustiva?

RAMATÍS: — Não confundais alimentação proporcional às necessidades biológicas com os excessos pantagruélicos, que recordam as bacanais digestivas dos pagãos. O sistema de nutrir-se revela, também, o estado psíquico de quem se alimenta. Há profunda diferença entre o modo como se alimenta o animal e o ser humano; e isto identifica estados diferenciais de ordem psíquica. A brutalidade dos antigos imperadores romanos se evidenciava, facilmente, nas suas figuras ridículas, obesas, de mandíbulas ferozes e vorazes nos banquetes nababescos. As suas maneiras de alimentação também nos revelam os seus caracteres deformados e aviltados pelos vícios das paixões inferiores. Atribuíam voluptuoso prazer à mórbida função de roer ossos e devorar carnes regadas por condimentos acidulados, que lhes atiçavam o instinto animal. Jesus, o homem manso e delicado de coração, aconselhou sempre que o homem fosse frugal, pois bem compreendia que o excesso da gula intoxica o sangue, retarda as funções cerebrais e oprime o sistema nervoso, rebaixando as vibrações salutares do espírito para o nível grosseiro das operações instintivas. A figura do boi e do porco, hiper alimentados na engorda teratológica para as mesas festivas, também é um símbolo que caracteriza o "fácies" do homem glutão. Sempre que evocais figuras delicadas, de função divina e exemplos angélicos, as encontrareis em absoluta correspondência com uma alimentação sadia, frugal e reduzida à necessidade imprescindível.

É Francisco de Assis, cuja bênção adoçava o coração dos

lobos; Gandhi na singeleza do copo de leite; Vicente de Paula vivendo de migalhas, e, finalmente o Sublime Jesus abençoando o modesto retalho de pão que oferecia aos apóstolos. A palidez e a figura delgada dos jejuadores é imagem inofensiva, de movimentos tranquilos, de aspecto transcendental, com um brilho febril nos olhos extraterrenos e destituídos de desejos violentos. O costume secular das seitas religiosas, trapistas, nazarenas, apostólicas ou iniciáticas, que jejuam sob férrea disciplina, embora não substitua a exemplificação cristã do Evangelho à luz do dia, no mundo exterior, é treinamento que auxilia o "homem-espírito" a dominar a ferocidade e a sensualidade do "homem-carne". O "homem velho" de Paulo de Tarso, extingue-se quando se debilita a vitalidade telúrica que nutre o instinto animal da personalidade humana, para dar lugar à mansuetude e delicadeza do "homem novo", ou seja a individualidade do espírito puro.

Seria grande ironia para os puros de Deus o ingresso intempestivo, no Céu, do anjo alimentado a carne de porco, ou do santo nutrido de vísceras sangrentas das espécies inferiores. A Lei Suprema e Eterna do Cosmo não comporta transgressões dessa ordem.

PERGUNTA: — Mas não deve haver uma sintonia "psicobiológica"? Se para levantarmos pedras, necessitamos de alavancas também materiais, não é incongruência viver no campo material e fugir ou recusar os elementos e os recursos enérgicos desse próprio habitat?

RAMATÍS: — Embora Marte seja um mundo material, que também exige vigor e energia compacta para as ações em correspondência com as reações, não há diminuição de forças ou ação no plano físico, porque os seus habitantes vivem incorporando maior dose de magnetismo qualitativo, que penetra e vive na intimidade de todas as coisas criadas por Deus. À medida que o corpo físico se purifica, na absorção de alimentos mais sadios e compatíveis com paladar mais delicado, a matéria ganha substancialmente no magnetismo radioativo, embora pareça perder na aparência volumétrica. A perda de densidade, no volume, recupera-se pela energia da qualidade do alimento.

PERGUNTA: — A digestão à base de frutos, geléias e tabletes satisfaz plenamente o estômago nas suas características físicas?

RAMATÍS: — Em face de os marcianos terem se afastado da alimentação espessa e volumétrica da carne, por lei de biologia evolutiva, o seu sistema digestivo foi-se atrofiando pela ausência de estímulos grosseiros das substâncias de demorada digestão. Não tardou que o recinto gástrico fosse diminuindo a sua área comum e o trato intestinal perdesse grande percentagem das suas funções peristálticas, reduzindo-se quanto à extensão ou comprimento e ao calibre exigido anteriormente. Essa diminuição de operações intestinais, pela redução volumétrica dos alimentos, poupou mais energias para o campo cerebral marciano, permitindo que ainda melhorasse consideravelmente o raciocínio e os processos do intelecto. A mente tornou-se dona de mecanismo límpido no setor das irrigações cerebrais, pela ausência de toxinas que obscurecem os campos sensoriais da alma. O estômago reduzidíssimo, o intestino sob menor exigência do metabolismo nutritivo aliviaram as funções biliares, o trabalho de filtragem hepática e a sequente expulsão de elementos deletérios pelos rins. E o homem marciano foi ganhando, então, em "qualidade", o que perdia gradualmente em "quantidade", sob o processo normal e biológico de adaptação progressiva.

PERGUNTA: — Julgávamos que a carne, por exemplo, transmitisse ao homem a sua quota de "energismo biológico", por ser produto de operações em que o reino mineral se expande e acentua, tornando-se mais dinâmico.

RAMATÍS: — Os devoradores de carne guardam a ilusão de energia e dinamismo, ignorando que esse vigor dinâmico da matéria densa é apenas uma correspondência com o seu *habitat*. É um dinamismo que age com intensidade na esfera dos agrupamentos dos átomos físicos, mas é letárgico quanto à sua ação no campo multiforme e agitado do mundo astral, que interpenetra e atua poderosamente em todas as ações físicas. Aviva e exclui energias no campo material, mas retarda e demora as ações astrais; e, consequentemente, as manifestações psíquicas. A substância astral que exsuda a carne dos animais inferiores penetra nas auras dos seres humanos e lhes adensa a transparência. Baixam as vibrações que se sintonizavam com as ações dos espíritos protetores, e os carnívoros humanos impermeabilizam-se às intuições orientadoras dos seus mentores.

O magnetismo sujo e compacto do animal, que é substância impregnada das vibrações naturais do instinto conservador da vida física, também mancha e adensa a aura do homem. A sensação eufórica de saúde, dinamismo, vigor e "volume-carne", que então sentem os terrenos, resulta tão somente do magnetismo inóspito e excitante, assim como os vegetais primitivos e selváticos emitem ramos vigorosos, agressivos e extensos, impondo-se pela "quantidade" e não pela "qualidade". A preferência dos marcianos pelas frutas advém principalmente do fato de agirem em planos mais delicados e sadios, onde, realmente, são mais vibráteis as sensações verdadeiras do espírito.

PERGUNTA: — Isso justifica o fato de inúmeros homens dinâmicos e de permanente atividade serem frugais?

RAMATÍS: — O próprio "faquir" dos caminhos orientais, que vive ganhando o seu pão na exótica função de "evitá-lo" nos prolongados jejuns, se para vós é figura ridícula, porque mercadeja com funções prosaicas, nós vos afirmamos, que ele ainda é **advertência** espiritual das possibilidades a que pode chegar o domínio do espírito sobre o corpo, principalmente no plano da alimentação. Essa alimentação frugal, ou inexistente por várias semanas, bem vos demonstra que a direção da mente sobre o corpo grosseiro pode inverter o mecanismo da nutrição, socorrendo-se do "amor magnético", que é fundamento na intimidade da substância.

PERGUNTA: — Porventura, há culpa em se atender às exigências naturais do corpo, mesmo quando não estamos causando prejuízos a outrem?

RAMATÍS: — Estais num mundo de provas, de transe, em provisória escola de educação espiritual, onde viveis trabalhando exaustivamente para adquirir o porte verdadeiro do espírito, isto é, obter a verdadeira natureza da alma, que no seu conteúdo íntimo é o projeto definitivo de um futuro anjo. Enquanto viveis escravos de todos os desregramentos do mundo e do instinto inferior, seja no plano da alimentação, seja no plano da procriação, não podeis alcançar os planos superiores. O homem revela em tudo o que manuseia o seu verdadeiro estado interno; na sua passagem pelo mundo material, cada homem, grupo ou geração, deixa o selo indefectível de sua índole espiritual. E se notais que o urubu prefere a carniça, revelando-se ave detestada no senso estético da alimentação, sabeis que há o beija-flor, no entanto, que se nutre e vive dos perfumes florais. Cada um conforme o clima que gera em correspondência com o seu íntimo estado de evolução.

"Sede frugais" é advertência, do Sublime Mensageiro do Pai, Jesus Cristo. A Sua Voz admirável de dietética espiritual, aconselha-vos a parcimônia nas mesas, preparando-vos para que as vossas exigências organogênicas se coloquem a caminho dos desideratos já conseguidos pelos marcianos e pelas necessidades de permanência nas colônias de trânsito espiritual, em torno da Terra. O espírito é lançado na corrente da vida física humana, a fim de aprender a dominar o campo de luta planetária e alcançar a consciência individual na libertação de sua própria vestimenta opressiva.

PERGUNTA: — Quais os recursos mais enérgicos que a Divindade usa para nos afastar das mesas lautas?

RAMATÍS: — Os excessos epicuristas das mesas festivas e pantagruélicas de ontem recebem a terapêutica das válvulas admiráveis de segurança espiritual, que funcionam na terminologia clássica da ciência sob a sugestiva denominação de úlceras, cânceres, cirroses, nefrites, enterocolites, inclusive os tradicionais temperamentos inatos para o *habitat* das amebas coli ou histolíticas, giárdias ou estrongilóides, tênias ou irrequietos protozoários de formas exóticas. Sob essas disposições de nomenclatura patológica, enunciadas pela voz grave do cientista, regulam-se as trocas exigíveis à entidade espiritual e a compulsória frugalidade vai-se acentuando, nessa manufatura exaustiva mas concretizável do animal na metamorfose do anjo. Embora ardendo em desejos impuros e alimentação farta, ansiando pelos excessos e temendo a anemia perigosa, as excrescências mórbidas disseminadas estrategicamente pelo corpo físico funcionam na prodigalidade de sinais de advertência, que regulam, harmônica e equitativamente, o tráfego intestinal. Graças, pois, à série de estados orgânicos atrofiados ou obstáculos à plena concretização do desejo prejudicial ao espírito, em trânsito para a angelitude, que obrigam a dietas espartanas ou substituição nutritiva mais delicada, retificam-se os impulsos glutônicos e se aprimoram funções que também purificam o astral em torno e a intimidade da tessitura etérica.

PERGUNTA: — Essa alimentação marciana é cientificamente dirigida?

RAMATÍS: — Sim. Aliás, seria profundo desmentido ao grau evolutivo daquela humanidade, a forma desordenada com que vos alimentais, nos erros dietéticos que deformam a verdadeira estesia do corpo físico. Os marcianos estão bem distantes do conceito terreno de "viver para comer", e, graças aos recursos de sua ciência equilibrada, eliminaram da alimentação grande parte dos minerais afins à lei de gravidade do orbe.

PERGUNTA: — Podia o irmão esclarecer melhor essa revelação?

RAMATÍS: — Embora também jungidos fisicamente à lei de gravidade do seu planeta, os marcianos puderam livrar-se completamente das enfermidades circulatórias. Há muitos séculos, sofriam, também, de enfermidades análogas às vossas varizes, artritismos, gota, edemas e reumatismos, que formam o extenso quadro patológico dos membros inferiores, em face das cargas de toxinas e minerais que se demoram, por lei de especificidade sanguínea. A medicina marciana tentou, também, a terapêutica dietética, principalmente análoga à que preconizais às mulheres na época de gestação, a fim de evitarem os estados de nefrites, cardiopatias ou hepatocongestivos dos excessos albuminóides e condimentos fortes. Não obstante resultados definitivos na correção dos efeitos, encontraram a solução, substituindo, gradual e inteligentemente, todos os minerais que eram excessivamente afins à atração gravitacional de Marte, por outros, neutros e mesmo alérgicos à lei de gravidade. Os médicos marcianos conseguiram, pela cromoterapia e sob condições ainda desconhecidas no vosso mundo, modificar o metabolismo endocrínico e, consequentemente, alterar o quimismo hormonal, acentuando o teor dos elementos sanguíneos mais libertos da gravidade planetária e reduzindo a ação dos contrários. Graças às novas condições de composição proporcionadas pela dosagem "sui generis" dos hormônios modificados, foram-se reduzindo e diminuindo sempre a tensão e a estase específicas dos minerais que se demoravam na circulação dos membros inferiores, por outros que alcancem mais facilmente o setor cardíaco.

PERGUNTA: — Supondo-se cem por cento a antiga especificidade nas regiões inferiores do organismo, qual a percentagem conseguida pelos médicos marcianos nessa substituição de minerais?

RAMATÍS: — Atingiu de 40 a 50% a redução do campo mineralógico sanguíneo, que "demorava" nas regiões inferiores e pressionava a rede venosa. Os resultados satisfatórios dessa eliminação gradual, podereis avaliar pela terapêutica aconselhada pelos vossos médicos, para as mulheres edematosas e varicosas, nas épocas gestativas, que devem conservar os membros em posição oblíqua, ascensional, a fim de aliviar a circulação sanguínea dos vasos inferiores.

A redução dos minerais mais densos diminuiu os atritos, a dilatação espasmódica dos vasos e afrouxou os músculos, ganhando maior rendimento circulatório e menor tensão, em face de a bomba cardíaca funcionar sob estímulos nervosos de ritmo mais calmo e uniforme, mercê da carga sanguínea mais suave.

Os marcianos adquiriram, pois, grande capacidade de locomoção pedestre, podendo alçar-se mais longe, além da sua já natural aptidão de impulsos brandos e longos, que a atmosfera tênue e rarefeita lhes permite no deslizar sobre o solo.

PERGUNTA: — Seus corpos, então, são mais fluídicos?

RAMATÍS: — São estruturados de carne similar à vossa, mas de qualidade mais delicada, pelo que já vos relatamos.

PERGUNTA: — A assimilação nutritiva segue os mesmos princípios da fisiologia do homem terreno?

RAMATÍS: — Lembramos-vos, anteriormente, que a absorção dos alimentos, na incorporação nutritiva dos organismos marcianos, se faz quase totalmente, restando pouca percentagem de detritos orgânicos que devem ser exonerados do sistema. Ingerem em quantidade e qualidade, quase o suficiente para manter íntegro e em crescimento o corpo na proporção de alimento exato para atender ao metabolismo físico. O fenômeno de "fome devoradora" que é peculiar aos terrícolas, pela sua maior proximidade do mundo instintivo animal, é substituído em Marte pela sensação de "carência energética". O terrícola alimenta-se compulsoriamente pela injunção famélica das contrações gástricas, que lhe criam o estado de urgência de alimento; o marciano o faz pelo convite sereno que o cosmo energético registra no campo do magnetismo espiritual. O homem terreno, ainda todo instinto e impulso animal, atende às necessidades físicas impelido incondicionalmente pela requisição premente do corpo; o homem marciano, emancipado e sereno, cuida do seu corpo divino no mundo físico, sob a condição criadora do espírito. Um, escravo, asfixiado pelo vigor do corpo-instinto; outro, senhor, dono do instrumento de seu trabalho sideral. O equilíbrio na "mesa" e o domínio no campo das emoções descontroladas propiciaram ao cidadão marciano a posse do corpo como servidor dócil, calmo e exato.

PERGUNTA: — A água de que se servem é do mesmo tipo existente na Terra?

RAMATÍS: — Ingerem água radioativa, algo parecida com a chamada "água pesada" do vosso mundo. Em virtude de serem criaturas com organismos sensíveis na esfera magnética, ou seja, no campo "eletrobiológico", carecem de substâncias radioativas, a fim de compensarem as energias que se exaurem acentuadamente nos intercâmbios com o meio. Socorrem-se, pois, dos elementos nutritivos que possam apresentar maior quota de radiações, a fim de atenderem às suas condições magnéticas.

PERGUNTA: — Não apreciam as iguarias, confeitos e bebidas, tal como nós?

RAMATÍS: — Naturalmente não os considerareis afeitos às bebidas alcoólicas, que excitam e deprimem a delicadeza das fibras nervosas, atrofiam as células hepáticas e congestionam os bacinetes renais. Só absorvem o que esteja em perfeita harmonia com os seus organismos, sem provocarem quaisquer modificações, excitações ou depressões na delicadeza do metabolismo orgânico. São demasiadamente inteligentes para evitarem a estulta condição de lançarem, goela abaixo, copos de líquidos corrosivos, a pretexto de aperitivos ou de entusiasmos emotivos. Consideram-vos "suicidas latentes", que vos liquidais a prestações, extinguindo um terço das vossas existências normais, sob excessos alcoólicos e glutônicos, semelhantes a alienados que perdem o senso diretivo da razão e da harmonia celular.

PERGUNTA: — O modo de nos alimentarmos influi, então, na ascensão espiritual?

RAMATÍS: — Considerando que o planeta Marte é o degrau superior ao da Terra, ao qual, por lei ascensional, tereis que chegar, é conveniente que vos prepareis, desde já, para esse desiderato infalível. Quanto mais vos escravizardes ao que é incompatível com os marcianos, mais distantes estareis do seu convívio superior. Para que, no futuro, possais habitar organismos delicados e vegetarianos, sois obrigados à alimentação sadia e qualitativa, exercitando-vos, presentemente, na "menor quantidade" e na "melhor qualidade". O volume digestivo, muito ao gosto terrestre, deve ser paulatinamente substituído pelo conteúdo qualidade, muito da preferência marciana.

PERGUNTA: — Pode a alimentação influir nas reencarnações futuras, em outros mundos melhores? Não há perfeita distinção entre os planos vibratórios da matéria e do espírito?

RAMATÍS: — O vosso perispírito nutre-se com a energia astral que circunda e interpenetra a Terra, devendo grande parte de sua luminosidade astral à substância hélio, que a circula vigorosamente em todo o conjunto. É óbvio que o campo perispiritual-energético, que vos acompanha após o desencarne, como invólucro configuracional do espírito, há de ser constituído das vibrações hostis, desarmoniosas e coercivas que são próprias das paixões desequilibradas da Terra. Esse conjunto vibracional entrará em conflito com um conteúdo tão sedativo, harmonioso e sublime, como é a aura astral de Marte. A atuação dos fluidos agressivos do vosso mundo, sobre a delicadeza da substância astral marciana, que se há de combinar para a formação do novo perispírito, assemelha-se ao vigor selvático dos rebentos vegetais, que tentam exterminar a energia aprimorada do enxerto superior. Insistindo, pois, na alimentação impura da carne, estareis incorporando no vosso perispírito as mesmas energias astrais inferiores que são próprias dos animais. As vibrações compressoras da natureza instintiva e bruta dos animais dissolvem-se na aura do vosso perispírito e o tornam sombrio, de baixa frequência vibratória, predispondo-vos sempre ao gosto primitivo. Sendo o vosso perispírito a forma que sobrevive e vos acompanha "além-túmulo", servindo de veste que vos dá o todo fisionômico e vos distingue como entidade morfológica na esfera astral, o seu tecido será tão sutil, compacto ou opressivo, conforme a natureza da "energia magnético-vital" que absorverdes na existência física. Lembramos-vos que a própria luz do vosso plano material manifesta-se límpida e vigorosa, conforme o combustível que usais, e se o vestuário de couro oprime, o de linho refresca o vosso corpo.

PERGUNTA: — A desencarnação não deveria nos libertar

definitivamente da influência do alimento, que é condição do mundo físico? O espírito, que atua em faixa tão sutil, fica ainda subjugado pela matéria?

RAMATÍS: — Não podereis traçar fronteiras absolutas entre a "matéria" e a "energia", pois a primeira é realmente "energia condensada". A energia que se acumula e constitui o estado-matéria extravasa continuamente do todo que a compõe, formando as auras radioativas que são perceptíveis apenas noutro campo vibratório. Quanto mais ínfima é a vida do espírito nos mundos de formas, maior é a quota de energia inferior que ele incorpora e, consequentemente, maior campo energético para ser acionado pela própria energia inferior, que se aprisiona nas formas materiais. O plano astral que circunda a Terra está interpenetrado com a energia que se exsuda do vosso mundo, formando vigoroso intercâmbio de forças que se atraem ou se hostilizam continuamente. Assim, quando vos libertais do corpo físico, continuais a sofrer a ação energética do mundo que deixastes, na conformidade exata do conteúdo de energia que conduzis em vossa intimidade. Desde que através de vida pura, de alimentação higienizada e mente evangélica, absorveis tão-somente a energia de alto teor, que transcende os estados inferiores e desregrados, o vosso perispírito será invólucro adequado à reencarnação em orbes de elite espiritual. Ao contrário, a alimentação à base de detritos e despojos inferiores adensa esse perispírito e o inferioriza vibratoriamente, deixando-o subjugado pelas energias agressivas do mundo que deixais. Na lei de correspondência vibratória do Cosmo, quer habitando um corpo físico, quer desencarnados, estareis sempre vibrando em uníssono com as faixas ao nível das energias astrais que movimentardes. A desencarnação não vos liberta, "ex-abrupto", das contingências do mundo físico, assim como o pássaro, no vôo alto, não está isento do combustível de sua nutrição.

PERGUNTA: — E por que a alimentação carnívora se transformou num hábito generalizado entre nós?

RAMATÍS: — Exacerbando o desejo, que passa a dirigir-vos e a que aflitivamente sois excitados nas evocações mentais, que vos criam odores carnívoros e aspectos epicuristas das mesas festivas da Terra. Se sois fracos ou desabusados, em breve estareis circulando, angustiadamente, por entre os pratos fumegantes das vísceras condimentadas dos festins humanos, onde os despojos animais são queimados em entusiastas festas campestres. Assim como o desejo do álcool atrai os viciados para a ingestão de fluidos corrosivos que lhes mitiguem a sede dantesca, o apetite, não extinto pela carne do animal, arrasta os mais débeis para a continuidade de uma digestão virtual.

PERGUNTA: — Concluímos, então, que os marcianos não apreciam os nossos prazeres de mesa ou jantares festivos que, entre nós constituem hábito muito generalizado. Por que assim?

RAMATÍS: — A tal respeito, o vosso animalismo gastronômico chegou ao extremo de certas atitudes; os méritos da inteligência e do caráter, manifestadas por um ou outro indivíduo, em vez de os reverenciardes com as solenidades austeras a que fazem jus as altas expressões do espírito, vós os festejais com a "homenagem" pantagruélica de **enchimento da barriga** e das vísceras, demonstrando assim, que apreciais mais o gozo de uma digestão opulenta, do que as refulgências sublimes de uma solenidade respeitosa e dignificante, cujos altos-relevos devem ser as emoções da alma, sem o ranço ou mistura das satisfações animalescas da gula.

PERGUNTA: — Mas Jesus não afirmou que "o homem não se perde pelo que entra pela boca, mas pelo que dela sai"?

RAMATÍS: — O Mestre foi bem explícito na sua advertência, pois, se afirmou que não seríeis "perdidos" pelo que entrasse em vossa boca, e sim pelo que dela saísse, de maneira alguma vos prometeu graças ou merecimentos superiores, mesmo que continuásseis a comer carne. Nenhuma tradição cristã vos traz a figura do Meigo Nazareno trinchando vísceras animais. Lembrou-vos, apenas, o que não "perderíeis", mas não aludiu ao que deixaríeis de "ganhar" se não vos purificásseis na alimentação.

PERGUNTA: — Qual é uma dessas graças que os marcianos já receberam do beneplácito divino, por serem absolutamente vegetarianos?

RAMATÍS: — A inspiração divina no campo da ciência curadora, que os livrou definitivamente das necessidades patológicas de retificação astral.

PERGUNTA: — Em que consiste essa retificação astral?

RAMATÍS: — O recurso mais eficiente para a criatura humana purificar o seu perispírito e ingressar em humanidades superiores, ainda é a função compulsória da dor e do sofrimento, que através do mecanismo das úlceras do sistema digestivo, das gastrites ou hepatites, colites ou hipertrofias, exercita-a, paulatinamente, para a continência da carne.

11. Esportes e divertimentos

PERGUNTA: — Os marcianos também são afeitos a esportes e divertimentos semelhantes aos que praticamos na Terra?

RAMATÍS: — Eles servem-se do esporte como equilíbrio entre o corpo e o espírito; e do divertimento, como um desafogo sadio; porém, em ambos os casos, sem a inconveniência dos exageros que conduzem ao depauperamento físico e afetam a saúde.

PERGUNTA: — Em face do elevado grau espiritual e intelectual dos marcianos, julgávamo-los avessos à trivialidade de alguns esportes e divertimentos. Não é sensato este raciocínio?

RAMATÍS: — Deus, em Sua verdadeira essência, também é alegria e júbilo. Somente os indivíduos pessimistas ou doentes são adversos a essas expansões integrantes do equilíbrio da vida.

PERGUNTA: — Efetivamente, na Terra, os mais velhos chegam a condenar os esportes, achando-os inúteis e até prejudiciais à formação da mentalidade da juventude. Que vos parece?

RAMATÍS: — O esporte é uma necessidade às atividades intensas nos mundos de formas, pois evita a saturação mental. Podeis verificar que as aves, os animais e também as crianças, principalmente na infância, são irrequietas e dinâmicas; buscam e executam movimentos que lhes absorvem o excesso de força "vital-nervosa" própria dos organismos em desenvolvimento. A infância humana, expansiva e despreocupada de convenções ou preconceitos, não se submete a artificialismos nem comprime os seus desejos veementes. E os velhos que condenam os esportes por se desinteressarem do equilíbrio "psíquico-físico", não estão sendo justos para com o ambiente em que vivem e são falsos consigo mesmos, pois, geralmente, em sua juventude, pensavam ao contrário.

PERGUNTA: — Há, também, os que condenam alguns de nossos desportos por achá-los violentos, esquecidos de que o gênero dos mesmos é que dá ensejo a certos acontecimentos um tanto brutais, que às vezes ocorrem. Não é exato?

RAMATÍS: — Quanto à violência ou rudez nos vossos esportes, o problema tem dois aspectos diferentes, que vamos definir. Tendes os esportes úteis e compreensíveis, que embora exijam esforços enérgicos do corpo, vós os deformais, transformando-os em torneios de violência e agressividade sempre condenáveis. Este é o caso em que a violência e a rudez não estão no "gênero do esporte", mas sim nas atitudes antiesportivas e ilegais dos próprios competidores. Se tanto estes como os assistentes se confraternizassem sob o princípio sagrado do "não façais aos outros o que não quereis que vos façam", desapareceriam a brutalidade, a incultura e a incivilidade, pois o esporte também é ensejo educativo doado pelo Pai; e serve para aliar o espírito equilibrado ao corpo sadio, a fim de formar o harmonioso binômio: "mente sã em corpo são". Todavia, já progredistes aceitando no setor esportivo a participação incondicional da mulher, pois a figura feminina, pela sua ternura e delicadeza inatas, além de abrandar ou neutralizar a agressividade do homem, desperta sentimentos fraternais entre os contendores.

PERGUNTA: — No entanto, acentuamos haver esportes em que a violência um tanto brutal se justifica, justamente, pela natureza dos mesmos, estando neste caso o nosso boxe e os assaltos de "luta livre". Qual a vossa opinião?

RAMATÍS: — Esse segundo plano do vosso setor esportivo merece, sob todos os aspectos, a mais formal repulsa, pois o esporte, em sua expressão verdadeira, é cordialidade, é evolução; sendo absurdo rematado definirdes esses torneios como "esporte"; chegando vossa incoerência a atribuirdes à selvageria do boxe a denominação de "nobre arte". Da mesma categoria bárbara são os embates de "luta livre"; e em ambos os casos reviveis as emoções ferozes que já alimentastes em reencarnações passadas, quando nos circos romanos gritáveis por "sangue e morte". Mudaram-se os cenários e as vestes de carne, mas são ainda os gladiadores dessa época, e também a mesma coletividade ululante, agitada pelo instinto inferior, denunciando os gritos apopléticos que estrugiam nos coliseus sanguinários da antiga Roma Imperial.

Há dois mil anos, nos circos de Roma havia, é certo, cenas de maior barbárie; porém, atentas as circunstâncias, de muito menor responsabilidade perante Deus, pois temos de levar em conta a época em que tais fatos se passaram. Há vinte séculos a consciência coletiva ainda não estava amadurecida no mesmo senso de responsabilidade que lhe impõem hoje dois mil anos de progresso e um novo acervo de conhecimentos em todos os setores do pensamento humano. Os homens daquele tempo eram unidades de um ambiente totalmente animalizado porque até então ainda nenhuma luz do Céu se apresentara à sua consciência. A bestialidade das guerras de corpo-a-corpo era o padrão por onde se afinava o sentimento das massas, as quais, como rebanhos de carneiros, acompanhavam e participavam alegremente dos prazeres selvagens de seus imperadores. As matanças nos circos de Roma resultavam de diversos fatores ambientes: era um Nero ou um Calígula, tarados psicopatas, sujeitos aos desequilíbrios de tais nevroses; era o povo brutalizado e servil, que tinha de bater palmas às orgias sanguinárias e carniceiras; eram as feras inconscientes, obedecendo ao imperativo da fome que lhes roía as entranhas; e por fim, eram os criminosos e os mártires do cristianismo nascente, que não podiam escapar-se de serem as vítimas preferidas para essas crueldades de horror e sangue.

No entanto, atualmente, quem nós vemos nos *rings* não são dirigentes mentecaptos, não são indivíduos coagidos nem animais irracionais. São *homens-tigres,* são *homens-panteras,* são *homens-máscaras-negras,* títulos aditivos que, aliás, eles aceitam porque na realidade constituem definições rigorosamente exatas. E como se isto ainda seja pouco, o vosso ambiente já consentiu que, não apenas os homens, mas até "troupes" de mulheres se apresentem em público a exibirem-se em embates ferozes de "luta livre", como índice do aviltamento de uma humanidade que, efetivamente, somente será despertada para os ideais do espírito, mediante a violência patética das tremendas dores coletivas enunciadas pelo Salvador Divino.

PERGUNTA: — Os marcianos praticam esportes no gênero de nosso "basebol", "basquete" ou semelhantes ao nosso tradicional "futebol"?

RAMATÍS: — Os esportes marcianos são diferentes e atendem ao equilíbrio que deve haver em todas as manifestações da vida, pois tais divertimentos, em sua feição intrínseca, são úteis ao corpo e ao espírito. O esporte exercido com brutalidade e deslealdade é que se torna condenável e de consequências prejudiciais. No futuro reconhecereis a beleza moral que existe nesses desportos criados para a "massa". Atualmente, ainda sacrificais essa beleza pela vossa concepção do esporte como luta contra "adversários" que devem ser vencidos a todo custo. Desse modo criais um ambiente antifraterno dando causa a atos inamistosos que, às vezes, deixam resíduos tóxicos de ódio, rancor e anseios de desforra sob ambiente agressivo. Antevemos que, no futuro, tereis apreciáveis conjuntos, os quais, embora se defrontem em complicações enérgicas, jamais se desviarão da disciplina cristã onde essa luta feroz pela "vitória a todo o preço" será substituída pela preocupação de mais beleza, habilidade, inteligência e confraternização.

PERGUNTA: — O futebol já tendo sido motivo de desarmonia nas relações comuns entre os países a que pertencem as equipes, será que o dito jogo está condenado a desaparecer ou se limitará a ser praticado somente entre os clubes de cada país?

RAMATÍS: — A verdadeira causa desses atritos e incompreensões não reside, propriamente, no jogo, mas sim na falta de educação e disciplina dos seus elementos e apreciadores. E, conforme previsões dos mentores espirituais que atendem a estabelecer, nas vossas distrações coletivas, o ambiente afetivo de congraçamento cristão, o vosso futebol, no futuro, em vez da sua rudeza atual, será compreendido como veículo propício ao desenvolvimento da vontade, da argúcia e vivacidade mental. Não há, pois, inconveniência em que pratiqueis o futebol, mas torna-se imperativo que vos esforceis por condicioná-lo ao sentido elevado a que se destina, pois é um dos esportes configurados no terceiro milênio como instrumento favorável ao intercâmbio energético entre o corpo e o espírito. Por conseguinte, não deveis abolir ou condenar esse esporte; o que importa é "subordinar a sua perfeição" a concepções de fraternidade, arte e beleza e não a superficialismos de animosidade e violência. E para sua evolução muito contribuirá a circunstância de que, no terceiro milênio, todos os esportes que podem contribuir para o aprimoramento moral e físico do povo, serão constituídos sob departamentos educacionais mantidos pelos governos e facultados ao público gratuitamente.

PERGUNTA: — Em Marte, os intelectuais também participam dos esportes?

RAMATÍS: — Diversos intelectuais planejam as mais brilhantes competições desportivas e a sua alta espiritualidade só cogita de entretenimentos de feição construtiva. Os marcianos, pela sua mente espiritualizada, são isentos da brutalidade comum nos terrícolas. Quando se expandem nos seus jogos, fazem-no sem quaisquer malícias, parecendo crianças crescidas, pois suas atitudes não denunciam premeditações secundárias. E até quanto aos "torcedores", não existe essa exaltação desenfreada que se manifesta em vossos encontros, incorrendo, às vezes em atitudes que nivelam o acadêmico às tropelias do ignorante.

Os espectadores marcianos acompanham o desenvolvimento dos jogos assim como os vossos admiradores do jogo de xadrez seguem os seus lances nevrálgicos, ou seja, o seu entusiasmo, embora sóbrio e calmo, não deixa de ser emocionante. Em Marte, os encontros esportivos são embates ou lutas de beleza e inteligência onde os participantes e os espectadores não se colocam na situação de adversários. Não é a vitória de um homem contra outro homem ou de um conjunto contra outro conjunto. O que os impressiona é a verificação de possuírem um raciocínio mais pronto e eficiente.

PERGUNTA: — Qual a natureza primordial dos seus esportes? Possuem estádios para encontros coletivos?

RAMATÍS: — O espírito emotivo e estético do marciano, conjugando o "útil e o agradável", dispõe de estádios que lembram recantos paradisíacos, onde a beleza poética da vegetação e a policromia das flores ultrapassam a mais ardente imaginação terrícola. Os bosques refrescantes, de arbustos viçosos, sob iluminação indireta e impregnados de perfumes das espécies raras, são verdadeiros oásis de reajustamento mental. Os lagos pequeninos e graciosos, com os fundos marchetados de lâminas preciosas de topázio, ametista, esmeralda e rubi, transformam a sua água límpida e cristalina em fulgurações de nuanças irisadas, contribuindo tudo para que os estádios fiquem emoldurados num panorama deslumbrante.

PERGUNTA: — Quais os jogos praticados nesses estádios?

RAMATÍS: — Diversos são os esportes praticados pelos marcianos e um dos preferidos é o que, cingindo-nos ao vosso vocabulário, denominaremos de "magnetocromobol", o qual consiste num jogo de bolas coloridas e que se movimentam no espaço em incríveis volteios sob a ação de magnetismo etérico controlado pelos seus participantes. Faltam-nos, porém, elementos análogos em vosso mundo que nos possibilitem expor, de modo compreensível, o funcionamento desse jogo "sui generis".

PERGUNTA: — Poderíeis citar um jogo de outro gênero, que pudéssemos compreender?

RAMATÍS: — A maioria dos jogos é acrobática; e pela atmosfera de Marte ser tênue e de menor densidade gravitacional, a juventude desportista executa exercícios de majestosa beleza. Os trajes dos participantes são radioativos, de cores belas e transparentes, e produzem maravilhosas auras de luz polarizada. Seus movimentos no espaço, quais focos de luzes em graduações suaves, lembram criaturas aladas, em festivo tecnicolor numa projeção cinematográfica de "câmara lenta", pois a luz e a cor estão conjugados a todos os divertimentos marcianos.

PERGUNTA: — Podíeis dar-nos uma idéia da configuração e do assunto ou enredo desses jogos acrobáticos?

RAMATÍS: — O tema atende a manifestações de beleza e estética que propiciam emoções de alta espiritualidade. Tais jogos, para melhor efeito dos vestuários luminosos, são quase sempre realizados ao anoitecer, logo que surge o crepúsculo. Os trajes dos componentes irradiam luz própria, translúcida e de várias cores e, logo que eles se movimentam, sua luminosidade se dilui em torno como poeira luminosa. São vestes que transformam os participantes em vivas esmeraldas, rubis, turmalinas, opalas e topázios; e seus saltos formosos, de luzes coloridas, lembram poéticas figuras de pássaros humanos. Utilizando bolas magnetizadas, executam, também, um jogo coreográfico semelhando o vosso "tênis"; porém, em vez de raquetas, usam uma espécie de cesto, pois a bola, em vez de rebatida, é caçada no ar e só pode ser devolvida após diversos saltos extensos e graciosos, dados pelo arremessador. Alguns saltos são vôos espetaculares e temerosos, a fim de apanhar a bola que revoluteia no espaço em movimentos imprevistos, pelos impactos magnéticos dos jogadores. Há momentos em que num vôo inacreditável e inesperado, o acrobata completa um lance que lhe assegura a vitória. Pela menor gravidade do planeta, esse "tênis acrobático" proporciona poses aéreas tão sublimes e encantadoras, que chegamos a antever as linhas formosas do futuro anjo.

Se o terrícola comparasse o seu corpo pesado, colado ao solo, ou seus saltos grotescos, com os vôos aerobáticos, lentos e extensos do jovem marciano, ficaria acabrunhado; pois as protuberâncias ou pequenas membranas que o marciano possui, do ombro ao cotovelo, facultam-lhe, na descida dos saltos, pousar no solo como a pétala de uma flor descendo num vento brando.

PERGUNTA: — Realizam, também, alguma espécie de olimpíadas desportivas?

RAMATÍS: — Sim. E despertam extraordinário interesse, pois as comarcas selecionam os melhores acrobatas e jogadores, com representantes de ambos os sexos; e na competição final, em que se congregam os esforços de todos os grupos, produz-se então um verdadeiro "clímax" celestial. Para essas almas libertas das aflições terrenas, o encerramento das olimpíadas é acontecimento considerado como dádiva divina; e a comarca escolhida para esse objetivo assemelha-se a uma nesga do céu mostrada ao mundo físico. A música envolve a todos em catadupas de sons argênteos e as vozes humanas entoando hosanas ao Senhor dos Mundos fazem do panorama adjacente a mais rica moldura viva, onde até os pássaros se aquietam, como deslumbrados por tão grandiosa beleza e encanto. Os mentores clarividentes, que assistem a essas festividades coletivas, afirmam que do Invisível despejam nuvens de pétalas perfumadas e jorram feixes de luzes siderais sobre todos os presentes.

PERGUNTA: — Há, também, jogos símiles aos de cartas, como os que se usam na Terra e que são encarados como perigoso ensejo de viciação?

RAMATÍS: — Há tanto vício presumido num punhado de "cartas", quanto nos livros de orações. Se substituísseis as cartas por fotografias da parentela, compêndios escolares coloridos, breviários ou bíblias de vários tamanhos, para marcação do jogo, estes meios deveriam ser prescritos como viciosos? A debilidade ou o vício encontra-se na disposição mental dos jogadores. Conhecemos determinados povos peninsulares, do vosso mundo, cujos instrumentos de jogatina são as próprias mãos. Não cremos, por isso, que a humanidade deva cortar as mãos ou evitar-lhes o uso por serem viciosas. O vício, realmente, está na mente humana; é o sentido desregrado que ela atribui ao que é útil ou inofensivo. Há homens, na Terra, que jogam; e também há os que, viciando-se, são "jogados". O divertimento através do intercâmbio de "cartas de jogar", em Marte, é tão inofensivo e elevado, quanto as vossas posturas nos templos religiosos. Eles realizam festivas competições onde a graça e a inteligência, em vez de apostas de competições cobiçosas, são motivos fraternos de encontro afetivo.

PERGUNTA: — O irmão poderia nos descrever alguns detalhes desses jogos de salão?

RAMATÍS. — Há um jogo de cartas coloridas, transparentes, que irradiam magnetismo em certa frequência, acessível, à distância, para os competidores bem treinados. Consiste em adivinhar qual a combinação de cartas que se acha em poder do competidor. Conforme os movimentos que o jogador faz com suas cartas, emite uma onda de frequência que pode ser captada pelo adversário ou vice-versa. O próprio magnetismo dos participantes produz modificações, a que só a familiaridade oferece facilidade de solução breve. Os seres mais evoluídos costumam jogar o "xadrez psicométrico", de grande exigência mental e profundeza de conhecimentos em quase todos os ângulos de vida. O jogo é baseado no conhecimento da atmosfera "astroetérea", que circunda e impregna todos os objetos; desenvolve-se através de peças históricas, confeccionadas com retalhos de objetos ou coisas antiquíssimas, que tenham estado sob influência de acontecimentos importantes. A capacidade do jogador desse "xadrez psicométrico" comprova-se pela sua penetração ou identificação dos acontecimentos históricos ligados às peças em jogo. Trata-se de um torneio mental e psíquico muito complexo para tentarmos a sua descrição, pela sua demasiada sutileza e ação de interferência no campo etérico.

PERGUNTA: — Existe cinematografia mais ou menos semelhante à da Terra?

RAMATÍS: — O cinema é projetado ou transferido até os lares, através de aparelhos específicos que captam as irradiações das estações projetoras. Em casos excepcionais, quer como recurso educativo em conjunto ou pretextos de confraternização, enormes edifícios são adaptados para a cinematografia coletiva.

PERGUNTA: — Quanto ao tipo da cinematografia, é o mesmo gênero de projeção por cintas de celulóide e sobre telas iguais às nossas?

RAMATÍS: — Pode ser projetado à luz do dia; a projeção é sem cone luminoso e feita através de "raios invisíveis", espécies de "infravermelho" em avançada contextura magnética. As imagens só são percebidas quando esses raios se chocam com a tela; esta os materializa prontamente, lembrando o processo comum de revelação de fotografias no vosso mundo. As filmagens obedecem a um processo ainda ignorado na Terra; grosseiramente, lembramos que pode ser comparado à televisão invertida, isto é: as imagens são transformadas em "pontos" e em seguida, estes pontos são novamente convertidos em imagens nas "telas vítreas". Trata-se de um mesmo tipo de fitilhos magnetizados, lembrando as fitas dos gravadores de sons, no qual são superpostas inúmeras sequências filmadas em várias frequências magnéticas.

PERGUNTA: — E quanto aos recursos que possui essa cinematografia, no plano dos "cinemascope", "cineramas" ou "terceiras dimensões"?

RAMATÍS: — Lograram a terceira dimensão sob condições normais, sem os artificialismos deformativos ou os recursos de superposições de imagens. As cenas projetadas revelam as paisagens em sua exata profundidade miniatural. A terceira dimensão é algo mais profundo no campo etérico, pois depende, fundamentalmente, da natureza intrínseca da tela refletora de imagens que, ao ser confeccionada, recebe um tratamento especial para o sistema "tridimensional".

PERGUNTA: — Reconhecemos a dificuldade de apanhar mentalmente aquilo que está cinco séculos adiante de nós, como afirmais, mas agradeceríamos qualquer pequena idéia sobre o assunto. Poderíeis esclarecer-nos?

RAMATÍS: — Tentaremos uma descrição por analogia aos vossos recursos terrenos, mas não deveis aceitá-la "ipsis litteris". A tela cinematográfica é um imenso bloco de vidro cristalino, fundido, e de cor que podeis considerar "um azul-elétrico". Este processo "sui generis", em Marte, é que dá às lentes e cristais refletores a sua proverbial "profundidade etérica". O bloco cristalino pode ser considerado como tendo dez centímetros de espessura e uns três por quatro metros de superfície. É justamente na espessura do bloco que está o segredo vibratório da profundidade "tridimensional", pois as cenas projetadas não se fixam apenas na superfície, mas penetram gradativamente e se contrastam milímetro por milímetro. Nessa tela, os assuntos filmados se refletem em redução por escala, aproximada de 1 por 100.000, o que equivale, a cada centímetro da espessura, corresponder a um quilômetro de profundidade da cena natural.

PERGUNTA: — Qual seria um exemplo comum à nossa cinematografia?

RAMATÍS: — Considerando que um operador do vosso mundo filmasse uma paisagem com dez quilômetros de profundidade, isto é, que a última cena, o fundo, o último plano, fosse um paredão ou colina divisória, essa filmagem com dez quilômetros se projetaria na tela com uma profundidade exata de dez centímetros. Cada quilômetro de profundidade ocuparia exatamente um centímetro, gradualmente, sendo que a colina, o paredão, ou a cena do último plano ocuparia exatamente o último milímetro da tela em profundidade. Essa cena natural de dez quilômetros é reduzida gradativamente até se enquadrar nos dez centímetros do retângulo vítreo cinematográfico, produzindo, então, a terceira dimensão em agradável disposição para os olhos.

PERGUNTA: — A cinematografia marciana apresenta outras qualidades de caráter excepcional em relação ao nosso adiantamento nesse setor?

RAMATÍS: — Como as imagens não são projetadas em suas configurações ou contornos, porém, em "pontos vibratórios" que só se percebem quando tocam a tela, esta possui aparelhamento anexo que transforma as emissões e eflúvios projetados em "quanta vibratórios", que além de produzirem sonoridade e imagens produzem e espalham também os perfumes naturais das cenas ou ambientes que estejam sendo filmados. Por conseguinte, se for uma cena marítima, os espectadores sentirão o odor salitroso do mar. Tratando-se de ambiente campestre, denuncia-se logo o cheiro saudável dos aromas vegetais que lhe são próprios. E através de outros recursos prodigiosos e incompreensíveis para vós, os espectadores também sentem as temperaturas dos locais das cenas, quer sejam as das zonas frígidas ou as equatoriais. Semelhantes prodígios, na realidade, podem ser classificados como uma quarta dimensão.

PERGUNTA: — Os assuntos da cinematografia marciana são parecidos ou equivalentes aos que nós preferimos?

RAMATÍS: — O adiantamento espiritual dos marcianos não comporta novelas ou histórias melodramáticas e sentimentalistas com seus enredos tecidos de artifícios. Não havendo em Marte os problemas do furto e da mendicância; nem os recalques da ambição, da cólera, ciúmes ou orgulhos ancestrais; e distantes, também, das prevenções de nacionalismos racistas que arrastam a conflitos agressivos, é óbvio que os motivos para o seu enredo cinematográfico são apenas de ordem construtiva e espiritual. Dispondo ainda de uma ciência que controla quase todos os fenômenos da natureza ambiente, não existem essas lutas com episódios de aventuras que, habitualmente, servem de motivo aos vossos filmes. A cinematografia marciana é condicionada ao futuro, visando finalidades espirituais. Refere-se às viagens interplanetárias, às conquistas recentes nos setores da música, da cor, do psiquismo e sobre os eventos reencarnacionistas, no qual esboça a disciplina exigida, os costumes, os pensamentos e realizações do homem de amanhã, conjugados ao bem e à sabedoria.

PERGUNTA: — E não exibem filmes de assuntos cômicos, que provoquem hilaridade?

RAMATÍS: — Certamente. O povo marciano é naturalmente divertido. É o seu riso farto, o seu humorismo sadio, que torna os marcianos isentos das rugas aflitivas de vossa humanidade.

A comicidade cinematográfica é de ordem muito sutil e versa, principalmente, sobre as complicações das almas desajustadas nos mundos materiais. Assim como não poderíeis compreender a pilhéria do asiático ou dos esquimós, vos será dificílimo entender o humorismo marciano, nos filmes de enredos cômicos, por não conhecerdes o seu ambiente psicológico.

PERGUNTA: — Qual o meio de mais júbilo para o marciano quanto à forma de divertir-se ou descansar das preocupações mentais?

RAMATÍS: — Todos os que auferem no trabalho as "horas superiores" preferem as maravilhosas viagens de turismo aos mais excêntricos e longínquos lugares do orbe. As excursões propiciadas pelo Governo, conforme sucede entre vós, são motivos de imensa alegria porque os beneficiados, além do desafogo mental, adquirem novos conhecimentos e aprimoram suas faculdades psíquicas no contato com outros modos de vida e de conhecimentos. E os mais agraciados, por labores excepcionais que prestaram à coletividade, recebem as bênçãos fraternas de viagens interplanetárias em visita a outros orbes.

12. Música

PERGUNTA: — Qual a concepção da música em Marte?

RAMATÍS: — A mesma que tendes na Terra. A música, em qualquer latitude, é linguagem universal; é uma dádiva que Deus concede ao espírito para a sua ventura eterna. É poesia cósmica expressa em sons, em vez de palavras. É a composição sonora que vibra pelo infinito, sob a batuta do Regente Divino; traz em sua intimidade a palpitação da própria Natureza, plena de forças criadoras, contendo em si a Beleza, a Poesia, a Inspiração e o Êxtase. Manifesta-se sob os desígnios amorosos do Pai Eterno, a todos os seus filhos. A sua mensagem é sentida mesmo através da emotividade rude e primária do selvagem, embora seja música monótona, cujo ritmo cansa e desagrada ao civilizado. No entanto, quando o próprio silvícola se impregna do calor e da energia criadora da música, o seu ritmo letárgico e indiferente cria vida e alento. O batuque enfadonho penetra, implacavelmente, na psique dos mais desprevenidos e, às vezes, o transe hipnótico comprova a força que há na linguagem dos sons, embora primitivos. É a função verdadeira da música na alma, em qualquer estado espiritual e situação geográfica do mundo. Deus provê o anjo no seu cósmico entendimento, dando-lhe o êxtase através da música das esferas, mas envia também, ao seu filho que mal inicia os rudimentos de linguagem no seio da floresta, a mensagem viva dos sons que lhe aquecem os sonhos primitivos e lhe amansam a alma embrutecida.

A música, em Marte, para vosso entendimento crítico é a arte de "raciocinar em sons". Corresponde, hermeticamente, ao nível já alcançado pelo marciano na sua espiritualidade e equilíbrio mental.

PERGUNTA: — Como poderíamos compreender esse "raciocinar em sons"?

RAMATÍS: — Não podendo vos transmitir um tratado de música marciana, nos cingiremos, apenas, a breves explicações do que é o entendimento musical em Marte. Embora haja algumas preferências semelhantes ao critério terreno, não prescindem, também, da manifestação sonora puramente estática que eleva a alma aos páramos edênicos, inacessíveis à compreensão humana. Mas não se interessam nem vibram, em absoluto, com o gênero ainda comum e preferido no vosso mundo, inclusive no chamado setor da música seleta.

PERGUNTA: — Porventura desprezam as composições elevadas dos nossos gênios clássicos?

RAMATÍS: — Não as desprezam; mas falta-lhes ambiente psicológico e mental que os habilitem a assimilar as vibrações costumeiras do vosso mundo. As suas condições superiores que os isentam de tragédias, heroísmos, epopéias melodramáticas, sonhos ou devaneios amorosos, torna-os insensíveis à expressão musical que traduz os estados psicológicos do homem terreno. Da mesma forma que não vibrareis às clássicas e exageradas tragédias gregas do passado, também os marcianos não se amoldam às composições de conteúdos sinfônicos decalcados nos dramas habituais da Terra.

PERGUNTA: — Cremos que ainda não esgotamos o conteúdo musical de nossos melhores compositores e, de muitos, nem chegamos a compreender-lhes a totalidade dos sentimentos e motivos sinfônicos. Será exagero de nossa parte?

RAMATÍS: — Reconhecemos a genialidade dos criadores da vossa música e, também, a vossa incompreensão de quase toda a mensagem sonora dos mesmos. Trata-se de labor divino, de alta significação na escalada sideral, e que só pode ser apreciado satisfatoriamente pelas almas de grande envergadura. Não censuramos a música terrena, na sua feição sinfônica ou de beleza clássica; a sua atual manifestação é um grau exato do curso natural das humanidades. Há cinco séculos passados, os marcianos também revelavam o seu teor emocional através de composições símiles às da Terra. Porém, atualmente, a vossa música não está em consonância com os sentimentos da humanidade marciana, a qual, em relação à vossa época, está avançada em mais de quinhentos anos. Mesmo em vosso *habitat* encontrareis composições que, se agradam a um povo, entediam a outros. Realmente, ainda precisais de mais contato com as obras musicais que fazem sucesso desde séculos; mas já estais captando os rudimentos, embora grosseiros, de outra mensagem musical, que se avizinha de vossas atuais concepções sonoras. Os primeiros acordes da música algo compatível com a apreciação dos marcianos, conquanto ainda deformados, já se fazem audíveis no vosso mundo, em gritante contraste com as composições clássicas, pondo em choque o vosso padrão tradicional.

PERGUNTA: — Por que não encontrariam os nossos compositores eco no meio marciano?

RAMATÍS: — Aquilo que para vós é superior, em Marte será assunto trivial. Determinadas emoções e estados de espírito dos vossos compositores, que na Terra se tornam "virtudes louvadas incondicionalmente", podem significar para a população de Marte motivos simplesmente vulgares e desinteressantes.

PERGUNTA: — Podereis expor-nos considerações mais objetivas do assunto?

RAMATÍS: — Schubert, infeliz no amor, repleto de timidez e humildade, retratando seus pensamentos na linguagem comovente de melodias delicadas, convertia em música as suas angústias. Sua música é um desafogo de cristalina beleza em sons amorosos de terno convite aos sentimentos nobres. É óbvio, no entanto, que a sua exaltação se fundamenta principalmente na raridade desses sentimentos dentro da coletividade terrena. Em consequência, como poderia o vosso genial Schubert impressionar a humanidade marciana, que desconhece as angústias das paixões terrenas? E que também não louva a humanidade, a nobreza, timidez ou renúncia, porque essas virtudes são tão comuns aos habitantes de Marte, quanto as vossas saudações cotidianas?

PERGUNTA: — E quanto a outros compositores, quais seriam as impressões?

RAMATÍS: — A impetuosidade amorosa e a sensibilidade incomum de Chopin, os sons melancólicos e lancinantes que reproduzem o angustioso grito da sua mocidade a esfacelar-se na tuberculose, embora, como é natural, sejam consagrados na Terra, dificilmente seriam assimilados pelos ouvintes marcianos, pelo seu desconhecimento a respeito dessas enfermidades físicas. A feição emocional de Mendelssohn, a frustração mental de Schumann, a tristeza aguda de Tchaikovsky e o temperamento tumultuoso de Liszt, que deram motivo a apreciáveis composições de alento, alegria e êxtase para o espírito terráqueo, não têm afinidades com a emotividade marciana. Schumann, ouvindo melodias que seriam comuns aos marcianos, mas obscuras aos sentidos terrenos, desarmonizou a sua mente, ao tentar captá-las, terminando em lamentável demência. Assim como para vós é incompreensível e desagradável a melodia marciana, também a vossa composição musical não encontra eco naquele orbe.

PERGUNTA: — Mas seriam avessos à religiosidade de Bach?

RAMATÍS: — Pode haver certa identificação com a majestosa serenidade que lembra as esferas paradisíacas, na execução bachiana, mas assim mesmo é composição acanhada para a mente expansiva dos marcianos, que está muito acima das formas dos mundos materiais. Contudo, a suntuosidade sonora peculiar a Bach já é espiritualizada mensagem que possui alguma sintonia com os anseios daquela humanidade. No entanto, haveis de convir que os êmulos de Bach, em Marte, conseguem maior alcance no *habitat* celestial.

PERGUNTA: — E a grandeza sinfônica de Wagner, também não encontra eco nos corações marcianos?

RAMATÍS: — Embora Wagner ainda vos impressione por mais algum tempo, com sua força esotérica, seu simbolismo iniciático, e a sua mensagem telúrica vos prenda a atenção pelo seu vigor musical e epopéia transcendental, os marcianos não lhe encontrariam afinidade com o seu estado psicológico. Mesmo que atribuíssem os eventos musicais wagnerianos à concepção de música descritiva, ainda não lhe achariam base emotiva para vibrarem em uníssono com a mesma. A hipótese de uma tempestade wagneriana, como simbolismo da violência das paixões humanas, não encontraria eco na paisagem emotiva pacífica e tranquila da alma marciana. Também se tornaria algo irrisório uma epopéia musical terrena que tentasse conquistar a admiração pública, no retratar fenômenos telúricos que a ciência de Marte cria artificialmente, como seja, o raio, o trovão e a chuva, através dos "centros pluviais". No sistema de vida marciano, destituído de melodramas clássicos e sem agitações telúricas imprevistas, a música imponente de Wagner passaria despercebida, como criação grandiosa. Interessaria tão somente quanto ao esforço exigível do ouvinte em ter de "pensar, buscando senti-la", o que justifica a disposição marciana de "raciocinar em sons".

PERGUNTA: — Os marcianos ouvem a música com certo enlevo espiritual ou a consideram e julgam por um prisma estritamente intelectual?

RAMATÍS: — O seu dinamismo criador e a sua proximidade da verdade cósmica, dificilmente os condicionam à letargia contemplativa no mundo material. Pensam, refletem e sentem a sua música como o matemático que raciocina nas equações algébricas, buscando as soluções exatas.

PERGUNTA: — Como nos será possível avaliar, comparativamente, essa disposição de "raciocinar em sons", dos marcianos?

RAMATÍS: — Quando vos entregais à música romântica e familiar, por efeito subjetivo e psicológico, o vosso espírito subjugado pela sua voluptuosidade, ouve música "sem raciocinar" porque essa música, pelo seu simbolismo romântico, vos despertando devaneios, nostalgia e saudosismos primaveris, vai direta ao coração. Se a música é mórbida, de temas introspectivos e trágicos, como ocorre às vezes na música de Tchaikovsky, as vossas angústias e outras emoções dolorosas do passado tomam conta da vossa alma, absorvendo-vos por completo, sem qualquer interferência mental. O marciano, no entanto, preferindo raciocinar sobre todos os fenômenos do presente, é avesso ao retorno do passado, mesmo através da evocação musical. Desinteressa-se de recompor lições, cenas ou situações já vividas; a sua mensagem sonora é sempre uma expressão progressista no caminho educativo da forma. Os seus compositores não evocam, eles **pensam**; é um "meditar em sons" essencialmente criador.

PERGUNTA: — Como entenderíamos mais objetivamente esse assunto?

RAMATÍS: — O plano da composição musical é obviamente mental; os sons se ajustam, formam frases e melodias no silêncio da alma do compositor, assim como as idéias surgem no engenheiro, quando pensa na grandiosidade arquitetônica do futuro. A música pode ser materializada, em seguida, na combinação física dos sons, impregnada da emoção, da sensibilidade ou intuição do compositor, mas o seu primeiro conhecimento há de ser no campo invisível do pensamento. Os vossos compositores românticos elaboram mentalmente o projeto musical e quando o transmitem para o mundo, imprimem-lhe a sua sensibilidade "psicoemotiva"; no entanto, os autores marcianos também "pensam" em suas composições musicais, mas as entregam ao público libertas de suas emoções e idiossincrasias. Realizam o melhor que podem e sabem, visando ao bem e à alegria do conjunto, sem interposição de seus dramas íntimos. É um trabalho unicamente em função do prazer e educação alheia, semelhando o ourives terrestre que confecciona custoso adereço para o cliente desconhecido. A sua música é mensagem de caráter genérico, isenta das emoções individualistas e passionais preferidas pelos vossos compositores.

PERGUNTA: — Porventura se trata de música análoga a um tratado mecânico, sonoro, mas destituído de inspiração?

RAMATÍS: — Naturalmente aludis, como ausência de inspiração, à falta do prazer espiritual na música, fundamentado na emoção humana. O que para vós pode significar um "tratado mecânico sonoro", é para o homem marciano um conteúdo pródigo de indescritível prazer. A "Nona Sinfonia" de Beethoven, executada diante de uma tribo de homens primitivos, os deixaria completamente apáticos e fatigados. Também a impossibilidade de atingirdes a intimidade "mental criadora" das composições marcianas, o seu curso que lembra a miniatura de inúmeros processos cósmicos, a sua manifestação liberta da pauta e que desperta no ouvinte raciocínios brilhantes, vos deixariam tão apáticos como os primitivos ante a sinfonia beethoveniana. Consequentemente, esse prazer espiritual ainda é mais dadivoso nessa música mental de Marte.

PERGUNTA: — Em face da dificuldade de avaliarmos o efeito ou a mensagem que há nessa idéia de "música mental", podereis expor algumas considerações mais pormenorizadas?

RAMATÍS: — Reconhecemos a vossa dúvida, porque ainda não podeis compreender a gama de emoções sensíveis que desperta a música mentalista entre eles. Os bugres, em seu enfadonho batuque de noites seguidas, sob gritos e trejeitos convulsos, se espantariam dos vossos prazeres na audição de música sem aquele ritmo implacável e familiar. A impossibilidade de ajustarem os seus movimentos musculares e gritos ao conteúdo sinfônico, torná-los-ia desorientados e surpresos, na estulta dúvida de vossas reais faculdades. Deveis convir que o prazer varia na conformidade psicológica de cada um. Enquanto Nero vivia requintes de volúpia na degradação e perversidade humanas, Jesus transfigurava-se em êxtase, no sacrifício pela salvação do homem. O místico usufrui delícias paradisíacas em contato com as expressões de religiosidade extraterrena, enquanto o matemático inunda os olhos de lágrimas jubilosas, ao conseguir a solução do problema em que se empenhou incondicionalmente. As sinfonias marcianas, ouvidas com o cérebro e ignoradas pelo coração, centuplicam as emoções puras da alma, embora se façam entendíveis na frieza de pensar antes de sentir.

PERGUNTA: — Os marcianos sentem prazer tão jubiloso, quando ouvem a sua música mental, conforme nós vibramos diante da "Nona Sinfonia" de Beethoven ou de uma "Tocata e Fuga" de Bach ou, ainda, ante uma composição de Mozart?

RAMATÍS: — É tessitura musical que exige o cérebro desperto, a mente em estado dinâmico e o raciocínio atento no desdobrar da composição. É música de vigília mental, contrária ao "auto-esquecimento", à evocação e devaneio saudosistas. Refere-se exclusivamente ao espírito eterno e criador; diz respeito à configuração futura do anjo, aprimorando a reflexão para um sentido cósmico. Cumpre-lhe a edificante função de desenvolver a razão humana para o mais breve desprendimento da escravidão material. A tendência da humanidade de Marte é de contínua atividade; há um gosto acentuado para tudo o que é fecundo ou inventivo; razão por que em todas as suas expressões artísticas existe um teor dinâmico e criador. "O anjo não dorme!" — diz um conceito marciano. O seu nível mental exige emoções progressivas e não regressivas, fazendo-os preferir a música que planeja, edifica, coordena e eleva, em vez da melodia chorosa, romântico-mórbida ou melodramática, que obriga a alma a estacionar na subida à procura de sua consciência espiritual. Enquanto o homem terreno aprecia o doce devaneio da música poética no mundo de formas transitórias, o marciano prefere a mensagem sonora da realidade espiritual, que sobrevive à matéria. Ajusta-se, sempre, mesmo através da música, aos ideais futurosos; esquece-se, o mais que se pode, do passado irreal.

PERGUNTA: — A música marciana não se assemelha porventura à que hoje se denomina "música moderna"?

RAMATÍS: — Moderno é apenas um simbolismo, porque a arte é atualista e sempre corresponde ao estado artístico exigível no momento. Naturalmente vos constrangem certas disposições cacofônicas dessa música contemporânea, e que soa completamente diferente das melodias tradicionais. Sabeis, no entanto, que Beethoven e Wagner escandalizaram os seus contemporâneos e conservadores, com suas composições modernas e futuristas, na época em que predominava a música ondulada e as sinfonias dos salões, delicados "tricots" de sons melódicos e saltitantes. Embora ainda detestada pela maioria dos admiradores clássicos, na intimidade profunda dessa música "cerebral" e inóspita, bruxuleiam contornos da mensagem sinfônica e mentalista do terceiro milênio.

PERGUNTA: — Somos avessos a essas composições gritantes e heterogêneas que deixam o ouvido desamparado, fora da harmonia melódica. É possível tratar-se de mensagem tão superior, cujo sentido ignoramos e por isso a detestamos?

RAMATÍS: — É mensagem avançada, mas falha ainda quanto à sua exata exposição, pelo que provoca opiniões tão contraditórias. Os seus autores "sentem" na intimidade da alma o verdadeiro sentido da música futura, para quando o homem terráqueo possuir o equilíbrio intelectual e o sentimento completamente aprimorado. Buscam dar forma a essa idéia musical que lhes canta no âmago do espírito. Essa "fala sonora", vigorosa, dinâmica e criadora, é a luta para vencer o recalque emotivo das tradições hereditárias; desejam compor exclusivamente pelo raciocínio e não sob o domínio emocional do coração. É mensagem superior e mal percebeis os seus fragmentos, pela interferência ou reflexos de vossas emoções inferiores, ainda indomináveis.

PERGUNTA: — Quais as expressões dessa música, que nos identifiquem com os rudimentos da futura música mentalista?

RAMATÍS: — Fundamentalmente, já podeis verificar a sua força libertadora dos cânones tradicionais e secundariamente, pelo dinamismo instrumental que exige harmonias discordan tes, rebeldes e choques melódicos. Embora ainda extravagante e detestável para os ouvidos condicionados aos longos feixes de melodias flutuantes, conduzidos por conjuntos de violinos e violoncelos, há certa poesia do movimento, que lembra fugazes sons marcianos. Nessa música, realmente, o coração é sacrificado ao espírito. Exige do ouvinte mais atenção para ser "compreendida", do que realmente para ser gozada. É razoável que ainda vos sintais apáticos, ou aturdidos, pois há supressão do lirismo tradicional e também deliberada ausência do fator humano. A velocidade, a cor, a harmonia nas discordâncias e a elasticidade na arquitetura de certos trechos, exigem que a sensibilidade do ouvinte esteja plenamente sob o controle da mente vigilante. Em vez dos devaneios emotivos, requer o raciocínio alerta ante as imprevistas liberdades de cada instrumento.

PERGUNTA: — Existe a música folclórica em Marte?

RAMATÍS: — Sim, e de acordo também com os costumes, condições psicológicas e temperamentos da região; é, na realidade, a sua música emotiva.

PERGUNTA: — Suas características se assemelham ao padrão terreno?

RAMATÍS: — Estão em certa analogia com as do vosso mundo; refletem os anelos, as disposições emotivas, os júbilos e os sentimentos artísticos que identificam a fisionomia de cada ambiente. Mas é assunto sadio, próprio de um povo liberto de ciúmes, vaidades, orgulhos, avareza e outras deprimências. Embora música popular, é destituída do conteúdo de referências ou alusões fesceninas de malícia e despudor de que os compositores terrícolas, inescrupulosos, têm por hábito impregnar as suas produções.

PERGUNTA: — Quais os motivos básicos que os marcianos usam para a música popular?

RAMATÍS: — Servem-lhes as tradições inerentes à mentalidade ou ambiente de cada comarca; os períodos festivos, comemorativos das épocas das flores, frutos, e também as melodias e cânticos dos pássaros. Festejam, igualmente, os acontecimentos comuns de noivados, aniversários e casamentos. As melodias, por vezes, guardam na sutileza da frase sonora, um espírito folgazão e humorístico, cujas filigranas delicadas não podereis conjeturar. É música que não se prende exclusivamente ao texto que descreve; impõe-se pela linguagem viva e cintilante em que os sons têm vida própria.

PERGUNTA: — Possuem eles hinos de expressão pública?

RAMATÍS: — Os seus hinos são de maravilhosa disposição fraterna, executados sob tácita combinação coral, imprevista, inconcebível aos mais adiantados conjuntos das vossas evolvidas agremiações religiosas. São cânticos de serena beleza, em que toda a população toma parte, nas épocas de nostalgia espiritual e que a impelem a um contato sonoro de maior intimidade com o Pai. Seu adiantamento espiritual torna-os afeitos à procura constante de alimento divino. Comumente, nos dias festivos, uma voz dispersa inicia a melodia fundamental, num cântico de saudade sidérea. Não tarda, em seguida, que outras vozes se juntem a esse tema, desde a voz terna da mulher e o coro cristalino das crianças itinerantes, até a voz grave e profunda dos homens. O conteúdo se encorpa, cresce e avoluma-se, para se desdobrar qual manto sonoro sobre a cidade iluminada.

PERGUNTA: — Não conservam hinos pátrios ou comemorativos de nacionalidade?

RAMATÍS: — Como não há separação de raças, nações ou grupos, esses hinos só poderiam ser chamados de "hinos de comarcas". Os hinos, cânticos ou melodias referem-se apenas aos encantos do seu ambiente, ao gênero de vida e acontecimentos costumeiros. Não aludem a ideologias políticas, tradições racistas ou fronteiriças, nem cantam heroísmos e sucessos belicosos. A pátria significa-lhes todo o Universo e consideram todas as almas como componentes da mesma família espiritual. Os hinos pátrios, de motivos nacionalistas, ser-lhes-iam excrescências dispensáveis na vida do planeta.

PERGUNTA: — E nos educandários não se cultuam hinos escolares?

RAMATÍS: — É óbvio que sim, mas diferem dos vossos, pela natureza do assunto preferido. Não há hinos de louvores aos patriotas exaltados, bandeirantes, guerreiros, administradores públicos, governadores, fundadores de cidades, higienistas, artistas, filósofos, poetas, educadores ou líderes religiosos. Na humanidade marciana, "cada um deve fazer o melhor que pode, dentro do que sabe", sob a disposição comum de ser útil e verdadeiro, sem visar a louvores ou agradecimentos. Não se concebem "atos excepcionais" na coletividade; a realização mais extraordinária, consideram-na como produto natural da capacidade de quem realiza. Só nos mundos onde o cumprimento do dever é um fato de exceção, se endeusa ou se prestam homenagens àqueles que fazem o que tinham obrigação de fazer.

PERGUNTA: — E quais os assuntos preferidos para os hinos escolares?

RAMATÍS: — Os temas fundamentais são os convites fraternos para o bom entendimento entre os estudantes; o apelo de amor aos pássaros, o cuidado para com a flor e o fruto, inclusive o respeito público e a cooperação espontânea para o bem alheio. São verdadeiras estrofes de educação moral e cívica; e também operam no sentido de compreensão espiritual da vida física, como ensejo de aperfeiçoamento da alma imortal. Os estudantes formam a memória musical sob um sentido educativo e de perfeita associação com as idéias elevadas e conceitos espirituais, sentindo em si mesmos a mensagem "exata" do som.

PERGUNTA: — Que significa essa mensagem "exata" do som?

RAMATÍS: — É o aprendizado dos valores intrínsecos do som, pois em Marte se conhece o efeito e a significação de cada nota musical, inclusive a sua variação na escala de intensidade sonora, em perfeita correspondência com a manifestação psíquica humana. Os "clarividentes" marcianos podem ouvir a nota musical, ver-lhe a cor, sentir-lhe o perfume, notar-lhe a disposição tátil, o peso e a temperatura no campo etérico. A música atinge a todos os sentidos humanos, bastando que sejam eles desenvolvidos sob a férrea disciplina iniciática que aprimora o homem interior. A combinação de cores, sons, perfumes e luzes nos estabelecimentos escolares marcianos tem por escopo desenvolver a acuidade psíquica da criança e facilitar-se o acesso mais breve aos valores sutis das esferas espirituais.

PERGUNTA: — Será possível uma demonstração mais objetiva, a fim de podermos entender essa variedade de som em diversos campos vibratórios?

RAMATÍS: — Os clarividentes do vosso mundo devem compreender que, fundamentalmente, as sete notas musicais correspondem a sete sons e sete cores diferentes e igual a mesmo número de perfumes, temperaturas astrais, densidades e até volumes assinaláveis no éter. As incontáveis combinações melódicas que se produzem numa orquestração sinfônica, proporcionam aos olhos clarividentes verdadeiros espetáculos feéricos de luzes, cores e perfumes, em face de os sons corresponderem a inúmeras outras vibrações. O "dó" é vermelho-fogo e corresponde à vibração física do mundo material; o "lá" é de um verde-seda e desperta o sentimento poético pela natureza terráquea; o "si" é azul-celeste e se refere ao êxtase, à emoção espiritual. A composição musical em "dó maior" apresenta um fundo constante de vermelho, que oscila entre o chamejante, claro, até a cor de sangue escuro; predomina ao olfato clarividente a tonalidade de um perfume enérgico, parecido ao cravo; a tessitura astral é compacta no volume, áspera no tato e bem aquecida à recepção etérica. Sob tais aspectos, a música sob a regência de "dó maior" se manifesta para os espíritos primitivos do vosso mundo, livres no astral, como expressão sonora enérgica e mais ou menos física. No entanto, a composição em "fá menor", além de sua suavidade no campo físico para o ouvinte, no plano "etereoastral" manifesta sedativa e tranquila mensagem pastoral, lembrando o perfume das rosas, as cores das campinas verdejantes e uma temperatura refrescante. É mais um convite à doçura e à poesia, enquanto a tonalidade "dó maior" expressa acentuada força algo física.

PERGUNTA: — De que modo a música pode formar um condicionamento educativo na criança?

RAMATÍS: — As nossas comunicações não devem ser aceitas "ipsis litteris", mas aproximadas da realidade marciana, pois examinamos assuntos complexos e muito além do vosso entendimento. Vemo-nos compelidos a vos expor o teor marciano sob dificultosa analogia terráquea, e é o que ora fazemos com relação à educação da criança sob a ação da música. Suponde que todas as lições morais, de educação, no tema "amor aos pássaros", sejam proferidas sob um fundo musical em "mi menor". Toda vez que a criança ouve melodias em "mi menor", o seu subconsciente desperta-lhe a afetividade espontânea pelos pássaros.

PERGUNTA: — Em Marte, não se faz exceção à criança que traz o dom inato para a música?

RAMATÍS: — O estudo da música, em Marte, é tão imprescindível como a alfabetização no vosso mundo. No entanto, nem todos os que se alfabetizam, na Terra, se tornam escritores, oradores ou educadores excepcionais. Também nem todas as crianças marcianas efetuam realizações geniais na esfera da música, apenas porque estudam a música. As que manifestam dom inato são submetidas a testes evolutivos, a fim de ser identificada a disposição mental predominante de outras vidas. Os "dons inatos", na realidade, em quaisquer latitudes, são apenas conquistas de existências anteriores.

Há que desenvolver fortemente a vontade num curso de adestramento psíquico, a fim de desenvolver a vidência astral. Damos-vos uma pálida idéia das contingências educativas, acentuando que só depois que a criança adquiriu pleno equilíbrio e absoluta familiaridade com todas as possibilidades criadoras da mente, é que passa a agir na instrumentação objetiva dos sons. Evitam-se-lhe os motivos de sentimentalismo e os de natureza patética comuns aos terrícolas nas suas produções musicais.

PERGUNTA: — Qual a natureza psicológica do artista marciano, no campo musical? Como se considera ele? Um criador, um improvisador ou imitador?

RAMATÍS: — Não há um tipo único e específico, pois isto seria nivelar os prazeres humanos, mesmo em Marte. Existem de todos os matizes e operando em todas as expressões musicais.

PERGUNTA: — Qual o tipo mais evolvido e que atrai maior admiração?

RAMATÍS: — É aquele que se considera um simples instrumento vivo, capaz de receber pela via da intuição pura as melodias das altas esferas, traduzindo-as, no orbe, embora palidamente, mas destituídas de qualquer expressão individual. A maioria de vossos compositores, embora se afirmem criadores ou inspirados, ainda não podem ir além de acanhados "arranjos musicais" da realidade divina. Captam as harmonias celestiais e as transferem pela instrumentação, matizadas de suas emoções e hábitos psíquicos. O excelso artista marciano que atinge a maravilhosa função de "médium" puro da beleza sonora dos mundos superiores, atingiu um grau de sensibilidade impossível na vossa concepção. A melodia torna-o como um canal vivo e pousa, exata, no instrumento superorquestral que serve para os grandes momentos sinfônicos. A sua alma tem a transparência do cristal perfeito e abdicou de qualquer emoção pessoal. Vive, única e exclusivamente, para esses momentos santificados de beleza cósmica; é uma existência de absoluto franciscanismo à

Harmonia Paradisíaca. Hipersensível, plástico, cristalino e puro, consegue sintonizar-se com a Mente Divina, perdendo o contato físico da forma, diluindo-se na mensagem etérea de sons, para revelar, em absoluto "transe" angélico, a mensagem excelsa das esferas superiores.

PERGUNTA: — Não seria um inspirado improvisador?

RAMATÍS: — O improvisador ou mesmo o compositor tem os seus dias decepcionantes, as suas produções geniais ou ridículas. O virtuose marciano é filtro que melhora sensivelmente no contínuo intercâmbio com as melodias superiores. Quanto mais lhe flui a música do imponderável, na consciência perfeita de ser instrumento transmissor da pureza sonora, mais treinado se encontra para o futuro.

PERGUNTA: — Esse artista parece-nos algo mecânico, um transmissor nobre e excepcional, sem dúvida, mas lembra-nos o carteiro terrestre que entrega a mensagem alheia sem dela tomar conhecimento. Estaremos exagerando?

RAMATÍS: — O carteiro terrestre entrega a sua mensagem sem tomar conhecimento do seu conteúdo, é verdade. Mas esse insigne artista marciano é um prolongamento vivo da própria melodia que lhe flui pela mente. Ele a entrega em sons, depois de haver assimilado o conteúdo mental. Os mais famosos artistas terrenos não sentem maiores emoções e nem as usufruem mais intensamente, porque a música, quase sempre, lhes é um acessório, enquanto o intérprete marciano vive realmente só em função da música. No vosso mundo, desaparece o prazer espiritual do artista que se esgota no instrumento, com a casa vazia, sentindo até uma ofensa à sua arte; sofre a cantora consagrada, quando a velhice já lhe cansa a laringe; falta o fogo sagrado do entusiasmo ao solista que repete pela milésima vez a mesma melodia; inverte-se o prazer e a volúpia artística da pianista ovacionada pelo público, mas que tocou freneticamente, atacada por violenta cólica digestiva. Essas situações artísticas e aparentemente prazenteiras podem ser apenas situações de tédio e insatisfação dos seus executores. Se a arte terrena já fosse realmente um estado permanente de volúpia e êxtase espirituais, revelando nas criaturas sentimentos e preferências "extraterrenas", tantos artistas não abandonariam os palcos e os seus instrumentos, em troca das vulgaridades do comércio e da indústria. A maioria dos vossos talentos artísticos são apenas produtos de hercúleos esforços de disciplina, perseverança, ânimo e incentivos de glórias, enquanto o virtuose marciano é "música viva" em toda a sua plenitude humana.

PERGUNTA: — Existem orquestras sinfônicas, conjuntos musicais à semelhança dos nossos? Ou a música é executada de modo "sui generis"?

RAMATÍS: — São análogas às do vosso mundo, embora a predominância seja para a música "mecânica", que exige menor intervenção direta dos músicos. A sua instrumentação, pelo nível espiritual do ambiente, também é mais aprimorada na qualidade e na execução instrumental.

PERGUNTA: — Como entenderemos essa "qualidade aprimorada"?

RAMATÍS: — Cada músico toca o instrumento que está em equilíbrio com a sua sensibilidade artística. Os chocalhos, as marimbas e os "tantãs" são preferidos pelos que apreciam a música aliada aos trejeitos do corpo; enquanto as combinações sinfônicas de violinos, violas, violoncelos, fagotes, trompas, oboés, clarinetes e pianos traduzem pensamento espiritual mais elevado e de maior extensão emotiva. O público marciano é profundamente analítico e evita a instrumentação antiestética. Aprecia, especialmente, a música de teor espiritual, de instrumentação mais divina, menos humana.

PERGUNTA: — Quais os tipos dos instrumentos e qual o material de que são feitos?

RAMATÍS: — Os instrumentos são feitos de materiais apropriados, que os técnicos submetem a tratamento específico, de acordo com a função musical a que os mesmos se destinam. Não usam fibras animais nos instrumentos de corda nem peles da mesma procedência quanto a instrumentos cuja função sonora seja a de produzir sons idênticos aos vossos bombos ou tambores. São poucos os instrumentos para execução privada; as próprias crianças preferem execuções em conjunto e as itinerantes formam graciosas orquestras com instrumentos de sopro quase magnético e de manejo delicado, em conformidade com o gosto e sutileza espiritual dos marcianos. Os instrumentos são de matéria vítrea, confeccionada com lâminas transparentes e tão vibráteis, que soam à simples mudança de altitude ou deslocamento de ar. São mais delicados e artísticos do que os usados no vosso meio. A sensibilidade desses instrumentos, como certos tubos de matéria radioativa, vibram à simples passagem da brisa do ar, lembrando as estátuas dos antigos deuses egípcios, que ao nascer o Sol e pelo aquecimento do ar emitiam sons guturais e sonoros, que serviam para atemorizar e impressionar os fiéis.

PERGUNTA: — Não existem tipos de violinos, violas ou violoncelos?

RAMATÍS: — Os que eles utilizam são fundidos e confeccionados com substância vítrea, magnetizada e sob pressão "magnetoetérica", que torna os campos eletrônicos mais sensíveis e energéticos em suas órbitas comuns, produzindo-se melhor diapasão vibratório no metal. Um dos singulares recursos que os técnicos aplicam nesses instrumentos é a modificação sonora que podem obter com a simples mudança da temperatura e sob a ação de eflúvios magnéticos projetados sobre os mesmos.

PERGUNTA: — Qual o instrumento mais impressionante, em Marte?

RAMATÍS: — É o "plurifono", e assim o denominamos para vossa melhor compreensão. Substitui, fácil e galhardamente, uma sinfonia terrestre de mais de quinhentos músicos em perfeita conexão de harmonia. Assemelha-se a gigantesco órgão de catedral. Os que funcionam nos departamentos de música para o povo atingem até a altura de quinze a vinte metros e todos possuem majestosa tela vítrea, resplandecente e prateada que lhes forma a fronte suntuosa. Funcionam com a força motriz aproveitada por magnetismo etérico e seu mecanismo é construído de metal nobre, num dos mais geniais recursos de acústica, sem a mínima ressonância. Os grupos de tubos sonoros que representam as partes dos sons de órgãos parecem papel de seda polido, transparente; os sons se produzem através de jatos magnéticos e não mediante o sopro de ar que faz vibrar os vossos órgãos terrestres. A composição sonora é produzida por incontável quantidade de instrumentos em séries, cujos sons se articulam sob controle do executante em operações técnicas que não podereis compreender.

PERGUNTA: — Qual uma idéia mais nítida dessa instrumentação em série?

RAMATIS: — Citaremos um exemplo: o clarinetista das

vossas orquestras é obrigado a uma série de esforços na graduação do sopro no seu instrumento, a fim de obter as diversas notas e modulações exigíveis na pauta musical. Consequentemente, tanto os sons graves como os agudos resultam das deformações entre a pressão e a quantidade de ar soprado no clarinete; o "plurifono", entretanto, possui a série completa de todos os sons naturais do clarinete, assim como os de qualquer outro instrumento, através do singular engenho de cada nota musical se reproduzir num só tipo, menor ou maior, de cada instrumento. Há, pois, desde a "microclarineta", que atende à mais aguda e sensível nota musical emitida por um clarinetista exímio, até o som mais grave que é então reproduzido por uma clarineta gigante. Sob a mesma disposição há série de clarins, trombetas, oboés, flautas etc., inclusive a série de harpas desde o tipo delicadíssimo, qual cintilante teia de aranha, que emite sons mediante o simples hálito humano, até a harpa gigante, cujos sons lembram a majestade dos sinos festivos das grandes catedrais.

PERGUNTA: — Esses aparelhos funcionam por sopros, percussão ou dedilhamento?

RAMATÍS: — O seu mecanismo interno corresponde a todos os modos de execução, desde o sopro, fricção, dedilhamento ou percussão, através de um teclado anatômico, transparente, que se divide em sete semicírculos em torno do executante, em vez da linha reta de vossos pianos. As teclas são luminosas e cada fileira é decorada numa cor; as sete cores que formam o teclado assemelham-se às cores do espectro solar, embora profundamente translúcidas e mais puras. A impressão, à primeira vista, é a de um imenso maxilar com sete fileiras de dentes luminosos. Não há dificuldade ou exaustão para o executante, num " crescendo" ou vigoroso "allegro", porque as teclas não precisam ser comprimidas; elas se movem à simples aproximação dos dedos do artista, através do seu próprio magnetismo. O instrumento imponente é mergulhado num cenário de luzes e cores resplandecentes; e o executante tangendo as teclas sem movimentos frenéticos, desdobra sonoridades que parecem fluir de uma antecâmara celestial.

Os "plurifonos" gigantes funcionam em edifícios de construção especial, compostos de um único salão. É uma edificação esférica, toda vítrea, inteiriça, de uma só peça; assemelha-se a imensa bola de cristal fosco, ligeiramente achatada na parte que fica em contato com o solo; os assistentes entram por diversos pórticos que se abrem em volta, na sua parte inferior.

O monumental instrumento, de aspecto sublime, fica no centro desse imponente salão. Os ouvintes se acomodam em macias poltronas de material neutro, que não repercute nem vibra com as ondas sonoras emitidas. As paredes, construídas sob processos de física transcendental, refletem, docemente, todas as notas vibradas pelo "plurifono", cujas harmonias são de tal pureza e sublimidade que os ouvintes, extasiados, chegam a perder a sensação física do seu conduto auditivo; pois os sons deslizam, flutuam e lhes acariciam o espírito, propiciando emoções indescritíveis ao vosso entendimento. Essa música, além de terapêutica, a sua espiritualidade se reflete profundamente no psiquismo humano, fazendo que a alma consiga ouvir e aperceber-se de algumas ressonâncias harmoniosas da sublime sinfonia cósmica. O excelso artista, como elo vivo entre a Terra e o Céu, transfunde-se na beleza e na hipnose dos sons divinos que, como lentejoulas cintilantes, esvoaçam em torno, espalhando odores de fragrância celestial e transmitindo as emoções do êxtase espiritual.

PERGUNTA: — O executante segue um tema definido, ou seja, música escrita?

RAMATÍS: — Só conseguem execuções no "plurifono" os gênios da música marciana; pois há que possuir o "dom" aprimorado em vidas anteriores. São necessárias certas faculdades que só um clarividente possui no grau de poder aplicá-las, atendendo e sentindo o traçado das melodias que vibram nos planos etéricos. O "plurifonista" não improvisa nem segue qualquer pauta. Ele segue um roteiro abstrato, mas compreensível, captando nos mundos imponderáveis a beleza sonora das harmonias celestiais.

A execução do "plurifono", além do profundo "sentido musical", exige vontade disciplinada, conhecimento exato das "cores sonorizadas" e renúncia absoluta a qualquer prurido de vida material. A mente tem que estar espiritualmente ligada ao Alto. Há que compreender que o "som tem cor" e a "cor tem som". As reações psicológicas dos ouvintes demonstram que eles participam e sentem também as emoções causadas pelo som e pela cor em vibração unissona.

PERGUNTA: — Por que o "plurifono" exige o conhecimento da cor?

RAMATÍS: — Porque na imensa "tela radioativa" que se encontra na parte superior do "plurifono" projetam-se cores hermeticamente associadas aos sons produzidos; e o mais sutil apalpar das teclas do instrumento produz na tela a cor correspondente, a qual se encorpa ou dilui, se alarga ou esvoaça; ascensiona e, por vezes, desenha arabescos fascinantes, de matizes indescritíveis que vão surgindo de névoas cromáticas, e descerrando panoramas de beleza deslumbrante, matizados de nuanças coloridas de tons lilases, azuis, esmeraldinos e de topázio. Súbito, numa surpreendente metamorfose de alta concepção espiritual que arrebata a alma, o artista "desenha a música" em novas cores, em novas frases e acordes melodiosos que traduzem o sentido espiritual da partitura em toda sua plenitude.

PERGUNTA: — O povo marciano aprecia concertos e audições públicas?

RAMATÍS: — Certamente, pois a música, em Marte, é um prazer espiritual integrante da própria vida de seus habitantes. Também, um simples telefonema à "Casa da Música" e, logo, no próprio lar, podem captar e gravar a última composição ou sinfonia executada nos "plurifonos" pelos artistas insignes.

PERGUNTA: — Quais as cores que projetariam algumas das músicas do nosso planeta, cujas mudanças cromáticas traduzam ou expressem, com vigor, o sentimento ou a idéia que o seu autor lhes transfundiu?

RAMATÍS: — Em "Sonata ao Luar", de Beethoven, a nostalgia misteriosa do raio de luar se traduziria na cor de suave prateado, envolvendo suavemente os contornos silenciosos da natureza; a música mórbida de Tchaikovsky vos mostraria um amarelo patológico, preferencial de um Van Gogh. A "Terceira Sinfonia" de Beethoven, na sua feição enérgica, deve firmar o matiz vermelho, afogueado; a sua "Sexta Pastoral" daria os matizes verde-seda. A mensagem sublime da "Nona Sinfonia" se apresentará em cambiantes de azul-celeste refranjadas de filigranas douradas.

Quando as vossas faculdades psíquicas alcançarem a gama vibratória dos marcianos, indescritíveis sensações novas vos proporcionará a audição da música. Então, ouvindo as amorosas composições de Schubert, escutareis não apenas a doçura sonora, mas sentireis o suave perfume dos lírios, o cheiro fragrante das flores que se debruçam sobre os rios europeus, porque o tímido compositor só tecia suas páginas com a mente envolta nas expressões que pudessem traduzir o seu pensamento de amarguras transformadas em amor. E Wagner vos fará retornar aos milênios passados mediante a visão psíquica ao pressentirdes a formação telúrica do vosso mundo, aves gigantescas e vegetação agreste, tempestades e pavor; os deuses movem as forças criadoras, que se atritam num espetáculo de grandiosidade aterradora. Em vez das cores claras, suaves e límpidas, do roseiral florido ou dos jasmins inebriantes, os tons escuros, riscados de fogo e de relâmpagos e de odores sufocantes da vegetação bárbara.

PERGUNTA: — Qual um dos sentidos mais úteis da música, em Marte, além de emoções e inspirações superiores?

RAMATÍS: — Em épocas passadas, usaram na muitíssimo, conjugada à cor, como terapêutica musical, a fim de restabelecer a harmonia entre as energias da alma e a emotividade do sistema nervoso. Em Marte, os sacerdotes dirigentes dos "templos espiritualistas" sabem ligar-se, diretamente, ao que vós chamaríeis os "Arcanjos da Música", ou a fonte espiritual da música. Os "mantras" curativos, na evocação do "ego superior", que ainda usais em certas instituições iniciáticas e que é tradicional entre os orientais, constituem excelente terapêutica musical conhecida desde a Lemúria, também na Atlântida, e exercida fortemente no Egito.

A música possui a virtude de formar verdadeiros "canais cósmicos sonoros", das forças curativas do espírito; e os livros fundamentais de todas as doutrinas espiritualistas estão repletos de episódios em que a música é parte integrante das emoções sublimadas. Assim como as cerimônias ritualistas impressionam pelas suas pompas exteriores, a música empolga a alma pela sublimidade de suas vibrações sonoras. A música, pelo mistério que possui, consegue hipnotizar o homem-animal; e despertando nele o homem-espírito, põe-lhe a consciência em sintonia com os Poderes Divinos. Grande parte das realizações no plano da intuição, em Marte, se deve à influência que a música exerce na alma. Selecionando melodias para os ouvintes, os marcianos conseguiram despertar emoções criadoras de objetivos superiores.

Através dos sons excelsos, apurou-se a sensibilidade do espírito e este se desvencilhou, mais cedo, da "ganga" da música sensual, mórbida ou maliciosa, que rebaixa a alma.

PERGUNTA: — Podemos admitir a possibilidade de o compositor marciano criar músicas apropriadas a influir em diversos estados opressivos ou doenças da alma?

RAMATÍS: — Inegavelmente: os cientistas médicos marcianos assim o fizeram em épocas remotas, quando encomendavam aos compositores música destinada a certas instituições de tratamento mental, nervoso, circulatório ou glandular, pedindo-lhes um "medicamento musical" correspondente à doença. Esse tratamento pela "musicoterapia" produziu êxito extraordinário, pois conseguia ativar certos estados patológicos, letárgicos, ou acalmava os de extrema excitação. Favorecia, inclusive, a recomposição sadia das células e o trabalho endocrínico, pelas reações do psiquismo otimista e sereno.

PERGUNTA: — Tendo o irmão citado certa função terapêutica na música marciana, quais seriam essas condições, em nosso mundo, se tomássemos, por exemplo, as composições de Beethoven, Mozart, Chopin ou Tchaikovsky?

RAMATÍS: — Embora de menor profundidade psíquica, pela ausência dos fatores etéricos que mencionamos, essas composições musicais também podem causar modificações terapêuticas. Há que distinguir, entretanto, a seleção que deve ser feita, pois cada compositor varia muitíssimo na sua gama emotiva, produzindo, comumente, música para vários estados psicológicos ou biológicos. Chopin, embora seja psicologicamente um produto do sofrimento contínuo, que o hipersensibilizou e criou música de uma agudeza dolorosa, apresenta diversas produções entre si; nas suas "Polonaises", de feição patriótica, tenaz e decidida, terapeuticamente deve produzir efeitos excitantes, vigorosos; no entanto, o cansaço mental encontra um bálsamo suavizante nos seus "Noturnos"; os "Estudos" convidam à meditação e as Valsas ou Mazurcas aligeiradas proporcionam um afastamento da tristeza; são uma espécie de recomposição mental condicionada a novo gosto pela vida. Mozart, na sua pureza espiritual, com sua música bordando as nuvens claras dos mundos celestiais, afasta o egocentrismo humano e o dilui na forma alada de afeição humana. Tchaikovsky exige maior seleção terapêutica, pois o efeito mórbido de uma "Patética" seria de agravo ao doente mental, introspectivo e emotivamente pessimista, porque essa sinfonia é um brado desesperado de dor psíquica introvertida; Beethoven, no seu universalismo e mensagem coletiva de libertação à forma e aos preconceitos, é um grande "medicamento" para contrastar os "autoglorificados", os muito apegados ao "eu" humano. A música, em seu mistério de espiritualidade, pode agir em ambos os campos "psicofísicos", atendendo a forma e o sonho, a razão e a emoção, o instinto e a alma, o indivíduo e a massa, o selvagem e o gênio.

PERGUNTA: — Será a música, também, na Terra, motivo de futuro melhoramento da consciência coletiva?

RAMATÍS: — Assim deverá ser, como já tem acontecido noutros orbes, pois a música age no físico, emocional, espiritual e mental. É necessário que os vossos psicólogos, compositores e cientistas se interessem pela propagação da música criadora de sentimentos elevados, em vez de conjunto de melodias estimulantes de recalques libidinosos. Ela é impulso de vida, dinâmica e criadora; serve para o modelamento harmônico da alma e do corpo. Embora se manifeste, também, alentando emoções regionais e os anseios locais, na feição de música popular, há que ser cordial e límpida, que sensibilize a alma e afaste as insinuações torpes. É linguagem alta, divina, que não deve ser convertida em ritmos lascivos, ou insinuantes à malícia, aos crimes de lesa-beleza. É admissível o ritmo inocente e brutal do selvagem, pois está em consonância com a rudez de seu ambiente; mas não quanto ao civilizado, que já sabe distinguir a diferença entre a melodia superior e a fescenina. O desejo de mais breve angelitude exige, também, maior familiaridade à música que traz o brado emotivo e a ansiedade de pássaros cativos, como foram os vossos esclarecidos compositores da música divina. Tanto quanto o homem ascensiona para o Alto, mais ele se aproxima da mensagem da música, como alta manifestação da Natureza Divina.

PERGUNTA: — Alcançaremos o desiderato da música marciana?

RAMATÍS: — Já tendes, também, no vosso mundo, alguns expoentes de Marte, aí reencarnados, que vos darão os roteiros dessa música libertadora, racional e distante dos pieguismos sentimentalistas. Pouco a pouco os seus admiradores surgirão entendendo a singular mensagem renovadora dos sons. Variam, também, no vosso mundo, os modos de ouvir; há os que preferem só a beleza "física" do som; outros reagem pela emoção, alguns pelo intelecto puro e outros como ouvintes psíquicos, recebendo-a por via espiritual. Há os que a desejam em forma abstrata, no devaneio aos mundos metafísicos; e outros que se rejubilam pela forma descritiva, anotando a pulsação sonora do regato na floresta através do fio agudo e suave da flauta, ou então, as ameaças da natureza, na voz grave e ameaçadora da tempestade, que é o violoncelo. Para os mais religiosos, Bach nos faz ver majestosas catedrais projetando na abóbada celeste os sons dramáticos e profundos de seus órgãos solenes e austeros.

Esse desiderato haveis de alcançar, pois a música une e confraterniza os homens, faz-se entendível em qualquer ângulo do orbe; sua beleza e inspiração sobrevive ao tempo e anula o espaço. Desenvolve as faculdades sutis da alma e ajusta o ritmo do corpo. A Música, essa voz sonora de Deus, essência predominante em todo o Cosmo, é a Visão que a alma pode ter na consecução final do seu Ideal — a Angelitude Eterna.

13. Canto, dança e teatro

PERGUNTA: — Os marcianos têm pelo canto a mesma alegria e satisfação que lhe dispensamos na Terra?

RAMATÍS: — Não pretendemos descrever com exatidão a maviosidade dos cânticos marcianos. Há que atender às suas disposições orgânicas, quanto ao seu equilíbrio de saúde perfeita, ao ritmo irrepreensível no mecanismo da respiração e do coração e à maleabilidade dos seus delicados órgãos vocais; pois, graças a esses requisitos, é comum surgirem entre o povo cantores que fariam empalidecer Caruso, Gigli, Schipa, Martinelli ou as vossas consagradas sopranos como Galli-Curci, Cláudia Muzio, Gina Cigna etc.

PERGUNTA: — Quer o irmão dizer que o homem comum, de Marte, suplanta com facilidade os nossos melhores cantores e cantoras?

RAMATÍS: — Confirmamos que, entre a massa popular, existem muitos desses insignes rouxinóis humanos, em virtude do seu psiquismo superior e da sua natureza sadia, pois a limpidez sonora da própria voz depende, essencialmente, da pureza dos condutos vocais; e os marcianos têm uma conformação anatômica mais sensível e vibrátil; e, ainda, da função sincrônica do sistema respiratório. Além disso, o seu saudável e perfeito conjunto endocrínico, aliado a um sistema nervoso hipersensível, que obedece às mais delicadas emoções do espírito, faz com que eles utilizem essas maravilhosas faculdades para se desafogarem em fascinantes melodias. Os homens, salvo raras exceções, são cantores inatos e as mulheres são sopranos e contraltos de recursos artísticos admiráveis.

PERGUNTA: — Embora as faculdades superiores para o canto sejam comuns, não existem os que as possuem num padrão que os consagra como artistas muito acima da generalidade?

RAMATÍS: — Em qualquer situação da vida espiritual, seja nos mundos planetários ou nas esferas celestiais, há sempre almas que se distinguem nas coletividades. O nivelamento absoluto nas expressões da vida humana seria aniquilamento aos estímulos e ansiedades que se sobrepõem à rotina comum. As mesmas faculdades, possuídas por todos, liquidariam o esforço de alguns vanguardeiros que traçam os caminhos do futuro. Assim, em Marte, acima do homem comum que, apesar disso, revela qualidades superiores aos dos vossos excepcionais virtuoses do canto, existem também talentos privilegiados que constituem o setor dos responsáveis pela beleza espiritual nas mensagens do cântico humano. E ainda não possuís na Terra organismos sensíveis que possam servir de comparação à natureza admirável desses artistas de Marte. Dizermos que o cântico marciano supera o encanto e a harmonia do vosso rouxinol ou que evoca a misteriosa limpidez do cisne, no seu cântico de adeus à vida física, tudo isto não passa de fracas analogias. Teríamos que recorrer aos vossos dicionários rebuscando vocábulos mais primorosos, a fim de definirmos o que é intraduzível pela linguagem comum. Não é apenas a natureza puríssima da voz marciana, nem é somente o ritmo harmonioso do seu sistema respiratório, que correspondem com absoluta sincronia às modulações vocais. Há que considerar, também, a ressonância que os cânticos produzem na atmosfera magnética e tênue do planeta, especialmente quando evocam mensagens de conteúdo espiritual. Os pássaros e os próprios animais quedam-se como quem escuta e ausculta essas vibrações dos regozijos canoros dos marcianos; pois, nesses momentos, o ambiente parece transfigurar-se num santuário de hosanas ao Criador, como se os grandes gênios intérpretes da Música participassem em espírito desses hinos que elevam a alma à sua origem divina.

PERGUNTA: — Quais os motivos principais que os artistas utilizam em Marte, para temas de seus cânticos?

RAMATÍS: — Os homens marcianos são criaturas que vivem

além das linhas divisórias que separam a matéria e o espírito. As suas manifestações emotivas vibram na opulência de idéias e ansiedades que ultrapassam o limiar comum desses dois mundos. Os artistas, portanto, em qualquer circunstância, afeiçoam-se aos temas de ordem puramente espiritual. Distanciados, mentalmente, dos propósitos comuns da existência física, são veículos abertos ou ligados aos mundos superiores. Seus pensamentos voam, sempre, em direção às fontes de beleza eterna que flui do Espírito Divino. Seus esforços, como sentinelas avançadas, devotam-se às belezas insuperáveis da alma, no serviço fraterno de assistência aos que estão na retaguarda. Esses artistas significam os acenos, os convites permanentes às massas, a fim de que se esforcem no sentido de sua ascensão espiritual. Os temas das festividades ou representações artísticas são sempre de ordem educativa, pois não lhes interessa reviver os melodramas compungentes, nem mesmo as epopéias estrepitosas ou os feitos transitórios do homem dos mundos inferiores.

PERGUNTA: — O cântico em Marte é usado, apenas, nas representações e festividades coletivas, ou o cidadão marciano, em geral, é apreciador dessa expressão artística?

RAMATÍS: — Já vos dissemos que nos mundos mais adiantados do que a Terra tudo tem sentido superior. Porém essa superioridade, nada mais é do que um dos degraus da evolução do espírito através da escala do tempo. Assim, o cântico sublime das altas esferas teve sua raiz nas articulações guturais do homem das cavernas. O canto e a música são, pois, expressões irreprimíveis da alma, que se manifestam ou irrompem em todas as gradações da evolução do espírito, desde os "tantãs" e batuques dos selvagens até o cântico e a música das mansões celestiais.

Por conseguinte, se em vosso mundo, as almas se manifestam e desabafam em canções domésticas da música do ambiento, é natural que o cidadão marciano, que vive pleno de alegria, seja prazenteiro e afeito ao cântico, pois, para ele, a vida, em si, e tudo que o rodeia é, também, um cântico do Divino Arquiteto.

Libertos de convenções e preconceitos, as suas canções fluem naturalmente, singelas ou emotivas, alegres ou sonhadoras, nas mais felizes e exóticas combinações. Às vezes, um simples cântico isolado, lá num recanto, é uma espécie de prólogo ou motivo para que, aos poucos, comecem a flutuar no ar outras canções, as quais, por contágio de emotividade, percorrem os bairros, transferem-se aos campos e ainda repercutem, sonoras, até as regiões rurais, por motivo de afinidade emocional.

Os marcianos não têm complexos de inferioridade nem timidez. Seu coração, sua alma refletem a pureza de sua origem divina. O cântico significa-lhes o elo vibrátil da criatura à harmonia das esferas. Quando os seus tenores e os seus contraltos se reúnem para o canto coletivo cessa toda a admiração do homem pelos prodígios da sua ciência, em face desse outro prodígio mais sublime que é a voz humana tocada de espiritualidade nas suas expressões angelicais.

PERGUNTA: — Qual o sentido fundamental de suas canções?

RAMATÍS: — Traduzem sempre uma ansiedade de ascensão espiritual. O conteúdo "folclórico", a composição local, e a melodia popular, quando enunciados em festividades de confraternização, transcendem do solo, num verticalismo espiritual, havendo momentos em que os corações se impregnam de doce melancolia e ternura, como se atendessem à batuta de invisível maestro. É uma sincronização ainda desconhecida em vosso mundo, pois o espírito, como que vibrando na Unidade Divina, sente-se ligado aos mundos superiores. É um êxtase em que a saudade espiritual se faz presente nos seus corações; é o reflexo deslumbrante das realidades cósmicas, ligadas, todas, à grandeza crística do "Eu sou uma das almas, uma das consciências imortais a quem o Senhor do Universo oferece o usufruto eterno de tantas maravilhas". E, então, o povo marciano cuja evolução já lhe faculta, com as suas aeronaves interplanetárias, viajar aos outros orbes, curva-se à misericórdia infinita da Mente Divina.

PERGUNTA: — Não ocorre com o espírito terrestre essa saudade a que vos referis?

RAMATÍS: — Sim, mas comumente a confundis com a lembrança de lugares pitorescos em que já vivestes; algumas vezes, a misturais com evocações saudosistas limitadas à infância e à mocidade. Tal saudade espiritual, muitos a sentem no vosso mundo, mas bem poucos a identificam como sinal de ligação à Unidade Divina. Nesses cânticos marcianos, as melodias sobem à atmosfera do orbe, como flocos de arminhos de magnetismo divino, produzidas pelas vozes angélicas da infância, emolduradas no canto vibrante da juventude e pelo cântico sonoro e paternal dos velhos, os quais não escondem sua íntima alegria, ante a perspectiva de sua próxima libertação carnal. São coros de misteriosa tonalidade criadora, cuja ressonância sobe aos edifícios translúcidos e coloridos, a derramar-se, também, pelas colinas e planíceis adjacentes. Assemelha-se, ainda, a imponente sinfonia patética, cujos acordes, ora melodiosos e ternos, ora graves e profundos, assumem a majestade de uma apoteose de gratidão eterna ao Divino Criador.

PERGUNTA: — Nos seus folguedos e festas residenciais, os marcianos também apreciam a dança comum, que tanto nos agrada na Terra?

RAMATÍS: — É um dos seus motivos de júbilo e também de atraente humorismo. Assim como as vossas antigas "quadrilhas", festivas e excêntricas nas marcações, arrancariam risos aos presentes, também os marcianos possuem um gênero de dança, em conjunto, cuja realização provoca as mais inesperadas situações de alegria e bom humor; e vos causaria espanto que esses seres verdadeiramente "mentalistas", espécie de "crianças geniais", que dispõem de faculdades capazes de vos paralisar a alguns quilômetros de distância, se desafoguem em folguedos e alegrias tão simples, que lembram os estados ingênuos e emotivos da infância bem formada. Revelando todas as intenções "à flor da pele", nos movimentos graciosos e desprovidos de malícia, a emotividade sadia que lhes vai na alma torna-se contagiante.

PERGUNTA: — Como entenderemos algo de suas danças em seu sentido estético?

RAMATÍS: — Há uma interminável sucessão de combinações de cores, fulgurações de luzes e recursos magnéticos, que se harmonizam com os trajes magnetizados, especiais para as danças coletivas. Todos os movimentos que os dançarinos executam produzem as mais exóticas e inesperadas metamorfoses de cores refulgentes, formando quadros de cativante beleza e poesia. Processa-se, também, uma sequência que lembra um jogo espirituoso de xadrez, onde cada descuido, inexatidão ou embaraço provoca situações do mais sadio humorismo. Lembramos a antiga "quadrilha" apenas para que pudésseis firmar o pensamento em uma dança algo semelhante à marciana, pois não seria lógico que ainda estivessem usufruindo divertimentos festivos que já são obsoletos na própria Terra. Embora reconheçamos que ainda fareis ressurgir a "quadrilha", sob nova roupagem emotiva e descritiva, vos asseguramos que essa dança marciana está muito acima de vossas concepções. Aliam-se os recursos técnicos da cor, luz, perfume e som, a um divertimento sadio de situações bizarras e artísticas, decalcados em graciosa sutileza mental.

PERGUNTA: — A preferência da sociedade marciana, em dança, é exclusivamente pelo gênero dança "de par"?

RAMATÍS: — Não deveis sistematizar, mas sublimar. A dança "de par" também é praticada pelos moços marcianos, mas é delicada filigrana emotiva em que o magnetismo divino se manifesta através do bailado processado nos movimentos afetuosos, de beleza e ternura. Faz-se um verdadeiro contato espiritual, de renovação magnética, mui distante das sugestões grosseiras que alimentam o reinado das paixões lúbricas do vosso mundo. Para o espírito malicioso do terrícola, essa dança "de par" significaria um passadismo cheio de ingênua emoção; para os marcianos é manifestação própria de sua aversão às torpezas do instinto inferior. Nesses intercâmbios festivos, de alegria pura e entendimento fraterno, é muito comum os clarividentes anotarem fascinantes fachos de luzes multicores que jorram dos "plexus cordiais", dos jovens, formando uma recíproca nutrição de magnetismo sublime. Nas festividades íntimas, maravilhosos instrumentos denominados "cromorradiofônicos", inundam o ambiente de luzes policrômicas que traduzem com absoluta fidelidade as emoções causadas pelas melodias. Só um mundo de fadas e gênios bons, onde a beleza e a bondade fizeram moradia, pode ser comparado a essas festividades.

O panorama celestial de misteriosa beleza, onde tomam parte seres alados de graça angélica, reflete-se no ambiente marciano, principalmente na fascinação que a dança exerce nesses espíritos amorosos. Os terrícolas, tão afeitos à malícia e às sensações do instinto animal, em Marte, no contato comum da dança, ante os pensamentos de castidade austera dos jovens marcianos, sentir-se-iam incapazes de quaisquer liberdades ou expansões menos dignas. Aliás, a negligência espiritual ante os impulsos licenciosos do sexo, selaram os destinos fatais e trágicos de Pompéia, Herculano, Sodoma e outras civilizações que, desde a Lemúria até os vossos dias, hão desaparecido sob a violência impiedosa dos elementos da natureza enfurecida; pois a própria natureza é absorvente, e acumulador de fluidos da "massa pensante" em volição; e quando a saturação de fluidos de magnetismo tóxico se eleva ao potencial de uma carga desagregadora da coesão molecular, a matéria, qual dinamite sob o atrito, explode em convulsões geológicas demolidoras.

PERGUNTA: — Essa preferência dos marcianos pela dança igual às antigas quadrilhas, é indício de superioridade artística ou espiritual nesse divertimento?

RAMATÍS: — Nem a quadrilha, nem a dança "de par" podem revelar, substancialmente, estados espirituais superiores, mas a dança é propícia a oportunidades para os descuidos instintivos. O prazer da dança, quase hipnótico, aliado à música emotiva, desperta disposições instintivas afins à poesia, à alegria, à sensualidade ou à malícia, consoante o caráter dos bailarinos. Esses estados emocionais, elevados ou inferiores, dependem exclusivamente da maior ou menor resistência sobre a matéria. Especialmente entre os jovens, pois, em geral, são emotivos e desavisados quanto ao perigo das paixões inferiores que a dança provoca quando regida por música sensual.

A quadrilha dos vossos antigos salões, de música extensa e festiva, correspondia mais à jubilosa oportunidade de congraçamento social, ao desafogo das famílias, do que aos anseios sensuais. O homem atual da Terra provavelmente há de classificar a "quadrilha" como divertimento ingênuo e envelhecido, mas esquece que, na conformidade da psicologia humana, essa dança revelava um estado de reverência e de respeito social, sem incentivos fesceninos muito comuns atualmente na mocidade terrícola.

PERGUNTA: — Essa predisposição mental que nos induz à tentação pelo sexo oposto, cremos que, em virtude de ainda estarmos emergindo da vida instintiva, é muito difícil de ser vencida ou extinta "ex-abrupto". Não vos parece?

RAMATÍS: — Há um impulso ascensional nas expressões biológicas da própria forma, que se processa em perfeita sintonia com a purificação do espírito. À medida que a alma se santifica, ela influi, reforma e apura as qualidades do vaso físico. Cumpre, pois, à alma destinada ao Bem supremo, controlar e regular as paixões inferiores, porém, sem o objetivo de querer extingui-las de repente. É necessário alimentar sempre o ideal de um corpo mais evolvido e delicado, tal como o artista faz para conseguir que a sua obra traduza, cada vez mais, a sua inspiração mais sublimada.

A mulher cujas roupagens são uma espécie de cartaz do seu próprio corpo e que, desavisada, passa pelas avenidas buliçosas, saracoteando-se intencionalmente, é a figura viva dos impulsos sensuais, semelhando a condição de um fantoche movido pelos cordéis do caricato senhor de um harém. Daí a razão porque os marcianos se desinteressam por essas danças coleantes, e de caráter circense, as quais, a rigor, denunciam reflexos das danças desordenadas e truanescas das tribos selváticas.

A "besta" que representa as manifestações desregradas do instinto animal, cumpre a voz da profecia quando invade e se alastra sorrateiramente nos refolhos íntimos da sociedade. Esse despudor, esse exibicionismo satânico polarizado no revolutear de corpos impudicos, que os incautos diretores da moral humana confundem com a emancipação biológica existencial, estão demonstrando que o vosso mundo já avançou até os limites extremos, e que se inicia o ciclo do profético reinado da "besta" apregoado pelos videntes bíblicos, cujos efeitos terríveis, e de amplitude coletiva, já não poderão ser evitados, pois são consequência fatal de leis cósmicas que se cumprem inexoravelmente.

PERGUNTA: — Os marcianos apreciam as representações artísticas, como o teatro, por exemplo?

RAMATÍS: — Em Marte existe a arte teatral, mas a sua função é condicionada à educação espiritualista sob moldes crísticos, descortinando os panoramas celestiais e ajustando a engrenagem psicológica do povo.

PERGUNTA: — Mas não há um desenvolvimento encadeado em acontecimentos ou histórias que evidenciem conceitos morais ou filosóficos? Esse teatro é simples representação de imagens, sem nexo, ou quadros imóveis sem sentido correlato?

RAMATÍS: — É de acordo com o estado espiritual dos marcianos, vibrando em uníssono com as suas ansiedades. O teatro dramático do vosso mundo corresponde, em Marte, à representação de motivos "pré" é "pós-reencarnatórios", onde focalizam o drama das migrações de espíritos entre os orbes habitados, os fracassos de almas prematuramente admitidas em civilizações acima de sua capacidade espiritual. É teatro algo dramático, porém, realçando o "drama cósmico", o esforço sideral do espírito em busca de sua felicidade eterna através das romagens pelos mundos materiais. É um campo mais amplo e elevado, mais em sintonia com o estado evolutivo do marciano. No vosso mundo, o teatro ainda gira em torno das trivialidades rasteiras dos interesses utilitaristas, na conquista de tesouros que a "traça rói e a ferrugem come". Em Marte o teatro abrange assuntos referentes aos valores fixos da alma em busca da ventura eterna. Enquanto os mais geniais esforços do teatro terreno objetivam a melhoria das relações no mundo provisório da matéria, os teatrólogos marcianos referem-se ao intercâmbio espiritual entre os mundos.

PERGUNTA: — Podereis citar uma exemplificação objetiva, quanto à natureza dessas representações?

RAMATÍS: — Considerai, por exemplo, uma peça teatral em que o primeiro ato se refere à história de uma alma que vive num planeta inferior, semelhante à Terra, envidando hercúleos esforços para se libertar das contingências desse mundo; o segundo ato demonstra o ingresso e as surpresas que ela encontra ao reencarnar num orbe superior, seja Marte; no terceiro ato, no epílogo, o público assiste às cenas dos obstáculos psicológicos que se lhe interpõem na ação buriladora de sublimação da alma em questão. Mesmo que o final seja algo cinematográfico, como sói acontecer no vosso mundo, onde a ética pública exige acertos apressados entre os intérpretes dos melodramas terráqueos, o que importa aos marcianos é conhecer a profundidade e os diversos ângulos espirituais de tais perspectivas.

PERGUNTA: — E não exibem espetáculos, também, no gênero do nosso teatro de revistas, óperas ou operetas?

RAMATÍS: — A ópera trágica, que em vosso mundo é um monumento musical tecido quase sempre em torno de uma historieta funesta, não encontraria ambiente favorável em Marte, em virtude de esse planeta estar isento de acontecimentos lúgubres ou calamitosos. Reconhecemos como mensagem útil as vossas óperas por constituírem uma espécie de trampolim entre as vozes humanas e as composições sinfônicas, educando os ouvintes a reconhecerem a linguagem sublime dos sons. Mas num orbe liberto de ódios, indiferente aos preconceitos raciais e às tradições aristocráticas, avesso aos feitos heróicos dos guerreiros, isento das paixões que geram homicídios, distante dos antagonismos conjugais e dos desacertos nas relações sociais, a ópera, com o seu cortejo sinistro de sons e melodias tristes e fúnebres, se tornaria assunto ridículo. A própria opereta, que na Terra é saturada e poluída pela malícia e pelas liberdades da nudez feminina, deixa de interessar ao povo marciano, pelo desrespeito que esses espetáculos, muitas vezes, constituem contra os princípios superiores da vida. Ninguém conseguiria evidenciar espírito artístico, tomando por base certas situações equívocas da mulher. A figura feminina, em Marte, é considerada o sagrado templo da vida física. Entre os artistas é a mensageira terna das inspirações divinas.

Consequentemente, em Marte existe a representação equivalente à ópera, mas são sublimes espetáculos sonoros, em que a voz humana, aliada à majestade da música, consegue exprimir a glória do espírito e não as deprimências mórbidas dos instintos.

PERGUNTA: — Qual o assunto de uma representação semelhante à nossa ópera?

RAMATÍS: — É sempre um tema de caráter premonitório, isto é, antevisão de acontecimentos reais do futuro, quanto às modificações sociais, morais, intelectuais e artísticas do planeta, em correspondência com o progresso espiritual. O esforço dos autores, compositores e artistas participantes da obra musical, consiste em excitar e desenvolver a capacidade de raciocínio para as sequências futuras. Em virtude da avançada faculdade de intuição que possuem, são poucos os seus equívocos quando chegam à realidade. Tais óperas têm por objetivo, além de conjugar a voz humana à melodia dos instrumentos, despertar nos espectadores novas disposições emotivas e mentais, a fim de que apressem ou ativem o metabolismo ascensional do espírito. É, finalmente, um teatro sério, que além de divertir, educa a alma, condicionando-a às realidades espirituais do futuro, através da eternidade.

Quanto à opereta marciana, é espetáculo que só exibe cenas delicadíssimas, baseadas nas contradições comuns do povo, manifestando a graça pura e a alegria elevada. Ricas de melodias jubilosas e saltitantes composições de respeitoso teor, são as fontes criadoras das canções populares. Auxiliam as coletividades a se desafogarem na alegria coletiva, mas sem recorrerem às inconveniências dos assuntos lascivos, em que os autores terrenos são pródigos, rebaixando a sublimidade, a estética da beleza física da mulher aos desvãos dos excitamentos lúbricos.

Finalmente, o teatro de revistas também é ofuscante de beleza, ritmo e coreografia, onde a luz, o som, o perfume e a cor encontram o seu apogeu sem quaisquer cenas de teor deprimente, pois o corpo humano é cultuado em Marte, à semelhança de quando os gregos, em vosso mundo, se cingiam à disciplina salutar de "mente sã em corpo são". Mesmo os espetáculos mais livres, algo do vosso teatro ligeiro, fundamentam-se nas mensagens de cores, luzes e melodias, que revelam as ansiedades, o progresso artístico, e as composições musicais das comarcas. É diversão leve, sutil, estruturada sob o gosto acentuado pelas filigranas de uma graça incompreensível na Terra, por ser isenta de malícia ou indelicadeza.

PERGUNTA: — Como pode a opereta dar-lhes um sentido humorístico e grácil, sem decair para representação infantil? Não somos pela malícia nas representações teatrais, mas verificamos que a veia humorística do terrícola ainda pede esse condimente pitoresco. Não vos parece?

RAMATÍS: — A graça que exige licenciosidade para despertar interesse revela sempre mediocridade dos seus autores. O humorismo marciano é decalcado em situações pitorescas e inesperadas do espírito humano, mas distante dos aviltamentos morais do espírito. A comicidade limpa dos recursos despudorados impede o espírito de rebaixar-se ao nível dos instintos inferiores que tanto retardam o progresso ascensional para as esferas paradisíacas.

PERGUNTA: — E quais os motivos da vida marciana que podem servir de humorismo em suas operetas?

RAMATÍS: — Existe entre os terrícolas e a graça marciana a mesma diferença mental que há entre a vossa civilização e os bugres que povoaram as florestas onde erigis atualmente as vossas cidades. O jogo de palavras, o trocadilho, os epigramas e as sutilezas paradoxais que pululam em vossa literatura, teatro, vida social ou política, que vos fazem rir às gargalhadas, não seriam compreendidos pelo selvagem, cujo humorismo se fazia na empresa mútua de quebrar ossos e fazer caretas. É difícil vos transmitir a noção exata do humorismo entre os marcianos porque nos faltam analogias para fixar a delicadeza sutil que se evola de sua linguagem sintética, aliada ao jogo hábil de "pensar e dizer". Em Marte, na sua vida cotidiana e pública, existem múltiplas situações e equívocos humanos, por parte de turistas de outras comarcas e espíritos desajustados emigrados doutros orbes, que vos fariam rir desregradamente, se pudésseis assimilar a psicologia humorística daquela humanidade. Falta-vos, no entanto, a compreensão psicológica do ambiente marciano. Na Terra, de senso subjetivo semelhante entre as raças que a povoam, também se torna sem sabor uma graça específica de outro povo, como, por exemplo, o humorismo latino que raramente é compreendido pelo asiático, ou o ocidental que estranha o pitoresco do oriental. Por conseguinte, tereis que vos conformar quanto à distância psicológica em que ainda vos encontrais para compreender a comicidade marciana exteriorizada pela voz, conjugada aos singulares recursos da telepatia.

Concluindo, diremos: a prodigalidade de recursos que o espírito do marciano sabe movimentar para sua alegria e aperfeiçoamento não cabe na exiguidade deste trabalho mediúnico, por fugir à necessidade essencial da revelação permitida. Mas, em síntese, o teatro marciano distancia-se da pobreza mental terráquea, que cria situações licenciosas a fim de obter humorismo mediante o aviltamento dos atributos sagrados da procriação. Em Marte não existe um público desregrado que, à semelhança dos terrícolas, seja capaz de alimentar a indigência moral e intelectual de teatrólogos fesceninos. O seu ambiente sadio, condicionado aos valores genuínos da alma, na procura incessante de "mais luz e mais verdade", subjuga e extingue os impulsos menos dignos, em qualquer esfera de atividade marciana, provando que a verdadeira vida da alma é repleta de júbilo e encanto, pois Deus não é aquele Jeová doentio e neurastênico dos tempos bíblicos, vigiando sadicamente as suas criaturas, e "matando o tempo" no jogo cruel de lotar o inferno de um lado, e recompensar seus adoradores privilegiados com um céu de ociosidade eterna.

14. Pintura

PERGUNTA: — Qual é o sentido da pintura, em Marte?

RAMATÍS: — É na conformidade do grau evolutivo do seu povo; os pintores atuam mais próximos da pureza real da cor. Agem mais intimamente na sua substância, do que no colorido das imagens.

PERGUNTA: — Como entender essa pintura de pureza real?

RAMATÍS: — É a beleza proporcionada pela fixação do colorido animado de certa fluidez etérica.

PERGUNTA: — Trata-se de pintura fosforescente?

RAMATÍS: — A pintura fosforescente provém da mistura de um elemento estranho à cor, criando-lhe luminosidade artificial. Em Marte, o artista é dotado de visão psíquica incomum; penetra no mundo "etereoastral" e consegue captar nuanças fascinantes que parecem refletir a magia de invisível projeção de luz.

PERGUNTA: — Como compreender, cientificamente, essa possibilidade do artista marciano na pintura?

RAMATÍS: — Não conseguiríamos dar-vos o processo, que exige um conhecimento e experiência "supercientífica" para o vosso atual estado evolutivo. No entanto, a ciência terrestre sabe que a cor é produto dos chamados "saltos eletrônicos", nas órbitas interatômicas. Os pintores marcianos, além de artistas, são científicos, altamente mentais; e conseguem controlar o campo etérico, invisível, onde se processam os "saltos dos elétrons" formadores da cor. Conhecida a lei que os governa, dispensam recursos químicos para a obtenção da luminosidade natural na cor.

PERGUNTA: — E como poderíamos entender o aspecto dessa luminosidade na cor, que não é fosforescente, nem depende de recursos químicos?

RAMATÍS: — Imaginai que os pintores marcianos, em vez de usarem telas opacas, espalhem suas tintas sobre lâminas de cristal luminoso, que possui luz natural. À medida que o pintor vai espalhando as suas tintas sobre esse cristal de luz própria, estas também se tornam luminosas e cristalinas, num grau de pureza fascinante. É um pálido exemplo para que possais avaliar a luz que provém do eterismo imanente na cor.

PERGUNTA: — Quais os recursos que permitem aos marcianos a percepção luminosa da cor?

RAMATÍS: — A atmosfera de Marte, mais tênue e repleta de magnetismo sadio, possibilita maior irradiação de luz.

PERGUNTA: — Qual é o efeito dessa pintura aos que a admiram?

RAMATÍS: — É pintura que projeta refulgências do "éter-cósmico", as quais, entrando em relação com a própria aura dos espectadores, estabelecem correntes magnéticas de afinidade entre as cores irradiantes e o psiquismo humano. A cor fundamental da aura humana, vibrando sob a influência etérica do colorido predominante na pintura, desperta as disposições emotivas do apreciador, especialmente quando há sintonia perfeita e intensa entre a aura do mesmo e o matiz colorido que ele vê.

PERGUNTA: — Como é essa cor fundamental da aura humana?

RAMATÍS: — Os clarividentes da Terra sabem que todos os seres humanos são revestidos de auras, cuja intensidade e cores, claras ou escuras, dependem fundamentalmente do seu grau espiritual. O homem devotado exclusivamente ao ódio e à vingança, possui uma aura negra, que o circunda como um manto de trevas; enquanto almas do quilate de um Jesus apresentam uma aura branca, lirial e imaculada. Entre esses dois extremos há uma infinidade de matizes que correspondem aos vários temperamentos espirituais existentes. É uma nuvem luminosa, ovóide, que envolve e interpenetra o homem. Quando Jesus se transfigurou no monte Tabor, Ele tornou visível a Luz imensurável e deslumbrante de Sua aura. Todo o sentimento que predomina e caldeia o psiquismo humano produz um padrão vibratório, que forma a cor base, reconhecida facilmente pelos clarividentes. Essa é a cor principal da aura, pois existem outros matizes que podem aparecer e desaparecer, acidentalmente, produzidos pelas emoções acidentais mas que não formam o temperamento invariável ou característico do indivíduo.

PERGUNTA: — Como se estabelecem as correntes magnéticas das pinturas luminosas, de Marte, com as auras das criaturas?

RAMATÍS: — Na Terra podeis reconhecer quando um homem de aura pesada, constritiva e suja se aproxima de vós, pois sentis certa sensação repulsiva. No entanto, a presença da alma nobre, afeita ao bem, vos conquista simpatia e agrado. Em relação à pintura marciana, o fenômeno é o mesmo, pois o quadro manifesta a alma do seu autor. Estabelece-se, então, uma corrente de afinidade vibratória entre a emotividade do espectador e a tela pintada. Uma tela marciana, etericamente luminosa, num matiz amarelo fundamental, tende a impressionar o intelecto desenvolvido, porque a aura deste é, justamente, daquela cor; o rosa-límpido provoca a emotividade do homem essencialmente amoroso; o verde-seda vibrará com o artista, devoto fiel das belezas naturais. Assim como a aura de um homem religiosamente crístico é um bálsamo na hora sombria do homem aflito, uma pintura que irradia a mesma emotividade causará também um efeito sedativo no observador marciano. Naturalmente não deveis considerar ao "pé da letra" os nossos exemplos, pois não traduzem a realidade exata.

PERGUNTA: — Então os artistas marcianos não pintam apenas em função da arte tradicional da pintura? Seguem, ainda, outros objetivos além da simples manifestação emotiva do Belo?

RAMATÍS: — O pintor marciano, acima de tudo, é um cientista familiarizado com os "eletronismos" do seu orbe. Em sua arte não há apenas disciplina emotiva; há, essencialmente, ciência educativa de objetivos didáticos. E as cores criam emoções e estímulos elevados na alma dos seus apreciadores. Os esoteristas terrenos cultivam, com perseverança, as idéias de "amor, verdade e harmonia", certos de que esses pensamentos enérgicos predispoem a alma aos intercâmbios das vibrações superiores. Essa é a base em que os artistas, em Marte, firmam os labores pictóricos, educando a mente do povo, também mediante a influência psíquica das cores.

PERGUNTA: — E quais são os motivos preferidos nas pinturas?

RAMATÍS: — Torna-se difícil retratá-los com precisão por não dispormos de vocábulos específicos que definam, com clareza, os assuntos imponderáveis que integram a sua pintura. Os maiores esforços que fizerdes para uma realização pictórica que atenda os imperativos do século, não chegarão a vos dar o roteiro que permita avaliar ou definir a arte dos pintores marcianos.

PERGUNTA: — É algo parecido ou da escola que, na Terra, classificam de "pintura moderna"?

RAMATÍS: — Essa pintura, por enquanto, não exprime a verdadeira mensagem da cor conhecida pelos marcianos, pois ainda não pudestes sair do período da "confusão", que precede sempre a demolição das fórmulas arcaicas e obsoletas. Somente quando completardes essas duas fases — confusão e demolição —, podereis iniciar a reforma construtiva.

PERGUNTA: — A pintura moderna que referimos, e ainda inaceitável ou incompreensível à maioria, será prenúncio de evolução futura? Poderemos aceitar como expressões de arte construtiva, certas produções teratológicas criadas por alguns pintores?

RAMATÍS: — É a fase em que a excentricidade toma vulto, tornando-se difícil distinguir os artistas e os charlatães ou os simples curiosos. É a confusão idêntica à que se produz no local onde se processa a demolição de prédios velhos, a fim de ser construído um edifício com todos os requisitos das construções modernas. Os operários não sabem por onde devem começar o trabalho, gerando-se a confusão de movimentos, sugestões e intervenções indébitas. Os vossos pintores atuais, entediados dos formalismos fotográficos, resolveram integrar-se nos eventos dinâmicos e científicos da época. É certo que ainda não conseguiram alcançar a mensagem exata do artista marciano; nessa aflitiva procura, põem-se a demolir os textos e os medalhões da pintura escovada e formal do passado. Não há escola crítica definida ou conceito que possam fixar, a contento e decisivamente, essa fase confusionista e demolidora; são inúteis as verborragias encomiásticas da imprensa ou as concepções pessoais de fórmulas empíricas, pois a tarefa ainda é demolir o "velho para a nova" vitória da cor. Mas é o caminho certo; derrubar, desatravancar e substituir também o mobiliário "antiestético". Depois, a nova construção surgirá em sua beleza nova e compreensível.

PERGUNTA: — Para o nosso entendimento vulgar, qual é a mensagem real que se esconde nessa procura? Que busca o pintor moderno, cujas obras, às vezes, decepcionam, tanto aos espectadores, como a muitos dos que exercem a mesma arte?

RAMATÍS: — Buscam o hermetismo da cor; a sua verdadeira natureza íntima e até rica, na qual se esconde a genuína arte da pintura. E o pintor terrestre que é artista, como espírito provindo de esferas mais delicadas, sente que a pureza intrínseca da cor é "espírito" e não deve limitar-se às configurações externas. Se o artista ainda não alcança a função psíquica do colorido, é prematuro tentar efeitos psicológicos na composição pictórica. As concepções que surgirem sob um "esnobismo" artístico podem provocar estados de admiração, convencional ou artificial, mas que não falam à alma pelo conflito das suas expressões heterogêneas. A "cor" possui essência vibratória, científica e matemática, que opera no psiquismo humano sem quaisquer recursos artificiais ou fórmulas simbólicas. Os verdadeiros artistas sentem essa verdade; as suas pesquisas exigem angústia espiritual. Eles sentem que a "luz e a cor" estão intimamente associadas; e a sua luta mental é conseguir exteriorizá-las ante a visão humana.

PERGUNTA: — Não se pode reconhecer, nesta confusão, os verdadeiros artistas que, de algum modo, já se aproximam da mensagem futura?

RAMATÍS: — Certamente, mas o homem comum dificilmente os reconhecerá. Os esforços fatigantes dos atuais cultores da pintura moderna, mesmo que se credenciem com o diploma de um novo "tabu acadêmico", isso não prova que já estejam de posse dos segredos pictóricos do terceiro milênio. A "descida" vibratória de toda a mensagem espiritual, até se revelar ao mundo físico, está sujeita ao caos de tudo que quer erguer-se sem bases sólidas de conhecimento. Em tal fase, os verdadeiros artistas ou virtuoses são facilmente obscurecidos pelos improvisadores excêntricos, que podem lograr fama e êxito, não pelo talento, mas pela audácia, aventura e oportunismo: e o público, faltando-lhe capacidade de aferição ante os novos eventos, vacila entre o artista e o intrujão. O que sucede em política, religião ou no campo científico ocorre nos setores da música, da pintura ou da poesia. A tentativa exótica e audaciosa, do medíocre "troca-tintas", pode confundir o esforço pertinaz de um gênio em formação. Nesse desbastar e ruir de formas velhas, o arrasamento é de tal ímpeto que, no juntar das pedras, ninguém distingue quem é o engenheiro e quem é o moleque que "invadiu a obra". Somente na hora da reconstrução é que a sabedoria humana distingue ou identifica a asa do gênio e a mão pesada do charlatão.

PERGUNTA: — Embora ainda estejamos na "descida", será que já se encontram entre nós alguns verdadeiros mensageiros da pintura dominante no terceiro milênio?

RAMATÍS: — Inúmeros espíritos que no passado sempre estiveram à testa das renovações avançadas, e foram até ridicularizados pelo espectador bovino, já estão convosco, traçando rumos definitivos, ensaiando movimentos e expondo diretrizes fundamentais. Podeis percebê-los na disciplina e entusiasmo eufórico com que pesquisam e se aplicam às suas composições, que amadurecem, dia a dia, embora sejam decididamente demolidoras. Diante de suas composições excêntricas, vibra a linguagem austera de novas expressões, que subjugam pelo psiquismo que flui de sua luminosidade; os matizes claros, esvoaçantes, revelam auras além dos olhos físicos e misteriosa reflexão se faz no vosso espírito. Desaparecem as formas que são sustentáculos da cor, para se evidenciar, na imponderabilidade da alma, aquela refulgência estranha que dizemos o "eterismo" da cor. Muitos desses pintores são os vossos irmãos fraternos, descidos de Marte, trazendo-vos, embora com imensa dificuldade, a mensagem gloriosa da pintura marciana. E na cinematografia do vosso mundo, misturando cores e revelando mundos de fada, eles também estão convosco, no trabalho santo e divino da Beleza que se emana dos Anjos da Cor.

PERGUNTA: — Qual seria um exemplo mais vivo, para um ligeiro entendimento da influência da pintura marciana?

RAMATÍS: — Tentaremos esse esclarecimento. Imaginai uma tela pintada por genial artista terrestre e que ele considera a simbolização perfeita do "amor puro", pois quando a pintou, em transe, estava repleto de amor pela humanidade. Em correspondência com as leis científicas, que regem a vibração da cor, também em correlação com o psiquismo humano, essa pintura deverá ser estruturada, fundamentalmente, num rosa-límpido, virgem, embora desde o matiz rosado, pálido, até a fronteira do carmesim, pois este revela a força do afeto. Todos os demais coloridos da pintura devem se subordinar sempre ao tom básico, principal, fixo e implacável da cor rosa puro. Mas não é pintura simbólica ou alegórica; há que considerá-la cientificamente, uma energia vibratória, capaz de sintonizar as emoções dos seus apreciadores, torná-los um prolongamento vivo, fazendo-os vibrar na mesma emotividade amorosa que identifica a cor. Consideremos, então, três apreciadores dessa pintura; o primeiro é um homem rude, irritável, instintivo e egocêntrico; diante do rosa etérico, sente uma disposição emotiva de afetividade para com os seus filhos, animais domésticos e para as coisas que admira e possui. O segundo apreciador é um ser afetivo, simpático às relações sociais e amistosas; ama sua família, seus animais, parentes, amigos e todos os que se afeiçoam às suas idéias e gostos. Embora religioso ardente, respeita os outros credos, sem aceitá-los. A cor rosa torna-o eufórico, mentaliza planos de serviço ao próximo e de assistência aos necessitados; lembra-se das promessas que emitiu a favor de alguns; identifica-se por um "amor coletivo"; é capaz de dar o que possui num momento de êxtase espiritual, embora depois se arrependa. O terceiro é um homem universalista, de consciência expansiva, liberto das formas do mundo e repleto de ansiedade crística. Considera todos seus irmãos; o mal é ignorância e o crime é enfermidade espiritual, que deve ser tratada. Tudo evolui, melhora, cresce e ascensiona; tudo é belo e ninguém se perde no seio eterno de Deus. Esse terceiro ser é de "amor incondicional" e de afeto realmente puro; um verdadeiro cristão. Diante da cor de rosa do amor puro, sua alma estabelece íntimo contato com os anjos, assim como duas flores iguais cruzam o seu perfume. A pintura expande-se e eteriza-se nesse homem, alvoroçando-lhe a intimidade do amor fraterno por todas as criaturas.

Consequentemente, a influência da cor, na pintura marciana, é de conformidade com a reação psicológica e o estado espiritual do apreciador. É claro que diante de uma tela que identifica a vibração colorida do "amor imaculado", a reação de um homem comum é de pálida emoção, distante do êxtase que sentirá um

Francisco de Assis, cuja vida já foi de excelso amor à humanidade. Enquanto o cidadão egocêntrico, sob o influxo energético da cor rosa, só alimenta afetos pessoais, o divino Francisco revelará mais ansiedade "crística". Nesse exemplo rudimentar, também podeis compreender que o amarelo puro, que identifica a intelectualidade, o azul que exprime o sentimento religioso, obedecem à mesma contingência vibratória.

PERGUNTA: — Qual a espécie de artista, na pintura, que se prefere em Marte? É a do "conservador" ou a do "idealista"?

RAMATÍS: — Inegavelmente, essa preferência é para o idealista, que é sempre um novo criador, em vez de reprodutor de fórmulas ou princípios consagrados, mas envelhecidos. Assim como na Terra, também distinguis os pintores que parecem simples contadores de histórias, narrativos ou descritivos, e que repetem sempre a mesma realidade, embora sob aspectos diferentes, e também conheceis inúmeros outros, que exercitam a imaginação, idealizam e criam um novo padrão pictórico. Naturalmente separais os "extrovertidos", que pintam apenas em função do exterior, e os introvertidos, que no silêncio da alma transformam-se em novos Colombos da pintura terrena. E também, como o grande navegador, são censurados, incompreendidos e hostilizados, pelas suas mensagens excêntricas de um "mundo desconhecido". Estes, que são raros na Terra, predominam em Marte, pulsando em sintonia com as cores em vibração imodificável no "éter cósmico".

PERGUNTA: — Em nossa terminologia clássica, como seria considerada a pintura marciana?

RAMATÍS: — Poderia ser talvez considerada como "impressionismo", em que os artistas pintam os seres e as coisas como queriam que elas fossem, em vez de como elas são. Mas o pintor marciano revela essa expressão sob capacidade muitíssimo extensa; a sua visão é especialmente "psíquica" e penetrante no mundo "etereoastral". Ele tem consciência exata da esfera onde atua. Firma-se na posição de "médium da cor", considerando esta uma entidade vibrante de fascinação e divindade. Evita as emoções do seu "eu".

PERGUNTA: — Por que diz o irmão que tais pintores evitam as emoções do seu "eu"?

RAMATÍS: — Os impressionistas terrenos impregnam suas

obras de suas emoções próprias. A mensagem impressionista varia tanto quanto seja a gama emocional do seu intérprete. Os marcianos, imunizando-se contra essa idiossincrasia, que oprime a impressão pura do mundo divino da cor, fluem para o mundo físico a cor real — para não vos dizermos para o "espírito da cor".

PERGUNTA: — Qual é a característica, em Marte, que mais diferencia um artista genial de outro menos talentoso?

RAMATÍS: — É a maior capacidade em poder transferir para o mundo físico maior quota de luz "cor etérica". Quanto mais cristalino se manifesta o colorido na composição, também se produz um efeito mais intenso na alma do espectador. Os artistas que integram a esfera dos "virtuoses da cor", conseguem verdadeiros espetáculos de luz e beleza policrômica.

PERGUNTA: — Pode haver alguma identificação com a pintura marciana, nesses exotismos que apreciamos, atualmente, como um mar vermelho, lua solferina, faces roxas, mãos lilases ou pombas verdes?

RAMATÍS: — É a busca angustiosa dos pintores que adivinham esse "algo" que os marcianos, os saturninos, habitantes de Sírius e de outros orbes já manuseiam na cor. Diante de um labirinto inextricável, pesquisam, experimentam e investigam, confusos. De vez em quando, cruzam um atalho certo, vislumbram uma clareira fascinante; fulge, então, o brilho daquilo que lhes atua no subconsciente; principalmente se o artista coincide em ser um marciano reencarnado na Terra, para auxiliar a mensagem verdadeira da cor.

PERGUNTA: — Como somos profanos no assunto, poderíeis ajudar-nos a compreender a idéia nítida dessa mensagem exata da cor?

RAMATÍS: — Essa verdadeira cor é o matiz exato que vibra no éter, e não conceituada pela visão humana, que é bem precária. Há inúmeras cores classificadas pela sensibilidade humana, que na realidade intrínseca são bem diferentes, em virtude da deficiência dos vossos órgãos visuais, que ainda não alcançam as vibrações mais sutis. Os chineses, há mil anos, pintavam as suas telas com o céu todo amarelo, pois assim é que o percebiam na sua visão rudimentar; só mais tarde é que alcançaram a cor azul-clara. Entretanto, essa pretensa cor azul é o resultado das massas atmosféricas, iluminadas pelo sol e sobre o fundo negro do espaço infinito. As poeiras cósmicas ou radioativas, os reflexos solares e magnéticos, a disposição variável dos fenômenos luminosos na câmara ocular e as oscilações das cores prismadas do raio solar, são ainda elementos que deixam dúvidas na realidade exata da cor. Só no seu original etérico, num *habitat* tão sutil que é impermeável a quaisquer influências exteriores, é que a cor poderá ser percebida em sua beleza virgem. Incontáveis mundos balouçam-se à distância do vosso orbe, cujo aparelhamento astronômico os assinala em cores de topázio, ametista, rubi, esmeralda, turmalina; alguns são lilases, verde-malva ou de um amarelo gema-de-ovo. No entanto, ninguém vos poderá afirmar que a cor *exata* desses orbes seja aquela que à distância, o reflexo solar e a radiação cósmica mostram aos vossos olhos. As faces roxas, as pombas verdes e as mãos lilases, criadas pelos pincéis dos impressionistas terrenos, se ainda não identificam a realidade etérica em conexão ao simbolismo da forma, revelam já, o esforço de libertação do artista, marchando ao encontro da nova mensagem.

PERGUNTA: — Embora o assunto seja um tanto complexo para o nosso entendimento, poderíeis dar-nos alguma outra elucidação?

RAMATÍS: — É mister, no entanto, que pelo menos saibais distinguir o artista e o charlatão, pois o progresso contínuo da Terra exige-vos, também, no futuro, perfeita compreensão da cor. Na pintura fotográfica as cores atraem e impressionam em função física; associam-vos o pensamento para as expressões rotineiras da matéria, buscando, através desse impressionismo colorido, dar um sentido dinâmico, de estimulo, ânimo e mesmo de humanização às formas inertes. No entanto, a mensagem marciana, embora a possais admitir como "impressionista", nem é de associação ao mundo físico, nem se destina a animar as formas inertes; cumpre-lhe a função íntima de acelerar o metabolismo psíquico do ser humano, conduzindo-o, sob o didatismo da cor, a estados espirituais superiores.

PERGUNTA: — Como ainda poderíamos ter uma idéia pálida desse efeito de aceleração no metabolismo psíquico dos marcianos, tomando por base exemplos da aplicação da cor conforme nossa psicologia?

RAMATÍS: — Além de um efeito propriamente "físico" da

cor, em vós, há outro efeito mais "psicológico" e consagrado pela tradição. O preto vos desperta um sentido mórbido, negativista, e por esse motivo o associais ao luto e ao lúgubre; o vermelho-vivo, afogueado, que lembra a carne e sua sensação, vos associa à idéia de prazer, movimento e força; o azul-suave, do céu, é sugestão de paz e serenidade espiritual; o amarelo, matiz próximo da luz solar, sugere-vos a vontade de viver; o verde, cor intermediária, medianeiro, recorda-vos a poesia, a adaptabilidade e a simpatia; o rosa das flores comuns da primavera, lembrando o matiz fascinante da face juvenil, está sempre presente nos vossos pensamentos amorosos e de afetividade humana. Inegavelmente, o vosso metabolismo psicológico é afetado pelo classicismo emotivo que há tantos séculos atribuís à cor. Mas é um efeito provocado mais exteriormente, que associa o matiz colorido a acontecimentos que se aliam à natureza física. No entanto, o efeito da cor em sua luz etérica, no homem marciano, desperta-lhe diretamente no espírito uma disposição íntima de ordem puramente espiritual. O terrestre, diante do verde, lembra a "esperança de viver", porque esse verde associa a idéia de campinas, planícies ou o dorso esverdeado do oceano, que são figuras físicas de grandeza, poder, amplidão e vida em maior liberdade. Mas o espectador marciano, diante desse mesmo verde, recebe a sua vibração-matiz, a frequência exata e imodificável, que não lhe associa as configurações físicas, mas desperta-lhe um estado criador energético, dinâmico e positivo. Comparativamente, as demais cores também exercem as suas influências e provocam outros estados espirituais.

PERGUNTA: — Os pintores usam pincéis ou instrumentos parecidos aos que são adotados na Terra?

RAMATÍS: — Vemo-nos em dificuldade para definir os apetrechos de pintura marciana, porque lemos em vossa mente, latas, paletas e telas ao gosto terreno. Marte caminha à vossa frente, na pintura, mais de meio século; a confecção das telas é de realização quase científica; o pintor maneja com projeções, raios "invisíveis", multiplicadores de frequências da cor: lida com um mundo excêntrico de prodígios, sob cujas mãos, de incrível magia, brotam as criações mais fascinantes, que só podem existir num *habitat* de luzes e requintada delicadeza. Já vos dissemos: o pintor marciano, acima de tudo, é um cientista, cujas faculdades psíquicas formam o elo perfeito entre os dois mundos. Ele penetra no "mundo interior" da esfera "astroetérea", e traz para o "mundo exterior" as maravilhosas causas da vida humana. Não poderíamos expor a complexidade que só um gênio, em tão alta sensibilidade como é o pintor marciano, sabe manusear e extrair nas mensagens que não encontram eco na vossa imaginação.

PERGUNTA: — As cores perceptíveis pelos marcianos, seriam indefiníveis para nós?

RAMATÍS: — Deus coordena os seus ciclos criadores pela manifestação setenária; seja o movimento atômico através dos sete ciclos cósmicos ou seja um movimento planetário, em suas sete cadeias planetárias. Desde a expressão mais sutil de onda, até macrocosmos, ou deste para o microcosmo, no íntimo da essência divina, patenteia-se perpetuamente o ritmo setenário como base criadora de Harmonia e Evolução. A cor ou a música, em qualquer latitude cósmica, também se subordinam a essa diretriz setenária, apresentando os sete raios coloridos, fundamentais, que são prismados do "raio branco". Essas cores secundárias se combinam, adelgaçam ou formam novos matizes e tons claros ou escuros, na conformidade das disposições vibratórias do "éter". Em Marte, um vermelho, um verde ou amarelo são fundamentalmente iguais aos que conheceis na Terra; porém, lidais na "casca", na superfície da cor, enquanto os marcianos pesquisam na sua intimidade e já lhe conhecem as disposições vibratórias de perfume, som e principalmente "luz". Em linguagem compatível às vossas atuais concepções do século, os marcianos acionam a cor no seu "campo eletrônico". Há que refletirdes que os homens sempre lidaram com a matéria e produziram energias; mas os cientistas dos templos bíblicos ficariam surpresos, se lhes dissésseis que os físicos do século XX seriam mais penetrantes; iriam buscar a matéria no seu verdadeiro *habitat*, na sua "intimidade eletrônica", como realmente hoje o fazem no manuseio das forças atômicas. Dentro de quatro ou cinco séculos, também alcançareis essa penetração etérica da cor; então verificareis que o domínio da matéria depende, essencialmente, de maior penetração nos mundos "etereoastrais".

15. As aves

PERGUNTA: — Existem espécies aladas em Marte?

RAMATÍS: — Seria formal desmentido à poesia e beleza que atribuímos a Deus, a inexistência de aves nos planos mais evolvidos do que a Terra. Se em vosso mundo sombrio, onde a dor e a angústia fizeram morada, o homem foi agraciado com a presença do beija-flor, no seu vôo irisado de filigranas coloridas e, também, com o encanto da majestade que fulge no condor cruzando a amplidão, belezas que cantais em estrofes melodiosas, por que em Marte, onde o amor e a poesia são ritmo predominante da vida, não haveria a dádiva sublime das aves? Se o homem terreno, atado ainda a paixões inferiores, vibra, extasiado, diante dos bandos de avezitas multicores, que enfeitam os jardins e entoam cânticos maviosos nas manhãs jubilosas, em que o solo úmido recebe os raios do Sol, por que o marciano, cidadão de porte celestial, seria privado do encantamento proporcionado pelas aves?

Os marcianos consideram a existência das aves, no seu ambiente, como uma bênção do Pai e as protegem com as maiores demonstrações de amor. No ambiente inofensivo e pacífico de Marte, as aves são intensamente festivas, jubilosas e irrequietas. Não se afastam dos agrupamentos humanos, nem temem alguém. Arrulham em bandos, semelhando "confetes" vivos e coloridos, esvoaçando em torno das cúpulas luminosas dos edifícios, dos templos e residências; e, por vezes, entram e adejam, suavemente, no interior dos lares. As florestas, os bosques, jardins e parques públicos, à aproximação da aurora, tornam-se álacres, com cânticos e melodias inebriantes, onde a beleza divina se expressa na linguagem poética e maviosa dos gorjeios da passarada. Não há em vosso mundo espetáculo comparável à sedução que se evola desses concertos de alegria e ternura, orquestrados em sinfonias canoras.

PERGUNTA: — Poderíeis descrever as características dessas aves?

RAMATÍS: — Conforme acontece no setor das flores, também muitas aves de Marte apresentam acentuadas semelhanças com a maioria da sua espécie terrena. As suas configurações, tessituras, plumagens e cores, inclusive o vôo anatômico, lembram muitos pássaros do vosso mundo. Há, no entanto, diversos outros exemplares que são diferentes, tanto na forma e no porte como na contextura, lembrando alguns deles uma espécie de "arraias voadoras", com o corpo revestido de escamas e estrugindo gritos agudos e longos, quais sonidos de barras de ferro vibrando no ar. Esse tipo de ave pode manter-se dias sem alimento, graças à sua disposição anatômica de bolsas-reservatórios. Está sendo domesticada e adaptada ao clima de Marte, pois trata-se de espécime gigantesco, cuja capacidade de vôo lhe permite vir de satélites vizinhos.

PERGUNTA: — Quais as características canoras das aves próprias de Marte?

RAMATÍS: — Seu canto é melódico e com extensa frase musical; não tem os longos hiatos dos cânticos comuns dos vossos pássaros. Esses cânticos, que alcançam maviosidades semelhantes à vossa harmônica, revelam sempre a graça delicada, peculiar da alma dos marcianos. Certas melodias recortadas de filigranas sonoras, imprevistas, prenunciam as modificações climáticas. Quando a sensibilidade dessas aves manifesta certa aflição melancólica nos seus poemas canoros, sabe-se que invisíveis "lençóis magnéticos", inferiores, estão se aproximando do orbe. As próprias conjunções no zodíaco, repercutindo pela atmosfera etérica, modificam os padrões tradicionais do cântico desses pássaros. Os cientistas puderam já comprovar que as aves marcianas atuam, por vezes, nos dois planos fronteiros: o físico e o astral.

PERGUNTA: — As aves terrenas, como o papagaio, que imita a palavra dos humanos, e outras que, à força de escu-

tarem certas vibrações melódicas, as imitam fielmente, porventura, não demonstram a mesma capacidade dos pássaros marcianos?

RAMATÍS: — O papagaio, efetivamente, emite alguns motivos verbais dos terrícolas. No entanto, é simples repetente, sem a acuidade psíquica das espécies aladas de Marte, as quais revelam "algo" mais do que a singela e instintiva faculdade de imitação inconsciente.

O pássaro marciano se identifica com os habitantes e o seu cântico jubiloso é oração musical que traduz alegria, bem-estar e afeto. Existem no vosso mundo algumas aves canoras que se sublimam em canções emotivas, despertando-vos sentimentos poéticos e evocações saudosas; mas esses pássaros vivem "interiormente" a nostalgia de sua situação inquieta e desprotegida, como ave triste e infeliz, sempre angustiada e fugitiva por causa das gaiolas domésticas e do chumbo mortífero atirado pelos caçadores impiedosos. Entretanto, a ave marciana é enfeite colorido e vivo, pousando em mãos cariciosas e que, atendendo às vozes amorosas dos humanos, faz parte da vida e da beleza ambiente.

PERGUNTA: — O nosso rouxinol, tão festejado pelos poetas e pelos grandes amorosos, não oferece canto digno de ser lisonjeado pelos marcianos?

RAMATÍS: — O símile de vosso rouxinol em Marte é a famosa ave do "cântico espiritual". Ela executa sentida página musical, de sonoridade algo religiosa. São frases tecidas de sons graves e solenes, lembrando a nostalgia do espírito desterrado do seu *habitat* celestial. É a única ave que consegue despertar alguma tristeza e melancolia no coração festivo do homem marciano. É uma espécie de "ave sagrada", que os cientistas afirmam poder sentir o próprio magnetismo divino, irradiado pelo anjo planetário que alimenta e controla a atmosfera de Marte.

Em nossas observações espirituais, verificamos que esse pássaro, de aspecto angélico e misterioso, cuja plumagem é um floco vivo de matizes luminosos, canta em um estado de verdadeiro "transe" hipnótico. Achamo-lo divinamente belo, dando-nos a idéia exótica de um cristal vivo e policromo, a desferir melodias vibrantes de profundo sentimento e amor. Notamos que esse pássaro se entrega ao holocausto da harmonia, em poemas de virtuosidade espiritual tão sublimes, que impõe silêncio e devoção àqueles que o escutam, deslumbrados.

O êxtase que ele provoca nos seres humanos, é de unção verdadeiramente celestial.

PERGUNTA: — Vive muito tempo esse "rouxinol" marciano?

RAMATÍS: — A delicadeza de sua contextura, que denuncia ser adequada, especialmente, à função de "instrumento canoro da beleza divina", não lhe permite existência prolongada. A sua sobrevivência é produto do mais cuidadoso desvelo e alimentação especial, à base de néctares concentrados de flores.

Há, porém, um mistério nesta ave singular: quando, em certo dia, seu canto se transmuda, inesperadamente, em maravilhoso poema harmônico, em que os "altos-relevos" do seu hino são notas dramáticas, vibrantes de profundo lamento e saudade, é que chegou o momento em que a "ave sagrada" assinala o seu "canto de cisne". Ela previu o seu fim; e, então, ei-la concentrando as suas últimas energias em "afinar" o seu canto, para, no derradeiro momento de sua existência, dar o seu "último adeus" através das harmonias mais sublimes que a sua alma de cantora de expressões divinas é capaz de desferir e interpretar.

PERGUNTA: — Porventura, o irmão já assistiu a um desses momentos supremos dessa ave paradisíaca?

RAMATÍS: — Assistimos. Logo que a sua garganta cristalina vibrou as primeiras notas musicais, maravilhosa aura de lilás puro, entremeado de raios solferinos, começou a circundá-la; mais um pouco, e o seu contorno foi sendo polarizado de focos de luz azul-celeste, translúcido, a espargirem-se na tessitura aveludada do fundo lilás, agora, todo recamado de fios dourados. E, à medida que a ave imergia no seu "transe" melódico, o círculo de sua aura, reticulado de fios brilhantes, ampliava-se, refletindo em nossas vestes espirituais os mais soberbos matizes de cores, desconhecidas ao olho humano. Depois, quando ela atingiu o auge da sua sinfonia, imensa esfera de luzes policrômicas envolvia o ambiente astral em que nos encontrávamos. E de repente, quando a "ave sagrada" sonorizou a última estrofe do seu cântico angelical, a nossa visão ofuscou-se ante um jorro intenso de irradiações estelares que, formando uma seta fulgurante, subiu ao alto, e se desprendeu em direção ao Éden sideral do PAI.

No cenário exterior, a multidão que assistia ao último cântico do pássaro "espiritual", tinha os olhos cintilantes de lágrimas. É que essa dádiva canora é um dos veículos mais propícios e sublimes para a transfusão do magnetismo divino aos mundos em que as almas já têm "ouvidos de ouvir" as sonoridades angélicas do plano astral.

PERGUNTA: — As nossas cruéis disposições para com as aves impedirão que tenhamos a dádiva de um "rouxinol" marciano?

RAMATÍS: — Para bem avaliardes quanto ainda estais longe de merecer que desçam sobre a Terra tais dádivas do Céu, meditai um pouco sobre essa barbaridade extrema — o tiro aos pombos — classificada de "esporte", que vos leva a engaiolar essas aves graciosas, e, depois, de arma em punho, aguardar que as soltem numa liberdade simulada, para as fuzilardes sem dó, a título de provar que sois exímios "assassinos" de aves inofensivas e indefesas. Por isso, no vosso mundo, constatamos este singular paradoxo: enquanto os pássaros, despreocupados, chegam a pousar, sem qualquer receio, sobre o dorso do boi e do tigre ou da pantera, eles fogem, aflitos, quando notam a presença do homem.

PERGUNTA: — Os marcianos vêem as aves apenas na sua configuração comum, ou percebem-nas em sua silhueta etérica?

RAMATÍS: — A visão comum dos marcianos, quando assim desejem, podem eles sintonizá-la à vidência etérica. E no "pôr-do-sol", principalmente, eles gostam de apreciar as auras radiantes das aves, cujo vôo se assemelha a focos de luz pálida, flutuando e descrevendo no espaço ondulações coloridas. E quando elas descem e pousam sobre a vegetação cultivada, os seus adejos delicados e graciosos, ante a polarização magnética, emanada dos habitantes que as observam, transformam-nas em jóias vivas adornando a natureza.

PERGUNTA: — Em Marte não utilizam os pássaros como ornamento vivo, nas residências, em viveiros amplos, que não reduzem os seus movimentos?

RAMATÍS: — Encarcerar as aves seria uma negação do grau evolutivo do marciano; pois se eles nem se interessam por essa inofensiva arte de beleza mórbida, que vos faz embalsamar e colecionar insetos e animais venenosos, quanto mais tolherem a liberdade da espécie alada, que eles cultuam como flores vivas que Deus lhes oferece para suavizar a melancolia do mundo material.

O homem terreno, infelizmente, ainda está gerando angustioso "carma" para as reencarnações futuras, em face da sua imprudência quanto à destruição de pássaros.

PERGUNTA: — Como definirmos essa vossa advertência?

RAMATÍS: — Os que caçam ou destroem por razões esportivas ou para alimentação desnaturada, geram o carma terrível de perderem seus entes queridos em desastres, acidentes ou explosões e de eles próprios terminarem, igualmente, sob o cano fumegante de uma arma homicida. Algumas vezes, o caçador sofre o "choque de retorno" ainda na mesma existência em que exorbita das leis cósmicas da vida, quer acidentando-se com sua própria arma, quer sofrendo o efeito de um estranho disparo imprudente. Diariamente, em vosso mundo, sabeis de inúmeras criaturas as quais um destino cruel convoca para os desastres de armas de fogo. Na realidade, em tais casos, é sempre o "ex-caçador" (desta ou de outra existência), que expia o tributo de sangue que ele mesmo provocou injustamente.

PERGUNTA: — Acaso, para que o caçador sofra o efeito da lei que violou, há de constituir família e os filhos suportarem suas culpas, em acidentes reparadores?

RAMATÍS: — Em todas as leis derivadas da Suprema Lei Divina, jamais existe qualquer vislumbre de injustiça. Periodicamente, os Mestres Cármicos reúnem um punhado de caçadores e os reencarnam na Terra, constituindo famílias compostas de antigos e inveterados destruidores de aves. A lei divina é justa e, no caso, ela visa a retificar os impulsos daninhos do ser humano, exercendo sua ação purificadora por meio de reencarnações e através de acidentes imprevistos e trágicos, equivalentes às características impiedosas dos seus autores no passado.

PERGUNTA: — Concluímos, então, que essa determinação para a tragédia, embora por efeito de uma lei cósmica, constitui uma punição, um verdadeiro castigo. Não será assim?

RAMATÍS: — O vocábulo "castigar" é oriundo, em vossa própria nomenclatura linguística, do verbo latino "castigare", composto de duas palavras latinas, **"castum"** e **"agere"**, as quais, conjugados, definem a idéia de castigar, ou seja, tornar casto, ou ainda, purificar. A idéia de castigar, como desforra, é incompatível com a natureza justa do Pai. Trata-se, pois, de retificar a ação má, o recalque perverso que retarda a alma em sua evolução espiritual.

O caçador que destrói não ofende a Deus, que é imune ao elogio ou à ofensa; mas perturba ou fere o direito inviolável de uma espécie que também faz jus à vida e que foi criada para finalidades sagradas ou superiores. Ora, no seu ato violento, o caçador desarticula o equilíbrio moral do campo magnético que vitaliza e mantém a espécie; e conforme leis imutáveis, terá que expurgar de seu eu moral o recalque maléfico que incrustou no seu espírito. E esse expurgo exige idêntico processo de violência, por tratar-se de um impulso primário, de caráter agressivo ou animalizado, que não se escoa por meios suasórios. É a lei de causa e efeito, em suas reações dinâmicas, a qual, como a dinamite ferida pelo atrito, ninguém mais controla. E esse débito de reajuste moral fica vibrando na alma do caçador desde o momento em que ele infringiu a lei, e eleva-se à contingência de um determinismo que, tarde ou cedo, deflagrará a reação equilibrante, pelo mesmo processo violento e doloroso.

PERGUNTA: — E qual é o resultado educativo, para o caçador, ao contemplar seus filhos (ex-caçadores), feridos por acidentes ou desencarnando tragicamente?

RAMATÍS: — Vós ainda desconheceis o poder assombroso da retentiva ou memória espiritual. O choque emotivo daquele que vê seu ente querido tombar, inesperadamente, sob impiedosa arma homicida, cria-lhe na intimidade da consciência forte repulsa à figura de um caçador de aves. A visão amarga, contundente, do ser querido que se abate, ensopado no próprio sangue, é um estigma ou advertência que repercute nas suas existências futuras, cada vez que surja em sua mente a idéia de abater um pássaro. Aliás, inúmeras criaturas descontroladas em seus instintos inferiores, depois de torturadas ou oprimidas pela desgraça rude que se abateu em seu lar, abrandam seus recalques ou impulsos negativos, tornando-se depois inofensivas e avessas a atitudes violentas, graças à função retificadora do sofrimento que lhes atingiu, em profundidade, a consciência espiritual.

PERGUNTA: — No caso da mãe que vê seu filho (ex-caçador) tombar tragicamente, por acidente de armas, não há, também, certa iniquidade?

RAMATÍS: — Em regra, essa mãe está sofrendo tal prova porque ela própria tem responsabilidades nesse setor, assumidas no passado; e, então, enverga o traje carnal feminino. Apenas, em vez de ser "mentor" de caça, torna-se simples mentor do lar constituído por ex-caçadores.

Decerto não ignorais existir, em vosso mundo, a esposa insensível, que sugere ao companheiro ocioso realizar uma caçada festiva para o banquete domingueiro. E não existe, também, a mãe que presenteia seus filhos com artística e eficiente espingarda para que eles, como "distração", exterminem, à vontade, as inofensivas avezitas? Ora, se em vossas leis precárias e ilógicas estipulais penalidades para os delitos de "co-participações e mandatários", por que Deus, a Lei Sábia e Justa, cometeria a discrepância de responsabilizar, no caso em apreço, apenas o agente executor?

PERGUNTA: — Notamos que os pássaros nascidos em viveiros e gaiolas terrestres, quando se libertam, perecem por falta de orientação na busca de alimento. Será, então, igualmente, um delito o gesto de bondade que nos leva a libertar o pássaro cativo?

RAMATÍS: — A prisão do pássaro, em qualquer circunstância, é sempre um delito espiritual, porquanto, se o Pai não estatuiu prisões para vós, não as consente para as aves, que nasceram para a liberdade alada. As prisões de aves, cujos descendentes perdem a noção instintiva do vôo e da subsistência, resultam da vossa incúria em não lhes proporcionar o ambiente de liberdade e vida que lhes é próprio e indispensável. Se cuidásseis de auxiliá-los em suas posturas, protegê-los nos seus ensaios volitantes e ampará-los nas épocas críticas, viveriam eles em torno de vossos lares, enfeitando o vosso ambiente e o mundo, com seus cânticos festivos e animando-vos com sua graça poética e delicada, sem precisardes de conservá-los entre grades.

PERGUNTA: — As aves, em Marte, em face da liberdade de que desfrutam, não depredam as lavouras e não causam prejuízos nos jardins e nos pomares?

RAMATÍS: — Se os vossos pássaros, nascidos em gaiolas ou viveiros, perecem, quando em liberdade, retornando à prisão para não sucumbirem de fome, é óbvio que isso acontece pelo abandono em que ficam. Se fossem alimentados, como em Marte, na adjacência de todos os lares e sem quaisquer receios, tornar-se-iam inofensivos às lavouras e jardins, pela simples circunstância de aguardarem do homem a sua nutrição. Em cada lar marciano existe um recanto do solo onde é plantada, comumente, a fruta, o vegetal ou a hortaliça destinada aos pássaros; e eles buscam o alimento nesses locais previamente determinados.

O psiquismo diretor que impera no planeta Marte e que comanda, também, a espécie alada, graças à mentalidade superior dos marcianos, pode operar e insuflar nas aves o sentido de obediência para não depredarem. O impulso que denominais instinto e que coordena os movimentos das espécies inferiores também pode ser influenciado ou dirigido.

16. As flores

PERGUNTA: — As flores, em Marte, apresentam disposições similares ou iguais às da Terra?

RAMATÍS: — A química e a botânica marciana operam em uníssono, realizando tarefas maravilhosas e impressionantes aos sentidos humanos. Conseguiram, no setor da botânica, a "luz vegetal", a qual é produzida pelas flores, fazendo que, elas mesmas, nos jardins, à medida que o lusco-fusco crepuscular anuncia a noite, comecem, gradativamente, a "exsudar" luz, até se transformarem em verdadeiras lâmpadas vivas. Os efeitos que a vossa química obteve no setor das tintas fosforescentes e que iluminam os cartazes de propaganda comercial, em Marte se concretizam no quimismo do vegetal. Flores semelhantes às vossas açucenas, jasmins, copos-de-leite, hortênsias e rosas multicores possuem a faculdade de absorverem a luz solar durante o dia; e, à noite, com a modificação da temperatura que lhes contrai as tessituras íntimas, exsudam, em suave luminosidade, todo o conteúdo sugado dos raios solares. Essa luz polarizada e que encanta nos jardins públicos proporciona nuanças de um colorido sedativo e aveludado, lembrando cenários de um conto de fadas. Os parques marcianos lembram maravilhoso lampadário irisado de cores vivas e que se casam com os mais exóticos perfumes cientificamente combinados aos diversos tipos vegetais.[12]

[12] "Pensa o mesmo Hutchinson que as plantas de Marte, se forem fluorescentes, estarão ainda mais bem protegidas e guarnecidas". (Do jornal *O Estado de S. Paulo*, de 8-8-1957, 5° caderno, seção de "Astrobotânica" ref. a opinião do naturalista Hutchinson e corroborado pelo biólogo russo Tikhov.)

PERGUNTA: — Essa "luz vegetal" é bastante luminosa e visível a todos?

RAMATÍS: — É intensamente visível para os "olhos marcianos", os quais, como já vos notificamos, têm certa penetração na atmosfera etérica, que é a causa principal das radiações. Essa faculdade é algo como a vidência da fenomenologia espiritista. A luminosidade e a transparência, no sentido de luz viva, que se polariza em toda a natureza marciana, também existe em vosso mundo, embora mais opaca, porque ainda viveis profundamente dominados pelas paixões inferiores. A atmosfera mais tênue, de Marte, favorece, também, maior predominância da atmosfera etérica, e, consequentemente, maior expansão radioativa. Esses jardins policrômicos e luminosos, de luz vegetal e que se exibem aos marcianos, quais lampadários vivos, aos olhos densos dos terrícolas, se mostrariam quais luzes de velas mortiças.

PERGUNTA: — A Terra não oferece condições favoráveis para se obter a "luz vegetal"? Ou essa maravilha só pode ser conseguida em mundos iguais a Marte?

RAMATÍS: — A Terra ainda oferecerá essas condições favoráveis, pois a luz, em qualquer expressão ou plano de vida, é sempre um reflexo ou mensagem de manifestação da alma, subordinada, porém, à sua evolução espiritual. Quando o vosso planeta, por efeito da cristianização de seus habitantes, tiver seu magnetismo mais purificado, também sua aura etérica será mais visível e tornar-se-á veículo favorável às conquistas da química e da botânica no campo da luz vegetal. Em todas as manifestações materiais, físicas e morais do mundo terreno a luz, em sua essência criadora e prodigiosa, vibra oculta, aguardando o momento de ser descoberta pelos que "têm olhos" de vê-la.

PERGUNTA: — Essa luminosidade das flores persiste, por muito tempo, à noite, ou é fenômeno de pouca duração?

RAMATÍS: — Depende da qualidade e da família ou espécie floral a que pertencem, pois não são todas as flores que se prestam à função de "lâmpadas vivas". Há flores que extinguem em poucos minutos a luz absorvida do Sol; outras, de sistema vegetal mais receptivo, de seiva e magnetismo mais vigorosos, podem iluminar os parques, jardins ou umbrais dos edifícios, durante cinco ou mais horas consecutivas. Há, também, nos logradouros públicos, um sistema de iluminação à semelhança da luz solar, que clareia os desvãos sombrios dos jardins, cuja luz artificial consegue aumentar, debilmente, por mais alguns momentos, a função excêntrica dos lampadários vivos.

PERGUNTA: — Qual o mecanismo ou processo existente na Terra que nos pudesse avivar a mente para compreendermos a nossa possibilidade da "luz vegetal" dos marcianos?

RAMATÍS: — O mecanismo é análogo ao maravilhoso processo com que Deus — o Divino Químico — transforma o adubo, o cisco e o lixo em rosas e cravos inebriantes; pois o homem, feito à imagem do Criador, possui, em miniatura, a faculdade de penetrar e desvendar os mistérios do macrocosmo. À medida que ele realiza a sua ascensão espiritual, aprofunda mais intimamente os refolhos do Cosmo e aprende, também, na sua ciência relativa, a manusear as leis que regem os movimentos do aperfeiçoamento eterno.

Cumprem-se, assim, em Marte, os conceitos sublimes de Jesus, quando vos advertiu: "O reino de Deus está em vós". "Procurai primeiro o reino de Deus e sua retidão, e todas as outras coisas vos serão dadas de acréscimo".

PERGUNTA: — Porventura a ciência terrestre também conseguirá, em breve, a realização de algo parecido com essa "luz vegetal"?

RAMATÍS: — Em qualquer latitude cósmica, são sempre os mesmos princípios criadores ou reações que regem as leis da química. Acaso, pela vossa química, já não tendes transformado nauseantes monturos em substâncias aromáticas, matérias grosseiras em pérolas artificiais? Modificando a constituição dos prótons, do núcleo de mercúrio, não obtivestes, em laboratórios, o tão ambicionado "ouro"? Se, através de exóticos casamentos "biovegetais", tendes conseguido modificar as cores, as estaturas e a própria seiva dos vegetais, assim que penetrardes mais intimamente na contextura "fisioetérica", conseguireis, também, produzir a formosa "luz vegetal".

PERGUNTA: — Apreciaríamos, embora rudimentarmente, algumas noções do fundamento científico que faz engendrar a "luz vegetal" das flores marcianas. Podereis esclarecer-nos?

RAMATÍS: — Sabeis que o vegetal, flexível e receptivo, é o representante do reino mineral em metamorfose mais avançada e substancialmente "mais vivo", no campo da biologia terrena.

Todos os derivados dos minerais possuem em sua intimidade as qualidades intrínsecas do mineral primitivo, de onde provieram, como sejam ductilidade, maleabilidade, rigidez, radiações ou magnetismo. O vegetal, portanto, que é o próprio mineral "aperfeiçoado", guarda em si, também, a qualidade básica do reino de que se originou. Os agrupamentos moleculares mais rígidos, fixos e constantes do mineral, adquirem, igualmente, mais liberdade radioativa e mais expansividade eletrônica, quando transferidos para o reino vegetal, assim como o vapor de água é mais energético do que o gelo, embora ambos sejam água. Na intimidade seivosa do vegetal estão os primitivos componentes do reino mineral, de onde provieram, apresentando, no entanto, "melhor qualidade" dinâmica, pela maior liberdade de suas órbitas eletrônicas. Lembrando-vos que a luz é produto de aperfeiçoamento em todos os campos da manifestação cósmica, e sendo o vegetal o mineral aperfeiçoado, seus átomos são mais energéticos e aceleradamente vibráteis, proporcionando aumento de luz no campo visual. Na concepção da vossa ciência, de que a matéria é energia condensada, compreendereis que o vegetal, sendo "menos matéria" que o mineral, há de apresentar melhor conteúdo de energia em liberdade, para ser transformada em luz. Partindo do exterior para a intimidade da matéria é óbvio que sempre encontrareis melhor essência energética, ante o conceito de que matéria é "energia acumulada". Os químicos e botânicos marcianos, examinando as qualidades absorventes dos minerais que compõem as tintas fosforescentes, deduziram que os vegetais, possuindo os mesmos componentes minerais, mais purificados, também poderiam ser absorventes e disseminadores de luz. Operando, pois, fisioquimicamente, tanto no embrião do vegetal, quanto no terreno de cultura, conseguiram o admirável efeito da "luz vegetal".

PERGUNTA: — As espécies vegetais, em Marte, são semelhantes às nossas?

RAMATÍS: As características "sui generis" que Marte oferece sobre o padrão terreno decorrem mais da intervenção que o marciano exerce no panorama do seu próprio *habitat*, graças à utilização das forças ocultas que os terrícolas ainda desconhecem. Quanto à natureza elementar geofísica, do orbe, há muita semelhança com as condições primárias da Terra. Análogo aos demais globos que compõem o vosso sistema solar, Marte conserva as mesmas condições fundamentais e predominantes de todo o sistema. É sempre a mesma lei que rege a temperatura ou pressão, o nascer, crescer e morrer, em qualquer situação do Cosmo, embora seus efeitos se manifestem em correspondência com os planos e contingências onde atuam. Daí os motivos por que a vegetação marciana, fundamentalmente, também apresenta características terrenas. No conceito cósmico de que "Deus está no íntimo do espírito do homem" e, também, em toda a Sua Criação, cumpre à criatura retificar, desenvolver e aprimorar os setores da vida, para um sentido de utilidade comum.

PERGUNTA: — As flores, consequentemente, têm a conformação peculiar das terrestres?

RAMATÍS: — Catalogando todas as espécies florais do vosso planeta, encontrareis inumeráveis espécies iguais às marcianas. Em Marte, a atmosfera tênue e de luz vibrante favorece um desenvolvimento floral de maior pureza botânica, apresentando espécimes imaculados, em que as cores parecem pousar, delicadamente, como uma carícia de mão de fada. No entanto, também podereis encontrar no vosso mundo muitos exemplares dessas flores límpidas que atapetam o solo marciano, se as procurardes no cimo dos montes altíssimos, em atmosferas rarefeitas, algo marcianas, como existem na crista do Himalaia, Alpes ou nos Andes.

PERGUNTA: — Qual é a predominância dessas flores sobre as suas congêneres terrenas?

RAMATÍS: — É uma distinção proveniente da intervenção dos botânicos, químicos e demais cientistas responsáveis pelo aprimoramento floral. Afora o recurso da "luz vegetal" que enunciamos, há ainda um trabalho de equipe, intervindo na tessitura da vegetação, aprimorando-lhe a cor e a forma, a superfície táctil e o perfume.

Em gigantescos "parques padrões", inúmeros cientistas devotam-se a conseguir maior estesia e delicadeza nas flores. Revelando-se prodigiosos magos, idealizam, experimentam e retificam o curso germinativo ou o ciclo florescente, agindo com precisão no conteúdo da seiva e no quimismo periférico da planta.

PERGUNTA: — Como se operam essas metamorfoses no quimismo das flores?

RAMATÍS: — Lembrando-vos a função que a Lua exerce na

vegetação terrestre, quando regula a ascensão, descida, fluidez e encorpamento da seiva, esses cientistas também atuam no reino vegetal, criando e modificando. Profundamente conhecedores da essência magnética que palpita na intimidade do Cosmo, aceleram ou reduzem o metabolismo magnético que palpita também no interior das plantas. Conseguem prever e regular várias combinações químicas, as quais modificam, no crescimento da espécie floral, as composições habituais da seiva e o comportamento florescente.

PERGUNTA: — Gostaríamos de compreender essa função mais objetivamente, comparando-a com os processos do nosso mundo vegetal. Podereis atender-nos?

RAMATÍS: — Sabeis que a Lua regula o desenvolvimento e a vitalidade das vossas plantações, através do magnetismo gravitacional, permitindo-vos a natureza dos tipos nutritivos, conforme as fases lunares. O "crescente" desenvolve a parte da planta que se encontra à superfície, sendo o indicado para as hortaliças e legumes, cujas folhas ou talos sejam comestíveis, enquanto o "minguante" é escolhido para que se desenvolvam os tubérculos e polpas que se reproduzem no seio da terra. A força magnética atrativa, da Lua compele a seiva da planta a subir e a se derramar pelas folhas, fazendo-as crescer em detrimento das raízes que ficam reduzidas. Enfraquecendo-se esse magnetismo lunar, no minguante, domina então o magnetismo terrestre, que obriga as raízes a se desenvolverem no interior da terra, criando-se, então, os nutritivos tubérculos de vossas mesas. Analogamente a esse mecanismo produzido pela ação vigorosa da Lua, os cientistas marcianos, como verdadeiros magos, agem no conteúdo magnético dos vegetais, modificando, igualmente, as disposições das folhas, raízes e estrutura das espécies. Trata-se de processo científico superior à ação lunar do vosso mundo, coordenado pela inteligência e dirigido pela vontade, criando, compulsoriamente, os tipos mais fascinantes na estesia floral. Enquanto a Lua só vos apresenta duas alternativas, desenvolvendo as folhas à superfície do solo, ou encorpando as raízes no seio da terra, os cientistas marcianos conseguem centenas de modificações físicas, químicas e radioativas. Operando na coluna vertebral etérica das plantas, modificam-lhes as cores, perfumes, seiva e a configuração física, lembrando processos e recursos tecnicolores da cinematografia terrestre.

PERGUNTA: — Essas experimentações são realizadas no próprio habitat *da flor?*

RAMATÍS: — As experimentações e criações de novos tipos são efetuadas em gigantescos "parques padrões", sob o controle de um departamento floral supervisionado pela Instituição Botânica da Comarca local. Esses grandes estabelecimentos de pesquisas e modificações florais subdividem-se em inúmeras seções, que se especializam, exclusivamente, em uma particularidade específica do vegetal. Lembram algo das vossas produções industriais, em massa, que produzem em conjunto pela soma de peças advindas de vários setores especializados. A terra, o clima, a radiação magnética e o "campo etérico" experimental, desses parques, oferecem as mesmas condições ambientais ou latitudes geográficas a que se destinam as flores.

PERGUNTA: — A preocupação tão exaustiva na esfera das flores refere-se apenas a fins decorativos ou a objetivos industriais?

RAMATÍS: — Em face de a humanidade marciana solucionar genialmente os seus problemas de trabalho e manutenção, como adiante vereis, fica-lhe disponível extenso período de inatividade, o qual emprega no aperfeiçoamento de todos os fenômenos que a natureza pode oferecer através do magnetismo divino da vida. Mais achegados à realidade espiritual e afeitos à "contemplatividade criadora", os marcianos enriquecem o campo de sua visão física, criando panoramas de fascinante beleza e em sintonia com o espírito, quase liberto das contingências dos mundos materiais. As flores significam-lhes um dos recursos emotivos de satisfação à ansiedade espiritual, em vez da preocupação utilitarista ou industrial que ainda é a base fundamental de vossa existência. Buscam intrínseca e essencialmente a beleza da flor, como um reflexo de Beleza Divina. Atenuando a aridez do mundo de formas, integrados plenamente no conceito de que o "reino de Deus está na intimidade do homem", eles organizam, edificam e decoram os detalhes do seu *habitat*, compondo encantadora preliminar do "Céu". Infelizmente, enquanto em Marte se criam os motivos elevados para o prazer paradisíaco, o homem terreno se serve das mesmas energias criadoras para deformar e destruir, substituindo o ambiente aprazível da natureza pelas condições dantescas do Inferno.

PERGUNTA: — Supondo que os cientistas marcianos obti-

vessem exemplares de rosas terrestres, na sua forma e perfume atual, quais seriam as virtudes ou qualidades que poderiam desenvolver nessas rosas?

RAMATÍS: — Interviriam na essência etérica da planta, e conseguiriam produzir múltiplos tipos de cores e perfumes exóticos, diferentes dos da sua expressão comum. Essas rosas da Terra não tardariam a se multiplicar, enriquecidos por fina ourivesaria vegetal, em cujas pétalas se desenhariam os mais ricos e fascinantes bordados de filigranas rendilhadas como as asas das borboletas. Imaginai, pois, a rosa-bordeau de vossos jardins, com pétalas aveludadas, mas revestida por finíssima rede de fios de topázio refulgente, pendendo em forma de delicadas franjas douradas pelas fímbrias da flor. Imaginai, ainda, a rosa-gema-ouro, de aroma inebriante, emergindo de um ninho de arminho translúcido e policromo e tendo no centro da corola uma gota de rubi acesa de refulgências solferinas; fitai a mais aristocrática rosa de um vergel florido; centuplicai-lhe a beleza e o perfume, a ternura de sua forma de libélula esvoaçante, e ainda não tereis imaginado os primorosos adornos que os cientistas marcianos fariam com as vossas rosas.

PERGUNTA: — Como agem os cientistas, quando as mesmas flores se destinam a climas diversos?

RAMATÍS: — Vitalizam as zonas de maior vulnerabilidade da flor sob temperatura ou pressão, em perfeita sintonia com o magnetismo do meio, quer seja tropical, polar ou equatorial. Teríamos que vos demonstrar exaustivo tratado de botânica marciana, se pretendêssemos citar os múltiplos detalhes que coordenam essas operações de ambientação climática. Quando o ambiente é de atmosfera suave, cultivam as flores com as pétalas arminhadas, rendilhadas de franjas luminosas, formando graciosas conchas de pós carmesins, dourados, prateados ou lilases.

Essas mesmas flores, no entanto, se forem destinadas aos climas agressivos e variáveis, receberão tratamento compatível com o seu ambiente, produzindo-se, então, corolas cerradas, com pétalas ásperas de cores vivas. E o seu próprio aroma, enérgico e agreste, só se liberta completamente depois que elas se emancipam do cálice da flor.

PERGUNTA: — Então, operam centenas de cientistas para conseguir, às vezes, uma só espécie floral?

RAMATÍS: — Na realidade, a flor só é entregue à germinação em ambiente natural, depois que a espécie foi submetida a centenas de experiências para lograr o êxito prognosticado. Só a divisão encarregada de estudar e produzir a impressão táctil desejada para a flor faz acurados estudos preliminares. Na investigação em busca desse tato floral, os físicos experimentam impressões no campo sensorial: químicos pesquisam a seiva adequada; decoradores traçam a forma das pétalas apropriadas; e outros técnicos examinam porosidades e impermeabilizações de substâncias aptas a uma sensação sugestiva exterior. Ainda, especialistas cromosóficos sugerem as cores que podem suavizar ou acentuar a sensibilidade táctil, enquanto magneticistas informam o teor absorvente do perfume ajustado ao meio etérico. Geofísicos demonstram o clima, produzem temperaturas artificiais análogas ao novo *habitat* da espécie em estudo e discutem com os psicólogos os efeitos psíquicos e emotivos, que serão despertados nos habitantes da cidade ou frequentadores de templos, aos quais serão doadas as flores.

PERGUNTA: — Na sinceridade de nossas opiniões, achamos um tanto exaustiva e dispendiosa essa preocupação demasiadamente científica dos marcianos, com a estética das flores, sob uma feição tão contemplativa. Que vos parece?

RAMATÍS: — Realmente, do ponto de vista terreno, tendes razão. Essa grande soma de tempo gasta no melhoramento floral, em Marte, cremos que, na Terra, seria utilizada edificando hospitais, asilos, penitenciárias e abrigos de abandonados; produziríeis vestuários para os desnudos, alimentos para os esfomeados e incentivaríeis as pesquisas na esfera do câncer, tuberculose, lepra e sífilis. Admitimos, ainda, que outros problemas, para vós muito importantes, seriam enfrentados, como acelerar o fabrico de bombas atômicas para eventuais guerras, cujo poder destrutivo poderá, igualmente, destruir laboriosas coletividades e assassinar multidões inofensivas. Porém, como em Marte não existem esses problemas, é natural que a mente da sua humanidade se fixe em objetivos de outra espécie; e, então, aprecie e ache bastante útil a sua ciência ocupar-se, também, de estilizar os encantos das flores, aperfeiçoar os frutos, divinizar a música, e de tudo que lhes propicie as emoções superiores do espírito, na sua alegria ativa de viver e amar ilimitadamente as obras do Pai.

Trata-se de uma atitude irreprimível, de almas cuja sensibilidade lhes faz reverenciar a Deus, manifestado em todas as obras da Criação.

Enquanto os marcianos contemplam a apoteose do céu estrelado, tomados de um êxtase religioso, vós sois refratários a esse deslumbramento porque não vos esforçais por sentir a "alma" das maravilhas que vos cercam. No entanto, é comum ficardes embevecidos ante as reproduções mortas dos quadros da natureza fixados num pedaço de tela pelos vossos artistas pintores. Reproduções que, por mais belas, não passam de expressões estáticas ou inertes, pois falta-lhes aquela seiva, aquela substância da vida que palpita, exuberante, em todas as obras plasmadas pelas mãos prodigiosas do Mago Divino que, num instante, acende um pôr-do-sol com tintas vivas, de refulgências etéricas, incomparáveis, jamais saídas das mãos dos homens, ainda que se chamem Velásquez, Miguel Ângelo, Tintoretto ou Rafael.

Mago Divino que não só instila perfumes capitosos nas pétalas das flores, como sustenta em equilíbrio matemático, bilhões de mundos, valsando e rodopiando no éter do Infinito, em ritmos de amor, beleza e harmonia sob a regência do seu Verbo Criador.

PERGUNTA: — Quais os incentivos de interesse geral, para que os cientistas da floricultura mantenham aceso esse entusiasmo tão acentuado pela estilização das espécies florais?

RAMATÍS: — Lembrando as vossas feiras de produtos industriais ou exibições de pinturas e flores, há as exposições periódicas, em que a ciência marciana expõe as suas maravilhosas composições botânicas, como festividades ainda inacessíveis à compreensão dos terrícolas. Mesmo porque é difícil vos descrever a magnificência de cores e perfumes que surgem, inéditos, nas mais fantásticas surpresas, quando os "fisioquímicos" brindam a população com novos produtos surgidos de seus laboratórios. De todos os pontos do planeta, transladam-se multidões festivas, convergindo para os locais das fascinantes exposições de flores, que se tornam motivos de júbilo espiritual coletivo, por se tratar de mais lavores estéticos para o embelezamento panorâmico do orbe em que vivem. Transcende a qualquer poder descritivo, de nossa parte, o encanto, a pureza divina que transpira das exibições de novos espécimes florais, destinados ao adorno de todos os ambientes.

Assemelha-se a majestoso cerimonial de reconhecimento

da criatura ao seu Criador, reverenciado no oceano de perfumes embriagadores de luzes vivas, coloridas, de magia deslumbrante.

PERGUNTA: — Podereis, todavia, dar-nos uma idéia aproximada do aspecto dessas exposições florais?

RAMATÍS: — São realizadas em comarcas responsáveis pelo evento floral e se realizam em períodos determinados, conforme o clima regente local. O "clima regente" da comarca, situada em zona tropical, polar ou equatorial, é que determina o exotismo de espécies diferentes. Consequentemente, as flores destinadas aos trópicos, às regiões frígidas ou equatoriais, diferem de tipos, entre si. Por isso, cada comarca apresenta as flores próprias do seu clima. A tradicional exposição "bianual", de uma comarca do equador, com seus espécimes de flores translúcidas, de pétalas acetinadas, exsudando perfume lânguido e sutil, distingue-se completamente da dos tipos das regiões frias, que são de espécies achaparradas, rígidas e carnudas, de cores firmes, com odores fortes.

Por sugestão do Governo local, os cientistas trabalham guardando sigilo de suas experiências, a fim de proporcionarem ao povo emoções inesperadas, que contribuam para o esplendor das inaugurações festivas. Assim, retirados os gigantescos tapumes que escondem o plantio e o cultivo das novas espécies, os visitantes gozam momentos de extasiante júbilo espiritual, ante a riqueza, sempre renovada, de cores, perfumes e formas prodigiosas, que recordam as paisagens edênicas sonhadas pelos eleitos de Deus.

Nenhum poeta ou gênio do vosso mundo seria capaz de descrever o divino sortilégio de uma ciência cristã, onde a pesquisa e a sabedoria são instrumentos subalternos da Fé.

PERGUNTA: — À noite, nessas exposições, todas as flores emitem e resplandecem na sua luz vegetal?

RAMATÍS: — Só irradiam luminosidade as espécies de seiva receptiva e tecnicamente cultivadas para a absorvência de luz e que se destinam a ser intercaladas entre os tipos comuns, formando grupos de suave claridade policrômica a envolver todo o recinto da exposição que, vista à distância, dá idéia de um imenso bando de enormes aves de luz polarizada, que houvessem pousado em colinas paradisíacas, de cintilações irisadas.

PERGUNTA: — Há mais de um departamento responsável

pela criação e desenvolvimento das flores?

RAMATÍS: — Há um "Centro Floral", responsável e coordenador das disposições técnicas e características de produção e que é dirigido pelas maiores cerebrações marcianas, incluindo um Conselho detentor das faculdades de clarividência. No entanto, o cultivo e a pesquisa de novas espécies florais são exercidos em todas as comarcas de Marte e, também, no seu satélite habitado. Processa-se, então, uma fraternal concorrência artística, no sentido de descobrir novos padrões estéticos de cor, luz e perfume.

PERGUNTA: — Qual seria a impressão geral de um homem terreno, defrontando, subitamente, um roseiral marciano, impregnado de estranhos perfumes e engalanado de "luz polarizada"?

RAMATÍS: — O magnetismo límpido e sedativo que impregna o perfume das plantas marcianas, atuaria nele como "ducha etérica", terapêutica, purificadora da sua aura obscura, comumente saturada das impurezas provenientes de suas emoções inferiores.

Sua mente receberia o impacto vitalizante e profilático do aroma roseiral, saturado do magnetismo saudável que se evola daquela humanidade espiritualizada. Assim como a atmosfera mórbida de um matadouro abate e confrange a alma delicada e o ambiente calmo e reconfortante de um templo religioso desperta emoções elevadas, também a aura ambiental do orbe marciano é beneficamente salutar aos que recebem a sua influência.

A impressão substancial do homem terreno, diante dos edênicos roseirais marcianos, seria a de intenso anseio de purificação da sua alma para alcançar a beatitude angelical.

PERGUNTA: — Em Marte também se depõem flores nos templos religiosos, por espírito devocional?

RAMATÍS: — Também; mas não em vasos ou decepadas das hastes, conforme fazeis habitualmente; pois os marcianos, a cujo "toque" pessoal as coisas parecem reviver e se purificar, são adversos à ação de destruir, irremediavelmente, qualquer expressão de beleza natural.

Nos templos existem delicadas faixas de chão descoberto, rentes às paredes, que alimentam maravilhosas trepadeiras e cipós de aspecto vitrificado, formando poéticas volutas coloridas, que se tornam translúcidas, sob a luz das abóbadas transparentes, devido a serem espécimes cultivados em "águas radioativas". A sua combinação harmoniosa com outros tipos de trepadeiras azuis, lilases, rosadas e amarelo-douradas, recamadas de flores policrômicas, completam a decoração viva e deslumbrante que enternece a alma na hora do intercâmbio espiritual da criatura com o seu Criador.

PERGUNTA: — As residências ou os templos marcianos são enfeitados, também, com flores artificiais?

RAMATÍS: — Oh! Não, meus irmãos! Esse artificialismo estaria em contradição com as concepções espirituais do cidadão marciano, no sentido de "servir e ser útil" mas, sempre, com expressões da Verdade.

PERGUNTA: — A tendência moderna, na Terra, de se enfeitar as residências e edifícios com plantas vivas, tais como cactos, orquídeas e miniaturas de folhagens doutros climas, afasta-se ou aproxima-se dos costumes marcianos?

RAMATÍS: — As delicadas plantas que, hodiernamente, enfeitam vossos lares e constituem miniaturas de jardins, nas áreas e entradas das moradias coletivas, já manifestam um sentido estético e decorativo mais ao gosto marciano. As flores e vegetais cultivados sem exageros devem participar da vossa vida íntima, pois são portadores de magnetismo vitalizante que ainda não sabeis absorver do ambiente. As espécies provindas de outros climas e latitudes geográficas trazem-vos um pouco do magnetismo de outros povos, formando elos de simpatia e fraternidade.

Através dos conhecimentos futuros, da "radiestesia", a vossa ciência saberá selecionar as espécies psíquica e magneticamente apropriadas a cada região, assim como se processa em Marte. Igualmente, à medida que os vossos espíritos ascensionarem para expressões mais sublimes, demonstrareis em torno de vossos passos um senso de estesia superior nas realizações materiais; pois o teor moral do espírito reflete-se ou manifesta-se no mundo de formas, consoante o grau da sua evolução, podendo conjugar a emotividade das coisas mais simples à beleza superior das formas complexas.

PERGUNTA: — As faixas de terra recortadas nas residências ou templos marcianos, que alimentam as espécies decora-

tivas, são quimicamente preparadas?

RAMATÍS: — A "qualidade" química é fixada e dosada sob processos de seleção bacteriana, em vez de esterilização microgênica, adotada nos ambientes fechados. Os vegetais marcianos, em função parecida à fotossíntese de vossas plantas, absorvem elementos que, após transformação em seu seio, se enriquecem de certa emanação magnética da atmosfera, muito conhecida dos orientais sob o nome de "prana". Essa saturação é revitalizadora e favorece a germinação das plantas, constituindo uma "auto-regeneração" que se opera em sintonia com o preparo da terra sob processos de vitaminoterapia vegetal.

Um punhado de terra marciana poderia nutrir árvores de grande porte no vosso mundo. E graças a essa faculdade absorvente do "prana", as trepadeiras e cipós que serpenteiam nas abóbadas dos templos religiosos, absorvem, na hora do êxtase, o magnetismo dos fiéis, tornando-se ainda mais coloridos e luzentes. Tal fenômeno da sensibilidade receptora dessas plantas, demonstra como é importante o estado de espírito dos seres no ambiente que os cerca, pois, se as emoções elevadas alentam, embelezam e elevam o teor magnético das próprias espécies inferiores, é evidente que as exaltações mentais da cólera, raiva, ciúmes ou insultos domésticos impregnam-se, também, nos vegetais e nos demais objetos circunstantes, criando um ambiente saturado de certo magnetismo tóxico e contagiante que, além de afetar a saúde dos que o emitem, possibilita aos estranhos sentirem a aura benéfica ou incômoda que vibra nas pessoas e nos ambientes com que os mesmos se põem em contato.

Assim, este fenômeno explica por que as aves e a vegetação, em Marte, revelam um estado eufórico de vivacidade e confiança, que traduz "alegria de viver".

17. Fruticultura

PERGUNTA: — Em face de a alimentação dos marcianos ser feita, em grande parte, à base de frutas, poderíeis informar-nos quais as frutas peculiares a Marte? E, também, quais os recursos botânicos ou técnicos adotados nas plantações frutíferas?

RAMATÍS: — A ciência marciana exerce absoluto domínio no campo da fruticultura, criando, mediante processos de química sintética, tipos específicos para cada exigência e região.

Gigantescos pomares experimentais, sob admirável direção técnica e preventiva, melhoram, sucessivamente, a qualidade de todos os gêneros de frutas.

PERGUNTA: — Quais os objetivos essenciais nesse cultivo de frutas?

RAMATÍS: — Sendo a alimentação marciana fundamentalmente baseada em suco de frutas e essências vegetais que devem absorver certa percentagem do magnetismo ambiente, há meticulosa preocupação dos cientistas em apurarem a qualidade da seiva, tornando-a cada vez mais compatível com o equilíbrio metabólico e psíquico dos marcianos.

Se a alimentação deve ser a mais energética possível, com um conteúdo de forte radiação "vital-etérica", há necessidade absoluta de imensos cuidados quanto à impregnação das fruteiras com o magnetismo atmosférico.

PERGUNTA: — Fizestes referência à impregnação de magnetismo atmosférico nas fruteiras. Podereis dizer-nos alguma coisa quanto aos efeitos desse magnetismo sobre as frutas e vegetais?

RAMATÍS: — Em face de a aura terrestre estar sobrecarregada de "toxinas psíquicas", geradas e emitidas pelo ambiente moral do vosso mundo, dentro em breve notareis que muitas frutas e vegetais, infeccionados por esses fluidos deletérios, se desenvolverão apresentando mau aspecto; e, além disso, produzirão sintomas estranhos no metabolismo orgânico dos que os ingerirem.

PERGUNTA: — Poderíeis dar-nos maiores esclarecimentos a respeito desse fenômeno?

RAMATÍS: — Sendo a atmosfera uma espécie de condensador onde se acumulam e agitam as expressões mentais da consciência do indivíduo e da coletividade, no vosso mundo atual, essa massa ou lençol de fluidos é de teor infeccioso ou nocivo; e, como decorrência, suas radiações magnéticas são absorvidas também pelos vegetais e frutas; especialmente, pelos que estão plantados perto das cidades fervilhantes de movimento.

O fenômeno resulta da compressão "mental e magnética" que a aura refletora do vosso orbe devolve para o solo. E esses impactos incessantes dos pensamentos de baixa frequência vibratória, emitidos pela mente do homem, refletem-se na vegetação, inoculando-lhe toxinas que são prejudiciais aos seres humanos. Daí, as epidemias de etiologia desconhecida que se estão manifestando em certas zonas, na forma de neblinas e fluidos de radiações nocivas.

PERGUNTA: — Quais são os tipos de frutas marcianas?

RAMATÍS: — A química marciana, muito antes de a medicina descobrir soluções no campo terapêutico, já conhecia as propriedades benéficas e curadoras de certos frutos, examinando-lhes as características exteriores em relação ao teor químico da seiva. Melhoram, então, o equilíbrio orgânico e o ritmo no metabolismo, estabelecendo como critério ou sistema servirem-se de frutas em correspondência com a natureza dos órgãos enfermos.

PERGUNTA: — Como conhecermos essas sequências, em analogia com a nossa constituição fisiológica?

RAMATÍS: — Embora de pouco ajuste à verdadeira natureza dos frutos terapêuticos marcianos, lembram certos recursos usados em algumas regiões da Terra, pelo curandeirismo sertanejo, que sabe distinguir com exatidão e utilizar-se das qualidades curativas de algumas frutas comuns. Assim, a manga coração-de-boi é indicada como ótimo remédio e fortificante da esfera cardíaca; do abacaxi, com a sua configuração lembrando o pâncreas, o caldo é usado como eficiente para conservar a carne tenra, em analogia ou equivalência com a propriedade do suco pancreático; a berinjela, na sua cor e forma renal, tem apresentado êxito terapêutico em moléstias dos rins; o pequeno estômago vegetal que são o abacate e o mamão, também semelhantes, com maior volume, são indicados na terapêutica médica como auxiliares das dietas digestivas de ordem gástrica; as nozes, que imitam, singularmente, um cérebro em miniatura, são de comprovada qualidade para recompor os desgastes cerebrais.

Os hindus, em meditação, costumam recorrer à ingestão de azeitonas; e os árabes, às tâmaras, certos de que essas frutas são perfeitos "gânglios" vegetais, que lhes fornecem o magnetismo desejado para as suas concentrações esotéricas. Algumas tribos de índios brasileiros conheciam o poder do aipo para enrijecer as fibras musculares que, aliás, também se lhe assemelham; os sertanejos litorâneos afirmam que a cana-de-acúcar, na sua feição exótica de coluna vertebral, é o melhor alimento para a sua congênere humana. Os estigmas do milho desimpedem os bacinetes dos rins, em perfeita sintonia capilar; a melancia, na sua feição de enormes gengivas vermelhas a sustentar dentes na forma de sementes, goza fama de conter vitaminas essenciais à dentadura humana. As sementes de abóbora, parecidíssimas aos fragmentos expelidos da conhecida solitária ou tênia intestinal, são um poderoso medicamento para a expulsão desse parasita; a chamada erva-piolheira, específica na homeopatia como "estafiságria", evidencia a propriedade de alimentar ou nutrir os espermatozóides debilitados pelos excessos de antibióticos, revigorando-os para a sua função genética.

Assim como a espécie vegetal que dá o quinino nasce, prodigamente, nas zonas litorâneas mais atacadas pela malária, imensa quantidade de frutas, vegetais e flores têm sua correspondência astrológica e vibratória com órgãos, glândulas, tecidos e disposições temperamentais humanas. Existem milhares de espécies vegetais criadas pela bondade de Deus, para que a ciência humana as descubra e utilize em benefício dos enfermos. E não vão tardar os ciclos de pesquisas em que os vossos cientistas encontrarão pequenas glândulas vegetais que atendem, perfeita e fisiologicamente, às insuficiências hipofisárias, aos hiper ou hipotireoidismos, às anomalias do timo, aos conflitos "tireóidicos-ovarianos", às exaustões da supra-renal e a outras demais insuficiências do sistema físico do homem.

Os marcianos que, desde há muito, lobrigaram essas verdades puderam atingir um estado de saúde incomparável, muito superior à terapêutica violentíssima das injeções hipodérmicas, que desajustam o cosmo celular e irritam as coletividades microbianas de sustentação no equilíbrio fisiológico.

PERGUNTA: — Certas frutas ou vegetais podem atuar no campo vibratório, imponderável, digamos, além das fronteiras de nossa limitação física?

RAMATÍS: — Em face do fenômeno de que, no vosso mundo, todas as coisas ou seres são revestidos de uma aura astral, constituída pelo corpo ou duplo etérico, quando ingeris frutos, também absorveis ou integrais nos vossos veículos "etéreo-astrais" as emanações "astroctéricas" dos mesmos. Sem aludirmos ao teor físico de natureza alcalóide ou alcoólica, peculiar à maioria dos vegetais, que podem despertar estados imprevistos de modificações temperamentais, podeis certificar-vos, com diligência e atenção, que após a deglutição de certos vegetais e frutos, sofreis alterações de ordem psíquica, o que bem vos prova a força de ação no campo imponderável que eles exercem.

PERGUNTA: — Podia o irmão nos citar ao menos uma espécie, que produza efeitos de ordem psíquica?

RAMATÍS: — Citaremos a cebola e o alho, os quais, pelas fortes emanações astrais, criam campos favoráveis a inúmeras bactérias do psiquismo inferior. Convém, porém, acentuar que a evangelização íntima é o verdadeiro antídoto de tais reações psíquicas, cabendo ao homem libertar-se cada vez mais dos "talismãs" e das "orações protetoras", despertando energias adormecidas na intimidade do espírito eterno; pois seria grande equívoco os seres tentarem o recurso de eliminar de sua aura e do seu campo psíquico, faunas e coletividades perniciosas, mediante a simples ingestão de frutas e vegetais terapêuticos. Em breve essas mesmas coletividades, na lei de biologia psíquica, também saberiam criar a chamada "psicoresistência", tornando-se imunes aos impactos vibratórios e cáusticos dos espécimes vegetais.

PERGUNTA: — E quanto às espécies vegetais de pequenos arbustos, poderíamos conhecer algum tipo que nos firmasse a certeza dessa ação concomitante à esfera psíquica?

RAMATÍS: — A arruda é sensível à presença de fluidos no ambiente, revelando-os sadios, quando ela se mantém ereta e vivaz, ou anotando-os como deletérios, coercitivos e impuros, se ela se abate e se extingue, pela dissociação que sofre no seu campo vital, sob a projeção de vibrações cáusticas do ambiente. É, na realidade, uma espécie de barômetro vegetal que identifica todas as emanações fluídicas em torno, mesmo as humanas. E quanto a uma outra espécie exótica, a "guiné-pipi", apresenta a delicada função de ser transformador ambiental, absorvendo os fluidos deletérios e exalando-os, depois, já depurados das saturações nocivas. Tornamos a repetir-vos, no entanto, que assim como a simples presença de vegetais como a arruda não pode servir-vos de proteção e defensiva, a "guiné-pipi", mesmo que a planteis às centenas, em torno de vós, não conseguirá purificar o ambiente desde que o vosso governo mental esteja afastado do Cristo. Todos os recursos da natureza são abençoados por Deus, na tarefa de socorro à criatura enfraquecida, no campo espiritual, mas é necessário que esse socorro encontre a disposição decidida de uma cobertura absolutamente evangélica, para neutralizar os efeitos perniciosos do astral inferior.

PERGUNTA: — Podíamos, realmente, atribuir natureza terapêutica às frutas que mencionastes, da Terra, em correspondência com os órgãos a que também aludistes?

RAMATÍS: — O homem é um condensador em miniatura no oceano do magnetismo cósmico, centralizando, sobre si, energias variadas e na conformidade dos seus estados mentais e espirituais. Cada órgão que compõe o seu cosmo celular absorve e recupera-se com energia correspondente à sua função e necessidade, especificamente à sua forma e à sua tessitura. Os estados patológicos são fases de desperdício energético, ou má combinação de fluidos do magnetismo necessário ao órgão doente. Quando observais no campo físico a desarmonia orgânica, já, de há muito, esse desequilíbrio vem-se operando no campo invisível do magnetismo biológico. O sintoma visível, diagnosticável ou passível de uma descrição etiológica, é já a fase derradeira da causa debilitada na esfera imponderável. Consequentemente, o que primeiro deve ser realizado no campo invisível da energia magnética, que se debilitou, é a compensação com um conteúdo idêntico e compatível, para atender aos gastos energéticos além do normal. Concomitantemente a essa função que o homem exerce, de condensador vivo de energias magnéticas invisíveis, as frutas também são condensadores, embora menores e de outra espécie, captando, dosando e encorpando quotas de energias, na forma de órgãos vegetais emancipados, que operam em "causa própria". Desde que os cientistas terrenos lobrigassem a verdadeira natureza configuracional e "químico-magnética" das frutas, que agem em correspondência com as debilidades "biomagnéticas" de cada órgão do corpo humano, produziriam verdadeiros milagres no campo profilático, preventivo e mesmo terapêutico. Bastar-lhes-ia indicarem espécies frutíferas cultivadas sob disciplina astrológica e em perfeita relação com o nascimento também astrológico de cada doente. A fruta teria por função fazer a cobertura magnética do órgão enfraquecido, atuando pelo seu divino quimismo inacessível aos instrumentos grosseiros do mundo material. Podeis avaliar, portanto, a verdadeira terapêutica com que a Divindade socorre os seus filhos, nas suas enfermidades, sem a violência das substâncias heterogêneas e mineralogicamente radioativas, que alteram comumente o labor endocrínico do corpo humano.

PERGUNTA: — Podereis nos dar mais esclarecimentos, para não confundirmos o assunto?

RAMATÍS: — Fizemos algumas comparações referentes aos frutos terrestres; mas, para que possais assimilar o êxito terapêutico dos marcianos, nesse campo abençoado da Vida, diremos que esse "quimismo vital-magnético", a que aludimos, nas frutas e em correspondência com os próprios órgãos humanos, a ciência marciana logra acionar à vontade, manejando-o com absoluta segurança. Descobriu as qualidades intrínsecas das frutas em função das curas humanas e sabe, meticulosamente, o teor e a função de cada órgão. No entanto, a configuração da fruta, semelhante a um órgão humano, é simples indicação de possuir qualidades terapêuticas adequadas àquele tipo de órgão, sem que, no entanto, essa indicação esclareça a que estado patológico corresponde. Supondo, no vosso mundo, que a manga "coração-de-boi" seja eficiente para as enfermidades cardíacas, porque a sua forma e o seu conteúdo traem algo daquele órgão cordial, é mister verificar a que estado patológico corresponde, para não contradizer a terapêutica aplicável, no momento, pois uma braquicardia e uma taquicardia são estados completamente opostos. Só o conhecimento íntimo e profundo do quimismo do vegetal, na sua manifestação "astroetérea", é que permitirá conhecer a base fundamental para a recomposição da deficiência magnética. A ação imponderável na função excitadora ou adstringente difere muito dos processos do plano físico, objetivo, que se baseia na experimentação e em soluções farmacológicas. Mencionamos os fatos do mundo imponderável, invisível à instrumentação de laboratórios e acessível só ao raciocínio ou à fenomenologia ectoplasmática do campo mediúnico. Não pomos dúvidas sobre o uso sadio e racional que a medicina preconiza quanto às qualidades químicas medicamentosas dos vegetais e frutas, habilmente aplicáveis aos casos patológicos, quer na alopatia quer na homeopatia. Mas não podemos deixar de vos anotar que são os homeopatas, na sua terapêutica dinâmica, infinitesimal, que melhor penetram nesse "quimismo etéreomagnético" das frutas. A imponderabilidade da homeopatia permite agir na intimidade eletrônica dos tecidos, atuando mais a contento e com eficiência nas causas, sem violentar os órgãos doentes. Convém distinguirdes a imensa distância que existe entre as propriedades terapêuticas de frutas e as dos vegetais, cuja ação na esfera imponderável do magnetismo cósmico é muitíssimo diferente da vossa farmacologia comum. No futuro, vos serão familiares as noções de "radiopatia", "astropatia" e "magnetorradiopatia" ou coordenações análogas, que ainda hoje, pelas suas noções transcendentais, despertam desconfiança ao mecanismo de apalpação dos laboratórios.

PERGUNTA: — Quais os recursos ou tratamentos que os marcianos dão aos frutos, para maior êxito nos recursos terapêuticos?

RAMATÍS: — Os cientistas marcianos coordenam tanto a germinação como o desenvolvimento das árvores frutíferas, em face de operarem no "duplo etérico" das mesmas. Aproveitam, inteligentemente, todas as influências de astros circunvizinhos, que atuam no campo etérico-astral das plantas; controlam as ações desses fluidos excitativos ou letárgicos e podem dirigir com êxito a ascensão e distribuição da seiva vegetal. Os frutos, posteriormente, se desenvolvem em concomitância com o magnetismo que circula nos órgãos humanos, pois os fruticultores conseguem harmonizar o teor exato de cada fruta a um quimismo magnético de cada órgão humano. Trata-se de um verdadeiro processo farmacológico preventivo, em que já ficam estereotipadas as espécies de frutas, como indicação terapêutica aos casos patogênicos que surgirem. Há, nos frutos, e nos órgãos humanos, uma perfeita correspondência entre as manifestações trifásicas do mundo mineral, vegetal e animal, sob a regência da Suprema Lei Divina.

PERGUNTA: — Quais as qualidades que melhor distinguem os frutos marcianos dos de nosso mundo fruticultor?

RAMATÍS: — Todas as árvores frutíferas provêm de mudas cultivadas em gigantescos parques padrões, onde se obtêm frutas isentas de sementes, de um quimismo profilático, livres de impurezas ou microrganismos destruidores. O desenvolvimento se faz através de planos cientificamente desdobrados, com as previsões exatas do conteúdo seivoso, conforme a temperatura, pressão e magnetismo etérico do meio onde a planta vai habitar. O solo é preparado, também, em correspondência com o terreno da futura moradia da árvore frutífera.

PERGUNTA: — Essas frutas são substancialmente idênticas às da Terra?

RAMATÍS: — Os tipos mais preciosos são verdadeiros "invólucros" de caldo saboroso, semelhantes a "compotas vivas", de aveludada carne vegetal, concentrada, nutritiva, odorante. Há os tipos gelatinosos, sem fibras ou sementes, destituídos de películas ou células e que, após a deglutição, deixam na pureza do paladar marciano a sensação de penetrante magnetismo eufórico.

PERGUNTA: — O irmão menciona "nutritiva e odorante". Como entendermos essa especificação?

RAMATÍS: — Tal como ocorre na esfera das flores, a química e a botânica também operam juntas no desenvolvimento e aperfeiçoamento de vários odores na mesma espécie de frutas. Assim, conforme já vos descrevemos, a mesma espécie de rosa pode apresentar inúmeros tipos odorantes; também nos frutos, os cientistas conseguem o mesmo fenômeno, evitando a monotonia de um mesmo aroma, a fim de não decair a produção de sucos e hormônios da digestão. O sistema endocrínico, produtor dos hormônios glandulares no homem, também atinge uma fase de saturação psíquica ou enjôo, diminuindo a produção de sucos gástricos, ante a persistência demasiada de uma só forma digestiva.

Se durante trinta anos terrenos ingerirdes, diariamente, abacate ou laranja, os estímulos nervosos excitativos ajustam-se a esse gênero de alimentação, funcionando correlatamente com as zonas sensoriais do cérebro até os reguladores das funções biliares, gástricas ou responsáveis pela atuação da secretina pancreática. Daí a habilidosa conexão "psicofísica" que os marcianos realizam no quimismo das frutas, em que a mesma espécie necessária ao metabolismo orgânico, embora ingerida continuamente, apresenta odores diferentes, que mantêm desperto o mecanismo endocrínico.

PERGUNTA: — Podereis citar um exemplo desses perfumes diversos, comparados com um tipo de fruta terrena?

RAMATÍS: — Imaginai, em "fila", um cento de laranjas sem sementes ou fibras cujos gomos são pequeninos reservatórios de caldo ambrosíaco. Num crescente sucessivo, essa fila apresenta "cem odores" diferentes, mas todos traindo o aroma central, indestrutível, ou seja, o fundo odorante, específico, do verdadeiro gosto da laranja natural. Poderíeis ingerir laranjas com odores de cravo, violeta, rosa ou jasmim, sem que, por isso, desaparecesse o odor fundamental, laranja, e também a substância peculiar dessa fruta. Nas mesmas disposições, podeis conjeturar outras espécies de frutas como abacaxis, maçãs, uvas ou pêras.

PERGUNTA: — Existe, ainda, mais alguma distinção nesses frutos em relação aos nossos?

RAMATÍS: — Principalmente quanto à temperatura variável, que a ciência marciana obtém nas espécies de frutas destinadas às zonas antípodas. Conseguiram adaptar nos tipos especiais, temperaturas internas, mais ou menos duráveis, conforme o tempo de maturidade do fruto. As árvores frutíferas destinadas às zonas equatoriais produzem frutos de caldo refrescante, que minora a temperatura do meio; as espécies destinadas às zonas gélidas cobrem-se de frutos cujo interior é aquecido, morno, em acentuado contraste com a temperatura ambiente.

PERGUNTA: — Ser-vos-ia possível uma explanação mais ampla?

RAMATÍS: — Os marcianos conseguiram essa realização

pela maravilhosa condição do seu magnetismo etérico, base de toda a sua vida, assim como a eletricidade é a base de todas as vossas atuais realizações. Não conseguis, no vosso mundo, com a mesma energia elétrica, produzir calor em fogões, aquecedores, ou estufas e, em sentido oposto, estabelecer a temperatura gélida dos refrigeradores, sorveterias ou frigoríficos? Enquanto a vossa ciência, em todos os campos de vida, distante de Fé criadora, apenas consegue sucesso em aparelhamento material, os cientistas marcianos operam com o magnetismo na intimidade atômica, conseguindo modificar, sem violência, as bases dos padrões comuns. A seiva do vegetal ou do fruto não passa de um elemento "minerovegetal", com o seu conteúdo acessível a radiações, imantações, gelidez ou aquecimento, bastando alterar as disposições íntimas das constelações eletrônicas, para que ocorram também modificações logicamente previstas. Se aquecerdes frutos com um combustível exterior, tornais expansivas as órbitas dos elétrons no interior da seiva frutífera, ou se os gelais, produzis o fenômeno oposto. Os marcianos podem modificar, com facilidade, a temperatura dos frutos, porque operam diretamente na expansividade ou contrações eletrônicas, através desse próprio magnetismo etérico, que orienta e regula, acelera e retarda os sistemas atômicos que formam a contextura material. Operam de dentro para fora, com mais êxito e durabilidade, quer realizando a magia da "luz vegetal", nas flores, quer variando as temperaturas das espécies frutíferas.

PERGUNTA: — As frutas são isentas de microrganismos destruidores?

RAMATÍS: — Absolutamente livres dos apodrecimentos comuns das frutas terrenas, porquanto seguem, paralelamente, as mesmas disposições da saúde impecável dos marcianos. No cultivo feito nos parques padrões, há um tratamento profilático que permite à seiva das frutas conter forças defensivas contra probabilidades de proliferação de germes daninhos. Os processos que executais "por fora" na proteção dos frutos ou da lavoura, servindo-vos de substâncias químicas para extinção dos microrganismos prejudiciais, a ciência marciana, sempre de sentido profilático, opera na intimidade da substância energética das frutas e consegue o êxito desejado.

18. Trabalho

PERGUNTA: — Qual o gênero de trabalho mais vulgarizado em Marte?

RAMATÍS: — Trata-se de planeta essencialmente industrializado, que produz tudo quanto é necessário ao sustento da sua humanidade, através dos mais avançados processos, em gigantescos parques industriais. Dois terços de sua população participam desses empreendimentos.

PERGUNTA: — Quais as finalidades fundamentais do trabalho marciano?

RAMATÍS: — Não se trabalha sob o regime de exaustiva competição para maiores lucros em balanço final. Não há preocupação de "maior quantidade" com o sacrifício da "qualidade", sob minuciosos cálculos que assegurem lucros individuais.

A finalidade do labor, em Marte, visa à riqueza coletiva, num ritmo e pulsação em que cada indivíduo constitui valiosa peça da maquinaria harmoniosa do Bem Comum. Não há experimentos, aventuras, iniciativas ou constituições à parte com fins lucrativos pessoais, que venham a formar quistos de interesses privilegiados na comunidade. Todo esforço individual é sempre a favor do conjunto disciplinado pelo Estado.

PERGUNTA: — Qual o ambiente interno dos setores ou agrupamentos de trabalho?

RAMATÍS: — São verdadeiros templos de labor fraternal e santificante, de aspecto florido e poético, combinados à luz emotiva e psicológica do gênero de labor. Há intensa preocupação do

Governo em proporcionar ambiente agradável e estimulante de paz e alegria, que são fundamentos gerais da vida marciana. Os setores de trabalho são decorados com trepadeiras de cordões vegetais, semelhantes a seda luminosa, espécies de orquidários terrestres, que inundam a atmosfera de perfume suave e sadio.

A concepção de trabalho como "obrigação incômoda" que fazeis, na Terra, é bem distinta de "trabalho-missão", conforme o aceitam os marcianos. A idéia a que vos condicionais desde a infância, de que o trabalho é uma necessidade para a sobrevivência humana, ou recurso positivo para a libertação econômica, criam-vos a noção falsa de que deveis lutar, furiosa e ardentemente, para mais breve vos livrardes do trabalho. No entanto, o labor humano, sob qualquer expressão humilde ou rude, em qualquer situação planetária do Cosmo, é sempre uma operação dinâmica, que desenvolve no espírito as suas reais qualidades de futuro "anjo criador". Tem por função precípua, o trabalho do homem, ativar o potencial divino que está adormecido na sua intimidade espiritual. É um exercício gradativo, ou preparo certo e eficaz, para que a alma incipiente hoje, saiba, amanhã, operar com êxito e segurança nos mundos "extramateriais". Os marcianos, ao invés de aceitarem a função-trabalho como recurso utilitarista, consideram-no maravilhoso recurso de apuramento angélico, necessário para despertar o dinamismo que, na alma humana, é reprodução microcósmica dos poderes macrocósmicos do Pai.

PERGUNTA: — Acreditávamos que a espiritualidade sublimada devesse ser o objetivo potencial de nossa passagem pela vida humana, embora o trabalho nos crie justas exigências. Que nos dizeis?

RAMATÍS: — É óbvio que se Deus fosse a "espiritualidade estática", apenas um estado de inércia, não veríeis os colares de esferas rodopiantes na tela astronômica do Cosmo. Só a "espiritualidade criadora" é que poderia edificar a maravilhosa maquinaria que demonstram as realizações planetárias. Desde os elétrons em torno dos núcleos atômicos, no microcosmo, até os astros em torno dos sóis, no macrocosmo, tudo demonstra que o "trabalho" é função básica dessa futura consciência espiritualizada, mas profundamente criadora. Deus pensa e cria o Cosmo; o anjo trabalha e cria o microcosmo. Os santos, os artistas, os gênios e os condutores de multidões, são produtos de um labor íntimo, iniciático, de um "ritualismo" interno, divino, que lhes disciplinou os movimentos num curso que deveis aceitar como "trabalho".

A exaustiva constância de um organismo em contínuo "trabalho" sobre o piano, deu-vos um gigante chamado Beethoven; a persistência no manejo das tintas e na rigidez das pedras, fixou no mundo das formas o admirável Miguel Ângelo; a caminhada fatigante, o movimento contínuo em favor do desgraçado, estereotiparam a figura santificada de Francisco de Assis.

No seio da bolota está a gigantesca árvore do carvalho; mas é o trabalho exaustivo, a renúncia absoluta, a abdicação de qualquer provento extemporâneo, que fazem essa bolota crescer no fundo da terra e atingir a magnitude de árvore que se transforma em fonte criadora de sombra, lenho, calor e utilidades. O minúsculo fio de regato, que desce das encostas distantes, só adquire as prerrogativas de majestoso rio depois que se entregou ao espontâneo labor de desenvolver e acumular as suas próprias energias latentes, misteriosamente adormecidas naquele primeiro impulso de simples gotas de água.

PERGUNTA: — Infelizmente ainda não nos integramos tão conscientemente nessa concepção de "trabalho". A nossa tendência inata é "vencer o trabalho" o mais breve possível. Esforçamo-nos, continuamente, para um breve repouso, cujo objetivo é conseguir mais rápida libertação das contingências econômicas.

RAMATÍS: — O marciano compreende que é tão valioso, perante o Criador, o ser que esgaravata os esgotos da cidade, para manter sadia a população com o seu "trabalho", como o administrador público que idealiza os planos de alimentação ou de educação coletiva. O critério que lhes dirige o pensamento é o de fazer o seu trabalho o mais bem feito possível, porque o caso é todo pessoal: desenvolver as suas próprias energias criadoras.

O industrial que dirige portentosa empresa de responsabilidade coletiva é um projeto de "futuro anjo", em trabalho de crescimento nos mundos planetários, assim como o servente, no fundo da vala, juntando pedras e argamassa de cimento, também edifica em si mesmo o arcabouço valioso de outra alma angélica. O trabalho, em qualquer situação, por mais rude e humilhante, exaustivo e compulsório, aquece as energias divinas que jazem latentes no fundo de toda alma humana, apressando a concretização das figuras de novos satélites criadores, a serviço do Pai.

PERGUNTA: — Contudo, em nosso mundo, já se fazem certos esforços para que o trabalho terrestre se torne mais agradável. Em muitas fábricas e indústrias, já se manifesta a tendência de decorá-las especialmente, atendendo à razão da permanência do operário, e, também, a de proporcionar-lhe música, agremiação esportiva e tertúlias de caráter social. Esta orientação está certa?

RAMATÍS: — Os chefes industriais que assim procedem são almas já aprimoradas, algumas vezes espíritos de Marte e de outros orbes mais evolvidos, que descem ao vosso mundo para ajustar os setores de trabalho a um nível superior. Edificam indústrias, mourejam dia e noite para o progresso econômico, desenvolvem continuamente novos ângulos de serviço e labor coletivo, mas, em todos os seus atos, deixam a marca inconfundível do "servidor cristão" que, a par de progresso e lucros, sente, também, as emoções e as ansiedades dos subalternos. Esses, Deus os premia com maravilhosas situações em mundos melhores, porque souberam sentir a dor e a necessidade do próximo. Tornam o trabalho humano agradável, ameno e desejável; eliminam a concepção de atividade escrava, própria das almas egocêntricas, interesseiras e avaras, que passam pelo vosso mundo como aves de rapina, acumulando excessos de riqueza e recusando oportunidades de crescimento espiritual aos seus cooperadores.

PERGUNTA: — Como poderíamos desenvolver um conceito mais nobre do trabalho, em nosso mundo, a fim de que diminua essa proverbial aversão a um esforço da obrigação humana?

RAMATÍS: — Só o conhecimento dos objetivos sagrados que dirigem a alma para a sua futura configuração angélica, pode tornar o terrícola tão devotado ao trabalho como já é o marciano. Este, em face da convicção absoluta de que está burilando, em si mesmo, a imagem do anjo eterno, cooperador futuro do Senhor na criação dos mundos e das coisas, busca o trabalho com a máxima avidez, assim como o aluno acadêmico esgota-se na ansiedade de obter as prerrogativas da profissão liberal.

O desejo ardente com que a flor procura beber o raio de sol, para desabrochar em fascinante taça floral de perfume extasiante, o mistério insondável que conduz o regato a percorrer milhares de quilômetros ao encontro do oceano, a força criadora que dirige a semente, no fundo do lodo, para desabrochar em lírio saturado de perfume, movem, também, na consciência do homem marciano, os elementos que o tornam consagrável ao trabalho, sensível ao labor, puro e entusiasta nesse prazer, qual virtuose que se extasia ao dedilhar o seu instrumento.

PERGUNTA: — Qual uma idéia aproximada, para nosso entendimento, que nos defina mais ou menos o sistema de sustento econômico de Marte?

RAMATÍS: — Dispensando-nos de ditar um tratado doutrinário, ao modo terrícola, envidaremos o possível para resumirmos esse sistema numa feição comum. Considerai a humanidade marciana uma sociedade anônima, industrial, regida por uma diretoria chamada Governo, com as suas comissões e conselhos de controle, na feição dos demais departamentos subordinados ao órgão central. Os dividendos dessa sociedade são distribuídos, milimetricamente, às responsabilidades de "horas de trabalho" de cada cidadão. Há que distinguir, no entanto, que a "hora-operário" é menos valiosa que a "hora-engenheiro", em face dos justos direitos no setor das responsabilidades. Entretanto, qualquer operário pode candidatar-se a proventos de "horas-superiores", quer seja empreendendo cursos especializados na esfera de oficialização pública, quer exercendo tarefas de maior sacrifício, competência e responsabilidade. E estes fatores ditam o valor intrínseco dessas horas de trabalho, como estímulos para que os menos credenciados procurem ensejos compatíveis com estados espirituais mais elevados. É necessário, no entanto, compreenderdes que tudo é feito sob a mais afetuosa espontaneidade, não existindo, em Marte, nenhuma instituição corretiva, fiscalizadora, no sentido de ajuste laborioso ou exigente de obrigações compulsórias. Já vos dissemos que o marciano poderá transitar por toda a existência física absolutamente ocioso, sem assumir qualquer responsabilidade; e o Estado, quanto às necessidades fundamentais ou imprescindíveis que a vida exige ou impõe, não deixará de ampará-lo nas mesmas condições e direitos dispensados aos mais laboriosos.

PERGUNTA: — E não acontece, então, que alguns cidadãos resolvam viver exclusivamente à custa do Estado?

RAMATÍS: — Às vezes, efetivamente, alguns resolvem libertar-se dos encargos exigíveis pela comunidade, preferindo a vida nômade e aproveitando todos os recursos do "direito de berço", como é comumente definida a obrigação estatal para com o cidadão. No entanto, geralmente, tempos depois, vem o reajuste, a reflexão, por tratar-se de almas honestas; e, então, tais ociosos, reconsiderando que sua atitude está em desacordo com o sistema normal de vida, resolvem compensar a coletividade entregando-se afanosamente a tarefas de sacrifício a fim de repararem e cobrirem o "tempo perdido".

O espírito integralmente marciano, isto é, provindo de reencarnações do mesmo orbe, não mais vacila na sua postura moral e consciente de dar-se em benefício do próximo. As manifestações de recusa ao trabalho contínuo, que alguns revelam, são casos excepcionais e, como afirmamos, provêm mais de almas imigradas de outros mundos, onde a função de trabalho rude é considerada algo desairosa a certas mentalidades, conforme ocorre muitas vezes em vosso orbe.

PERGUNTA: — Quando o irmão se referiu ao "direito de berço", queria nos informar que esse direito é, incondicionalmente, de todos, mesmo dos que se neguem ao trabalho comum?

RAMATÍS: — É mister que compreendais, bem claro, que à medida que o espírito ascende para estados mais elevados, aumenta sempre a sua capacidade de amor e de renúncia. Só no vosso mundo, com a idéia egocêntrica de que "dar traz pobreza", é que se fazem exigências absolutas e se criam obrigações compulsórias. A humanidade marciana, mais próxima da realidade espiritual, é, também, mais pródiga no "servir e amar", instituindo deveres na comunidade, mas deixando a decisão espontânea de os cumprirem. Há, pois, o "direito de berço", como incondicional obrigação do Estado para prover aquele que nasce em seu orbe do alimento, do vestuário, do lar e de todas as necessidades comuns aos demais. Embora todo o "direito de berço" institua, também, a "obrigação de berço", ou seja, o compromisso tácito de contribuir com um número de "horas-serviço" para a comunidade, tal obrigação fica adstrita à vontade do cidadão.

PERGUNTA: — E o que não cumpre a "obrigação de berço" pode obter em serviços especiais as aludidas "horas-superiores", que lhe permitirão fazer aquisições de coisas suplementares?

RAMATÍS: — Supondo que a "obrigação de berço" exija do cidadão uma contribuição de 60.000 "horas-serviço" comuns, é necessário ter realizado um mínimo de 10.000 horas, a fim de poder obter "horas-superiores". Estas horas são permitidas, numa taxa proporcional de 20% sobre cada 10.000 horas-comuns efetivadas. Sob tal sistema de labor, os ociosos e refratários às obrigações de berço ficam circunscritos aos bens comuns do orbe, deixando de usufruir as maravilhosas oportunidades turísticas e artísticas que são facultadas aos que cumprem integralmente o seu dever para com a comunidade.

PERGUNTA: — Os que fogem ao trabalho comum não podem gozar de condescendências especiais de parentes ou amigos?

RAMATÍS: — Dentro dos princípios maravilhosos da vida espiritual, em que "se deve fazer aos outros aquilo que queremos que nos façam", princípio cósmico, em Marte, cada um é livre de agir conforme ditar o seu sentimento, desde que não produza transtornos à coletividade. Não se permite fazer doação de horas de serviço comum e de obrigação pessoal, como favorecimento alheio, mas é facultado transferir os direitos de "horas-superiores", obtidas em serviços excepcionais, porque se trata de um bem que não se refere à primeira necessidade. Consequentemente, inspirados em conceitos análogos ao Evangelho de Jesus, em vosso mundo, os marcianos também operam no sentido crístico de "servir e amar", independente de interesses, considerações ou direitos alheios. O seu sentido de vida, já equilibrado e sintonizando com as emanações internas do Cristo planetário, pode levá-los à mais completa renúncia por alguém, com o júbilo e a naturalidade com que vós saboreais os mais deliciosos confeitos. É um gesto natural, espontâneo, uma pulsação rítmica que é parte integrante de seu organismo espiritual. Não carecem de auto-esforço de "caridade", sob programa determinado ou apelos veementes; agem em direção ao maior bem alheio, expõem-se a favor do próximo, incondicional e ardentemente. Desenvolvem, na miniatura espiritual de suas organizações no mundo de formas, a tessitura de Luz Crística que banha toda a vida cósmica do seu planeta, que lhes significa a escola planetária da eterna felicidade.

PERGUNTA: — Contudo, permiti-nos conjeturar: admitindo que certos espíritos, mais negligentes, aproveitando-se dos favorecimentos gratuitos do Governo, permanecessem na ocio-

sidade durante toda sua existência física, que medidas seriam tomadas para com esses "infratores" ou displicentes?

RAMATÍS: — "A cada um conforme as suas obras" é preceito de vida cósmica. Os espíritos que permanecessem irredutíveis no "dolce farniente", na vida física marciana, embora sustentados quanto o mais laborioso cidadão, ao desencarnar seriam dissociados para outras humanidades compatíveis com o seu psiquismo indolente.

PERGUNTA: — Houve fatos assim, em Marte?

RAMATÍS: — Inúmeras vezes ocorreram fatos semelhantes, e cremos que ainda hão de suceder, em face das correntes migratórias que são continuamente intercambiadas de mundo para mundo. De cada grupo de almas que emigram doutros orbes menos evolvidos para Marte, há sempre uma percentagem que não se adapta, integralmente, ao ritmo equilibrado do conjunto. Após viverem numa existência e, por vezes, graças à compaixão de mentores tolerantes, repetirem mais duas ou três reencarnações sem se ajustarem à disciplina e responsabilidade da vida marciana, são endereçados a planetas "aquém de Marte", onde se recompõem no seio de outra humanidade irredutível nas suas exigências laboriosas.

PERGUNTA: — Podemos considerar, na Terra, alguns espíritos marcianos aqui reencarnados, para o reajuste laborioso da vida de Marte?

RAMATÍS: — Inúmeros deles perambulam pelo vosso mundo em várias tarefas de reajuste, revelando acentuada diferença do espírito comum da Terra. Espécie de "pequenos anjos decaídos", trabalham afanosamente para adquirirem as prerrogativas perdidas no ambiente superior. Guardando no subconsciente a lembrança da harmonia e da beleza marciana, sentindo no coração a cruel diferença entre uma coletividade que é amor desinteressado e a terrícola, cujo afeto, quase sempre, é cortina de negócios egocêntricos, vós os podeis conhecer na figura desses homens aflitos pela libertação espiritual, angustiados para melhorar o seu orbe, prejudicados na vida prática pelo excesso de transcendentalismo, desapegando-se continuamente do mundo material, avessos ao superficialismo dos valores transitórios. Embora desajustáveis em Marte, no vosso mundo são delicadas filigranas de "amor espiritual", capazes de sacrifícios imprevistos, dados à renúncia comum, aguardando favores no "fim da fila", de sorriso contínuo nos lábios, de olhar afetivo, interessando-se pela dor do próximo e pela desdita alheia. Às vezes vão ao extremo dos esforços destituídos de lucros ou considerações pessoais; comumente não se ofendem, para não terem ocasião de "perdoar". Há certa simplicidade e despreocupação no seu trajar, e, quando ostentam diplomas do vosso academismo, então melhor reconhecereis a sua índole marciana, em virtude do abandono dos preconceitos e convenções tão ao gosto do terrícola diplomado. Estão espalhados por todo o vosso orbe, não apenas recompondo posições perdidas em mundos semelhantes a Marte, como também, na lei de correspondência vibratória do amor cósmico, são aproveitados para melhorar o padrão "antifraterno" do vosso mundo.

PERGUNTA: — Embora de um planeta diferente da Terra, no qual cremos que houve outro legislador parecido a Jesus de Nazaré, mas não o mesmo, esses "ex-trabalhadores degredados" de Marte se adaptam ao ensinamento exato desse Sublime Rabi que veio à Terra?

RAMATÍS: — Os preceitos evangélicos de Jesus, que para o vosso mundo, infelizmente, ainda são "excepcionais", em Marte são conceitos de vida comum. Consequentemente, onde mais identificareis esses "ex-marcianos" é na sua ardente submissão aos valores enunciados por Jesus.

PERGUNTA: — Retornando ao assunto "trabalho", em Marte, recordamos que o irmão citou, em resposta anterior, que o trabalho marciano não se processa sob o regime anual de produção. Poderíamos conhecer alguns detalhes do sistema adotado pelos marcianos?

RAMATÍS: — Todo o mecanismo de labor, economia e intercâmbio artístico ou necessidade educativa, em Marte, é constituído sob a mais inteligente e segura planificação, que prevê os mínimos detalhes na consecução prática. Sob um plano gradual e desdobrativo, o Estado fabrica e confecciona todas as "primeiras necessidades" num ritmo definitivo. Assim, a comarca responsável pelos vestuários de "todo o planeta" procura entregá-los, no menor prazo possível, às demais comarcas requerentes no plano anual. Desobrigada do compromisso anual, essa comarca que é responsável pelo feitio da veste para todo o orbe, dispensa a atividade dos seus trabalhadores, ficando o restante do ano disponível para o cultivo artístico, ou para a proverbial atividade turística que é fértil entre os marcianos. O trabalhador específico de vestuários poderá, então, acumular as "cautelas-serviços" em outras tarefas diferentes, aceitando serviços excepcionais e concorrendo para a melhoria da coletividade enquanto também melhora as suas condições de habilidade e recursos de ordem emotiva e artística.

PERGUNTA: — Há lucro definido no conjunto industrial responsável por determinado compromisso com o Estado?

RAMATÍS: — Há o lucro simbólico de cada conjunto de trabalho, apenas para efeito de capacidade produtiva e para se conhecerem os recursos internos na concepção dos futuros planos de responsabilidade para com o corpo.

PERGUNTA: — Qual é o fator que predispõe o trabalhador marciano a exercer a sua tarefa com entusiasmo idêntico ao do "virtuose" que interpreta uma página artística?

RAMATÍS: — Efetivamente, o trabalhador marciano realiza o seu labor com a mesma disposição jubilosa do artista executando uma bela composição. Não lhe interessa a obra apenas como elemento na troca dos proventos de que necessita; mas a ela se dedica com amor e honestidade, dentro do tácito princípio de que deve fazer o melhor possível o seu trabalho. Assume verdadeiro compromisso moral para com a coletividade e sentir-se-ia indigno de participar dela, se obtivesse mais do que conscienciosamente deve receber em troca do que produz.

Outro fundamento é a tranquilidade do trabalhador, que está absolutamente protegido na esfera do lar, com vestes e alimento, mesmo que resolvesse adotar absoluta ociosidade para o restante da existência. Tendo solucionado todos os problemas de ordem econômica, e, também, integrado na aura de paz e fraternidade que predomina no orbe, entrega-se ao seu labor com energia, perseverança e amor, na consciência exata de que o seu "bem pessoal" deve ser estendido ao "bem coletivo". Acresce, ainda, que a simples idéia de que o seu trabalho é espontâneo, torna-o suave, na sensação eufórica de liberdade sob o comando de sua própria vontade. Essa sensação de liberdade íntima, a convicção de poder agir a seu "bel-prazer", criam sempre ótima disposição de trabalho, pois é grande a diferença entre aquele que voluntariamente se encarcera numa gruta, como anacoreta fugido à civilização, e o que é obrigado a permanecer dias dentro de acanhado cubículo.

PERGUNTA: — Como é essa disciplina de produção específica, de cada comarca?

RAMATÍS: — Marte é um mundo onde não existem essas fronteiras tristes que fomentam a separação terrena; não se compõe de nações com símbolos, idéias, doutrinas e concepções políticas à parte. Essas pressupostas nações são denominadas comarcas, ou seja departamentos do Governo Central, que é o cérebro regulador de toda a atividade do orbe. Cada comarca, na feição de uma seção cooperadora e controladora do conjunto total, é um órgão que assume certa responsabilidade para manter em equilíbrio o cérebro que dirige e alimenta todo o organismo. O corpo humano em suas múltiplas funções heterogêneas, mas necessárias à harmonia do conjunto, sob a direção inteligente e coordenadora do cérebro que é o controlador e acionador do espírito, oferece um maravilhoso padrão do modo de vida em Marte. Em consequência, cada comarca produz, com exclusividade, as necessidades primárias ou secundárias para todo o conjunto, conforme a sua disposição geográfica, situação industrial, conhecimento psicológico do assunto ou favorecimento na matéria-prima. Dentro do plano total, traçado comumente para um ano, em face do sentido muito rápido da evolução marciana, o que interessa ao Estado é o cumprimento exato, na quantidade e qualidade do que foi assumido. Tal disposição governamental predispõe a uma identidade de pensamento entre as indústrias e seus trabalhadores que, espontânea e criteriosamente, resolvem despender todos os esforços para o término mais breve do compromisso assumido, a fim de gozarem maior quota de tempo para a execução de seus ideais e planos de obtenção de "horas-superiores". Lembramos-vos, ainda, que essas "horas-superiores" são concedidas tão-somente após o cumprimento integral das horas de serviço comum de responsabilidade para com o Estado.

PERGUNTA: — Poderíeis nos dar uma idéia mais prática da produção de uma comarca e a sua consequente entrega em prazo menor do que o previsto?

RAMATÍS: — A indústria coletiva de tecidos responsável pelo vestuário em todo o orbe, que é o fundamento de trabalho e atividade de uma importante comarca marciana, deve atender à média de 6 a 7 trajes anuais, para cada pessoa. Pressupondo 1 bilhão de criaturas compondo o conjunto da humanidade marciana, serão necessários 7 bilhões de trajes, para compromisso do ano, dentro do plano assumido perante o Estado. Atendendo, também, à reserva de 5 a 10 por cento, para as eventualidades, essa comarca entrega 7.500.000.000 trajes, mais ou menos, num prazo previsto de meio ano marciano. Desde que o conjunto industrial desses tecidos resolva redobrar suas horas de trabalho ou abdicar do justo descanso dos dias tradicionais, talvez consiga terminar a produção em apenas 3 meses marcianos. O espaço de tempo restante os trabalhadores da indústria de tecidos podem usá-lo do modo que melhor lhes convier, enriquecendo suas possibilidades artísticas, exercendo funções excepcionais com o acúmulo de "horas-superiores", que lhes permite melhoria residencial ou aquisição de aparelhamentos de utilidade prazenteira.

PERGUNTA: — Cada comarca fará uma só especialidade, durante o ano?

RAMATÍS: — Cada comarca fica responsável por tantos produtos quantos puder produzir, assumindo essa responsabilidade específica porque não podem ficar a cargo de outros departamentos ou comarcas. Variam, no entanto, as disposições dessa produção, pois há artigos e aparelhamentos que devem ser fabricados no princípio do ano, outros no meio e alguns apenas no final. Cada conjunto industrial, dentro de uma comarca, tem seu quadro específico de trabalhadores, que devem atingir o número de horas de obrigação individual para com o Estado. É permitido, também, que operários e cooperadores de uma indústria, na mesma comarca ou transferidos para outra, possam trabalhar em setores diferentes dos de suas especialidades, e essas horas, então, são consideradas "horas-excepcionais", desde que hajam completado as "horas-comuns" devidas ao Estado.

PERGUNTA: — Qual a norma diretiva a que obedece esse sistema de cada comarca produzir com exclusividade produtos especializados?

RAMATÍS: — É um senso natural e que condiz com o estado evolutivo dos marcianos, assim como será condizente convosco no futuro. Apreciando sempre o metabolismo admirável do corpo humano, eles terminaram por compreender que nesse maquinismo maravilhoso está sintetizada a norma de ação e a mensagem criadora para todas as iniciativas e realizações humanas. É de senso comum que o pavilhão auricular humano corresponde perfeitamente aos detalhes exigíveis para a produção de som nos ambientes materiais; a técnica fotográfica tem sua correspondência na estrutura do olho humano; inúmeras outras funções do organismo físico estão perfeitamente reproduzidas na série de concretizações científicas, técnicas e normas de trabalho no mundo. Na complexidade das funções diversas e até contraditórias, o corpo do homem obedece a um plano inteligente e coeso, onde cada órgão é maravilhoso laboratório químico atendendo às necessidades do conjunto. Nesse metabolismo heterogêneo que a medicina ainda não logrou atingir, apreendendo o fundamento dos planos que regulam o seu curso evolutivo, está o segredo sublime da harmonia e equilíbrio de toda vida humana. Baseados nas funções organogênicas, os marcianos foram traçando um modo de ação que lembrasse a harmonia com que se processam as trocas e a nutrição do homem. Verificaram, atentamente, que a natureza de cada órgão corresponde especificamente a uma função e responsabilidade, sem a intervenção indébita na função de outro, e que a sabedoria diretora do mecanismo corporal dispensa duplicidade de funções. Além do perfeito entendimento entre o comando cerebral e as atividades dispersas nos vários setores orgânicos do corpo, há rigoroso sentido de economia e perfeita reserva capaz de nutrir os casos de carência de combustível.

Não há intervenção do fígado nas funções do coração, nem este decide modificar a composição da bile produzida na vesícula; o baço purifica o "quantum" sanguíneo, os rins drenam as substâncias tóxicas, o pâncreas produz os fermentos de praxe; cada órgão, disciplinado em seu labor, entrega a sua quota de obrigação assumida no todo orgânico. Os pulmões desempenham as funções vitais da absorção e transmutação do oxigênio, sem "pretender discutir", intervir ou duplicar o trabalho só cabível ao intestino; o estômago atua sem a exigência de lhe ser facultada a composição de suco pancreático, assim como as glândulas salivares não pretendem desempenhar funções atinentes à tireóide ou à hipófise. Cada "plexus" em sua região familiar, distribui os estímulos nervosos à zona de sua obrigação, sem influenciar ou modificar os demais campos de ação dos seus "irmãos" ganglionários. O mínimo deslize, a mais sutil negligência, podem gerar transtornos perigosos ao equilíbrio e à harmonia do cosmo celular, que é o conjunto de manifestação física do espírito descido à matéria.

A humanidade marciana, deixando-se inspirar pela sabedoria divina que soube criar conjuntos tão perfeitos, no mundo de formas, delineou, também, compor um organismo à semelhança desse maravilhoso organismo físico, constituindo um centro diretor cuja vontade maior é a soma de todas as vontades menores, representando o seu Governo o comando diretor de todas as funções disseminadas pelo orbe. Os menores estímulos de vida social, econômica ou moral, são da alçada do comando central, devendo passar pela sua visão coordenadora e disciplinadora. Não há um só movimento, por mais sutil que seja, que deva ficar sob o desconhecimento diretor; não há intervenção indébita de uma comarca sobre outra, ou mesmo qualquer sugestão influenciadora aceitável antes do beneplácito superior. À semelhança de um corpo humano em estado hígido, o organismo social, econômico e físico de Marte funciona em perfeito ritmo de paz e progresso espiritual.

PERGUNTA: — Qual um exemplo comum para apreciarmos as noções do sistema?

RAMATÍS: — Supondo que, em vosso mundo, países como a França, a China ou o Japão produzam tecidos iguais, como a seda, desde que esses países fossem apenas comarcas sob o controle central de um Governo Mundial, este determinaria que o país, ou a comarca capaz de produzir a melhor seda devesse assumir o compromisso definitivo de fornecer a todo o orbe aquele produto. Todos os recursos técnicos, seleção de trabalhadores específicos no produto, aumento de energia, convergência de matéria-prima necessária à produção anual, seriam mobilizados para a comarca produtora da seda. Breve, os senões e as decorrências comuns das indústrias que dependem de uma nutrição eficiente, que sofrem impactos inesperados ante as oscilações financeiras e modificações políticas de um mundo confuso, como o vosso, desapareceriam ante a segurança de serem órgãos emancipados, tão potentes e respeitados como um órgão humano.

É de senso comum o provérbio de vosso mundo que diz: "muitos regatos disseminados pelo campo não valem o que move a roda do moinho". Nos vossos próprios estados, que compõem o conjunto federativo, trocais, por cima das fronteiras, produtos iguais, do mesmo sabor, configuração e substância, gerando-se as competições que exaurem o bolso popular. Inúmeras vezes, cruzam-se nas estradas veículos transportando produtos idênticos, na exótica tarefa de recomporem, reciprocamente, os desfalques de mercadorias semelhantes. Em Marte, conforme o plano definitivo do "cérebro diretor", cada órgão ou comarca alimenta o conjunto com obrigações específicas iguais à função dos órgãos do corpo humano que mencionamos; há aquele que é responsável apenas pelo vestuário, calçados, roupagem de leito; outro atende só à indústria de maquinaria para lavoura, aparelhos científicos ou instrumentos extrativos; nas zonas tropicais disseminam-se as obrigações em conformidade com o meio; nas zonas frias ficam especificadas as comarcas responsáveis pelo maior êxito da produção dos cereais próprios do clima.

PERGUNTA: — Nesse plano anual de produção e obrigação, por comarca, não podem surgir imprevistos e prejuízos, como sói acontecer em muitos planos tipos "quinquenais" ou "bianuais", já experimentados, sem muito êxito, na Terra?

RAMATÍS: — Não ocorre tal acontecimento no orbe marciano, pois o mecanismo do seu trabalho se alicerça perfeitamente em elementos definitivos, como sejam o clima controlado, a "mão-de-obra" equilibrada, coesa, espiritualizada, incapaz de distorção, rebeldias ou "greves" imprevistas. Os planos são elaborados sob a tradição prática de inúmeros séculos; a matéria-prima é fornecida por um conjunto especializado, que também conta com mecanismo perfeito, indene de surpresas.

A estabilidade política que é comum a todos os componentes da humanidade marciana; o sentimento religioso como elemento de ligação a Deus, e não como fundamento de tricas sectaristas; a ausência absoluta e inconcebível de revoltas, guerras ou conflitos de preconceitos racistas; a libertação da complexidade cambial que lança a vossa indústria em apressadas soluções de "última hora"; a aquisição exata, fundamentalmente prevista e utilizável, de todas as produções, aliada ainda à concepção de um lucro exclusivamente à base de "serviço-hora", criam perfeita segurança na consecução de todos os planos elaborados para a nutrição da vida em Marte.

Até que possais "cristianizar" o vosso mundo; que o cidadão terreno se compenetre da realidade eterna da vida espiritual; que compreenda ser ínfima célula que deve integrar a harmonia do Todo; que sinta a ventura pessoal dependente ou adstrita à ventura coletiva; que lhe repugne à consciência a função triste de salteador dos bens alheios, cremos que hão de falhar todos os "planos bianuais ou quinquenais" e vos serão sempre inúteis todos os rótulos de sistemas doutrinários, políticos ou filosóficos, enquanto os vossos movimentos conservarem a vossa alma distante dos valores evangélicos. O estado "crístico" vos dispensará de qualquer preocupação formalística exterior. O "Cristo" é um sistema com disciplina previamente estatuída por líderes humanos. É a espiritualização do homem, em Marte, que deixa um sulco luminoso em tudo o que ele realiza; é a sua disciplina "moral-indivíduo"; é a correção, a honestidade e o desinteresse pelos tesouros que se findam à beira do túmulo, o que torna feliz o marciano sob qualquer sistema ou regime político. Depois do homem cristianizado, o sucesso é absoluto em todos os movimentos idealísticos humanos. O Evangelho ainda é o regime insubstituível, o alimento puro, o combustível divino, superenergético, para movimentar o maquinismo dos mundos de formas. "Eu sou o Caminho, a Verdade e a Vida" é o lema que há dezenas de séculos se revela como a mais perfeita insígnia de todas as aspirações humanas.

19. Indústria

PERGUNTA: — Tendo o irmão nos afirmado que Marte é essencialmente industrializado, qual o gênero industrial que predomina, no momento?

RAMATÍS: — A maior preocupação industrial que presentemente se evidencia naquele planeta é a que gira em torno da "substância vítrea", material que se presta às mais inconcebíveis realizações técnicas e científicas. À falta de analogia mais compreensível para vós, diremos que a civilização marciana, em face do domínio que obteve na utilização e industrialização desse metal vítreo, pode ser considerada como situada na "era do vidro". Há imensa atividade e planos de renovação total na face estrutural do orbe, a fim de ser modificada a configuração antiga, quase toda à base de um elemento da família do alumínio, mas que será substituído pelo novo metal que se tornará comum a todas as construções.

PERGUNTA: — Poderíamos receber uma noção mais exata e assimilável da natureza da "substância vítrea", a que o irmão alude constantemente?

RAMATÍS: — É um metal leve como o vosso alumínio, quase na cor deste mineral, podendo ser polido ou fosco, mas tão duro que pode resistir a temperatura superior a 6.000 graus sem qualquer sinal de fusão. É opaco, denso, rígido ao extremo, conforme o tratamento industrial que receber; mas sob a ação de certos raios energéticos, que os marcianos empregam como multiplicadores de frequência, torna-se absolutamente transparente, podendo rivalizar com o vidro mais cristalino do vosso orbe.

Inúmeros eflúvios específicos que são aplicados contra esse metal aumentam-lhe ou modificam-lhe a estrutura íntima, quer deixando-o translúcido, em colorações suaves, claras, ou então fazendo-o conservar por longo tempo a luminosidade que lhe é projetada. É o elemento de maior condutibilidade de luz e magnetismo, revelando propriedades excepcionais na absorvência e condensação do meio ambiente.

PERGUNTA: — É encontrado livre ou em combinação com outros minérios?

RAMATÍS: — Extraem-no do subsolo, por vezes a alguns quilômetros de profundidade, por processos mecânicos automáticos, facilmente controlados a distância, por eficientes aparelhos "eletromagnético-etéricos", cuja configuração nos seria impossível descrever-vos. Possui, ainda, outras notáveis qualidades, podendo liquefazer-se sob o influxo de raios adequados, adquirindo estado análogo ao vosso mercúrio, ou, submetido a processos de "aceleração magnética", sublimar-se na forma de "tênue radiação"; e pode retornar à forma primitiva, embora descontado parcialmente no seu volume. Atuando nos "campos áuricos-radiativos" de outras substâncias, no meio atmosférico, é um dos metais responsáveis pela absorvência da energia magnética, que os marcianos aproveitam como força motriz para suas atividades em geral.

PERGUNTA: — Não possuímos minério semelhante, em nosso mundo?

RAMATÍS: — Há a distinguir que não é o minério bruto, no seu teor primitivo, que apresenta todas essas qualidades "extraterrenas", e o tornam acessível a inúmeras expressões admiráveis e de fascinante aproveitamento. Quando é extraído do seio da terra, seu aspecto é semelhante ao do vosso alumínio, revestido também de uma ganga protetora. Essa substância inferior também é aproveitada no revestimento de ligação dos invólucros das aeronaves interplanetárias, a fim de produzir um "campo magnético", que se responsabiliza pelo atrito e modificações termobarométricas. Depois de extraído das entranhas do solo, esse minério é submetido à fusão "a jato", sob a ação da energia magnética, em fornos móveis, espiralados, feitos de tubos que giram a alta velocidade, e cuja configuração específica não podemos conseguir descrever-vos. Após a fusão é canalizado para gigantescas formas, que têm a excêntrica possibilidade de atuar na substância ainda liquefeita, com a mesma ação de vigorosa prensa hidráulica, transformando-a em chapas de várias espessuras, cuja contextura, hermeticamente alcançada, chega a insinuar um estado símile da "pasta nuclear". Posteriormente, sob a ação de aparelhos complexos, silenciosos, as chapas são desfiadas rapidamente, e os fios, à semelhança de teias de aranha, são recolhidos velozmente em grandes carretéis cônicos. Esses fios formam o último produto após as fases de fundição e compressão; e destinam-se à operação de "cerzimento", a qual consiste num processo especial de técnica tão sutil e complexa, que seria inacessível à vossa análise e à vossa compreensão. Tais fios são visíveis sob lentes de um "azul-vítreo", atuantes já na esfera do magnetismo etérico, no campo íntimo e vibratorial do "Éter Cósmico".

PERGUNTA: — Por que o cerzimento do metal?

RAMATÍS: — Para aumentar-lhe consideravelmente a resistência, prestando-se a múltiplas aplicações, assim como fundis o ferro ou o transformais no aço para exigências mais importantes. O ouro também vos serve em moedas, fios, blocos ou lâminas. O cerzimento não só aumenta a resistência, maleabilidade, transparência magnética, receptividade às ondas luminosas, como ainda melhora a sua capacidade intrínseca, às altas temperaturas, podendo resistir a 6.000 graus sem alterações. Sob esse tratamento científico e além das possibilidades terrenas, destina-se, então, às aeronaves interplanetárias, de alta velocidade, às construções e aos processos vigorosos de captação magnética das usinas de força, aos "centros pluviais-autômatos"; e também à canalização dos lençóis de lavas subterrâneas para as zonas frígidas. Afora isso é substância comum, aplicável na feição do uso costumeiro do ferro no vosso mundo, exceto nas coberturas de edifícios ou cúpulas dos templos.

PERGUNTA: — Existem outros materiais usados em comum?

RAMATÍS: — Marte é de natureza física; em consequência, a sua massa planetária, oriunda do mesmo núcleo, o Sol, que originou a Terra, contém substância idêntica, variando tão-somente quanto ao tratamento industrial mais avançado e sob energia que atua mais profundamente na intimidade dessa substância. Há, no seio da Terra, mineral que vos permitirá, no futuro, realizar coisas tão admiráveis como as que os marcianos lograram obter na confecção da "substância vítrea". Embora ainda vos separem 5 ou mais séculos para esse desiderato, sabemo-lo realizável, porque é contingência normal de todo orbe em ascensão espiritual.

PERGUNTA: — Quais os aspectos comuns das siderurgias marcianas?

RAMATÍS: — O estilo arquitetônico é quase sempre o de uma gigantesca siderúrgica terrena: no centro a fundição como imenso garrafão bojudo, vítreo, de exterior gláucico, rodeado por um conjunto de pavilhões cor de alumínio claro, semelhante à de vossos aviões comerciais. As usinas não produzem pó, fumaça ou elementos graxentos, porque são movidas por "força magnético-etérica" e pulsam, silenciosamente, num disciplinado ritmo de labor interno. Apresentam um ar "extraterreno", como organismos vivos, que funcionam maravilhosamente perfeitos, cercadas de bosques e jardins floridos. Lembram, mais fielmente, exótico recanto de descanso, algo dos edifícios das "estações de veraneio".

PERGUNTA: — Quais os labores fundamentais dessas usinas? Apenas fundir e modificar o estado físico dos materiais?

RAMATÍS: — Correspondem às necessidade idênticas para que também foram construídas as vossas fundições, mas são dotadas de recursos ainda desconhecidos na Terra, que permitem extraordinários resultados. Sob um processo superior, agem na intimidade da matéria e modificam, gradualmente, o estado físico da substância em manipulação. Em vez de processos de bombardeamento atômico, no rompimento do núcleo e libertação eletrônica, os técnicos usineiros operam por modo mais "qualitativo" e homogêneo, num ritmo de rigorosa previsão e conclusão "fisioquímica". Aceleram a natureza microcósmica das substâncias escolhidas para esse fim, e obrigam-nas a um desgaste precoce, verdadeiro envelhecimento antecipado. A energia que está acumulada no seio da matéria, que costuma exsudar-se lenta e naturalmente, é acelerada nessa libertação, vendo-se obrigada a apressar-se nos seus ciclos de vida.

PERGUNTA: — É possível dar-nos um exemplo mais objetivo a fim de alcançarmos melhor essa realidade do processo marciano?

RAMATÍS: — Considerai que um miligrama de "rádium" precisa mil anos para extinguir-se por completo no meio ambiente, e suas partículas se dispersam à razão simbólica de 10 em cada segundo. Se puderdes encontrar um processo de acelerar essa fórmula, e, em vez de 10 partículas por segundo, conseguirdes 20 por segundo, tereis, logicamente, apenas 500 anos para que se extinga o miligrama de "rádium". E, sucessivamente, à medida que aumentardes a dispersão por segundo, reduzireis o tempo de vida da substância. Só podemos vos afirmar que os cientistas marcianos conseguem exterminar uma substância radioativa em poucas horas, quando assim desejam, fazendo essa aceleração progressiva, sem os efeitos radioativos e exaustivos das vossas bombas atômicas. É um processo rotineiro, comum e compreensível pelo mais leigo marciano; enquadra-se nos princípios da própria vida cósmica e nas múltiplas oscilações decorrentes do "éter cósmico".

PERGUNTA: — Mas esse apressamento, numa substância mineral, não contradiz as leis comuns de durabilidade? E essa libertação de energia, de forma gradual, pode oferecer a mesma potência dinâmica do processo com que os nossos cientistas atuam no fabrico da bomba atômica?

RAMATÍS: — Insistimos em vos lembrar: estamos nos esforçando para vos apresentar exemplos aproximados, os quais, no entanto, estão ainda longe da realidade marciana. Enquanto não dominardes essa energia extraordinária que nós denominamos "magnetismo etérico" (apenas para diferenciação do que na Terra chamais magnetismo) não podereis aquilatar com clareza e sensatez os acontecimentos que estão muito além das vossas últimas conquistas científicas. Assim como podeis apressar a vida de uma pêra ou maçã, colocando-as em estufas para mais breve amadurecimento, e há criaturas que apressam a sua quota de vida, envelhecendo mais rapidamente, em virtude da exaustão prematura de suas forças por vicissitudes morais, no reino mineral, todas as perturbações que atuam na intimidade eletrônica, mesmo sem o impacto de bombardeamento nuclear, também apressam o desgaste, e, consequentemente, envelhecem a substância. O pedaço de metal que compõe a cauda de um avião "morre" muito antes do retalho que ficou abandonado na fábrica de aeronaves. A cauda, permanentemente submetida às vibrações dos vôos contínuos, tem acelerado o desgaste do material pelo enfeixamento das "trepidações", que percorrem o corpo do aparelho e se escoam na lei de "fuga vibratória". Se pudésseis apanhar essa quota de energia que se liberta natural e gradualmente pelo metal em desgaste mais acelerado, ela serviria para realizar algum trabalho útil. E, se conhecêsseis a maravilhosa capacidade do "magnetismo etérico", que permite agir na intimidade eletrônica de todas as substâncias, pois é o seu próprio *habitat*, verificaríeis que os marcianos podem atuar com facilidade nas constelações eletrônicas, como a fada produz maravilhas com sua varinha de condão. Em consequência, o calor apressa a libertação de energias nos frutos; as comoções morais desgastam o homem e a "tensão magnético-etérica" acelera os movimentos eletrônicos na intimidade da matéria, exsudando maior quantidade de energias, que podem ser aproveitadas como fazem os cientistas marcianos.

PERGUNTA: — As usinas marcianas movimentam-se com essa força que é libertada gradualmente da substância?

RAMATÍS: — Podem aproveitá-la, se assim quiserem, mas preferem usá-la noutros setores que seria fastidioso enumerar. Normalmente, as indústrias funcionam com a "força motriz" que lhes é fornecida pela usina captadora da energia atmosférica, conforme vos explicaremos adiante.

PERGUNTA: — Qual é a lei que rege a aceleração na intimidade da matéria?

RAMATÍS: — A lei do amor no Cosmo. A do positivo e negativo que se atraem em forma de coesão ou se repelem no campo material; o feminino e o masculino que se unem pela mesma lei, na paixão, entre as criaturas no mundo, e na feição de "amor divino", entre os espíritos.

PERGUNTA: — Existe em Marte a variedade de indústrias que há na Terra?

RAMATÍS: — Indubitavelmente. Superam-vos, no entanto, porque são destinadas à produção de recursos para uma humanidade superior, operando no plano da qualidade e entregando à população o que há de mais sadio, belo e útil. Não mais encontrareis as distorções tão prejudiciais no campo industrial do vosso mundo, onde a febre de lucros irregulares leva o homem terreno às mais disparatadas e indignas realizações.

PERGUNTA: — Podeis nos dar um exemplo dessa produção exclusiva de qualidade?

RAMATÍS: — O Estado marciano atingiu o ponto de selecionamento absoluto no máximo recurso doado pela natureza. Exemplifiquemos: uma vez que o cristal puríssimo é a matéria-prima de melhor qualidade para a confecção de objetos e coisas de uso doméstico, não fabricam mais utensílios de substância inferior; e todo o orbe é abastecido pela indústria absoluta de artigos de cristal. De maneira alguma a preocupação de lucro que dita os estados de vossa consciência, na Terra, existe entre o sistema de trabalho marciano. Se o cristal é a melhor substância para a fabricação de todos os objetos utilizáveis na alimentação, não se justificaria, entre seres tão afeitos à "verdade e ao bem coletivo", que ainda continuassem a produzir, por exemplo, utensílios domésticos de pó de pedra, que tanto semeiam a irritação nas mucosas delicadas do vosso aparelho digestivo. Tendo conseguido o mais perfeito e útil vestuário à base de substância radioativa, que permite certa purificação na aura vital humana, imediatamente transformaram toda a indústria de tecidos para o fabrico exclusivo do novo traje superior, destinado a toda a coletividade. A ausência de concorrência disparatada e que gera a deslealdade humana, comum entre os terrícolas, permite aos marcianos o aumento contínuo de "mais qualidade" em todas as suas conquistas científicas, sociais ou artísticas.

PERGUNTA: — No parque industrial marciano, move-se a mesma multidão de homens empregados na indústria terrena?

RAMATÍS: — Todo o comando central de qualquer indústria marciana deriva-se fundamentalmente do "cérebro magnético-etérico", que controla, por sistema remoto, a complexidade das operações próprias do gênero que comanda. A função costumeira dos trabalhadores, técnicos, fiscais ou engenheiros especialistas restringe-se ao exame intermitente do funcionamento da aparelhagem, que se movimenta silenciosa, disciplinada e sob a ação da maior realização marciana, que é o "cérebro magnético-etérico".

PERGUNTA: — Ser-vos-ia difícil dar-nos uma idéia aproximada desse aparelhamento diretor, uma vez que já estamos nos familiarizando com os chamados "cérebros eletrônicos" do nosso mundo? Não terão estes a mesma base e princípio científico dos "cérebros magnético-etéricos"?

RAMATÍS: — Não encontramos vocábulos, figuras ou comparações que vos aproximem da realidade desses conjuntos assombrosos para o vosso entendimento. Usamos a nomenclatura de "cérebro magnético-etérico", como ponto de apoio para nossas comunicações no assunto, mas não é exatamente isso o que representa a realidade "físico-química". Embora citeis "cérebros eletrônicos" ainda não estais familiarizados com a idéia de que o próprio "elétron" tem a sua origem etérica, e por esse motivo o fundamento da substância material e fluídica do Universo está implicitamente contido no "éter cósmico", responsável por todas as vibrações que conheceis como o calor, eletricidade, luz, magnetismo, som etc. Embora não possais ver ou medir esse éter que inunda o Espaço, sem um só interstício de ausência, os marcianos puderam lobrigar-lhe certas leis diretoras, sobre as quais firmam as suas maravilhosas realizações, inclusive o controle da lei de gravidade para o grau que melhor lhes interessa. Puderam coordenar inúmeros efeitos "eletromagnéticos" que derivam das oscilações etéricas e, dominando perfeitamente as linhas de força que se derivam dos campos gravitacionais, conseguiram aferir as ondulações cósmicas, apreciando a força expansiva e a condensação dos fluidos etéricos e as suas recíprocas reações nesse fenômeno "expansão-condensação". Não temos a pretensão de vos compor um quadro acessível apenas ao cientista ou dar-vos roteiro lógico e fiel aos princípios matemáticos da vossa ciência. No entanto, diremos que esses efeitos "eletromagnéticos", conforme demonstraremos em capítulo especial, são forças de poderosa influência e levadas em apreço no campo da navegação interplanetária.

PERGUNTA: — Poderíeis dar-nos qualquer elucidação a respeito desses "cérebros magnético-etéricos"?

RAMATÍS: — Cremos que a iluminação a distância, que Marconi efetuava, com facilidade, de seu barco "Electra", faria cair de bruços os homens primitivos que a apreciassem. Tememos, pois, que a nossa elucidação so vos afigure um exótico "conto de fadas", mas devemos vos comunicar que esses "cérebros magnético-etéricos" podem ser acionados, à distância, através da telepatia dos engenheiros, que atuam nas frequências vibratórias previamente reguladas à emissão das "ondas ultracurtas cerebrais".

Os técnicos, cientistas e especialistas encarregados de

superintender as gigantescas indústrias atuam nos campos "eletromagnético-etéricos" desses aparelhos, emitindo através do éter, em faixa vibratória uníssona, os padrões mentais que foram ajustados na "tela receptiva", captadora, hipersensível, cuja oscilação vibratória desata movimentos automáticos e reguladores de funções mecânicas disciplinadas.

PERGUNTA: — Desejosos de experimentar a nossa capacidade mental de recepção das vossas comunicações, indagamos: qual a imagem mais próxima que nos fará conceber a ação mental dos técnicos sobre os "cérebros magnético-etéricos"?

RAMATÍS: — Consideramos que os feixes luminosos que os aparelhos cinematográficos projetam nas telas prateadas dos cinemas terrenos, se fossem invisíveis, espécie de raios "ultravioletas", que só reproduzissem imagens quando se chocassem com o retângulo, poderiam aproximar o exemplo. Imaginai, pois, que o "cérebro magnético-etérico" seja uma "tela receptora", que só reage sob a ação dos raios "infra" ou "ultramentais" do homem, na emissão de suas "ondas cerebrais". Considerai que essas "ondas cerebrais", de certa cor especial, ao chocarem-se com a "tela receptora" do "cérebro magnético-etérico" tornam-se visíveis, criando uma reação vibratória no retângulo da tela, conforme a densidade da cor projetada. Para vosso entendimento, conjeturai que se processa um funcionamento à base da mesma lei de interceptação de luz que rege a ação da "célula fotoelétrica", desatando jogo de alavancas, chaves ou fechando circuitos predeterminados. Deveis ainda supor que essa projeção mental dos técnicos sobre a "tela receptora" pode ser controlada por esta, de tal modo, que toda frequência vibratória que ultrapassa ou não alcança a "faixa cronometrada" se torne inócua, resguardando o mecanismo de qualquer eventualidade "extra-oficial".

PERGUNTA: — Embora não estejamos esclarecidos quanto às últimas realizações científicas da Terra, parece-nos que existe algo de "magnetismo eletrônico", que opera sob processo parecido em certos "cérebros eletrônicos". Que nos dizeis a este respeito?

RAMATÍS: — Ainda o fazeis sob a ação da "eletricidade", energia que para o marciano significa a mesma distância entre a vossa antiga roda-d'água e a atual força elétrica. O magnetismo etérico a que aludimos sempre, sem pretensão de vos darmos sua estrutura exata, só o alcançareis dentro de 400 ou 500 anos, mais ou menos. A eletricidade que manejais, em relação à energia em Marte, poderia ser considerada com a mesma proporção com que o casal Curie, no vosso mundo, carecia de ***pechblenda***[13] para obter um grama de rádium. Usando de um exemplo grosseiro, diríamos: vossa eletricidade precisa de quatro séculos de refinação contínua, para culminar no teor maravilhoso do "magnetismo etérico", que só encontrareis vibrando em misteriosa faixa de frequência desconhecida, lá no seu ***habitat*** — o éter cósmico.

[13] Óxido natural de urânio, composto essencialmente por uranita (UO_2). É o mais importante minério de urânio; dele se extrai também o rádio.

20. Comércio

PERGUNTA: — Podemos imaginar, em Marte, casas comerciais, com movimentos e "negócios" à semelhança das que existem na Terra?

RAMATÍS: — Não há comércio à base de lucros individuais ou de firmas particulares, porquanto todas as atividades relacionadas com o povo, nesse gênero, pertencem exclusivamente ao Estado. Trata-se de departamentos oficiais, com tarefas definidas na entrega periódica das necessidades da população, embora apresentando aspectos de algumas atividades comerciais terrenas.

PERGUNTA: — Qual a moeda ou padrão que regulamenta essa entrega de mercadorias da parte do Governo?

RAMATÍS: — O Estado é absolutamente responsável pela manutenção e educação de todos; a criança, ao nascer, é inscrita para efeito de assistência completa nos planos da alimentação, vestuário, educação, arte e trabalho. Os fornecimentos de "primeira necessidade", portanto, são efetuados mediante simples inscrição nos departamentos locais das regiões ou das comarcas principais. O Estado é compensado com o serviço coletivo de todos os habitantes, cujos labores otimamente distribuídos e aceitos como verdadeiros compromissos espirituais, fazem a cobertura das despesas concernentes à matéria-prima ou fabricação. Essa obrigação recíproca, que se refere ao essencial preciso a uma existência confortável, tranquila e estética, dispensa moeda padrão, ajustando-se num critério e pagamento compensado sob serviço coletivo de caráter mutualista.

PERGUNTA: — Não há possibilidade de aquisição a mais do oficialmente determinado, ou, mesmo, de outras mercadorias, objetos ou coisas que possam atender aos gostos variados?

RAMATÍS: — Inúmeras outras coisas podem ser adquiridas através das "cautelas-serviço", que funcionam como um valor aquisitivo no patrimônio comum. Conforme detalhes que vos demos com referência à indústria e ao trabalho marcianos, essas cautelas são resultantes de um serviço extra, que são exercidos além das obrigações comuns para o Estado. Permitem aquisições extras e dão certas prerrogativas de ordem turística, aprimoramentos excepcionais no plano da arte, da ciência, e no desenvolvimento psíquico, sob a direção de mentores geniais, porque se trata de um valor também excepcional. Provém de serviços extras que implicam maior desenvolvimento científico, artístico e econômico, além das previsões e dos planos comuns, trazendo mais fartura e mais benefícios de ordem geral.

PERGUNTA: — As cidades marcianas apresentam o aspecto de atividade, costumeira da Terra, com esse intercâmbio de comércio puramente oficial?

RAMATÍS: — Manifestam o aspecto sadio de metrópoles equilibradas, distantes das aflições e ânsias das multidões terrenas, onde o "tempo" é cruel látego fustigando os flancos dos seres desesperados. Não havendo a preocupação egotista de "mais lucro", nem o desespero contínuo de "chegar primeiro", pois o ritmo de vida marciana é desafogado pela equidade absoluta na distribuição de todas as necessidades, as criaturas mantêm-se em ambiente de paz e serenidade, valorizando os encontros afetivos e desenvolvendo sempre os valores saudáveis da fraternidade. Para o marciano, o afeto espiritual está acima de qualquer contingência de vestuário, alimento ou valores materiais. Há imenso cuidado e preocupação em se conquistar novas afeições e ajustar novos companheiros para a jornada eterna do espírito imortal. As ruas são movimentadas, sob o sol radioso que banha o orbe em sua atmosfera tênue como delicado "celofane". Apresentam sempre o aspecto dos dias de folga terrenos e o ar encantador dos domingos bonitos, em vista da absoluta tranquilidade com que o marciano se move, despreocupado de prejuízos ou preterições de conterrâneos astuciosos. A ausência do espírito de lucro e de urgência nas competições comerciais cria estados libertos de preocupações e não destroem os fundamentos puros da contemplação espiritual.

PERGUNTA: — Essa atividade "comercial-oficial" mantém-se durante todo o ano de Marte, em condições idênticas às do movimento de nossos estabelecimentos, na lei da procura e da oferta?

RAMATÍS: — Podeis conjeturar uma atividade anual, dentro de certa analogia com as disposições do comércio terreno, mas há que distinguir a profunda diferença na questão dos objetivos que mudam periodicamente. Resumiremos, para vosso entendimento, o sistema que é adotado em Marte: os dois primeiros meses constituem a época tradicional da entrega de vestuários, alimentos, objetos decorativos e de uso pessoal ou doméstico; no segundo bimestre têm lugar as maravilhosas exposições de flores, em determinadas comarcas, em sintonia com o clima reinante; os demais meses são recebidos com exultação e júbilo, porquanto trazem inúmeras oportunidades desse comércio oficial, para aquisição das últimas realizações nas esferas artísticas da pintura, música, decoração, mobiliário e das conquistas científicas. Ordeiros e disciplinados, os cidadãos marcianos aguardam as épocas previstas nos planejamentos oficiais, para se movimentarem à feição dos negócios, que no vosso mundo se submetem ao determinismo das estações, dos climas ou das "modas" tradicionais.

PERGUNTA: — Supondo que estejam encerradas as épocas de fornecimento de alimentos, vestuários ou gêneros de primeira necessidade, há que esperar pelo ano seguinte, a fim de serem feitas aquisições no período oficial?

RAMATÍS: — Lembrando certos planos "bianuais" ou "quinquenais" de vosso mundo, o Estado Marciano prevê e produz o exato para atender anualmente toda a população de seu orbe.

As estatísticas perfeitas, exatas, e sob mecanismo que faculta aferições diárias, permitem um controle absoluto para não ocorrerem excessos de produtos de um tipo, sobre carência ou deficiência de outros. No entanto, prevendo sempre qualquer anormalidade no decorrer do ano, a produção fabril é acrescida de uma quota de sacrifício de 5 a 10 por cento, conforme os produtos, que atende perfeitamente às eventualidades imprevistas. Deste modo, encerrado o período de fornecimento a todos os habitantes, de alimento, vestes, objetos prosaicos domésticos ou de uso pessoal, de higiene ou decorações, conserva-se permanentemente à disposição da região ou da comarca, uma "loja-reserva", que é a depositária da exata percentagem de sacrifício, ou seja, os dez ou cinco por cento de acréscimo comum a toda produção anual. As aquisições, nessa reserva, são efetuadas mediante a troca do objeto, vestuário ou substâncias alimentícias por outras não utilizadas.

PERGUNTA: — Não há possibilidade de ocorrer mais favorecimentos a uns do que a outros, nessas aquisições das reservas?

RAMATÍS: — Compreendemos a vossa indagação sob o nível comum do homem terreno, normalmente à procura de qualquer oportunidade para insaciáveis proventos egoístas, mesmo em detrimento da coletividade. A profunda noção de sacrifício individual para o benefício coletivo leva o cidadão marciano a cumprir, com absoluta fidelidade, a lei do "amai-vos uns aos outros" que lá é fundamento clássico da vida em comum. Ele é absolutamente convicto da reencarnação, profundamente interessado na sua decisiva libertação dos mundos materiais; rejeita os bens provisórios da matéria planetária, ante a certeza dos valores eternos que a "traça não rói e a ferrugem não come" e desinteressa-se do lucro auferido no jogo dos favores humanos. É óbvio que, sendo comum essa disposição de "servir e renunciar", não se podendo apontar um só cidadão que desminta tal conceito, desaparece, completamente, a manifestação da cobiça, inveja, astúcia, avareza, ciúmes, desonestidade ou planos de enriquecimento com os bens alheios ou patrimônio oficial. O maravilhoso caráter impoluto do marciano, que lhe coordena as ações cotidianas, produz efeito oposto ao que julgais, pois em vez de saciar-se com as reservas que sobejam, efetuando solicitações que seriam atendidas, a população envida todos os esforços para extinguir a própria taxa de sacrifício dos 5 ou 10 por cento previstos. Em consequência, já se cogita, novamente, de reduzir-se ainda mais as quotas de sacrifício, para que o tempo empregado na produção de reservas seja utilizado em outras realizações de melhoria pública.

PERGUNTA: — Podíeis nos descrever alguns tipos de estabelecimentos que realizam esse "comércio oficial" marciano?

RAMATÍS: — Os edifícios de abastecimento de vestuários,

alimentos e coisas domésticas ou pessoais são vastíssimos pavilhões inundados de luz de suaves matizes, coada pelos telhados de matéria vítrea. As paredes filtram, na cor "verde-seda-cinza", a sedativa luz do sol, que se polariza no interior nos tons de palha tenra de milho novo. A mais afidalgada e disciplinada disposição, em seções pitorescas que parecem jardins de metal prateado, fosco, expõe os produtos e os trajes-oficiais, de padrão, tecido e confecção "standard", mas evidenciando as delicadas nuanças de cores capazes de contentar os mais exigentes desejos. Esses vestuários emitem reflexos, como arminho luminoso, na conformidade da cor padrão, envolvidos por uma aura magnética que deve corresponder à necessidade biológica de adaptação ao meio marciano.

PERGUNTA: — Não há funcionários atendendo aos interessados?

RAMATÍS: — Afora os que devem controlar as fichas e baixar os fornecimentos nos registros oficiais, o resto é disciplinadamente realizado pelos próprios interessados. Sob o senso de honestidade tão natural como o riso espontâneo de uma criança, "os clientes do Estado" examinam e escolhem os produtos que estão expostos, colocando a sua etiqueta de identificação no objeto, traje ou conjunto alimentício preferido. Em seguida, acionam as listas de perfurações em papel vítreo, que se movem, rápidas, em complexas máquinas, deduzindo o estoque e baixando, do quadro de compromissos, o nome do que foi servido por livre deliberação. Posteriormente, os veículos da Administração Pública deixam em cada residência o conjunto escolhido.

PERGUNTA: — O alimento não se deteriora, ante essa aquisição feita no princípio do ano marciano, que é ainda mais longo que o terrestre?

RAMATÍS: — Já vos recordamos que intensa percentagem da alimentação dos marcianos é extraída da substância nutritiva que permanece na atmosfera, na intimidade da contextura do "éter cósmico". O alimento "massa nutritiva" é de natureza secundária. O fornecimento é feito em um "conjunto alimentício", sob invólucros profiláticos, capaz de manter-se indene um lustro, sem quaisquer transtornos. Os recursos da química marciana conseguiram proteger o conteúdo nutritivo, com algo parecido às drágeas "queratinizadas" de vossa medicina, cuja película exterior, naqueles alimentos, dissolve-se unicamente ao contato dos sucos salivares. Tratando-se de comprimidos, tabletes, filhoses, sucos, óleos, geléias aromáticas e líquidos espessos, radioativos, vitaminizados, sob projeção magnética, e elaborados sob processo "sui generis", são resistentes a quaisquer reações exteriores.

PERGUNTA: — Quais os outros departamentos de fornecimento oficial, nos vários períodos do ano?

RAMATÍS: — Nos períodos tradicionais das exposições de flores realizadas em conformidade com o clima e estação local, são fornecidas as sementes, mudas e espécimes florais, que representam as últimas realizações no campo da beleza, da cor e do perfume no éter. É uma das épocas de maior deslocamento entre as comarcas do orbe, em pitoresco turismo, quando a população local recebe as quotas previstas pelo Estado, no setor desse enfeite divino que é a flor doada por Deus ao homem. Em gigantescos parques padrões, os cidadãos podem apreciar, praticamente, as maravilhosas espécies que irão cultivar em seus lares ou nos bosques adjacentes. Noutros setores industriais, em épocas determinadas, fazem-se as exposições do mobiliário a ser entregue aos noivos requerentes. Estes, com a devida antecipação, comunicam à administração industrial o seu compromisso de próximo ajuste conjugal, para serem inscritos como candidatos ao mobiliário de praxe. Também há previsão de 25 por cento a mais, na confecção do mobiliário, a fim de serem substituídos ou trocados os móveis de residências mais antigas. Sob o critério superior de contínua ascensão espiritual, e consequente manifestação estética no mundo material, o marciano obtém constantemente os mais excelsos padrões de ordem industrial. Os móveis destinados aos futuros esposos, embora sejam estruturalmente fabricados sob padrão oficial, além de execução em cores variadas, que lembram tecido de seda luminosa, podem sofrer modificações e desdobrar-se noutras peças em harmonia com o conjunto.

PERGUNTA: — Não há estabelecimentos análogos às nossas confeitarias ou "bonbonnières"?

RAMATÍS: — A alimentação específica marciana é já uma espécie de "gulodice", rica de sabor agradável, aromático, e libertando um conteúdo de energismo vigoroso, que alenta, revigora e rejubila o ser. Uma vez que lá não se vive em função de comer, não há predisposições eufóricas para a deglutição permanente, nem o descontrole dos centros reguladores das funções digestivas, que dispõe a criatura terrena à alimentação desordenada. Atendem a imperativo da necessidade nutritiva e não às exigências epicuristas do instinto insatisfeito, que não permite o descanso endocrínico e digestivo. E, consequentemente, não existem as indústrias de doces nem as de "bombons".

PERGUNTA: — Crê o irmão que haja mal nessa inofensiva preferência aos doces e às reuniões em nossos estabelecimentos especializados?

RAMATÍS: — É mister considerardes que estamos nos referindo a Marte, isto é, a um orbe já consciente da "verdadeira vida", que é a do espírito eterno, pelo que os marcianos se preocupam fundamentalmente em dominar todos os impulsos instintivos da matéria, a fim de conseguirem mais breve libertação do cárcere físico. Enquanto, no vosso mundo, ensaiais novos experimentos e costumes, que ainda mais vos subjugam à garra coercitiva do instinto inferior, os marcianos estabelecem exercícios de vontade e eliminam definitivamente o que é dispensável à verdadeira natureza do espírito. O alimento, por mais delicado, nutritivo ou necessário, é sempre um elemento material, que aumenta o "volume" específico físico, em detrimento do dinamismo espiritual. A demasiada preocupação de prazeres através do fenômeno "digestão" é sinal de retardamento mental para os mundos etéreos. As ansiedades espirituais dos marcianos reduziram ao mínimo possível o contato com o mecanismo digestivo, por estarem certos de que nos mundos superiores só obtém equilíbrio e moradia a alma liberta de desejos materiais. Se no vosso mundo não é estultice a preferência aos prazeres do paladar, outra, no entanto, é a visão da coletividade marciana porque, no afã de mais breve se integrar no metabolismo angélico do espírito imortal, prefere extinguir tudo o que não seja intrinsecamente necessário à nutrição corporal, efetuando, nesse sentido, gradativos treinos para a morte dos desejos veementes do instinto humano.

PERGUNTA: — Estranhamos, a nosso modo, essa espécie de comércio, em Marte, que nos deixa a sensação de algo utópico, sem força positiva de vida utilitária mesmo ao Estado. Não será?

RAMATÍS: — É um sistema de compensação; os indivíduos têm poderes para retirar dos estabelecimentos públicos todo o sustento e demais necessidades, no limite da sua "inscrição necessidade" sob o visto da Administração. É mesmo uma simples promessa verbal, com dignidade e força mais eficiente do que os mais seguros contratos da vossa esfera jurídica. O cidadão assume o compromisso de compensar, em serviço de sua capacidade e índole psicológica, os proventos obtidos do Estado. Todas as instituições e estabelecimentos são do Governo local, que tem a iniciativa e o impoluto critério de assegurar o "bem coletivo", conforme as bases estatuídas na intimidade de todos os cidadãos.

O efeito moral que em vós produz a "falência fraudulenta" dos maus comerciantes é menos intenso do que ocorreria, se um cidadão marciano obtivesse concessões artísticas, bens, alimentos, auxílios etc., além do que ele sabe conscientemente ser o seu direito. É de sua índole absolutamente incorruptível, como parte de seu caráter, não ultrapassar nunca o limite das possibilidades que pode assumir. O marciano não trepidaria no auto-sacrifício, se alguém lhe provasse a incorreção no uso dos bens coletivos. A disposição de servir e a renúncia a favor do próximo, que palpitam incessantemente na alma do cidadão marciano, só é comparável aos raros gestos de heroísmos e abnegações, que alguns seres terrícolas demonstram nas catástrofes, naufrágios ou encontros bélicos, quando preferem abdicar da vida em favor de outrem.

PERGUNTA: — Cremos que, nos funcionários marcianos, não há essa disposição natural de "bem servir para vender," que é comum na Terra; e também, devem faltar-lhes aquelas atenções delicadas com que as mulheres servem em nosso comércio.

RAMATÍS: — Na exterioridade das causas que movimentam ou caracterizam o comércio terreno, na maioria dos seres, palpitam ciúmes, impulsos de vaidade, competições grosseiras e cobiça, sob a fascinação da jóia transitória, do veludo ou da seda. É suficiente que observeis como inúmeras figuras femininas do vosso mundo se digladiam e até se enfurecem, sob os impulsos inferiores, diante das sedutoras liquidações de última hora, que são produtos da esperteza de vosso comércio. Quanto ao modo de atender ao público, na ausência de um interesse comercial, não é difícil encontrardes, mesmo nas funções oficiais terrenas, inúmeros seres afetuosos, afidalgados, que à testa de obrigações prosaicas, são espíritos de nível marciano. O serviço de atender ao próximo, em Marte, é onde mais vos certificareis da superioridade espiritual do marciano.

PERGUNTA: — Afora o alimento, vestes e objetos domésticos quais as outras aquisições que se podem fazer no comércio oficial marciano?

RAMATÍS: — O compromisso fundamental do Estado para com o povo é o de alimentação, vestuário e coisas imprescindíveis; porém, quando sobram reservas, estas são distribuídas proporcionalmente. No entanto, as indústrias oficiais produzem toda série de elementos que educam, divertem, aprimoram e melhoram o conforto pessoal. Como nessa manufatura secundária estão incluídos os acessórios que, embora úteis e desejáveis, podem ser dispensados, nesta hipótese, sua aquisição é feita mediante as "cautelas-serviço", obtidas em labores excepcionais, de maior responsabilidade ou de voluntária contribuição.

PERGUNTA: — Quais os artigos que estão incluídos nessa categoria de aquisição por "cautelas-serviço"?

RAMATÍS: — Compreendem toda série de aparelhamentos que no vosso mundo podem ser incluídos na arte fotográfica; a literatura de devaneio, como interlúdio na vida excessivamente ascensional na esfera do espírito; determinados recursos no campo da música, da arte e mesmo da ciência, que ultrapassam vosso entendimento, e que podem aguardar momentos propícios para serem intercambiados. Também se incluem nesse comércio, só à base de "cautelas-serviço", os trajes coloridos, de tecidos variados, que estão fora da categoria de responsabilidade absoluta do Estado.

PERGUNTA: — Devemos eliminar de nossa mente qualquer concepção de um comércio símile da Terra, na questão de flores, revistas, lojas de bijuterias, restaurantes, panificadoras, ou essas agradáveis lojas de artigos musicais, com suas pitorescas propagandas?

RAMATÍS: — Da mesma forma que já não ficais de cócoras, mastigando raízes para a fermentação de repulsivas beberagens próprias dos bugres antropófagos, os marcianos estão além dos vossos costumes "pitorescos", mas inúteis para a verdadeira manifestação do espírito. Vivendo mais em razão do estado definitivo da alma, que é realmente o de "absoluta libertação" das contingências dos mundos materiais, todos os seus esforços são realizados em função da maior distância dos condicionamentos físicos. A alimentação pura, feita sob "necessidade biológica" e não sob "desejos gulosos" extinguiu-lhes os restaurantes, bonbonnières, panificadoras e as repugnantes "churrascarias" terrestres. Em face de uma nutrição baseada no magnetismo que impregna toda a substância de vida, aproximam-se, cada vez mais, do verdadeiro alimento do espírito, que é o "amor divino". As maravilhosas bibliotecas com os projetores de leitura, que revelam os aspectos de toda a atividade marciana, sob fascinante sistema decorativo e vivo, dispensam os "quiosques" de revistas do vosso mundo, que formam a classe laboriosa dos vendedores ambulantes. É necessário convir que a ausência de lucro pessoal, com apenas o controle coletivo de bem comum, extingue, consequentemente, as iniciativas individuais a parte da população. As lojas comerciais de música, em Marte, são substituídas pelos imensos e floridos parques de maravilhosa atividade cotidiana, onde um formigueiro de criaturas afetuosas e ordeiras usufruem os mais belos momentos de alegria, paz e êxtase espiritual. As últimas criações no plano da melodia e composição sonora, são oferecidas em complexos e assombrosos conjuntos instrumentais, cujas vibrações parecem causar espanto à própria Natureza.

PERGUNTA: — Durante a noite, uma cidade marciana não é sombria, triste e desagradável, em face da ausência de um comércio, que a ornamentaria com suas vitrinas iluminadas na esfera da propaganda? Porventura, a despreocupação de lucros não traz, também, o desinteresse público?

RAMATÍS: — Também não há interesse lucrativo, por parte das autoridades diretoras de alguns países de vosso mundo, quanto à iluminação, ornamentação e embelezamento dos parques públicos, que formam o encanto das noites límpidas e enluaradas. No entanto, vós os possuís às centenas, esteticamente distribuídos pelos recantos das cidades, formando "oásis" de vegetação e um deleite ao espírito fatigado da lide cotidiana.

Marte, à noite, é mundo de sonhos; suas metrópoles são ninhos de flores, luzes e melodias fascinantes. Centuplica-se o intercâmbio entre os habitantes, desafogados das obrigações cotidianas, mas sob um ritmo de encantamento espiritual, distante dos ambientes sufocantes dos vícios perniciosos, das competições furiosas sob o combustível do álcool, dos desvãos sombrios de "explorações recíprocas", onde a imagem da infeliz mulher terrena é repasto sensual e simples rebotalho do prazer humano. As cidades, destituídas do aflitivo comércio dos terrícolas, criaram outros meios de intercâmbio e contato popular, através de majestosos ambientes de música, de arte elevada, de diversão sadia, sincera, pura e liberta da brutal e grosseira manifestação dos instintos inferiores. As extensas avenidas, circundadas de alamedas estuantes de flores e perfumes, cortam os maciços de edificações que parecem talhadas em substância feita do vosso luar sereno, lembrando pontiagudos castelos apontados para o céu. O júbilo, a paz, a natureza feita para o belo e para a verdade, que dominam o espírito marciano, casam-se perfeitamente com a serena claridade diáfana que palpita em toda a atmosfera do planeta. As vozes humanas, em coros que lembram esferas celestiais, inundam os recintos de encontro noturno, onde há mais sensibilidade e dignidade de pensamentos do que na maioria das vossas reuniões em templos religiosos.

O sistema de iluminação destituído de fios, atravancamentos e armaduras próprias ao vosso sistema de eletricidade, é feito por projeção nas paredes dos edifícios e faculta resplendores áuricos que se polarizam em torno das edificações. À distância, o olhar humano vê a mais deslumbrante "aura de luz" prateada, com reflexos lilases e suavemente carminados, que parece descer sobre a cidade, recordando a figura de uma pomba gigantesca, majestosamente pousada num ninho de flores cintilantes, na mais inconcebível policromia terrena.

PERGUNTA: — Essa vida noturna, de diversão, é coordenada sob o controle do Governo Marciano?

RAMATÍS: — É mais o produto de associações que espontaneamente surgem no seio da população, visando sempre ao aprimoramento espiritual, embora usufruindo os prazeres naturais e atinentes ao espírito na forma material.

No capítulo das diversões e dos esportes, faremos descrições pitorescas desse ângulo marciano, que é um dos mais ricos de motivos e de alegrias. À noite, há reuniões em espécies de "clubes terrestres" ou agremiações, nas quais a juventude encontra sempre um ambiente festivo de natureza superior, em concordância com as vibrações ou essência do Espírito Divino que eleva a alma para Deus; pois, à medida que o espírito evolui para expressões mais angélicas, vai se libertando desses sofismas, preconceitos e convenções que formam a estrutura das almas demasiadamente preocupadas com a sua personalidade humana. Os seres retardados na escala evolucional procuram angustiosa e ferozmente manter-se num estado de "defesa egocêntrica", fechando-se entre os paredões do convencionalismo protetor da personalidade, recalcados e atentos, reduzindo e protegendo-se ante a presença alheia. Os marcianos, no entanto, pelo seu conhecimento e sentimento, participam e usufruem de tanta felicidade, que precisam reparti-la com o próximo, assemelhando-se a crianças despreocupadas, desprendidas do mundo e libertas de qualquer prevenção para com o exterior.

Cremos que Jesus, quando advertia "Deixai vir a mim os pequeninos, porque deles é o reino dos céus", devia ter em mente a figura delicada e encantadora dos marcianos.

21. Edificações e residências

PERGUNTA: — Em face das disposições adotadas pela nossa arquitetura na construção das edificações, quais as disparidades mais relevantes que careçam ser apontadas nos edifícios marcianos?

RAMATÍS: — Existem diversos aspectos dignos de serem anotados. Há, porém, um setor que, embora sendo parte integrante de toda construção, em certas edificações marcianas, atende a objetivos específicos, de tal singularidade, que os seus requisitos sobrepõem-se, em importância, a todos os demais fatores arquitetônicos do edifício.

Referimo-nos aos telhados ou coberturas; pois desde a natureza intrínseca de sua substância até a estruturação da sua montagem, tudo, nesse setor, obedece a certas regras de ciência esotérica, pela função radiante que essas coberturas ou abóbadas exercem no ambiente interno do edifício, como veículos transmissores de fluidos etéricos, propícios a êxtases devocionais da alma e às inspirações superiores da inteligência.

PERGUNTA: — Poderíeis, então, esclarecer-nos amplamente sobre os diversos aspectos, funções e demais características desses telhados ou coberturas?

RAMATÍS: — Começaremos por salientar que, nos grandes edifícios, tais como palácios, templos e estações aéreas ou não, predominam as cúpulas translúcidas, de material semelhante à porcelana terrestre, que deixa a luz polarizar-se em nuanças sedosas. Essas cúpulas variam conforme a natureza dos edifícios e são de cores claras, em soberbos matizes ainda desconhecidos ao olhar terreno. Algumas são cônicas, lembrando suaves colinas; outras, agudas, piramidais, ou rasas como pratos de vidro, invertidos; e as que cobrem os templos, em geral, são de formas ovóides. Todas são constituídas de uma só peça, fundida em gigantescas usinas e variando, também, na cor e no material, conforme o teor psicológico do ambiente a que se destinam.

Durante o dia, os raios do Sol filtram-se por elas, em suave luminosidade; e, à noite, a luz artificial, magnética, ilumina-as feericamente, lembrando imensos abajures refulgentes, suspensos sobre os edifícios.

PERGUNTA: — Por que variam os materiais conforme o teor psicológico do ambiente?

RAMATÍS: — A variedade é para corresponder, hermeticamente, às exigências técnicas do Conselho Diretor Edificativo, porquanto a cúpula, em sua cor e irradiação, produz modificações específicas adequadas às finalidades para que foram construídos os edifícios: para indústria, comércio, arte, ciência, escola, devoção, observatório astronômico, moradia coletiva ou departamento público. Enquanto na Terra os telhados obedecem a linhas ou sistemas quase uniformes, em Marte, a função do edifício, o ambiente a ser vivido, é que comanda especificamente a construção em todos os seus mínimos detalhes previamente estabelecidos. A cor, luz, decoração e motivos de arte ficam estritamente subordinados ao teor dos sentimentos ou emoções psicológicas dos moradores ou frequentadores do ambiente.

PERGUNTA: — Poderíamos conhecer pormenores mais objetivos?

RAMATÍS: — As cúpulas dos templos religiosos são de material e cores específicos, adequados à psicologia devocional dos fiéis de cada templo, que deve ser coberto de material que não altere a natureza íntima dos raios solares, ou mesmo da luz artificial e magnética, à noite. Consequentemente, as cúpulas de substância vítrea, além do objetivo de filtrar os raios luminosos para o interior, devem polarizá-los suavemente sem lhes alterar a essência da sua pureza.

PERGUNTA: — Por que tal exigência nos templos religosos?

RAMATÍS: — Os adeptos religiosos, quando se reúnem para as cerimônias devocionais, necessitam de certos fluidos "puros", contidos nos raios solares e que favorecem os momentos de "êxtase", permitindo mais íntima ligação com o "espírito" solar.

A substância usada para a cobertura dos templos ou instituições espiritualistas é confeccionada, exclusivamente, para essas finalidades, não podendo ser aplicada para qualquer outro objetivo. Na hora de se fundir esse material, efetua-se determinado processo de ordem iniciática, que não estamos autorizados a vos descrever. Essa impregnação "sui generis" serve aos marcianos como ponte ou traço-de-união com os planos superiores, na hora da sagrada "religação" com o Criador dos Mundos.

PERGUNTA: — Sem pretendermos romper o justo sigilo, poderíamos saber se esse material com essa "impregnação sagrada" não ofereceria a todos os que o usassem como cobertura de seus lares, as mesmas condições propícias de espiritual idade?

RAMATÍS: — Para que essa "qualidade" vibratória, impregnada na intimidade da matéria, produza os seus efeitos, são precisos, fundamentalmente, outros elementos essenciais; sendo o mais importante a formação de um "campo magnético humano", mental e espiritualmente poderoso, o que, mesmo em Marte, só é conseguido mediante a reunião de diversas almas em perfeita sintonia de "afinidade eletiva". Tal conjunto ou campo magnético humano opera como ímã receptivo e condensador, que absorve da matéria vítrea da cúpula, aquele "algo" misterioso, que não podemos esclarecer, embora certos iniciados do vosso mundo consigam pressenti-lo através da nossa referência.

Faz-se necessário, ainda, que os raios luminosos magnéticos, em momento exato, se enfeixem e se projetem para um só ponto das correntes planetárias, na mais perfeita unidade de força magnética em direção ao Sol. Resulta, então, um êxtase de exaltação divina, que impregna todos os fiéis e os conduz a estados emocionais ignorados pelo homem terreno.

As luzes, as cores, a música e os perfumes que inundam o interior dos templos atuam hermeticamente no processo de "alquimia espiritual" que se transfunde por essas cúpulas misteriosas.

PERGUNTA: — Porventura alcançaremos, um dia, essas realizações?

RAMATÍS: — São fenômenos prontos a se manifestarem em todos os orbes, mas dependentes do grau de evolução dos mesmos. No vosso mundo, por enquanto, somente algumas almas descidas de planos superiores e dedicadas aos estudos das verdades esotéricas para o bem comum, conseguem penetrar e sentir esses mistérios. Porém, em Marte, a ciência unida à fé, consegue êxtases sob verdadeira disciplina científica. Quando o homem se aproxima de tal "realidade espiritual", ele compreende, então, o "porquê" dos conceitos de Jesus quando Ele afirma: — "O reino de Deus está em vós". "Eu e Meu Pai somos Um".

PERGUNTA: — E como são feitas as cúpulas ou abóbadas vítreas destinadas a outros setores?

RAMATÍS: — São fundidas, também, na cor e na espessura exigidas pelas condições técnicas e psicológicas dos ambientes a que se destinam.

A cúpula de uma instituição de pesquisa científica, onde já se estuda o metabolismo eletrônico no campo "etereo-astral", cumpre a função de fluir um lilás, com nuanças de rosa-pálido. Essa cor predispõe psicologicamente o cientista às pesquisas na esfera "microastral", onde se agitam os bacilos psíquicos, na luta de se materializarem em "microgermes" patológicos. Um centro intelectual exige a cobertura em amarelo-claro, dourado puro, que é a cor fundamental do intelecto. Uma escola ou instituição artística condiciona o seu telhado transparente ao matiz verde-seda, a cor propícia à emotividade dos artistas.

Além dessas particularidades cromosóficas, os cientistas ainda conseguem impregnar as cúpulas de qualidades cromoterápicas.

PERGUNTA: — Quais são essas qualidades cromoterápicas?

RAMATÍS: — São constituídas pelo poder curativo das cores, pela ação que estas exercem no campo nervoso e endocrínico do ser humano. Não podemos elucidar-vos plenamente, mas, para efeito de simples analogia, vos diremos que é uma saturação de ondas "ultra-etéricas", à semelhança da que define o campo vibratório das "ondas ultracurtas" ou "ultra-sons".

Trata-se de um setor desconhecido para o vosso entendimento atual e não encontramos vocábulos ajustados a descrições mais exatas. As cores funcionam como "despertadores" etéricos, astrais ou mentais, enquanto em vosso mundo elas só criam disposições emotivas, saudáveis ou patogênicas, sem interferirem diretamente no mecanismo "fisioquímico" transcendental do ser humano.

PERGUNTA: — E quais são as cores fundamentais das cúpulas destinadas à cobertura dos templos?

RAMATÍS: — Depende do objetivo devocional do templo, o que, mais adiante, pretendemos vos expor com minúcias mais completas e interessantes.

PERGUNTA: — Que utilidade ou conveniência existe no fato de essas cúpulas luminosas impressionarem a mente dos que se encontram sob as mesmas?

RAMATÍS: — Os motivos são análogos aos que já existem na Terra, quando atendeis ao efeito psicológico das cores, na escolha das tintas para a pintura de hospitais, restaurantes, aeronaves, indústrias, igrejas, escolas, ou ambientes esportivos. Naturalmente, ainda não podeis obter os efeitos energéticos e vitalizantes que produzem as cúpulas marcianas; pois, além do efeito terapêutico que os "raios cromosóficos" exercem na fauna microgênica do astral, as suas cores produzem reações emocionais algo benéficas aos seres humanos.

Na Terra conheceis o efeito repousante do azul-celeste, a melancólica depressão da cor roxa ou a excitação do vermelho. Sob nosso olhar espiritual, temos observado inúmeras famílias que entre si intercambiam contínuas irritações e desacertos, também, pelas cores agressivas estampadas nos aposentos dos seus lares. Não associais o branco para as emoções festivas e o preto para os atos fúnebres? A cor constritiva do roxo não identifica os enfeites dolorosos das coroas e dos caixões mortuários?

PERGUNTA: — Poderíeis elucidar-nos ainda mais profundamente sobre a influência das cores, quanto aos seus efeitos na estruturacão mental dos ambientes?

RAMATÍS: — Já é do conhecimento de vossa ciência que as cores alaranjadas dão sensação de calor, enquanto as cores grisáceas acentuam a receptividade do ambiente para o frio. Uma exótica combinação de violeta e púrpura brilhantes, em vossos aposentos domésticos, diminui as defesas hormonais e favorece as enfermidades próprias dos quadros patológicos hipocondríacos. As decorações na alimentação, ainda muito ao gosto de certas raças do vosso mundo, aumentam ou reduzem as produções de hormônios e secreções digestivas. Certos alimentos de cores agradáveis atuam no mecanismo glandular e favorecem a produção de secreções abundantes; outros repugnam à vesícula biliar.

As vossas aeronaves comerciais eliminaram dos seus interiores as cores amarelas e o tom castanho, preferindo as de verde-claro, sedativos, que neutralizam os enjôos, as náuseas. O azul límpido e translúcido do céu desperta-vos pensamentos de ternura e meditações devocionais; o verde-claro e esmaecido das campinas inunda-vos a alma de jubilosas emoções pastorais; mas o verde-sujo, a cor de ardósia, deixam-vos egocêntricos e abatidos. Desnecessário falar do efeito excitante que produz a cor sanguínea.

O conhecimento cromosófico é uma ciência que orienta o marciano a compor o seu agradável e terapêutico *habitat* de permanência no mundo físico.

PERGUNTA: — As residências marcianas são semelhantes às nossas, quanto às disposições internas que adotamos?

RAMATÍS: — São construídas de material que passaremos a classificar de "matéria vítrea", porque é um produto originário do "quimismo do vidro". É impenetrável, lembrando o granito, mas sua dureza suplanta a do diamante; possui, ainda, a extraordinária faculdade de se tornar transparente e translúcido, quando submetido aos eflúvios de raios projetados por aparelhos especiais no campo do magnetismo "eletrônico-etérico". A energia específica que lhe é aplicada, cria-lhe a transparência, que pode ser fosca de um lado, à semelhança dos vidros de ótica que já usais na Terra. Sob processo algo parecido com a operação de "cerzir", de que adiante vos falaremos, essa substância se torna flexível e ainda aumenta a sua extraordinária resistência. As paredes das residências comuns lembram grandes painéis ou biombos, que pela vontade dos seus moradores se tornam luminosos. Conforme a qualidade e os matizes coloridos dos eflúvios aplicados nesses painéis, eles fazem ressaltar alguns ângulos da natureza exterior, apresentando-os num aspecto de maior vivência e emotividade.

PERGUNTA: — Poderíamos conhecer com mais detalhes alguns desses aspectos?

RAMATÍS: — Lembramos-vos, por analogia, os filtros colocados nas lentes de máquinas fotográficas, e que ressaltam os relevos do solo, das nuvens e determinados planos das paisagens. Dos aspectos salientados pelos filtros, só vos podeis certificar após as revelações dos filmes, enquanto que os marcianos os apreciam ao natural, através de suas paredes.

PERGUNTA: — E qual a diferença ou grau dessa vivência proporcionada pelas paredes luminosas?

RAMATÍS: — Consiste na exuberância do seu realismo proveniente do avivamento das cores comuns da natureza, em que ressaltam as nuanças claras e poéticas, tal como acontece nos dias límpidos em que a fulgência do Sol torna a paisagem mais viva e encantadora. Assim, também, as paredes vítreas, submetidas a eflúvios que lembrariam, por analogia, raios "ultravioleta", permitem, até observar o subsolo com seus lençóis refulgentes de material radioativo, ou ainda, observar a seiva na intimidade dos vegetais e os contornos anatômicos dos seres. Finalmente, a visão como atuada por raios "infravermelhos" torna-se penetrante no campo imponderável, conseguindo notar as rapidíssimas agitações da energia astral e os "duplos etéricos" dos seres e das coisas.

Naturalmente tendes dificuldade em assimilar estas realidades, pois ainda estais bem distantes destas conquistas que os marcianos já alcançaram através do magnetismo divino.

PERGUNTA: — E as paredes internas são da mesma substância vítrea?

RAMATÍS: — Têm aparência de matéria plástica terrena e do mineral que denominais "calcita". São formadas de uma só peça inteiriça. O soalho, o forro e os lados são da mesma substância. O conjunto lembra um caixão translúcido visto internamente e isento de emendas ou parafusos. Em algumas residências existem rendilhados e ornamentos nas paredes que, ante a luz magnética, exibem filigranas maravilhosas executadas por insignes artistas de técnica superterrestre.

As paredes exteriores filtram a luz solar em matizes suaves, proporcionando ao ambiente do lar uma atmosfera de paz e mansuetude espiritual.

PERGUNTA: — A construção das casas de moradia obedece à mesma técnica da Terra?

RAMATÍS: — As casas são padronizadas mediante um plano prévio, determinado para um ano marciano. Podem ser montadas em 24 horas terrestres e são facilmente substituíveis. Apenas a armadura é imodificável nessa produção em massa, porquanto a cobertura, paredes, alongamentos ou reduções, cores, ângulos de luz e acabamento estético são executados em conformidade com o gosto pessoal dos moradores. O vigamento, ou seja, o esqueleto metálico, leve e delicado é que não pode ser alterado na sua estrutura. Para vosso melhor entendimento, diremos que essas residências, quanto ao sistema da sua montagem, assemelham-se a esses vossos brinquedos de "armar", em que, de posse de inúmeras peças de metal, como sejam esferas, emendas, curvas e suportes, podeis construir dezenas de modelos sugeridos pelos prospectos que acompanham o conjunto.

O Governo de Marte não atende apenas ao equilíbrio social, econômico ou educativo do povo; antes de qualquer projeto de ordem administrativa, cuida-se, essencialmente, do bem-estar espiritual dos cidadãos, pois este requisito é considerado mais valioso do que todos os demais. Assim, em cada bairro, subúrbio e cidade, tudo é projetado em função do júbilo espiritual que deve prevalecer nos intercâmbios sociais.

PERGUNTA: — Porventura não existem quarteirões ou blocos de residências semelhantes aos que construímos na Terra?[14]

RAMATÍS: — O vosso padrão de construções compactas, algo semelhantes a formigueiros, distancia-se do gosto marciano. As residências marcianas são edificadas distanciadamente umas das outras, no centro de retângulos forrados de vegetação e flores exóticas, apresentando os mais sublimes padrões de ourivesaria vegetal. Em torno, os perfumes envolvem as moradias, transformando-as em sedativos "oásis" agradáveis ao espírito contemplativo. São conjuntos graciosos entre bosques refrescantes, onde as árvores idosas se debruçam, tranquilas, sobre fontes cristalinas, marchetadas de cristais preciosos. A atmosfera tênue, impregnada de suave brisa odorante, embalsama o cenário policrômico que faz antever a suprema beleza dos mundos celestiais.

Apreciados de qualquer eminência, os lares marcianos assemelham-se a delicados estojos de jóias pousados no chão florido. Caminhos de areia dourada, como se fosse polida, recortam os canteiros de grama, circundados de florezinhas multicores em que sobressaem o rubi, a safira e as turmalinas, todas em cambiantes de vida. O Sol, mais suave do que na Terra, pousando reflexos de luz sedativa na areia dourada, combina-se à festiva ternura dos seus moradores.

---

[14] "Ante os meus olhos atônitos, rasgavam-se avenidas extensas e amplas, onde as construções eram fundamentalmente análogas às da Terra." (Da obra *Novas Mensagens*, p. 57, de Humberto de Campos, pela psicografia de Chico Xavier.)

PERGUNTA: — Os alicerces das casas têm as características terrenas?

RAMATÍS: — São de substância impermeável às emanações do subsolo, possuindo magneticamente algo da função bacteriostática dos antibióticos comuns da Terra. Diferem, no entanto, em sua ação antibiótica que se exerce no campo onde se agitam as coletividades microbianas invisíveis à instrumentação comum. Semelhantes alicerces neutralizam todos os raios magnéticos nocivos, originários dos lençóis de minério radioativo; e impedem, também, que as energias magnéticas dos moradores sejam absorvidas pelo solo, pela atração dos materiais imantados; pois o marciano, criatura mais espiritualizada e evoluída no campo biológico, é, consequentemente, hipersensível às emanações radioativas de teor elementar, perniciosas. Daí a função protetora e profilática dos alicerces de seus lares e edifícios de trabalho, feitos de uma espécie de "baquelite terrestre", que isola as reações sutis do magnetismo inferior.

PERGUNTA: — Qual a forma de iluminação, à noite, nessas residências?

RAMATÍS: — Através de energia magnética, extraída da atmosfera por processos inacessíveis ao vosso entendimento. Tal energia é distribuída por usinas especiais, que a canalizam aos condensadores-matrizes das residências.

Finalmente, os marcianos gozam a impressão "sui generis" de viverem no interior de caixões de vidro translúcido, de suave colorido e luz polarizada. Essa luz, além de sua função iluminadora, produz radiações que dispõem os aposentos a um ambiente eufórico, produto da habilidade dos técnicos psicólogos e artistas que reproduzem, embora no plano material, quadros e paisagens dos mundos espirituais.

PERGUNTA: — Que mais nos impressionaria, de interessante, nessas paredes translúcidas?

RAMATÍS: — Se a vossa visão pudesse captar, vibratoriamente (o que é comum ao olho marciano), seríeis empolgados pela maravilhosa gama de cores refulgentes que se evolam das paredes, cuja luz suave e macia deixa uma sensação aveludada na epiderme. O ambiente íntimo desses lares é de repouso espiritual, pois não há campo vibratório inferior, criado pelos conflitos comuns nas famílias terrenas, onde a cólera, a raiva, a irritação e as lamentações constantes formam o ambiente doméstico. Nos lares marcianos, os ornamentos, as flores naturais e o mobiliário flexível, combinam-se psicológica e emotivamente com as cores, sintônicas com as funções de cada aposento.

PERGUNTA: — É a disposição anatômica do "olho marciano" que multiplica a visão dos matizes coloridos, ou é apenas a natureza do campo vibratório de Marte que favorece ou possibilita esses resultados?

RAMATÍS: — É a constituição do aparelho da vista, com a retina de fibras mais vibráteis do que a terrena e o nervo ótico mais aperfeiçoado, pelo sistema biológico estar liberto de toxinas das impurezas nutritivas, pois as aberrações dietéticas reduzem, também, a capacidade sensorial, como é comum nos hepáticos em vosso orbe. O nervo ótico dos marcianos oferece melhor frequência vibratória às transmissões de imagens exteriores, numa "ultra-micro-trepidação", e sem esforço das figuras em trânsito. Assim como para o gato, que pode "ver no escuro", as ondas luminosas de baixa frequência ainda lhe são "luzes", embora o homem já as considere trevas. No outro extremo da faixa luminosa, existem insetos que atuam no campo de visão "ultravioleta", percebendo raios alfa, beta, ou mais radiações, imponderáveis à visão comum do homem terreno.

As disposições evolutivas e biológicas dos sentidos são correlatas com o progresso humano e as conquistas científicas no campo exterior. Os chineses e alguns povos asiáticos, primitivos, pintavam o céu em cor amarela, com laivos dourados, demonstrando que seus olhos ainda não captavam as vibrações sutis do azul-celeste. Só mais tarde, o aperfeiçoamento do seu aparelho ótico lhes permitiu reproduzirem a abóbada celeste em sua cor peculiar.

Os indivíduos daltônicos enxergam diversamente dos olhos comuns, pela excentricidade vibratória de sua câmara ótica. E a hipersensibilidade visual dos marcianos permite-lhes captar maior extensão vibratória na faixa de cores porque a sua evolução moral e espiritual é correlata, também, com o seu progresso biológico. Sob esforços excepcionais, de sua vontade ou requisição mental, eles podem apanhar mais de sessenta matizes intermediários, somente entre o azul-prussiano e o celeste.

PERGUNTA: — Quais as disposições comuns das portas e janelas das residências?

RAMATÍS: — São formadas de uma só peça e não têm gonzos, parafusos, emendas, dobradiças, pois deslizam do interior das paredes, quando fecham; e desaparecem, velozmente, em idênticas condições, ao se abrirem. Tais movimentos se executam à simples aproximação da pessoa, mediante prévia regulagem no gradil emissor de energia. As paredes também podem ser automaticamente afastadas, abrindo vãos espaçosos, que põem os jardins, as flores, as aves e os regatos em comunicação com o interior das moradas, semelhando festivos pavilhões residenciais, cercados de bosques e alpendres ensolarados.

PERGUNTA: — Esse sistema de portas não oferece pouca segurança?

RAMATÍS: — Realmente, a segurança é sacrificada em favor da beleza e de um senso poético agradável. É óbvio que não havendo em Marte malfeitores ou ladrões, de modo algum se receiam os delitos comuns à Terra. As residências marcianas são amplas e abertas de acordo com o seu espírito fraternal. Almas afeitas à luz do amor, à paz e à alegria, avessas à maldade, bondosas e úteis até o esquecimento de si mesmas, seus lares floridos, repletos de luzes, cores e perfumes, estão em perfeita correspondência com os seus estados íntimos e com as suas ações à luz do dia. Idênticas às suas almas arejadas, suas vivendas não têm desvãos sombrios, ornamentos grotescos ou precauções de defesa; pois um ladrão ser-lhes-ia coisa tão insólita como brotarem legumes nas vossas ruas asfaltadas.

PERGUNTA: — As residências marcianas adotam móveis dos padrões que nós usamos?

RAMATÍS: — Na decoração e no mobiliário, há certa aproximação com a técnica terrena. Alguns móveis são feitos de metal próximo do alumínio, predominando sempre a substância vítrea, transparente, de aspecto frágil e cintilante. Outros, como delicadas cadeiras e poltronas, são fabricados de material parecido com a espuma de borracha, de qualidade que permite ao móvel adaptar-se milimetricamente a toda a superfície do corpo, na mais perfeita distribuição anatômica. As mesas são de tampos coloridos, vítreos, foscos, presos a um varão de metal refulgente, que é fixo no forro, deixando-as dependuradas nos momentos de uso, ou montadas em varal firmado no assoalho, podendo girar à vontade. Após servirem, umas e outras são recolhidas ou engastadas em recortes de baixo-relevo, exatamente iguais aos tampos, formando ou deixando ver belíssimos desenhos decorativos e artísticos. Os leitos, de matéria espumosa, são dobrados em sanfonas, durante o dia; outros desaparecem da vista através de moldes correspondentes no assoalho.

Os marcianos dormem pouco. Seus espíritos mais evolvidos e menos fatigados no comando de um corpo mais energético, exigem menos repouso para recuperação física. O seu alimento que, em essência, provém do magnetismo do ar atmosférico, também lhes revitaliza continuamente o organismo.

PERGUNTA: — Em algumas de nossas revistas arquitetônicas e decorativas, observamos magníficos modelos sugestivos de móveis, com aparência delicadíssima e confeccionados em metais nobres, que nos parecem algo dignos do gosto marciano. Não achais?

RAMATÍS: — Repetimos: é no campo decorativo e no mobiliário que os terrícolas mais se aproximam dos marcianos, existindo algumas profundas semelhanças. No entanto, falta-lhes aquela luminosidade que a própria atmosfera marciana acentua e aviva poeticamente.

Também estão livres desse tormento e versatilidade aflitiva de "modas" que artificializam a vossa vida, obrigando-vos a aquisições inúteis e antiestéticas.

PERGUNTA: — Há nos lares objetos de adorno, tais como quadros, vasos, estatuetas ou ourivesarias?

RAMATÍS: — Existem, sim, adornos, mas apenas o essencial estético, agradável ao espírito, no mundo das formas. O homem marciano é avesso a penduricalhos suspensos pelo corpo ou futilidades em suas residências, quer sejam metais nobres ou jóias preciosas. A sua vida, condicionada a futuras realidades espirituais, conserva tão-somente os adornos de valor comunicativo e os objetos consagrados em encontros afetuosos, impregnados de fluidos salutares e edificantes, pois a sua visão alcança as auras magnéticas ou etéricas dos adornos e objetos dos ambientes.

Ao contrário, nos lares terrenos, os enfeites estão muitas vezes envoltos em fluidos confrangedores que exalam emanações de injúrias, maledicência, cólera, ciúme e outras deprimências dos sentimentos inferiores.

PERGUNTA: — Poderíeis citar um exemplo que nos fizesse

precisar a incoerência dos nossos adornos residenciais?

RAMATÍS: — Citaremos, por exemplo, as ricas caixas de talheres preciosos que usais como enfeite, quando suas funções específicas são de utilidade na alimentação; também, os artísticos soalhos de "parquets", que depois de exaustiva escolha no padrão, vós cobris com pesados tapetes; mobiliários luxuosos, adornados de frascos alcoólicos; a enormidade de conjuntos de louça, que soterrais nos armários, passando de geração para geração sem o benefício do uso comum. Anotamos, ainda, a vossa euforia pelo anel tradicional que herdastes dos ancestrais e, igualmente, as caixinhas de jóias que vos comandam a distância, obrigando-vos a escolher lugares estratégicos como providência de segurança.

PERGUNTA: — Os marcianos, porventura, também não apreciam os produtos estéticos que são conseguidos artificialmente?

RAMATÍS: — Desde que não possam obter esses produtos naturais e verdadeiros. Por que iriam produzir flores artificiais, se podem cultivá-las em maravilhosos ramalhetes vivos, no interior dos seus lares e templos? De modo algum apreciam a estesia macabra que vos domina nas festividades excepcionais e sociais, quando adornais vossas mesas com simbólicos pavilhões, castelos, quiosques ou decorações à base de vitualhas e retalhos de carnes de animais. São profundamente avessos aos pratos bojudos e às tigelas rotundas, de arabescos dourados, para servirem carnes e vísceras condimentadas com molho excitante, que ateia o desejo zoofágico dos convivas.

PERGUNTA: — Há telefones nas residências marcianas?

RAMATÍS: — Chamaremos, antes, "telefonevisão", pois se trata de aparelhamento regido pelos singulares recursos do magnetismo, liberto das teias de fios do vosso sistema. Reproduz integral e corretamente todas as cenas distantes entre os interlocutores e as vozes do outro lado do globo, dispensando "fones" e o bocal receptivo. A atmosfera tênue e límpida de Marte torna-se magnífico veículo magnético para as comunicações. Há certa semelhança com a vossa "televisão", sendo que pode ampliar as diversas faixas magnéticas, os sons mais desejáveis no momento da comunicação. O diálogo se faz através de pequena tela radiante que reproduz perfeitamente e sem interferências as figuras e as cenas focalizadas.

PERGUNTA: — Existe em Marte algum sistema de águas e esgotos semelhante ao da Terra?

RAMATÍS: — Há um sistema de águas ligado aos canais artificiais suplementares, que distribui pelas residências, através de uma rede de canos de matéria vítrea, visíveis à flor do solo, em retângulos disseminados por zonas, aos quais os técnicos conferem o teor radioativo. O líquido é submetido a um processo de condensação magnética, em cada edifício ou residência, a fim de ser conseguida a "água radioativa", próxima da ***água pesada*** do vosso mundo, que é um dos principais alimentos energéticos dos marcianos. Há uma operação reagente que transforma o líquido em estado gasoso, quase etéreo, ao qual se incorpora acentuada quota de energismo magnético ambiental, retornando à forma primitiva com um aspecto quase "albuminóide". Essa água radioativa é posteriormente misturada a uma série de elementos nutritivos.

O departamento encarregado do fornecimento de água possui mecanismo inconcebível para vosso mundo, cuja principal função é controlar e modificar o teor magnético variável, do líquido, pelas influências que pode absorver ao longo de seu percurso. Enquanto no vosso mundo vos preocupais especialmente com o volume de água, os técnicos marcianos preocupam-se com a natureza "magnético-mental" que o líquido conduz aos agrupamentos humanos.

Em virtude de a água ser um dos veículos de maior capacidade receptiva de elementos imponderáveis, torna-se necessário velar pela sua integridade magnética, inclusive quando da aproximação de outros planetas de magnetismo inferior. A água também varia quanto à função que lhe é atribuída, podendo ser veículo de bênçãos e forças curadoras, ou corrente saturada de vibrações nocivas e tóxicas.

Quanto à rede de esgotos, os marcianos são criaturas distantes das vossas atuais necessidades fisiológicas. Já ingressaram na fase de "espíritos absorventes". Os seus organismos, de pronunciado sistema arterial, em face da alimentaçao sadia e qualitativa, incorporam definitivamente, na circulação, quase todo o alimento que ingerem.

A humanidade marciana dispensa a necessidade de redes de exonerações, por incorporar no sistema orgânico o conteúdo total do que ingere, como sejam pastas, óleos aromáticos, comprimidos ou drágeas concentradas. Todo o seu mecanismo digestivo ficou reduzido pela gradual adaptação fisiológica, que se processou no decorrer dos tempos, a uma alimentação mais à base de energia. Equilibram o saldo inútil de resíduos, em processos "sui generis", que melhor compreendereis admitindo um fenômeno de "desmaterialização".

PERGUNTA: — Não devemos supor que os marcianos adotem, também, como hábito, os banhos comuns aos terrícolas, e, por conseguinte, que seja necessário eliminar a água servida?

RAMATÍS: — Os próprios trajes que eles usam são profiláticos; mas em certos períodos submetem-se ao banho de água radioativa, o qual lhes serve não só de recurso higiênico, como, ainda, de nutrição energética e útil à pele. Quanto à água servida, o organismo marciano tem grande absorvência à água radioativa; e além disso, o solo marciano é, igualmente, um grande eliminador dos excessos líquidos, que desaparecem por natural infiltração.

PERGUNTA: — Além desse sistema incomum de águas e esgotos, luz e telefone, há algum outro invulgar para nós, a funcionar em Marte?

RAMATÍS: — Sem dúvida. Um exemplo: existe uma instituição das mais singulares que, por um sistema de condensação em microtanques atmosféricos, colocados nas residências marcianas, fornece os mais variados perfumes, na forma de líquidos, extratos ou conteúdos etéricos. Não há palavras no vosso dicionário que possam dar a mais ligeira idéia das funções e princípios técnicos desses aparelhos, que lembram conchas transparentes, colocadas em ângulos estratégicos das moradias de Marte. Por um simples mecanismo de ação magnética, as essências fundamentais ou concentradas podem atingir ou produzir algumas centenas de combinações odorantes, tudo muito além da vossa concepção.

Os marcianos são naturalmente habituados a tudo que evoque a poesia, a beleza, o êxtase espiritual. Cercam-se habitualmente de todos os recursos de evocação superior do Verdadeiro e do Belo que o Pai lhes concede.

22. Energia motriz

PERGUNTA: — Qual o sistema de "força" que atende às necessidades industriais e à iluminação em geral, no planeta Marte?

RAMATÍS: — É a "energia magnético-etérica" o principal elemento de vida das atividades marcianas. Conforme já elucidamos, na marcha evolutiva em que se encontra o vosso planeta, lhe serão necessários de quatrocentos a quinhentos anos para conseguir dominar essa energia "superdinâmica", em relação à vossa eletricidade.

PERGUNTA: — As últimas realizações na esfera atômica, que já se operam na Terra, não são uma linha de acesso à conquista dessa energia?

RAMATÍS: — Não; os cientistas terrenos, embora tenham penetrado grandemente na intimidade estrutural da matéria, operando nas constituições dependentes do metabolismo eletrônico, estão muito aquém da realidade que só lhes será desvendada quando resolverem os problemas da "imunização gravitacional", ou seja, puderem dominar o que diremos, para efeito de fugaz entendimento, a energia cósmica. Os cientistas marcianos conhecem o teor fundamental e o controle do próprio "éter cósmico", que é a base de todos os fenômenos vibratórios da vida planetária. Operam, pois, na causa que origina a série de vibrações em todas as modalidades do Universo e que se dinamizam dentro de maravilhoso determinismo cósmico. A matéria condensa-se partindo da base etérica e é alimentada pela energia que fica em liberdade; quando se dissocia, retorna à fonte do éter originário, no fenômeno da desmaterialização. Essa energia "intratômica" como é designada por muitos dos vossos cientistas, contém, potencialmente, as forças cósmicas que escapam à aferição da vossa ciência, de cuja disposição e dinamismo surgem as incontáveis formas de energia e matéria. A vossa ciência consegue libertar quantidades mínimas de corpúsculos, que partem das substâncias radioativas, mas se pudesse efetuar essa libertação numa quantidade de alguns quilos, coordenando e dirigindo a energia emitida, vós teríeis resolvido o problema definitivo da "força motriz", assim como o resolveram os marcianos. Há minerais, no vosso mundo, que com a desmaterialização de um só grama, poderiam vos dar alguns bilhões de HP, que moveriam ininterruptamente o parque industrial da velha Europa. Essa é a energia já conseguida pelos marcianos, graças ao conhecimento verdadeiramente espiritualizado, que lhes permite atuar no campo do "magnetismo etérico", usando-o como elemento dinâmico de todas as suas maravilhosas realizações.

PERGUNTA: — Essa "força motriz", então, é obtida somente pela libertação da energia intratômica, embora sob processo mais avançado do que o da nossa ciência terrena?

RAMATÍS: — Fazem-no, assim, quando desejam, mas preferem obtê-la diretamente na sua fonte ou origem, na sua expressão de absoluta liberdade cósmica. Em vez de dissociarem as substâncias, obrigam-nas ao aceleramento de desgaste e obtêm, assim, a força poderosa para as suas atividades cotidianas. Atuam já no "lençol cósmico", que por suave vibração lhes atinge o campo dinâmico na feição de "magnetismo etérico".

PERGUNTA: — Qual o meio de que se servem para essa utilização direta?

RAMATÍS: — A atmosfera em torno do seu orbe.

PERGUNTA: — É uma espécie de captação elétrica da atmosfera, cuja possibilidade os cientistas terrenos, já, por vezes, têm admitido?

RAMATÍS: — Não captam a eletricidade no sentido lato em que perguntais; captam a energia bruta, espécie de força envolvida por uma "ganga" exterior. Vemo-nos obrigados a usar de comparações um tanto materiais, a fim de poderdes compreender melhor o assunto que escapa à morfologia da Terra. Esse "conteúdo bruto", captado, é submetido a uma série de processos que lembram as múltiplas refinações e decantações que fazeis com os óleos grosseiros, a fim de obterdes produtos de qualidade insuperável. Após tais operações "sui generis", estão de posse da inigualável energia que lhes atende ao modo de vida consideravelmente além de vossas concepções.

PERGUNTA: — Tomando por base as usinas da Terra, que só produzem a eletricidade, depois de servidas, inicialmente, pelas turbinas decalcadas na força motriz da água ou por conjuntos de motores a óleo ou gasolina, quais são os recursos usados, em Marte, para a obtenção do "magnetismo etérico"?

RAMATÍS: — As usinas funcionam com a própria energia captada e refinada da atmosfera, num perfeito sistema de "moto-contínuo".

PERGUNTA: — Moto-contínuo, acessível à nossa compreensão?

RAMATÍS: — Não apenas acessível ao vosso entendimento, como realizável, também, no futuro, quando alcançardes o mesmo progresso marciano.

PERGUNTA: — Poderíeis esclarecer-nos melhor sobre essa realização que nos parece tão insegura?

RAMATÍS: — Vamos descrever-vos, racionalmente, o sistema que é um perfeito "moto-contínuo" na obtenção perpétua da energia magnético-etérica. As principais comarcas marcianas são circundadas por um canal suplementar, rico de água radioativa, o qual representa a última ramificação do conjunto de canais artificiais, que se ligam ao sistema dos canais naturais, à parte integrante do planeta. Em cada ângulo das metrópoles principais, ou seja, nos quatro cantos das mesmas, existem gigantescas construções originais, denominadas "casas das máquinas", cuja finalidade é produzir vapor de água, que se acumula sobre os extremos metropolitanos e mais tarde se desloca para as regiões mais pobres, onde há falta do líquido precioso. Inúmeras aglomerações populosas, que se situam à distância da rede dos canais, são socorridas por essas massas de nuvens magnetizadas, que deságuam nas zonas necessitadas. Essas "casas das máquinas" funcionam com a "energia magnético-etérica", que elas mesmas captam, em bruto, e depois a tornam "purificada" e poderosa. Processa-se, então, o mecanismo do "moto-contínuo", num original círculo vicioso da energia que se exterioriza e retorna ao ponto de partida, através de meios habilmente dirigidos.

PERGUNTA: — Qual é esse círculo vicioso original?

RAMATÍS: — As máquinas extraem água do canal, que lhe atravessa a edificação, um líquido mais denso que a vossa *água pesada* e três vezes mais radioativo. Na atmosfera tênue, profundamente magnética, de Marte, essas máquinas produzem os aglomerados de nuvens, que se assemelham a poderosos campos "eletromagnéticos" condensados nos quatro ângulos das cidades. À luz do sol intenso, elas emitem reflexos e cintilações como as pontas diamantíferas dos pára-raios terrestres, espalhando nuanças azuladas em torno. Essas nuvens são, na realidade, o campo gasoso poderosíssimo, que se forma de um extrato radioativo das águas sugadas do canal em torno da cidade. Através de processos inconcebíveis à vossa mente, essas nuvens são endereçadas, por um controle que lhes atua no conteúdo magnetizado, às regiões carentes de água, onde uns aparelhamentos chamados "fazedores de chuvas" figuram como "ímãs magnéticos" e provocam o choque e o rompimento das nuvens. Assim que a metrópole onde funcionam as "casas das máquinas" precisa de chuvas, ou quando essas máquinas também carecem de "energia magnético-etérica", as nuvens são atraídas em diagonal, dos quatro cantos da cidade, culminando em se chocarem sobre a zona central e adjacências. Nesse choque poderoso, em que os lençóis áuricos, magnéticos, interpenetram as nuvens e estão sobrecarregados de assombrosa energia, explodem forças abundantes, em todas as direções, fazendo a atmosfera tornar-se um cenário de assustadora luz, que resplandece e ilumina os mais recônditos desvãos do solo. O ambiente se satura de luz fulgurante; surge fascinador espetáculo e o ar se purifica, tornando-se cristalino e sonoro após as descargas magnéticas. Então, ocorre o processo avançado da ciência marciana, articulando-se um perfeito mecanismo de "moto-contínuo"! A mesma energia que faz funcionar as máquinas possantes, para extrair água do canal e transformar em nuvens sobrecarregadas de "eletromagnetismo etérico", também retorna, com o mesmo vigor, pelas descargas dos choques entre as nuvens. As casas das máquinas, nos extremos da cidade, captam rapidamente, através de inconcebíveis condensadores, as cargas produzidas pelos relâmpagos do choque entre as nuvens.

PERGUNTA: — Como retorna essa energia, novamente, para as mesmas máquinas que a produziram?

RAMATÍS: — As "casas das máquinas" produzem nuvens radioativas transformando a água do canal em poderosa massa gasosa, graças às forças "eletromagnético-etéricas" que as acionam. Quando essas nuvens são impelidas para o centro da cidade, estão, também, acumuladas das forças que receberam das máquinas produtoras. No choque, descarregam novamente a energia acumulada, devolvendo-a para o ponto de origem — as casas das máquinas. É um perfeito moto-contínuo, porque a mesma energia que produz nuvens saturadas de forças "eletromagnético-etéricas", alimenta também o campo receptivo e condensador nas máquinas e ainda acumula as descargas produzidas no atrito atmosférico.

PERGUNTA: — Qual o meio que faz com que essas nuvens se encontrem, depois de estarem aglomeradas nos quatro cantos da cidade?

RAMATÍS: — No centro de cada metrópole encontra-se o "Instituto Pluvial", ou seja, a instituição com o aparelhamento magnético-receptivo capaz de atuar nos campos eletromagnéticos das nuvens radioativas dispostas nos quatro pontos cardeais da cidade. Assim que é acionado esse aparelhamento, cria-se um campo magnético atrativo de forte receptividade, que obriga as massas de nuvens radioativadas a convergirem para o seu local, acelerando-as tanto quanto mais próximo se encontrem do "Instituto Pluvial". Em velocidade crescente, semelhante às vigorosas correntes atmosféricas que se deslocam em vosso mundo, na forma de tempestades, dá-se o encontro violento das massas gasosas, "eletromagnetizadas", jorrando abundante carga de energia, que é acumulada pelas "casas das máquinas", alimentando-as nesse pitoresco "moto-contínuo".

PERGUNTA: — O que nos parece um tanto inconcebível é a possibilidade de as máquinas conseguirem captar as descargas, que devem lembrar os trovões e relâmpagos da atmosfera terrena.

RAMATÍS: — Se partirdes da modesta capacidade de um acumulador de automóvel ou de indústria, que pode receber e guardar energia por determinado tempo, através do conjunto de placas receptoras, compreendereis que o "magnetismo-etérico", mais profundo e fixável na intimidade eletrônica da substância, apresenta-se ainda mais passível de ser acumulado. Embora vos pareçam variar os processos, é mister refletirdes que determinadas substâncias se tornam imantadas por muito tempo, mesmo quando submetidas a cargas violentas.

PERGUNTA: — A única função dessas "casas das máquinas" é produzir nuvens para as regiões mais pobres de água?

RAMATÍS: — Essa é uma das funções principais, mas não a única. As águas que são absorvidas do canal metropolitano, isto é, aquele que circunda uma cidade principal, são ricas de radioatividade e de substâncias energéticas, símiles de vossas vitaminas. Estas são industrializadas em pastas, geléias ou líquidos oleosos, a fim de serem adicionadas aos sucos e demais alimentos feitos à base de frutas. Avançados departamentos dietéticos recebem os produtos das "casas das máquinas", e os misturam então às substâncias específicas da alimentação marciana. Em consequência, extraindo água do canal, essas máquinas possantes produzem vapor magnetizado, que forma as nuvens para a produção de chuvas artificiais, e, também, novas quotas de "magnetismo energético" para o próprio funcionamento das mesmas. Eis o processo "sui generis" de um perfeito "moto-contínuo".

PERGUNTA: — Qual é a forma desses "institutos pluviais" que atraem as nuvens para um ponto de convergência na cidade?

RAMATÍS: — Assemelham-se, mais ou menos, à armadura da "torre Eiffel", embora construídos de outra substância essencialmente "radioativa". São dotados de aparelhamento desconhecido da ciência terrena, quanto à sua finalidade. Têm por função atrair as nuvens, graduar-lhes a velocidade e concentrar-lhes as energias, num campo magnético de sustentação, para que na hora nevrálgica das descargas, as "casas das máquinas" façam a definitiva captação e reserva costumeira. Trata-se de acontecimento tão comum, para os marcianos, como o que produz a vossa eletricidade no trabalho rotineiro dos dínamos acionados pelos jatos das turbinas. As chuvas são produzidas conforme a necessidade de renovar as energias das "casas das máquinas" e a irrigação do solo.

PERGUNTA: — Essa energia magnética que é obtida após a sua captação, em grosso, da atmosfera, não exige rede de distribuição conforme se adota na Terra?

RAMATÍS: — Não há instalações de fios nem cabos como vós adotais. A energia magnético-etérica é transmitida por um sistema de ondas eletromagnéticas, que são projetadas para outras "usinas mirins", situadas nos subúrbios das cidades, e que possuem a propriedade de transformarem o teor da força para a voltagem das residências. Estas, através de "captadores" especiais, armazenam a energia que necessitam para as atividades domésticas.

PERGUNTA: — Qual é o sistema de iluminação das cidades?

RAMATÍS: — Embora de natureza intensa, refulgente, a iluminação não fere a visão humana. É um tipo de "luz áurica", que se dissolve na forma de bruma radiosa. Torres altíssimas, lembrando agulhas de vidro, acendem-se no cimo, à noite, iluminando completamente toda a conformação do solo, edifícios e ruas. É um espetáculo feérico, soberbo, só comparável ao dos foguetes luminosos do vosso mundo, se pudessem permanecer definitivamente com as suas luzes fosforescentes. Os recursos de luz feérica, que os terrícolas utilizam, nos encontros bélicos, para iluminar o campo guerreiro adversário, os marcianos os multiplicam à vontade, transformando a superfície noturna de suas cidades em maravilhoso cenário tão resplandecente, que deixa mesmo longe a luz natural. Os edifícios absorvem os raios luminosos e os polarizam, suavemente, no mais irisado espetáculo de cores; os mais altos se transformam em gigantescos prismas policrômicos, lembrando um paraíso.

PERGUNTA: — Os veículos se utilizam dessa "força motriz" para se movimentarem?

RAMATÍS: — Tanto os veículos do solo como as aeronaves e embarcações marítimas movem-se através do "magnetismo", que produzem por meio de complexos geradores, que podem regular todos os graus existentes na lei de gravidade, deslocando, habilmente, as linhas de forças dos polos positivo e negativo. Produzem a sua própria energia, embora precisem, periodicamente, abastecer os seus "tanques atmosféricos", expressões que usamos para vosso melhor entendimento. O material de que são fabricados também possui propriedades de absorvência de luz, irradiando à noite, pelas ruas silenciosas, um colorido suave, como radiações à flor do solo.

PERGUNTA: — O "magnetismo etérico" é a única forma de energia utilizável em Marte?

RAMATÍS: — No momento, a coletividade marciana ainda não pode prescindir de outras energias suplementares, porquanto também é mundo em evolução, tanto de ordem espiritual como nas realizações de um melhor *habitat* para reencarnações futuras. Conforme as zonas mais ricas ou mais pobres, no sentido de estabilidade econômica e trabalho, a própria eletricidade, tipo terrena, encontra motivos de aplicação, principalmente nas zonas rurais.

PERGUNTA: — Julgávamos que seria desnecessária a existência de outras energias além da do "magnetismo etérico" que é tão extraordinário. Por que utilizam outras energias?

RAMATÍS: — Marte ainda não é um mundo que prescinda, completamente, do concurso das vossas realizações mais avançadas, as quais, ainda que em segundo plano da vida marciana, têm alguma utilidade. Os marcianos, embora constituam humanidade mais evolvida do que a vossa, isenta das hecatombes sociais provocadas pelas guerras fratricidas, e livres das surpresas das intempéries que perturbam vosso *habitat*, ainda enfrentam problemas de ordem econômica. Tudo é relativo: nos mundos inferiores à Terra também lhes seria estranho que depois de já haverdes descoberto a eletricidade, que é energia superior à que era utilizada na Idade-Média, ainda useis fogões alimentados a lenha, carvão, gás e outros combustíveis. E aos marcianos não deixa de causar certo espanto que, após o advento do veiculo elétrico, ainda sujeis as vossas ruas com os resíduos do óleo que se escapa dos motores a óleo cru e que satureis o ar que respirais, com a fumaça escura e tóxica que os mesmos expelem.

É óbvio, pois, que os marcianos ainda não puderam conseguir soluções cem por cento, embora de posse da maravilha que é o magnetismo etérico, assim como vós, apesar do domínio da eletricidade, ainda utilizais recursos intermediários, que lhe são inferiores.

23. Governo

PERGUNTA: — Há certa semelhança entre o sistema de governo, em Marte, com algum de nosso mundo terreno?

RAMATÍS: — Há um único governo central em todo o orbe, que coordena a comunidade marciana, num só organismo social. Assemelha-se a uma verdadeira lei de biologia social, que une e harmoniza todas as partes sob o controle de um órgão central sob a inspiração direta de Deus.

PERGUNTA: — Mas não existe algum sistema político, na Terra, que apresente qualquer semelhança com o governo marciano?

RAMATÍS: — Notamos a preocupação dos "ismos" tão comuns no vosso mundo, nessa prodigalidade de sistemas heterogêneos para alcançardes o equilíbrio social e político. Criais sistemas e doutrinas políticas, de grupos, para governar um todo, na ingênua convicção de que o conteúdo espiritual, de uma humanidade, pode ser governado por um sistema exterior, assim como usais modelos para fabricar confeitos. Não encontramos qualquer analogia terrestre para definir-vos o governo marciano, que é, realmente, um governo espiritualizado, que já eliminou os recalques do instinto inferior de vossa concepção comum. Não foi o indivíduo que criou o sistema para dirigir um todo orgânico, mas a exigência vital do conjunto é que estabeleceu a unidade diretora, conforme acontece aos órgãos do corpo humano, que para sobreviverem mutuamente, em equilíbrio, submetem-se à regência do cérebro, que os comanda de acordo com as funções de cada um. Tornar-se-ia ilógico que o fígado, por exemplo, resolvesse criar um sistema baseado em sua própria função hepática, pretendendo, com esse "hepatismo", governar as necessidades de todo o corpo. Uma nação ou um mundo, na realidade, é um todo orgânico que materializa uma só vontade psíquica, sob uma direção espiritual superior e coordenadora. Há necessidade de existir uma consciência de almas, coletiva, íntegra e harmônica, sob a direção central, que mantém as partes subordinadas ao equilíbrio do conjunto.

PERGUNTA: — Mas há um só conjunto dirigente, sem interferência opinativa de quaisquer outros grupos?

RAMATÍS: — O governo marciano, em vez de "poder máximo", graças à sua consciência espiritual desenvolvida, prefere a condição de entidade obediente à necessidade coletiva. Não desconhece a sua missão de imensa responsabilidade perante Deus, a Quem terá de prestar contas dos seus atos e poderes outorgados. Acima de quaisquer interesses pessoais, humanos ou de parentela, prepondera sempre o objetivo moral, condicionado só ao que é nobre e divino.

PERGUNTA: — Não é uma espécie de socialismo?

RAMATÍS: — As vossas concepções terrestres, ignorando a verdade simples do amor fraterno, não podem servir de comparações à ética do governo, em Marte, o qual dispensa os vossos massudos tratados diplomáticos de resultados quase sempre negativos. O cidadão marciano, como célula componente de um organismo social de interesse em comum, já compreendeu que a saúde das partes estabelece a saúde do todo. Em consequência, primeiramente tratou de ajustar a sua conduta, fortificar a sua vontade, o seu caráter, para, depois, ter direito a um governo à sua altura. O provérbio de que "o povo tem o governo que merece" define bem o estado moral da vossa humanidade. Muitas vezes os terrícolas exigem um governo perfeito, dentro de um ambiente que pratica ou consente relações ilícitas de ordem comercial, política ou social. Não é raro que, em festividades onde se juntam criaturas para a bacanal dos sentidos, critique-se a imoralidade pública; que o negociante desonesto acuse a administração pública, no momento em que ele furta no peso; que o industrial verbere as autoridades enquanto ele sonega o fisco, trai contratos verbais e enriquece à custa de negócios escusos. No entanto, o governo é produto do pensamento e dos ideais coletivos, os quais, sendo imorais e antievangélicos, criam, também, um conjunto governamental imoral e antievangélico; pois tais governos são frutos da mesma árvore social. É indiferente o rótulo que derdes aos vossos sistemas políticos; seja esse rótulo fascista, comunista, totalitário ou democrático, não vos livra das impurezas íntimas que existem no corpo social a ser dirigido. As nossas elucidações sobre o regime administrativo e direcional dos marcianos não se enquadram nas "panacéias" deformantes, que ainda pululam no vosso mundo, imensamente distanciado da lei sadia do Evangelho.

PERGUNTA: — Qual seria o sistema compatível com a nossa psicologia?

RAMATÍS: — Para nós, cujo esforço construtivo é orientado só em Cristo, despreocupa-nos a terminologia brilhante ou os exotismos utópicos dos vossos grupos políticos. Enquanto os vossos legisladores e sociólogos tentarem a recomposição moral da humanidade terrestre, mediante sistemas que agem "do exterior para o interior", através de grupos simpáticos, hão de fracassar todos os esforços de equilíbrio social. Os volumosos compêndios doutrinários, que justificam inúmeras estátuas dispersas nas praças públicas, são equivalentes ou semelhantes a esses rótulos brilhantes e coloridos, que disfarçam, nos vasilhames, a pobreza do vinho comum. Só a cristianização completa do vosso orbe, a submissão incondicional ao Evangelho de Jesus, numa prática cotidiana, vos dará a unidade salvadora há tantos milênios procurada. As terríveis modificações que se processam atualmente, no vosso mundo, em que desmoronam os alicerces de velhas civilizações, colocam-vos, à luz do dia, os resultados dos fracassos políticos, sociais e econômicos. Precipitam-se na vulgaridade dos feitos comuns, as comunidades terrestres que olvidaram o cimento vivo do Evangelho; que o preteriram por sistemas e doutrinas exóticas, na absurda concepção de mudar o conjunto sem modificar o homem. E a reforma que se faz necessária não depende de templos, seitas ou credos iniciáticos; é puro e simples, é permanente e natural. É o esforço individual a caminho da ascese; é o desejo consciente de libertação da forma animal para atender ao imperativo divino do apelo angélico. Dispensa os sistemas ideológicos, grampeados a ritualismos ou superfícies. Quando tiverdes sentido isto, então, o vosso governo, assim como o é em Marte, surgirá como produto moral, intrínseco das "leis da evolução". O comando eleito por uma vontade orgânica sadia nunca mais poderá enfermar na desonestidade ou corrupção administrativa, pois não encontra campo de ação onde operar. O metabolismo fascinante do corpo humano pode oferecer-vos o regimento perfeito e evolutivo das nobres aspirações sociais, ou seja, de biologia psíquica. Quando os órgãos funcionam sadiamente, em equilíbrio e harmoniosa conexão, o trabalho coordenador do cérebro também é desafogado, sadio e suave. Em Marte, a cristianização consciente das partes que formam a sua humanidade torna o trabalho do comando governamental uma tarefa de absoluto benefício coletivo.

PERGUNTA: — Como é composto esse governo? São vários indivíduos que governam ou existe um cérebro diretor?

RAMATÍS: — Há um conjunto diretor, composto de homens e mulheres, pois a mulher marciana não sofre essa distinção social ou política, por causa de sua diferenciação biológica. Os marcianos sabem que os "sexos", na face dos mundos físicos, são representações disciplinadas dos estados íntimos das almas, conforme suas experiências milenárias ou suas necessidades de desenvolver melhor esse ou aquele ângulo psicológico. O sentimento melhor se desenvolve na "intimidade feminina", assim como a energia criadora se faz mais vigorosa ao intelecto, na "natividade masculina". Daí, o sexo masculino ou feminino representarem, sinaleticamente, estados espirituais, em vez de propiciarem a separação nas funções do mundo exterior. Desejando-vos comprovar que o "sexo" não é, realmente, condição fundamental em sua expressão diferenciadora, Deus permite que se reencarnem, no vosso mundo, criaturas com certa configuração anatômica duvidosa, quando sob hábil cirurgia, homens transformam-se em mulheres e estas em homens. Esta é a prova evidente de que o "sexo" é pura representação de condições íntimas espirituais. Conhecemos, neste lado, poderosos intelectos que dominaram a ciência, a filosofia e a arte, no vosso mundo, e depois escolheram algumas existências sob o imperativo do "sexo feminino", para adquirirem a ternura, a mansuetude e o espírito de renúncia, que só é conseguido na figura de "médium da vida", como é a condição materna. Não há desdouro para a alma operar num organismo feminino ou masculino, porque a realidade espiritual não se caracteriza pelas noções de "sexo", à base da nomenclatura física; é a maior percentagem "ativa" ou "passiva", criadora ou de sentimento, que se completa entre os seres afins, que logra o êxito da Felicidade Eterna nos mundos superiores. A mulher marciana é considerada alma de tanta capacidade ou noção superior quanto o homem, por ser a idéia de "sexo" absolutamente secundária; ela opera na administração governamental com absoluta emancipação intelectual e direcional.

PERGUNTA: — Como se compõe o Governo?

RAMATÍS: — É uma espécie de Conselho Governamental composto de doze ministros, entre homens e mulheres. Não há conflitos, desacertos ou confusões utópicas, pela simples razão de que não existem interesses pessoais em jogo e há uma profunda consciência espiritual do mando. Todos os esforços são conjugados em favor da coletividade; qualquer ato que visasse um bem pessoal, seria considerado doloroso acontecimento entre essa corte de espíritos sábios, criteriosos e apostólicos. Nas mesmas disposições com que o cérebro físico abdica de sua comodidade, descanso ou bens, para atender rapidamente um órgão lesado no conjunto orgânico, o comando diretor, de Marte, vigia e atende permanentemente a qualquer anormalidade e necessidade do organismo coletivo dos marcianos.

PERGUNTA: — Operam tão em uníssono, que dispensam um "chefe" coordenador administrativo de todos?

RAMATÍS: — Há, sim, um coordenador que atende a vontade coletiva do conjunto diretor, sem intervir com a sua vontade pessoal emancipada. É apenas o elemento que toma a direção sem tomar atitude própria para qualquer evento. É vontade uníssona ao grupo e não personalidade dotada de poderes extras para uma ação divergente. Não depende de eleições especiais nem de escolhas periódicas; o critério é de simples regulamento interno; cada um dos conselheiros governamentais assume a direção durante um período, atendendo apenas aos imperativos da ordem e disciplina de trabalhos. A vontade individual não modifica nem cerceia a vontade coletiva; há profundas garantias de estabilidade no conjunto, que subordina-se exclusivamente às leis biofísicas da necessidade do povo marciano.

PERGUNTA: — Mesmo considerando um organismo ordeiro e sadio, deve prescindir do "cérebro" diretor, de uma unidade final coordenadora?

RAMATÍS: — A verdadeira harmonia administrativa, social,

política ou mesmo religiosa de um mundo, sistema ou unidade associativa, deve obedecer aos mesmos dispositivos das formações biológicas no campo físico. O organismo humano, esse maravilhoso maquinário que é o produto sábio da Divindade, em inconcebíveis operações plásticas através dos milênios, tem o seu funcionamento harmônico e o seu equilíbrio psíquico, graças ao comando genial do cérebro. As partes, embora com funções individualizadas, atendem às necessidades próprias, e, por sábia disposição divina, em conjunção com os demais órgãos. E o cérebro, embora seja o órgão regente dessa orquestração viva, só obtém êxito quando todos os elementos sob seu comando funcionam em ritmo perfeito. Esse "chefe" que indagais podereis considerá-lo como sendo todo o conjunto, assim como o próprio cérebro humano é constituído de vários centros sensoriais e que atendem às diversidades do corpo. Por analogia, o centro da arte, da nutrição ou locomoção do cérebro físico corresponde ao "chefe" do departamento artístico, ao econômico ou do transporte no conjunto cerebral administrativo de Marte. Difere da Terra, porque os vossos ministros ou cooperadores representam a vontade de um presidente ou de um conjunto ligislativo, mas de interesses à parte, enquanto o governo marciano é todo ele a vontade exclusiva do povo, que é atendido conforme o imperativo de suas necessidades. Quando um homem terráqueo sobe montanhas, o seu cérebro "estabelece providências", aumentando-lhe a quota de glóbulos vermelhos, a fim de se evitar a anemia, ou seja, providencia o que é mais urgente. Assim também sucede com o governo marciano; sempre atende primeiramente as "necessidades fundamentais". Entretanto, no vosso mundo, é comum a administração governativa construir palácios, estátuas ou monumentos, enquanto ainda faltam escolas, hospitais ou orfanatos; chegam a transladar restos mortais de heróis ou servidores, fazendo despesas que agravam o orçamento, esquecidos dos "vivos" que passam fome, nudez e enfermidades. Servis os "mortos" cuja função está liquidada e abandonais os "vivos" cuja situação é grave e urgente. Os dirigentes de Marte consideram-se em severa missão perante a Divindade e a segurança do povo reside nesse compromisso consciente assumido para com o Alto.

PERGUNTA: — Não ocorrem casos de irregularidades no governo marciano?

RAMATÍS: — Quando surjam, são de ordem emotiva, de

irritação, abandono do cargo e abdicação das responsabilidades assumidas; uma fuga deliberada aos deveres aceitos; porém, jamais casos de corrupção administrativa ou escândalo moral ou político, apenas uma ausência voluntariosa, o que já é um fato insólito para a coletividade habituada ao cumprimento integral de suas obrigações em qualquer ângulo de vida. Tais acontecimentos não podeis filiá-los às corrupções morais administrativas e à insanidade criminosa dos vossos dirigentes públicos, que se locupletam dos patrimônios da coletividade. Olvidam esses homens que os seus atos serão punidos pela Suprema Lei, que os lançará nos abismos do lodo e dos charcos impuros dos mundos inferiores. Se os vossos imorais dirigentes públicos pudessem antever um décimo do que os espera além do túmulo, temos plena certeza de que fariam a mais urgente devolução de todos os bens de que se apropriaram indevidamente. Esses desgraçados ignoram a realidade espantosa, apavorante, que lhes tomará a alma após o desencarne. Poucos crimes sofrem tanta punição, no Espaço, como o roubo dos bens públicos. Até os espíritos isentos do sentimentalismo humano costumam confranger-se com o sofrimento horroroso que sempre acomete os maus administradores públicos.

É que essas traições, levadas a efeito no exercício de cargos de administração, perante a justiça Divina não são julgadas nem aferidas considerando a culpa restringida, apenas, à limitação do indivíduo, pois a responsabilidade do faltoso se amplia assombrosamente em face dos tremendos malefícios que lhe estão adstritos, levando em conta que semelhantes desvios contra o patrimônio público constituem sempre um assalto às reservas sagradas, que se fazem necessárias a vestir os nus que não têm roupa, a alimentar os famintos que não têm pão, a socorrer os doentes que não têm remédios e a alfabetizar os analfabetos que não têm livros nem escolas.

Não importa que as leis da vossa precária justiça não chamem à responsabilidade semelhantes prevaricadores ou os absolva, pois uma coisa é absolutamente certa: os homens podem enganar-se uns aos outros; porém, a Deus ninguém engana, nem suborna. E ante a Sua justiça indefectível também não prevalecem os despistamentos mágicos, advenientes das posições transitórias em vosso mundo, nem importa que tais "inocentes" não acreditem na existência de Deus nem em Sua

Justiça, porquanto as leis do Universo Moral executam-se e cumprem-se com certeza e rigor implacável, independente das crenças ou opiniões dos homens.

PERGUNTA: — O conselho governativo é eleito consoante o nosso sistema?

RAMATÍS: — É um conselho eleito entre os mais credenciados em Marte, independente da contagem das urnas; é mais a consequência de um amadurecimento biológico. Esses condutores marcianos são almas de maturidade espiritual, reconhecidos como sendo os mais capacitados, dignos e certos; impõem-se como o leão no deserto: pela sua lealdade e significativa resistência. São eleitos pela sua magnífica contextura espiritual, discernimento psíquico e experiência milenária. Escolhem-nos pela capacidade realizadora; não pelo advento político, pela simpatia popular ou interesses partidaristas. Eles abdicam dos seus bens comuns, em favor exclusivo da missão coletiva; todos os seus esforços, abnegações e afirmações convergem para o povo. Tornam-se cérebros da vida coletiva, mas atendendo, antes, aos ditames da justiça divina do que à legalidade humana.

PERGUNTA: — Como poderíamos aquilatar, na Terra, o porte desses conselheiros governativos de Marte?

RAMATÍS: — Lembrando-vos daqueles que viveram sempre a favor do bem coletivo, embora em vários setores opostos, os quais poderão constituir um conselho, formando uma consciência exclusiva, pacífica e honesta.

PERGUNTA: — Qual um exemplo mais objetivo para nossa compreensão?

RAMATÍS: — Poderíeis, por exemplo, compô-lo com as seguintes figuras: Francisco de Assis, Pasteur, Henry Ford, Gandhi, Platão, Marconi, Bernard Shaw, Florence Nightingale, Helen Keller, João Huss, Padre Damião, Edison, Mozart e outros desse porte. Inegavelmente, apesar da disparidade de ação e capacidade, formaria esse conselho terráqueo uma consciência coletiva habilitada para as mais complexas e úteis atividades. Desde que se integrasse numa só vontade sob o critério superior do Cristo, a Terra progrediria rapidamente, pois a maturidade biológica desses homens, que revelaram genialidade e poderes excepcionais em vários ângulos da vida humana, serviria para todas as necessidades do orbe. E graças às suas disposições pacíficas e de serviço para o bem humano, destituídos do espírito de militarismo e de conquistas estultas do mundo material, cremos que viveríeis tranquilos, jubilosos e bem orientados. Há que distinguir sempre que o poder que vem dos mais evoluídos tem sempre um conteúdo diverso do que possuem os homens medíocres, saídos da turba, sem tarefas que já os tenham consagrado ao bem público. O estado de renúncia e de preocupação pela felicidade alheia, que sempre houve nesses guias que citamos, faz que eles sejam uma espécie de antenas vivas, "médiuns" da beleza espiritual, procuradores mais criteriosos da Verdade e da Vontade Divina.

PERGUNTA: — O orbe marciano é então uma espécie de Estado único?

RAMATÍS. — É um todo orgânico; funde-se num só movimento coeso, harmônico e progressivo. Forma-se perfeita união entre a riqueza, o trabalho, a arte, a ciência, a religião, educação e realização. Esse Estado, se assim quiserdes denominá-lo, está muito acima das concepções agressivas de fronteiras, porque se constitui de comarcas que formam apenas departamentos de trabalho. O governo é mais um guia espiritual do povo. Há, pois, perfeita unidade de trabalho e relação social, mas através de um entendimento crístico absoluto, que é a segurança íntima do bem comum. Assim como a substituição gradual de melhor alimento para o corpo tende a conduzir este para um porte mais estético e dinâmico, também a melhor nutrição espiritual do governo ao povo tornou-o mais aprimorado em espírito.

PERGUNTA: — Como conhecermos essa alimentação espiritual de melhoria ao organismo coletivo?

RAMATÍS: — Assim como, por exigência biológica, o homem marciano eliminou de sua circulação o alimento grosseiro, corrosivo e desregrado, a exigência espiritual mais elevada também extirpou-lhe do espírito todas as tendências de caráter aviltante e deprimente.

PERGUNTA: — Poderíamos admitir absoluta integridade nos doze ministros marcianos? Não poderia ocorrer um conjuro, se não para locupletarem-se dos bens públicos, pelo menos para um domínio mais pessoal sobre o povo, uma diretriz psicológica à parte, que lhes satisfizesse essencialmente o amor-próprio?

RAMATÍS: — Reconhecemos uma remota possibilidade de "queda", mesmo numa eventual combinação coletiva. Não tivemos notícias, até o momento, de ocorrências tais, que houvessem desarmonizado o sistema governamental marciano. Não houve acontecimento desairoso, além de renúncias ou ausência aos deveres assumidos; porém, repetimos, casos raríssimos. Para que os governantes marcianos se deixassem vencer pelo personalismo de domínio, também teriam de mudar a sua estrutura psicológica atual. Conhecendo a vida verdadeira do espírito e sabendo quais os valores provisórios de um mundo material, para desejarem o domínio num mundo efêmero, teriam de "regredir" em consciência de apercebimento. Essa característica do homem terreno, que ainda sacrifica situações, prazeres, amigos e mesmo o caráter, para usufruir a volúpia efêmera de um cargo ou gloríola humana, vem da sua incerteza pela vida espiritual. Desconhecendo a realidade de bens superiores e definitivos, que estão à mercê da alma evoluída, procura "gozar" com urgência os prazeres mais à mão. Daí, os conluios, as combinações e discrepâncias entre os homens do vosso mundo, que se atiram, aflitos, à conquista desregrada do que supõem valioso para suas emoções instintivas. Os marcianos consideram os tesouros do mundo como os "meios" de estudo e manuseio para os "fins" superiores; após a convicção indestrutível de que a vida material é singelo banco escolar na escadaria do Infinito, o cidadão de Marte não vai à estultice de repelir o "verdadeiro" pelo "falso".

PERGUNTA: — Ser-vos-ia difícil dizer-nos quais os objetivos mais importantes do governo marciano no campo material?

RAMATÍS: — Naturalmente a maior responsabilidade do governo é desenvolver eficientemente a consciência espiritual do seu povo, conduzi-lo à maior compreensão da vida "extraterrena". Cumpre-lhe preparar, principalmente, o estado psíquico dos seus súditos, a fim de não se desampararem nas esferas de "além-túmulo", onde cada um recebe de acordo com a sua consciência e entendimento. No seu esforço de ordem mais material, há que desenvolver as riquezas inexauríveis do orbe. Todo o programa a realizar é sempre disciplinado nas leis sábias do pacifismo e interesse coletivo.

PERGUNTA: — Ser-nos-ia possível conhecer, mais ou menos, a população de Marte, atualmente?

RAMATÍS: — Não estamos integrados absolutamente no panorama físico daquele orbe, pois as nossas tarefas se fazem melhor no campo mental. No entanto, cremos que essa população oscila entre 1.000.000.000 e 1.500.000.000 de habitantes. Trata-se de um orbe menor do que a Terra, mas apresentando melhores condições de vida, melhor aproveitamento panorâmico, com excelente distribuição demográfica e absoluto controle natal. Assemelha-se a um desses colégios educativos, aprimorados, que pela sabedoria do engenheiro, a habilidade do construtor e a capacidade do decorador, oferecem maior habitabilidade e melhor aspecto de vivência.

PERGUNTA: — Não se apresentam ao governo problemas inesperados de alimentação ou desníveis econômicos, como sói acontecer na Terra?

RAMATÍS: — O solo é fecundo e bem tratado; os processos químicos seguem as leis astrológicas, as quais nutrem magneticamente e aumentam as possibilidades reprodutoras. A alimentação, de melhor "qualidade" do que mais "quantidade" peculiar à Terra, permite o cultivo de áreas menores, sobejando outras vastíssimas para as moradias e parques de divertimentos que são pródigos entre as vivendas de grupos. Bosques, regatos, piscinas de água radioativa e tapetes de veludo vegetal são acontecimentos comuns e intermediários entre as habitações coletivas. O governo sempre edifica os conjuntos por adiantamento; não surgem problemas de habitação, em face de a necessidade surgir sempre depois da solução.

PERGUNTA: — Qual a disposição geral da humanidade marciana, que mais favorece o trabalho do governo?

RAMATÍS: — O povo é profundamente avesso ao que é falso, inútil, incoerente, exótico ou improdutivo. Não visa interesses pessoais, nem exalta caprichos ou anseia por glórias estatuárias. O senso de confraternização é inato; o bem coletivo é sempre preferido pelo indivíduo. Repugna-lhes qualquer afeição falsa, a promessa não cumprida; consideram desprezível mistificação obter favores alheios e depois traí-los; sentir-se-iam execrados ante a sua própria consciência, se porventura desmentissem praticamente aquilo que sugerem, insinuam ou doutrinam. Não adaptam às conveniências pessoais os fatores alheios. Espantar-se-iam das vossas coações políticas, da falsidade dos vossos projetos para o bem público, da ardilosa concepção jurídica que fazeis das leis comuns, quando desejais subvertê-las para o êxito pessoal. Não mercadejam, não exploram nem dificultam a vida do próximo; a sua moralidade representa-os diretamente quando assim se faz preciso, porque o acordo verbal é atitude definitiva. O senso absoluto de serem espíritos reencarnados no orbe físico e a certeza de devolverem ao túmulo os bens mais preciosos, evita-lhes de se exaurirem, como fazeis para obterdes a segurança econômica. Não concebem a estultice do terrícola que amontoa fortunas para viver mil anos, quando mal consegue alcançar a meta dos oitenta. A renúncia em favor alheio é comum porque os valores materiais significam-lhes breve instrumentação de aprendizado, podendo ser emprestada, sem preocupações, ao que mais a necessita. Decorre, pois, dessa atitude coletiva, a harmonia de conjunto entre o povo e o governo.

24. Faculdades psíquicas

PERGUNTA: — Os marcianos possuem faculdades psíquicas incomuns ao homem terreno?

RAMATÍS: — Todos dispõem das faculdades proporcionadas pela telepatia e pela psicometria. Dominam e dirigem, com eficiência, a força mental, podendo, facilmente, influenciar as espécies inferiores, favorecendo-as em sua evolução. Possuem, também, os poderes da radiestesia, como atributo inato.

PERGUNTA: — Podem exercer domínio sobre as outras mentes, mediante a telepatia?

RAMATÍS: — Em Marte, esse domínio ou influência só é exercido em certos casos como um recurso, no sentido de facilitar a assimilação das idéias. Da mesma forma que, em vossos diálogos e discussões verbais, às vezes, uma das partes, para se fazer compreender melhor, recorre a exemplos objetivos, também, em situações idênticas, os marcianos se utilizam dessa faculdade; porém, somente quando o "ouvinte" permite ou insinua esse auxílio; pois o uso compulsório da força telepática só é aplicado sobre os animais a fim de auxiliar a desenvolver o seu psiquismo instintivo ou nascente.

Há casos excepcionais de urgente intercâmbio telepático, entre os humanos; mas isso tem lugar quando estão em jogo questões ou problemas de interesse geral.

PERGUNTA. — Em que consiste o uso da telepatia sobre os animais?

RAMATÍS: — Em Marte há um "espírito" diretor que comanda e rege o desenvolvimento das espécies ainda desprovidas do senso psíquico consciente, pois todas as aves e os outros animais participam de certas disposições emotivas dos marcianos, nas mesmas condições dos vossos animais domésticos que, a seu modo, sentem e demonstram gratidão efusiva pela bondade e carinho que lhes dispensais.

PERGUNTA: — Quais os casos de interesse geral, em que a faculdade telepática possibilita resultados proveitosos?

RAMATÍS: — Quando alguns cientistas se tornam exaustos nas soluções científicas ou descobrimentos para o bem coletivo e que a fadiga mental lhes impede de prosseguir nas suas pesquisas ou cálculos, é comum solicitarem o auxílio dinâmico, "telepaticamente energético" dos demais cooperadores interessados no mesmo assunto. Congregam-se, então, num conjunto simpático, dinamizam as suas energias em faixas vibratórias afins e, colocando-se em sintonia com a Mente Divina, fazem apelo no sentido de acumular e transferir suas forças de nutrição mental ao responsável pelo problema.

PERGUNTA: — Essa transfusão de energias criadoras para auxiliar os que têm a seu cargo problemas de responsabilidade, exerce-se unicamente no campo científico?

RAMATÍS: — É dispensada a diversos setores, seja artístico, religioso ou intelectual. O auxílio mental é favorecido diretamente ao elemento principal e responsável pela solução; mas deve ser doado pelo grupo afim ao seu trabalho; pois o conhecimento e participação no mesmo problema em estudo aumenta as energias mentais daquele a quem está afeta essa tarefa. Na esfera científica a cooperação telepática deve ser exercida por cientistas preocupados com as mesmas equações. Na arte ou na devoção, o auxílio mental requer um conjunto de artistas ou devotos, mais ou menos integrados no gênero do objetivo em vista.

PERGUNTA: — Por que essa distinção de socorro mental? As energias mentais não são idênticas ou energeticamente semelhantes?

RAMATÍS: — Deveis convir que os cientistas operam num plano criador bem diferente do artista; o primeiro tenta soluções em que o raciocínio é o fundamento da solução, enquanto o segundo busca a inspiração para materializar o som ou a cor. E a energia mental que vai em auxílio do cientista, doada pelos cooperadores, é de ordem mais ativa, dinâmica e objetiva; e as vibrações mentais trocadas entre os artistas ou devotos, fluem sob disposição mais estática ou subjetiva.

PERGUNTA: — Quais os fatos ou fenômenos probantes de que os marcianos são "radiestesistas inatos"?

RAMATÍS: — A radiestesia é uma faculdade singular que, em sua profundidade, pode ser classificada ou definida como um fenômeno de "ordem eletromagnética". Entre vós já estão aparecendo muitos homens que descobrem veios de água, lençóis minerais, influências magnéticas, locais benéficos para a plantação ou diagnósticos sobre enfermidades, indicando, também, os medicamentos apropriados. Essas descobertas ou diagnoses são feitas através de varinhas de pessegueiros ou aveleiras, pêndulos de metais ou de madeiras, positivos ou neutros, que captam as ondas magnéticas emitidas pelos objetos, lençóis de água ou auríferos. A superioridade dos marcianos sobre as criaturas radiestesistas da Terra, consiste em poderem fazer um diagnóstico radiestésico simplesmente pela concentração mental ou auscultação fisiomagnética, por intermédio da ponta dos dedos, a qual, no caso, é uma espécie de ímã. Tais sensitivos sentem imediatamente o circuito fechado entre as correntes magnéticas que fluem do subsolo e a sua sensibilidade física. Percebem e identificam, mesmo a distância, as radiações magnéticas favoráveis ou desfavoráveis, conseguindo fixar quais os lugares isentos de emanações daninhas ou os que são nocivos à saúde do corpo e à tranquilidade do espírito, pois convém esclarecer que, embora os marcianos sejam espiritualizados, o seu planeta ainda não está liberto de minerais tóxicos.

PERGUNTA: — Poderíeis dar-nos mais detalhes a respeito da sensação que essa faculdade "radiestésica" produz nos marcianos?

RAMATÍS: — Embora sendo consideravelmente livres da gravidade do solo, quando passam sobre correntes subterrâneas, deletérias, que emitem "raios nocivos", sentem-se afogueados, com retardamento na circulação sanguínea; ao contrário, em contato com fontes radioativas benéficas, tais como águas terapêuticas ou minerais sedativos, tornam-se bem-dispostos, vitalizados e até eufóricos.

PERGUNTA: — Então, em virtude dessa sensibilidade acen-

tuada, a vida dos marcianos também é sujeita a alternativas perigosas ou desagradáveis, por causa dessas fontes de radiações opressivas?

RAMATÍS: — A sua hipersensibilidade ante o campo magnético do seu orbe lhes cria, efetivamente, situações incômodas, mas são passageiras porque o seu "supercerebralismo" no campo científico defende-os de tais contingências. Também, pelos seus trajes "vítreos e plásticos", nos quais circulam energias neutralizantes, defendem-se dessas emanações nocivas.

PERGUNTA: — Os seus sentidos comuns são semelhantes aos nossos e funcionam com a mesma precisão?

RAMATÍS: — Embora seja idêntico o mecanismo fisiológico do tato, da visão, paladar, olfato e audição, tais sentidos são mais desenvolvidos e supervibráteis às reações do campo etérico e suas frequências.

PERGUNTA: — Que mais os distingue no tato?

RAMATÍS: — O tato lhes dá, por assim dizer, a temperatura magnética dos objetos, dos animais e vegetais, e esse fenômeno deixa-lhes a impressão de "tatismo magnético", conforme referimos na elucidação das faculdades radiestésicas.

PERGUNTA: — Poderíamos conhecer os elementos possuídos pelos objetos ou seres e que são perceptíveis por esse tatismo magnético?

RAMATÍS: — O magnetismo ou o fluido vital do corpo humano que, por efeito de reações mentais, pode ser dinamizado para o bem ou para o mal, também existe condensado nos objetos, vegetais, frutos, flores, minerais, e, consequentemente, nos animais; pois existe uma aura radiante, magnética, imponderável aos vossos sentidos, em torno de todas as coisas do mundo material. Há homens sensíveis que, de olhos vendados, são capazes de reconhecer a atmosfera dum matadouro ou o ambiente de uma igreja. Naquele a aura em volitação é saturada de emanações mórbidas, repletas de angústia e do horror próprios da matança impiedosa dos animais; na igreja, local de orações, louvores e graças, música e incenso, impõe-se o magnetismo suave que se evola do estado espiritual dos presentes. Essa faculdade de "tatismo magnético", dos marcianos, é um fenômeno decorrente de sua hipersensibilidade psíquica, captadora do eterismo do meio planetário em que atuam. Vossos sentidos mais grosseiros e a atmosfera mais densa do vosso mundo vos impedem de sentir as sensações delicadíssimas que ocorrem no campo sensorial do homem de Marte.

PERGUNTA: — E os marcianos, em face da hipersensibilidade desse "tatismo magnético", conseguem, de maneira absoluta, imunizar-se de todos os ambientes deletérios?

RAMATÍS: — Como já dissemos, eles dispõem de certos recursos de profilaxia magnética, que lhes permitem ficarem imunes às reações nocivas, tanto dos objetos, como dos ambientes que frequentam. No vosso mundo, certos iniciados utilizam-se de ervas odorantes, defumadores astrológicos e vários outros ingredientes de forte saturação etérica para purificar o ambiente. Porém, embora isso exerça alguma influência benéfica, desde que o pensamento e a vontade processem a "dinamização mental" necessária, os seus efeitos estão muitíssimo longe dos resultados da "purificação magnética" que os marcianos conseguem; pois, mediante a ação de sua vontade poderosa, são verdadeiros desintegradores de maus fluidos, podendo criar um envoltório de magnetismo agradável e protetor ou defensivo do ambiente.

PERGUNTA: — Qual a diferença da visão marciana comparada com a nossa?

RAMATÍS: — A retina ocular é de conformação especial; e graças a certa mobilidade côncava ou convexa da mesma, a acuidade visual, em confronto com a vossa, tem a capacidade de um telescópio pequeno e as faculdades de um microscópio modesto. No entanto, apesar dessas disposições, não há perturbações quanto à desigualdade dos raios de curvatura nos órgãos refringentes do olho, nas suas diferentes seções. Em suma: não ocorrem fenômenos de desequilíbrios visuais, astigmatismos etc. A visão dos marcianos já funciona no limiar do mundo astral, motivo por que eles percebem, com facilidade, as auras tênues ou radioativas dos objetos, dos vegetais e dos animais. Tal manifestação é uma espécie de luz polarizada. Principalmente à noite, o poder da sua visão aumenta e apanha todos os matizes luminosos da luz vegetal das flores.

PERGUNTA: — Qual a capacidade auditiva dos marcianos?

RAMATÍS: — Graças à disposição anatômica do aparelho auditivo, toda a ressonância foi eliminada, manifestando-se, apenas, a pureza acústica. Os sons, vibrando com mais limpidez na atmosfera purificada do planeta, atuam na profundidade da rede nervosa e tornam-se audíveis com uma nitidez e pureza inacessíveis aos terrícolas. A membrana do tímpano, de fibras mais finas e elásticas do que as do homem terreno, funciona qual lâmina finíssima de grande sensibilidade, transferindo os sons com sua harmonia original. Os ossos e as pressões internas, nos condutos auditivos, submetidos a hábil intervenção anatômica da ciência marciana, tornam-se hipersensíveis às próprias vibrações do campo astral, que são ainda desconhecidas do ouvido terráqueo. Enfim: o ouvido marciano é um instrumento de maior penetração nas zonas do magnetismo-etérico, no qual o homem da Terra só ingressará após exaustivos esforços iniciáticos no domínio da "clariaudiência".

PERGUNTA: — Por que os sentidos do olfato e do paladar são mais requintados do que os dos terrestres?

RAMATÍS: — Conforme já referimos, possuem maior requinte receptivo no olfato e no paladar, graças à ausência dos prejuízos comuns de vossa nutrição; pois, infelizmente, ainda ignorais as preciosidades desses sentidos, os quais, nos marcianos, agem sob a sua "vibração-mater", ou seja: é a sensibilidade natural biológica, sem as perversões que terminam criando um olfato e um paladar corrompidos.

PERGUNTA: — Poderíeis apontar-nos algumas causas desses desvirtuamentos?

RAMATÍS: — Uma das principais é o vosso abuso constante de alimentos excitantes ou corrosivos. Se, desde o berço, vossa nutrição se fizesse em sua pureza natural, isenta de condimentos fortes e indigestos, preferindo uma alimentação sóbria e frugal, esses vossos sentidos seriam mais puros, eficientes e delicados; porém, as gorduras e a nicotina pervertem o vosso paladar e olfato. As argamassas de vitualhas excessivamente temperadas, os acepipes exóticos, as banhas animais que causam excesso de uréia, tudo isso se reflete, tanto no equilíbrio da saúde orgânica como na própria sensibilidade psíquica. No homem terreno, o sistema nervoso do olfato e do paladar logo na juventude começa a ser corrompido e arrasado por essa alimentação inadequada e também pelo fumo e pelo álcool.

PERGUNTA: — Como poderíamos aquilatar essa faculdade psicômetra, que os marcianos possuem?

RAMATÍS: — Todos a possuem, mais ou menos acentuada, variando em relação à sensibilidade psíquica que trazem doutras existências. A clarividência psicométrica é uma faculdade conseguida através dos sentidos hiperfísicos. E como os marcianos são espíritos num estado evolutivo constante, torna-se-lhes fácil disciplinar ou dinamizar suas faculdades psíquicas.

PERGUNTA: — Como se constitui essa faculdade dinâmica de psicometria?

RAMATÍS: — Não podemos vos dar roteiros educativos sobre o desenvolvimento da psicometria, mas podereis encontrá-los facilmente, na literatura do vosso mundo. Esclarecemos, porém, que, em torno de cada objeto, animal, planta e do próprio homem existe uma "aura" invisível e receptiva, que capta, registra ou fotografa na sua contextura etérica, todas as imagens ou vibrações que se relacionam com essas coisas. Em invisível "tela etérica", que circunda e interpenetra todos os objetos ou corpos do mundo material, projeta-se o acontecimento mais ínfimo que se suceda em torno. A psicometria consiste em se fazer a leitura da aura dos seres e das coisas, por intermédio de pessoas dotadas de especial sensibilidade. Em Marte é fenômeno comum, porque os marcianos são, em geral, hipersensitivos.

Como analogia, podemos dizer que, assim como gravais as vibrações sonoras na cera de carnaúba, o éter cósmico grava ou registra todos os fatos circunjacentes. A mais sutil vibração de gesto ou de um pensamento, desde a queda de uma folha seca ou a violência do furacão, permanecem eternamente fixados na tessitura delicada do éter, num tipo de faixa vibratória que poderíeis denominar de "campo refletor". Sons, odores, imagens e demais frequências vibratórias, são fenômenos que, no futuro, quando a vossa ciência estiver uníssona à Fé que "remove montanhas", poderão ser captados através de aparelhamento indescritível aos vossos recursos atuais. Os marcianos, no entanto, já conseguem captar as ondas sonoras registradas no éter, tornando-as audíveis e proporcionando fascinante estudo e divertimento à população, que assim usufrui a grata alegria de ouvir cânticos, ruídos, melodias e a multiplicidade de sons que no éter marcam a evolução do seu orbe. No entanto, só o psicômetra é que consegue fazer a leitura das imagens, pois a ciência objetiva ainda não conta com recursos para essa captação visual tornando-a acessível a todos. Daí a exigência de que o história dor marciano seja um psicômetra, para que o relato histórico não seja deturpado ou distanciado da realidade dos acontecimentos sucedidos.

PERGUNTA: — Como o historiador exerce a sua visão psicométrica?

RAMATÍS: — Colocando-se em sintonia com as vibrações psíquicas que existam num objeto, o qual deve ter permanecido no seio dos acontecimentos que o psicômetra deseja estudar. Esse objeto ou qualquer fragmento do passado serve de ponto de apoio para que o investigador psíquico entre em relação com os fatos que foram, por assim dizer, "vistos" pelo referido objeto

PERGUNTA: — Então, o fenômeno conhecido por vidência, é o que permite essa leitura retrospectiva?

RAMATÍS: — A vidência consegue unicamente a visão no astral, enquanto a psicometria permite que se "veja" e sinta o envoltório de vibrações psicomagnéticas esteriotipadas no objeto. Na realidade, é a faculdade da alma identificar os acontecimentos ocorridos em torno das coisas do mundo material.

PERGUNTA: — Qual o exemplo terreno que o irmão nos poderia dar, comparável a essa função do psicômetra marciano, que escreve a história de Marte pela leitura de objetos?

RAMATÍS: — O que em Marte é conjunto de qualidades comuns, favorabilíssimas para o êxito da psicometria, em vosso mundo é aquisição excepcional. Os principais elementos para o bom psicômetra são os seguintes: habituar-se à meditação; dominar bastante as sensações pessoais, para ter bom controle mental. Deve saber isolar-se do mundo externo, físico, numa espécie de "auto-hipnotização", a fim de se tornar um núcleo receptivo, um captador de vibrações psíquicas. É um suave estado de passividade, de auscultação espiritual, permitindo que as imagens chegadas através da sua sensibilidade psíquica, despertem-lhe os ajustes do raciocínio identificador. Comumente, antes do psicômetra "ver imagens" na tela imponderável, a sua mente é invadida por idéias e imagens que lhe criam o estado mental de sintonia necessária à perfeita receptividade dos acontecimentos que vão manifestar-se. Em certos casos, é uma espécie de voz interior que parece enunciar, com antecedência, os detalhes mais relevantes aos fatos que serão projetados ou revelados pelo objeto em análise. No planeta Marte, o historiador, que é exímio psicômetra, pode expor com riqueza de minúcias os mais antigos acontecimentos que se sucederam em torno de um simples cascalho. O médico "pedagógico-psicômetra", ao observar a aura das crianças, consegue identificar as situações que ocorreram em muitas de suas vidas anteriores.

PERGUNTA: — Para nosso melhor entendimento das faculdades psíquicas que os marcianos manejam comumente, como se processa essa recepção psicométrica?

RAMATÍS: — Se investigardes, cuidadosamente, na chamada literatura ocultista, encontrareis bastantes comprovações de fatos verídicos elucidados pela psicometria. É suficiente um fragmento de papel, pano, metal ou mesmo de pedra, que permaneceu nas adjacências de uma cerimônia pública, uma batalha ou fatos mesmo sem importância, para que o psicômetra bem desenvolvido relate os acontecimentos "assistidos" pelo objeto.

A frase evangélica que diz: "não cai um cabelo de vossa cabeça, que Deus nao saiba", resguarda uma grande verdade. O psicômetra concentrando-se profundamente na "aura" do objeto material, pouco a pouco vai captando os eflúvios psíquicos da frequência vibratória que o envolve; e, então, começa a sentir pela sua projeção no corpo astral, a série de imagens que em ordem decrescente vão lhes assinalando os fatos na ordem inversa. Suponde que um competente psicômetra, tomando um anel ou jóia que pertenceu a um fidalgo da corte de Luiz XV, submete o espectro áurico dessa jóia a uma análise de investigação vibratória. Logo, de imediato, ele começa a aperceber-se de todos os acontecimentos que se desenrolaram em torno do referido objeto ou, para melhor definição, de todos os fatos a que o anel "assistiu", desde o momento atual até o instante em que o dito fidalgo começou a usá-lo. Por conseguinte, os acontecimentos surgirão em ordem inversa, isto é: do presente para o passado.

PERGUNTA: — Uma vez que todos os objetos possuem a saturação psicomagnética irradiada ou emitida pelos fatos aos quais estiveram ligados ou em que foram presentes, será a intuição desse fenômeno, a origem da crença admitida por muitos, entre nós, de que um determinado objeto dá azar ou é fatídico devido ao fato de haver pertencido ou sido usado por um ou mais indivíduos cuja vida teve lances sombrios de notória e pública infelicidade?

RAMATÍS: — Efetivamente, essa crença tem sério fundamento, pois, decerto, não ignorais existirem em vosso mundo pedras "preciosas" e outras jóias famosas, a que atribuís fabuloso valor mercantil e que têm pertencido a personagens diversos, destacados na agenda do vosso mundanismo, e que estão "marcadas" como fatídicas porque, através dos séculos, os seus possuidores têm sido vítimas de um destino trágico. Porém, em tais casos, não se conclua que um objeto, em relação aos seus novos possuidores, possa exercer sua influência benéfica ou maligna contra todos, indistintamente; pois é sabido que uma alma virtuosa ou espiritualizada, ainda que cercada de almas ou objetos cujos fluidos deletérios emitam vibrações de ódio, maldade, vício ou outra deprimência moral, isso, em nada a afetará, nem lhe causará qualquer dano.

PERGUNTA: — Contudo, parece evidente que, em certos casos, o uso de objetos que já pertenceram a outrem, poderão ser nocivos ou perigosos aos seus novos possuidores. Não é exato?

RAMATÍS: — Desde que o objeto esteja "abrasado" ou saturado de fluidos maléficos, e o seu novo possuidor vibre em consonância, ele sentirá alvoroçarem-se os seus recalques afins, pela sintonia psicomagnética que tende a fechar em circuito as duas faixas. O fenômeno obedece à lei cósmica que estabelece: "os semelhantes se atraem e tendem à fusão em unidade". No futuro, quando a vossa ciência houver adquirido conhecimentos profundos a respeito da poderosa influência dessas reações imponderáveis sobre a matéria inerte e sobre o corpo humano, então, os cuidados de vossos departamentos de profilaxia sanitária não serão confinados apenas à defesa da saúde física, pois atenderão também à saúde psíquica do povo. E nesse caso, não mais existirá esse comércio de casas vendedoras de roupas usadas, pois a sua lavagem, por mais esterilizante, jamais conseguirá expurgá-las do "suor mental" de que as mesmas estejam impregnadas; e que tanto pode ser o da roupa que já embrulhou e absorveu a saturação psíquica de um homem de bem, como a do magnetismo tóxico de um sicário e profissional de crimes hediondos.

PERGUNTA: — A faculdade de psicometria é raríssima ou os marcianos a possuem comumente?

RAMATÍS: — É uma faculdade inata, como é a radiestesia,

que permite a captação das ondas eletromagnéticas do meio ambiente. Porém, o psicômetra oficial ou especializado, é produto de exercício rigoroso na disciplina da vontade e também de tendência a objetivos sadios, de auxílio cristão. O psicômetra deve ser um cientista de alma bastante cristianizada. Os marcianos, em geral, têm conhecimentos psicômetras a respeito de seus cursos de humanidades. Assim como na Terra, alguns estudantes estudam geografia, sem se especializarem futuramente como geógrafos, também inúmeros marcianos estudam a psicometria, sem, no entanto, se tornarem psicômetras. Conhecem normalmente as leis, os processos e fazem comprovações iniciáticas dessa ciência ainda incomum para vós, mas somente os que se dedicarão à psicometria é que fazem um curso rigoroso e disciplinado.

PERGUNTA: — Qual é a faculdade que exige maiores preocupações, no plano do psiquismo?

RAMATÍS: — É a clarividência, ou seja, "ipsis litteris" — ver claramente! Toda criança é submetida a um rigoroso exame por parte dos "médicos clarividentes", que procuram verificar a potencialidade e o desenvolvimento dos "centros de forças", localizados no corpo etérico, comumente conhecidos, na literatura oriental, como sendo os chacras. Conforme a disposição com que se apresenta, à clarividência médica, a fisiologia desses centros de forças, estuda-se a possibilidade de um desenvolvimento à parte, e, em casos excepcionais, o desenvolvimento "rítmico e ascencional" do conjunto dos chacras. Esse desenvolvimento é conhecido, em vosso mundo, em certos labores iniciáticos.

PERGUNTA: — Poderia o irmão nos dar noções mais detalhadas desses centros de forças ou chacras?

RAMATÍS: — Chacra, na linguagem sânscrita, é palavra que significa um disco giratório ou mesmo uma roda, algo parecido com a forma de um pires. Esses centros de forças estão situados na superfície do corpo etérico, mais ou menos a seis milímetros acima do campo físico. Através desses centros ou chacras, irradiam-se as energias que alimentam e servem ao metabolismo do chamado duplo etérico. Para os olhos clarividentes, quando os chacras estão bem desenvolvidos, assemelham-se a verdadeiros sóis pequeninos, que refulgem, em movimentos cintilantes, podendo alcançar dimensões de 5 a 15 centímetros de diâmetro.

Cada um desses centros de forças etéricas tem uma função junto a um ângulo do organismo humano, devidamente comandados e controlados pelo centro de forças coronário, que é o admirável regente desse organismo etérico.

PERGUNTA: — Quais as funções principais desses centros de forças?

RAMATÍS: — Fundamentalmente, devem absorver as energias vitais no corpo etérico, e, deste, para o corpo físico; em seguida, cumpre-lhes conduzir até à consciência física as qualidades próprias da ação astral correspondente. Quando é insuficiente o desenvolvimento desses chacras, o espírito, quer em sonhos ou desdobramentos parciais, não consegue transmitir à memória cerebral as suas visões e os acontecimentos a que assiste, comumente, no mundo astral. A lentidão com que funcionam os chacras, nas criaturas sem desenvolvimento psíquico superior, oblitera, ensombra ou ofusca a clareza das imagens percebidas. As vibrações letárgicas do cérebro não conseguem assimilar as frequências rapidíssimas dos sucessos astrais. No entanto, naqueles de sadia alimentação, vegetariana e apropriada, combinada ao exercício disciplinado para o controle "psicofísico" e aliado a uma vontade serena e evangélica, os chacras se tornam animados de movimentos turbilhonantes, emitindo deslumbrantes fulgurações em torno. Nesse caso, quando a alma retorna ao corpo material, a perfeita vibração dos chacras, que devem fixar os acontecimentos no cérebro físico, processa-se em absoluta harmonia com o mesmo teor das vibrações astrais, que estão na memória da alma. Assemelha-se a uma projeção cinematográfica, que se faz diretamente na tela da memória cerebral, enquanto no caso dos "chacras letárgicos", a projeção é interceptada por um biombo de vibrações densas.

PERGUNTA: — Porventura, essas pessoas que se recordam claramente de outras vidas, dos sonhos lúcidos, e, também, de visões à distância, são portadoras desses chacras bem desenvolvidos?

RAMATÍS: — Há casos em que apenas o desenvolvimento apurado de um só chacra favorece essas manifestações conscientes no campo astral. Em geral, é a criatura que já desenvolveu, noutras existências, esse conjunto de "discos luminosos" do corpo etérico, os quais, então, funcionam à feição de condutores transparentes de "memória astral". No caso desses centros de forças estarem completamente desenvolvidos, o cérebro físico deve recordar integralmente as ocorrências sucedidas no mundo astral.

PERGUNTA: — O desenvolvimento dos chacras através da vontade enérgica e disciplina alimentar, ou exercícios específicos, exige absoluta conduta evangélica?

RAMATÍS: — Não se observa essa dependência, pois inúmeros seres que gozaram de faculdades "supranormais", em vosso mundo, pecavam profundamente quanto à situação moral. Possuíam os centros de forças etéricos, grandemente desenvolvidos, usufruindo poderes excepcionais, mas, quanto à conduta eram absolutamente desregrados.

PERGUNTA: — Podereis citar-nos um exemplo objetivo?

RAMATÍS: — Citaremos o famigerado monge Rasputin, da época imperial russa. Inúmeros magos e feiticeiros do passado, os quais ainda adejam suas sombras através das lendas, também puderam superexcitar os centros de forças etéricos conservando a memória consciencial no mundo físico, mesmo após as suas realizações nefastas no mundo etéreoastral.

PERGUNTA: — E podereis citar uma figura histórica, com essa faculdade desenvolvida, mas cuja vida tenha sido virtuosa?

RAMATÍS: — Referimo-nos, somente à capacidade de memorizar, pois o perfeito e harmônico funcionamento dos centros de forças etéricos permite um alcance mais extenso no "passado" e no "futuro". Abrangendo maior campo de ação na tela etérica do Cosmo, onde se registra todo sucesso vibratório, o espírito pode ampliar o seu campo de consciência física, trazendo para a vigília os acontecimentos que percebeu além do "espaço e do tempo". Nesse particular, recordamos-vos Nostradamus, cujo sistema "chákrico" era harmonioso e cuja conduta moral era equilibrada.

PERGUNTA: — Esses centros de força correspondem a que sentidos?

RAMATÍS: — Não é propriamente a sentidos físicos que correspondem; porém, cada centro etérico corresponde a um centro do corpo astral. O corpo astral é o que vos acompanha após o desencarne e funciona no plano das quatro dimensões. Como os chacras estão sempre situados à periferia do corpo físico, a seis milímetros acima, e os sentidos astrais penetram no interior desse corpo físico, pode-se dizer que cada centro etérico relaciona-se com uma "zona turbilhonante astral", sem uma perfeita conexão. Os chacras, pois, colocam em correspondência as energias vitais e astrais, às zonas adequadas do corpo físico, influindo, ajustando, regendo e proporcionando a função gradual e progressiva das necessidades físicas.

PERGUNTA: — Embora estejamos exorbitando do assunto marciano, poderia o irmão ainda nos dar maiores elucidações sobre estudo tão fascinante?

RAMATÍS: — Teremos satisfação nisso, pois é mister que conheçais bem o assunto, a fim de melhor avaliardes os poderes psíquicos dos cientistas marcianos. A pitoresca literatura hindu costuma denominar esses chacras como semelhantes a flores, pois, na realidade, apresentam figuras segmentais, como as pétalas de flores. Conforme a natureza mais elevada do chacra, também opera numa profusão de cores magníficas, as quais, correspondem hermeticamente aos vários planos de "biopsiquismo" humano, em correspondência com o "biopsiquismo-cósmico".

PERGUNTA: — Quantos são os chacras principais e quais as suas denominações?

RAMATÍS: — São em número de sete e correspondem exatamente ao desdobramento setenário do Cosmo. Distribuem-se gradativamente sobre a superfície etérica do corpo físico e intercambiam forças vitais e energias cromosóficas, as quais estimulam e renovam as funções e faculdades da alma reencarnada no plano material. Denominam-se: o "chacra vertebral" na base da coluna; o "umbilical", à altura do umbigo; o "esplênico", sobre o baço e o "cardíaco" na zona do coração; o "laríngeo", à superfície da garganta; o "frontal", situado entre os supercílios, em nível da glândula pineal; e, finalmente, o centro coronário, conhecido na literatura hindu como "o lótus de mil pétalas" e no sânscrito como "Brahmarandhra". A denominação de "mil pétalas" se baseia na sua força primária, que é composta de 960 raios. Mas um dos principais mistérios iniciáticos do passado, e que hoje, na hora dos "tempos são chegados", se pode revelar, é a sutil atividade menor que possui esse centro, um chamado turbilhão secundário que executa "doze ondulações". Não podemos nos alongar nesse assunto, que requereria volumoso tratado de hermetismo, mas lembramos-vos e aos que souberem ler nas entrelinhas; o "chacra coronário" e suas doze ondulações, corresponde "microcosmicamente" a Jesus e os doze apóstolos e ao Cristo Solar e os doze planetas; nove dos quais a vossa ciência já descobriu.

PERGUNTA: — Qual a função ou responsabilidade principal do "chacra coronário"?

RAMATÍS: — Quando plenamente desperto, confere ao homem a plenitude de suas faculdades na vida astral. É o mais brilhante de todos e apresenta todas as escalas possíveis de matizes luminosos, num indescritível turbilhão de raios fulgurantes de luzes. Em certos casos, a sua ação se faz intensa sobre a glândula pineal, desenvolvendo na criatura as faculdades de vidência mental acentuada. Mas é na admirável condição de permitir que o espírito deixe o corpo físico, sem perder um átomo de sua consciência cerebral, que esse centro etérico favorece quem o possui completamente desperto, assumindo a direção harmoniosa de todo o sistema de chacras e os controlando à vontade.

PERGUNTA: — Qual a zona do corpo físico em que ele se situa?

RAMATÍS: — Este sétimo centro etérico está situado no alto da cabeça. A própria tradição da Igreja Católica Romana, no vosso mundo, evocando ainda os rudimentos de sua origem iniciática, costuma praticar a tonsura em seus sacerdotes, no simbolismo de deixar a descoberto o "chacra coronário", que se lhe afigura um canal de escoamento à energia psíquica. É a meditação elevada, principalmente, o que mais auxilia o despertar desse centro potencial e magnífico de força, pois é o que aperfeiçoa e completa as faculdades, dando continuidade à consciência.

PERGUNTA: — Nesse caso do despertamento dos centros de forças etéricos, quais os recursos de que os "médicos clarividentes" marcianos dispõem para o desenvolvimento correto?

RAMATÍS: — Escapa-nos a possibilidade de vos expormos esses cursos disciplinados, os quais seguem, por vezes, escolas opostas, quanto ao sistema. Esclarecemos, porém, que a preocupação dos clarividentes marcianos é localizar o maior número de crianças com esses centros mais despertos. Selecionam, então, as mais aptas a fim de submetê-las a um curso disciplinado para desenvolvimento. Quanto aos casos excepcionais, de infantes que apresentam magnífica luminosidade e despertamento do "chacra coronário", estes são endereçados ao "Instituto de Clarividência", onde se procede a um dos mais avançados treinamentos de ordem mental, artística e de domínio físico. Desse "Instituto de Clarividência" é que surgem os verdadeiros mentores da vida marciana, os quais, junto ao Governo esclarecido, formam o quadro de conselheiros e planejadores de todas as atividades artísticas, sociais, científicas e religiosas. Constituem, na realidade, uma poderosa equipe ou grupo de antenas vivas, em sintonia perfeita com o Alto, na mais harmoniosa união com os poderes superiores. A atuação desses centros de forças etéricos, em sintonia com a mais ardente ansiedade evolutiva e a mais pura devoção ao próximo, constitui o divino canal que filtra, continuamente, a luz criadora da angelitude.

PERGUNTA: — Em nosso mundo, para a maioria, essa notificação de "clarividência", mesmo científica, além de a considerarem "tabu", acham-na algo inquinada de charlatanismo.

RAMATÍS: — A faculdade de clarividência é latente em todos os indivíduos. Faz parte da bagagem sideral do espírito, e, cedo ou tarde, terá que ser desenvolvida, porquanto, as humanidades superiores, onde situamos Saturno, no vosso sistema solar, manifestam a clarividência como um sentido tão comum quanto os do paladar ou audição, que vós possuís.

PERGUNTA: — Talvez as dúvidas existentes resultem da falta de comprovações absolutas e idôneas. Não vos parece?

RAMATÍS: — Inúmeros seres de ordem superior a possuem, no vosso mundo, pois já os temos acionado a contento. Acresce, no entanto, que se trata de espíritos sensatos, discretos e desinteressados da magia de feira; guardando, ciosamente, esses atributos porque ainda não podem ser apreciados nem compreendidos pelo homem comum. O Cosmo está interpenetrado por um oceano de éter, que se adensa em torno de cada planeta, ser ou objeto, formando outra atmosfera penetrante. Mesmo o elétron que gira na intimidade do átomo está interpenetrado por esse éter, afetando todas as vibrações em torno e criando problemas e surpresas dos quais a vossa ciência eletrônica mal se avizinha das primeiras soluções. A reduzida capacidade dos vossos sentidos físicos só vos permite usufruir insignificante gama dessas vibrações etéricas. Escapam à vossa percepção sensorial, por suas vibrações serem extremamente rápidas; somente o desenvolvimento de outros centros, como sejam os chacras, permitem captar tais velocíssimas ondulações que estão muito além da retina visual comum. A visão mais dilatada, mais perto da realidade, somente poderá alcançar sucesso através de um organismo que já esteja integrado no mesmo *habitat* etérico. Daí o êxito da clarividência, que se faz diretamente no campo etérico e por intermédio, também, dos centros etéricos, como são os chacras.

PERGUNTA: — Esses clarividentes que já se encontram em nosso ambiente, não fariam trabalho de proveitosa cooperação, elucidando-nos com seus adiantados conhecimentos?

RAMATÍS: — Da mesma forma que não pretenderíeis oferecer um espetáculo sinfônico dos grandes gênios da música, aos primitivos dos "tantans", porque estes terminariam subestimando tais valores por lhes serem incompreensíveis, também esses clarividentes não se apresentam ou manifestam. Aliás, em nossa romagem terrena, citávamos cotidianamente um conceito popular que advertia: "Não se dá pó de ouro aos bois; dai-lhes o capim"! Essa voz do senso comum, aconselhava o sigilo e o cuidado quanto aos valores além da compreensão rotineira.

PERGUNTA: — Podíamos ainda conhecer mais algumas expressões do psiquismo marciano, quanto às faculdades incomuns?

RAMATÍS: — São ainda portadores do dom da profecia, pois a facilidade com que podem penetrar no imponderável, permite-lhes abranger fenômenos além do "tempo" e "espaço". Pressupondo-se que Deus contém em Si o passado e o futuro, sendo o Eterno Presente, à medida que a alma se expande consciencialmente, incorpora em si "maior volume" da consciência Divina, entrando em posse de maiores segredos do Cosmo. Aumenta a sua sensação de presença, alarga-se o horizonte em todos os sentidos, liberta da forma e das condições opressivas da memória temporal, e começa a participar, em maior amplitude, do campo existencial do Absoluto. O dom da profecia, em Marte, vai desde a forma rudimentar de prever acontecimentos pessoais até a capacidade dos mais distantes, alcançando até acontecimentos de ordem planetária. Algumas modificações sérias que se operaram na massa planetária de Marte foram eficientemente controladas e evitadas na questão de desencarnes em massa, graças a essas faculdades quase comuns, entre os marcianos, que puderam, a tempo, abandonar as zonas condenadas. Nos eventos futuros do planeta, estão marcados, sob segura estatística, todos os acontecimentos de maior gravidade, relativos à sua configuração física. As cidades, estradas, plantações, zonas de turismo e parques de experimentações foram construídos sobre regiões consideradas de segurança planetária. A experiência do passado, no qual sempre tiveram êxito as premonições geológicas, ensinou-lhes essas diretrizes de absoluta segurança, quanto aos acontecimentos futuros.

PERGUNTA: — Pressentimos que os marcianos, na esfera matemática, devem ser excepcionais, em comparação com os nossos expoentes nessa matéria. Será assim?

RAMATÍS: — Também, conforme vós fazeis, eles deixam aos complexos "cérebros magnético-etéricos", que superam as vossas máquinas de calcular, as funções mais prosaicas e exaustivas. E suas energias mentais, eles as reservam para fins superiores. Embora possam vencer facilmente todos os sistemas avançados dos vossos calculadores mecânicos, só ocupam sua mente em cálculos complexos de ciência matemática quando se trata de atender a finalidades úteis à coletividade.

A Mente Divina possui todo o conhecimento cósmico, sem princípio e sem fim. E todo aquele que luta, incondicionalmente, pelos ideais consubstanciados no amor a Deus e ao próximo conforme estatuiu Jesus, ir-se-á, gradativamente, assenhoreando dos mistérios do Pensamento Universal; e suas conclusões serão, cada vez, mais iluminadas de sabedoria porque são reflexos ou raios diretos da Mente do Absoluto, colhidos através da intuição. Contudo, por mais assombrosa e espiritualizada que seja a sabedoria e a evolução da alma, entre ela e o seu Criador preexistirá sempre uma distância que se chama — o infinito.

E, ao contrário, os esforços mentais dos homens, mesmo os apontados como gênios, quando divorciados dos ideais sublimes do espírito que dão a iluminação da Fé, os seus raciocínios, por mais altaneiros e espetaculares, não passam de poeira a sujar o espelho espiritual da intuição, pois nesse espelho misterioso é que se refletem as verdades cósmicas do SENHOR dos Mundos.

25. Reencarnação e desencarnação

PERGUNTA: — Naturalmente todos os marcianos admitem a reencarnação?

RAMATÍS: — Seria um erro paradoxal se assim não fosse, pois a crença na reencarnação é própria dos espíritos já evoluídos. Os marcianos admitem, racional e normalmente, que viveram outras vidas, noutros corpos, em situações diferentes. O grau de espiritualidade que já atingiram eliminou-lhes as dúvidas da reencarnação. Consideram a existência física um banco escolar de aprendizado espiritual; ligeiro entreato da verdadeira vida do espírito. Não perdem o contato real com as vidas anteriores; revivem-nas, sempre, graças às correlações que podem efetivar, a qualquer momento.

PERGUNTA: — Quais são essas correlações?

RAMATÍS: — É a possibilidade de reverem os locais onde viveram, ligarem os acontecimentos passados, investigarem as tradições, e às vezes chegam a identificar trabalhos anteriores. Comumente, ainda encontram descendentes que lhes avivam a memória e ajustam os hiatos esquecidos.

PERGUNTA: — E quanto à reencarnação futura, a processar-se depois da atual, tomam conhecimento prévio de algum detalhe ou circunstância em relação à mesma?

RAMATÍS: — Antes do desencarne, os mais desenvolvidos costumam combinar com os futuros pais a nova reencarnação em vista. Fazem um relatório completo da existência transcorrida, fixando os acontecimentos que possam formar um elo coerente no futuro. Desse relatório, entregam cópia para o "Departamento de Controle Reencarnatório" e outra cópia para aqueles que lhes servirão de progenitores no breve retorno.

PERGUNTA: — Então, essas reencarnações se processam muito próximas, quando temos aprendido que há longos intervalos entre elas?

RAMATÍS: — Alguns marcianos assim o fazem, em certos casos, para avivar a memória sem deixar longos hiatos, difíceis de preencher.

PERGUNTA: — Por que existe esse "Departamento de Controle Reencarnatório"?

RAMATÍS: — Nem todos os marcianos pretendem reencarnar imediatamente no mesmo orbe: alguns seguem para mundos superiores, outros não estão em condições de decidir as suas novas romagens, confiando-as às decisões dos mentores espirituais.

PERGUNTA: — Quais os que preparam o relatório e escolhem um lar para reencarnar?

RAMATÍS: — São os de mentalidade mais desenvolvida. É o conjunto de melhor padrão mental, portador de senso filosófico mais aprofundado nos problemas espirituais. Assim que o corpo envelhece, verificando que já não oferece meios eficientes de educação e ascensão espiritual, o marciano ajusta nova existência a fim de completar, em novas atividades, o que não consolidou na vida anterior.

PERGUNTA: — Então há felicidade em voltar aos mundos físicos?

RAMATÍS: — A verdadeira felicidade do espírito está nos mundos espirituais superiores e o seu anseio é atingir os mundos das "causas", nos quais poderá agir, criar e gozar eternamente, sem as vicissitudes da forma, que são apenas recurso educativo. O marciano desenvolvido, consciente de suas necessidades espirituais, tem pressa de voltar ao mundo físico, para "aprender"; e, consequentemente, para "libertar-se". São espíritos práticos, que costumam solucionar seus problemas sem delongas; o que deve ser feito, fazem-no logo. Desde que a verdadeira felicidade é nos mundos espirituais e sabendo que o escopo principal da vida física é visar essa felicidade, apressam o aprendizado o mais urgente possível.

PERGUNTA: — E os casais marcianos sempre conhecem, previamente, os espíritos que virão reencarnar como seus filhos?

RAMATÍS: — Esse conhecimento é assunto comum; poucos lares existem que ignorem os seus futuros reencarnantes. Entretanto, existem, também, almas excelsas e equilibradas que deixam tudo ao sabor das leis espirituais. São as almas contemplativas, que estagiam no planeta para aprimoramento, mas não intervêm praticamente nas soluções do mundo exterior. Mas a maioria dos lares conhece e entra em contato com os seus futuros hóspedes reencarnantes.

PERGUNTA: — E qual o sistema adotado para que os futuros pais fiquem conhecendo as almas que virão habitar os seus lares?

RAMATÍS: — Normalmente se efetuam combinações prévias entre os esposos e aquele que vai deixar o corpo; às vezes, esse acordo se faz com os jovens noivos, que já assumiram, espiritualmente, o compromisso de formar um lar. Então, os futuros cônjuges se prontificam a aceitar a alma que vai partir e que deseja seu lar para o retorno.

PERGUNTA: — Qualquer um pode escolher um novo lar para o seu reencarne?

RAMATÍS: — Só não se interessam pelo assunto aquelas almas que já vos notificamos; magnânimas, mas letárgicas quanto ao dinamismo positivo de operar na forma. A maioria traça um programa disciplinado, consulta os seus amigos e grupos simpatizantes; cuida atenciosamente dos pormenores, assim como o viajante precavido cuida todos os detalhes de sua viagem.

PERGUNTA: — Essas reencarnações são decididas arbitrariamente, pelas partes, ainda no mundo físico?

RAMATÍS: — Toda a desencarnação e reencarnação, tanto as da Terra como as de outros orbes, são coordenadas pelos Mentores Espirituais no mundo invisível. Antes de o espírito marciano receber o consentimento para habitar certo lar, há que consultar o seu mentor e os mentores do ambiente em que pretende reencarnar. Geralmente a reunião se processa entre todos os interessados, com os guias espirituais que podem se manifestar visivelmente e os reencarnados em cogitação comum.

PERGUNTA: — Como se procede à despedida daquele que vai desencarnar e pretende retornar a um lar já escolhido?

RAMATÍS: — O futuro reencarnante, ao despedir-se do mundo físico, convida todos os seus familiares, amigos e simpatizantes espirituais e promove tradicional festividade no lar em que se reencarnará. É como o hóspede que parte para breve retorno. Não há cenas compungentes nem apreensões; o fato é tão comum quanto o casamento no vosso mundo. Muda a personalidade humana, mas não há solução de continuidade na entidade espiritual. O espírito abandona o velho vestuário de carne, para envergar outro, em condições de se apresentar em novo ambiente e prosseguir na sua evolução. Nessa comunhão fraterna, com a presença dos futuros pais, faz-se a entrega do relatório completo da vida do desencarnante, com os registros dos acontecimentos mais importantes, além do respectivo "elo psíquico" de outras vidas, desde que se trate de alma bem consciente.

PERGUNTA: — Que é esse "elo psíquico"?

RAMATÍS: — É uma espécie de talismã que a alma conduz, de existência em existência; um tipo de medalhão feito de substância delicadíssima, magnética e absorvente de fluidos ambientais. Serve como um "clichê" que possibilita a leitura psicométrica das vidas anteriores. Assim como um anel, jóia ou fragmento de objetos envelhecidos podem revelar algo de sua história, sob a visão dos clarividentes ou psicômetras, esse elo psíquico constitui elemento fotográfico, ou ficha que contém no seu corpo etérico as vibrações dos acontecimentos ocorridos em torno da alma.

PERGUNTA: — Não pode haver modificações, após o desencarne, em que a alma resolva não retornar ao orbe, mudando de idéia?

RAMATÍS: — O livre-arbítrio, entre os marcianos, é mais equilibrado e verificável do que entre vós, pois são almas desvencilhadas do instinto inferior e de maior consciência espiritual. Adquirem, pois, direitos de decidir positivamente nos seus destinos. No entanto, se o espírito chega ao Espaço e certifica-se de que existem ensejos melhores para seu progresso, do que a escolha que fizera ao desencarnar, pode mudar sua decisão, mediante consentimento dos pais com quem fez o acordo para seu retorno.

PERGUNTA: — E no caso de essa alma modificar a sua decisão, perde aquele elo psíquico que ficou em poder do casal com quem ajustara voltar?

RAMATÍS: — O "talismã" é entregue ao "Departamento de Controle Reencarnatório", no orbe, e o seu dono espiritual, futuramente, quando achar conveniente, indicará a que lar deve o mesmo ser entregue, na possibilidade de outro reencarne. Mas o elo psíquico não vale como exigência imperativa; constitui uma tradição que pode ser dispensada, embora se exija mais esforço da memória psíquica para fixar os detalhes das vidas anteriores.

PERGUNTA: — Julgamos que as almas, quanto mais evolvidas, mais se demoram a reencarnar. Essa suposição não é admitida em Marte?

RAMATÍS: Tudo depende do mundo material a que vos referis. Os espíritos adiantados demoram em sua reencarnação porque suas vidas são mais em sentido de auxílio, esclarecimento ou exemplificação. É óbvio que almas do quilate de Buda, Krisna, Hermes, Francisco de Assis, Paulo de Tarso aguardam épocas apropriadas aos seus eventos apostolares; determinadas fases psicológicas em que os seus esforços são mais úteis à coletividade. Daí, os seus períodos mais demorados para voltarem aos fluidos densos da carne.

PERGUNTA: — Considerando, também, que nos mundos espirituais devem existir condições educativas superiores, como compreender essas reencarnações consecutivas adotadas pelos marcianos?

RAMATÍS: — Só mais tarde podereis compreender, no simbolismo da "queda dos anjos", que a descida vibratória do espírito à forma exige-lhe gradual libertação da ganga inferior que adquiriu. A evolução espiritual não dá saltos extemporâneos, nem subverte os princípios cósmicos da Suprema Lei que comanda a harmonia e o equilíbrio. As energias próprias dos mundos materiais, em sua força coerciva e no seu magnetismo oprimente, são elos que exigem indescritíveis e inumeráveis operações gradativas para serem extintos. O espírito encontra múltiplos recursos de aperfeiçoamento nos mundos invisíveis à matéria; mas não se livra de precisar "descer", consecutivamente, para abandonar no verdadeiro *habitat*, as substâncias energéticas que lhe modelaram o caráter nos contatos físicos milenários. No seu cientificismo genial, os marcianos avaliam suas necessidades reencarnatórias, no sentido de se libertarem dos orbes físicos; importa-lhes, então, efetuar "a descarga" energética o mais breve possível, para depois cultivarem os valores educativos no espaço, sem mais sofrerem as periódicas necessidades de retorno à forma, ante o grito energético da matéria.

PERGUNTA: — Então, em Marte há perfeito controle conjugado com os preceptores do plano Invisível?

RAMATÍS: — Realmente assim ocorre, pois à medida que a humanidade evolui e adquire mais consciência espiritual, também comunga mais intimamente com os departamentos diretores no Invisível. O fato de a coletividade terrícola ignorar essa administração invisível não elimina a sua atuação constante e disciplinada. Nada ocorre no solo do vosso mundo, que não tenha aqui as suas raízes; seja o fato mais íntimo ou a consequência mais insólita, há sempre uma coordenação e uma perfeita entrosagem educativa. Daí o conceito comum de que "não se move uma palha que não seja pela vontade de Deus". Nas esferas invisíveis estão as "fichas cármicas", nas quais os Mestres podem compulsar as vossas vidas espirituais, desde que se formou o primeiro bruxuleio de vossa consciência individual. Pode haver incoerência, indisciplina, teimosia, estultice e tolas vaidades que aduzis aos vossos diplomas acadêmicos e pruridos científicos; mas, no campo das atividades diretoras de vossa vida, a harmonia e a ordem são elementos permanentes. É justamente a inconsciência comum da humanidade terráquea, na sua névoa de magnetismo inferior, que lhe impede maior ou melhor consciência com o Invisível. Raras antenas vivas, do vosso mundo, acenam para cá em busca de roteiro e esclarecimentos. Marte, no entanto, que já se libertou das paixões e dos interesses vis dos mundos efêmeros, é um campo aberto para o Alto, em permanente e sadio intercâmbio. A sua humanidade recebe diretrizes contínuas para melhor sistema de vida e é auxiliada na conquista dos mais rápidos eventos educativos.

PERGUNTA: — O prévio conhecimento do lar em que a alma ingressará em sua nova reencarnação é facultado a todos, indistintamente?

RAMATÍS: — Aos espíritos de menor discernimento não é facultado esse conhecimento ou acordo, porque eles ainda não desenvolveram bem a vontade para um sentido de direção própria, mental. Engatinham espiritualmente, no plano das decisões mentais: são como crianças educadas e disciplinadas mas sem iniciativas para as grandes soluções. Geralmente, são almas ainda em estágio marciano, provindas de outros mundos de menor envergadura espiritual. Tiveram existências sacrificiais, desenvolveram princípios elevados de renúncia e amor, merecendo mundos elevados, como Marte. Mas falta-lhes, ainda, o desenvolvimento vigoroso e criador da mente, a fim de decidirem seus próprios desideratos.

PERGUNTA: — As almas que provêm de outros mundos reencarnam-se imediatamente em Marte? Suponhamos, por exemplo, um espírito recém-chegado da Terra. Será assim?

RAMATÍS: — O espírito terráqueo terá que aguardar certo tempo nas zonas astrais inferiores de Marte, onde as vibrações melhor se adaptam com as zonas astrais superiores da Terra. O conteúdo psíquico que predomina no seu perispírito, embora vibre superioridade espiritual, pode refletir as tendências hereditárias no seu futuro organismo marciano. Na primeira encarnação será dificílimo vencer suas tendências hereditárias comuns. Então, se faz prévio reajuste no campo astral, verdadeira "drenação" da "substância" mental trazida da Terra, a fim de que, ao reencarnar no planeta, haja a maior libertação possível das influências terráqueas.

PERGUNTA: — Qual um exemplo comparativo, para compreendermos a possibilidade do astral da Terra acionar as tendências hereditárias do organismo marciano? Como atuam esses princípios espirituais?

RAMATÍS: — As tendências hereditárias refletem-se na alma reencarnada. Os instintos da carne continuam a fazer pressão no espírito que lhe toma a forma; se os princípios espirituais do reencarnante ainda não são vigorosos, passam a ser comandados implacavelmente; e, consequentemente, a impor a sua tara inferior. É como a laranjeira cultivada, de qualidade superior, que, enxertada na espécie selvagem, no chamado "cavalo selvagem", se não impuser as suas propriedades distintas, será fatalmente subjugada pela seiva bruta e agressiva do tronco selvático. Ou a espécie superior domina e produz frutos sazonados e delicados, ou prevalece a energia selvagem e brotam laranjas amargas e bravias. O instinto da carne, na sua hereditariedade comprovada, atua vigorosamente no espírito, lembrando essa força agreste dos troncos bravios, que servem de veículo intermediário às espécies superiores.

PERGUNTA: — Quais as condições que permitem a um terrícola ingressar no planeta Marte?

RAMATÍS: — Fundamentalmente, deve ser "universalista", destituído do espírito sectarista religioso ou dogmático, capaz de pôr-se em afinidade com todas as raças e filosofias. Na sua intimidade psíquica não devem existir os impulsos daninhos da destruição do que possui vida e beleza; há de ser liberto dos vícios deprimentes do sexo e distante das paixões inferiores que geram antipatias. Reconhecereis o futuro habitante de Marte na figura do homem probo, justo, serviçal e verdadeiro; esforça-se denodadamente para ser vegetariano puro, liberta-se das mazelas que comandam o sistema nervoso, e que o tornam "fumado", "bebido", "jogado" ou "aviltado". É alguém em condições de conviver em todos os credos, sem conflitos fraternos, despreocupado de glórias e prestígios terráqueos ou de posições sociais privilegiadas. Há sempre alegria na sua figura humana e imensa vontade de servir e sofrer pelo próximo. O problema alheio não lhe é indiferente; considera-o, quase sempre, mais importante do que o seu.

PERGUNTA: — Cremos que um espírito nessas condições já não deve criar problemas no seu reencarne, em Marte. Não achais?

RAMATÍS: — Há que considerar as influências exteriores, que ainda podem acordar nesse espírito. O homem que traja imaculada veste branca pode absorver o pó das estradas por onde trafega; mas esse pó não deixa de contaminar os que lhe tiverem contato. O espírito da Terra, mesmo quando é dos melhores emigrados para Marte, conduz no seu invólucro perispiritual a substância "astroetérea" terráquea, que tende a intervir e atuar no perispírito de seu corpo marciano. Surgem, então, reações inesperadas, ante as duas energias em conflito; o astral da Terra é contundente, hostil e impulsivo; o de Marte é dócil, sedativo e harmonioso. Na infância marciana, o espírito provindo da Terra influi mais com o seu conteúdo energético na fase mais instintiva e menos controlada da vida comum da criança. Daí, aquela necessidade que enunciamos de o emigrado terrestre fazer primeiramente a "drenação" no astral do novo orbe que vai habitar.

PERGUNTA: — O terrícola reencarnado em Marte, como se manifesta em sua primeira existência?

RAMATÍS: — Em face das reminiscências caldeadas na sua névoa astral trazida da Terra, ele não consegue se livrar, completamente, das cicatrizes milenárias das vidas angustiadas, desajustadas e das tropelias e violências próprias do seu antigo *habitat*. É um marciano inquieto, que nas suas meditações regressa às emoções passadas. Embora demonstre júbilo em sua nova existência e sua intimidade espiritual vibre de deslumbramento, não consegue vencer, totalmente, uma certa "nostalgia" misteriosa. Falta-lhe ajuste completo ao novo corpo; sente-se como a criança tímida e instável, que teme agir e comandar, reconhecendo certo desajuste em relação ao meio ambiente. Não se recorda propriamente da Terra, pois a predominância do astral marciano, no seu perispírito, elimina-lhe grande parte da memória terráquea, mas excêntrica "voz oculta" grita-lhe satisfações extemporâneas e pede lisonjas, aplausos e compensações pelos seus atos, os quais, em Marte, nunca despertam as admirações do vosso mundo. Imita a figura da pessoa rústica e desajeitada, que se vê subitamente envergando trajes aristocráticos. Essa é comumente a situação do espírito provindo da Terra, em sua primeira jornada de ambientação ao "modus vivendi" marciano.

PERGUNTA: — E a população do planeta não distingue esse desajustado?

RAMATÍS: — Reconhecem-no perfeitamente, pois há muitos terrícolas reencarnados em Marte. Entretanto, os espíritos originários do orbe usam de tolerância e auxiliam os problemas dos "imigrados espirituais". Tratam fraternalmente os que pesam em sua economia material ou criam desarmonias morais. Diferem muito da maneira rude com que tratais os desajustados do vosso mundo.

PERGUNTA: — Supondo que a conduta dos imigrantes de outros mundos entre em conflito perigoso com o meio salutar marciano, quais seriam os recursos usados? Há casas de correção ou departamentos penais?

RAMATÍS: — A medicina, com seus recursos poderosos e fraternos, é que solve a situação. É aplicada a "cromoterapia", ou seja, a terapêutica das cores; através dos raios cromosóficos em combinações com a energia "magnetoetérica". Os médicos fazem a decantação do astral inferior trazido dos outros orbes, embora não o eliminem "ex-abrupto", para não perturbarem o equilíbrio energético de sustentação do imigrado.

PERGUNTA: — Qual um exemplo rotineiro, para nós entendermos o cuidado de não causar o desequilíbrio energético, no espírito desajustado?

RAMATÍS: — Do mesmo modo que não vos é aconselhável a súbita e brutal mudança da alimentação carnívora para a vegetal. Embora a carne seja alimento inferior para o espírito desejoso de libertação, eliminá-la completamente do metabolismo orgânico, antes de a mente esclarecer-se, é provocar sérios desajustes nas adaptações proteínicas. O maquinário humano está milenariamente condicionado a essa alimentação, exigindo alguma contemporização para modificar a sua eficiência nutritiva. Reconhecemos os temperamentos radicais, que preferem suportar a série de fenômenos ardentes e quase alucinantes, no abandono brutal da carne; mas recomendamos a mudança sob disciplina gradativa e perseverante. Mediante interferência científica da medicina marciana no perispírito do desajustado, os médicos vão reduzindo, pouco a pouco, a substância astral, para protegê-lo nas reações de magnetismo algo rude trazido dos milênios terráqueos.

PERGUNTA: — Quais os indícios físicos que permitem aos marcianos reconhecer os desajustados provindos da Terra?

RAMATÍS: — Embora num corpo marciano, o espírito do terrícola assume uma configuração física mais imperfeita; sendo robusto de corpo, é sempre pobre de vitalidade magnética. O seu perispírito ainda sofre o efeito dos recalques terrestres; é algo bisonho no comando do novo sistema nervoso; habituado a uma respiração baseada na quantidade de ar, sente dificuldade psíquica na operação em que vale mais a qualidade do oxigênio. Seu aspecto físico tem um ar pesadão; seus movimentos são um pouco caricatos em relação ao desembaraço e precisão com que os marcianos se movem. Envelhece e se fatiga mais cedo; o psiquismo terráqueo, que o comandou durante muitos milênios, marca-o com o seu selo indelével. Em alguns casos, raros, na impossibilidade de vencer completamente a "nostalgia psiquica" da Terra, os mentores espirituais recomendam um retorno a este planeta, como terapêutica para o equilíbrio emotivo, numa reencarnação intermediária.

PERGUNTA: — Confunde-nos a idéia de um espírito que em situação superior precise ou deseje voltar a um panorama rude e desagradável, como é o da Terra. Esse fato é comum?

RAMATÍS: — Vossos espíritos também não ignoram o panorama de beleza espiritual e os planos superiores, nas zonas "extraterrenas", em que os vossos mentores facultam visitas para estímulos. No entanto, o grito da matéria inferior se faz vivamente e inúmeras vezes vos desajustais. O ambiente de luzes, perfumes, cores e melodias, a convivência entre seres de propósitos angélicos, já os tendes preterido pelos gritos do sexo, vitualhas sangrentas e acepipes grosseiros; pelo fumo, alcoólicos e desregramentos psíquicos. Então o desejo vos faz "descer" e a porta do céu se abre para vosso retorno ao "equilíbrio emotivo" na matéria, onde entretendes, novamente, as ilusões do ambiente terreno. Mesmo no mundo físico, subis intermitentemente às "zonas altas" do espírito; porém os desejos vos arrastam para as "zonas baixas" do instinto inferior. Trocais, pois, também o ambiente interno de beleza espiritual, pelo panorama rude e desagradável do mundo exterior.

PERGUNTA: — Cremos que em face de um planeta como o marciano, onde poderemos usufruir toda a magnitude de sua harmonia superior, não se justifica uma "descida" para mundos inferiores, pois a alma já tem comprovação do Bem Maior. Não vos parece?

RAMATÍS: — Diante de uma sinfonia de Beethoven ou de Mozart, que deleita a alma do civilizado, o bugre dará apenas preferência à rudez do seu batuque. A higiene, a estética e o cientificismo moderno de luxuoso hotel é ambiente constrangedor para o sertanejo, que receia o banho e dorme na esteira. O condicionamento psíquico comanda os desejos da alma, quando a alma ainda não conseguiu a sua própria libertação das formas, e não atingiu a fase definitiva do "autoconhecimento".

PERGUNTA: — Anteriormente informastes que todos os marcianos auxiliam os espíritos desajustados. Como identificarmos, na Terra, os desajustados de outros planetas?

RAMATÍS: — A maioria dos vossos desajustados provêm

do próprio meio terráqueo; são produtos de reencarnações em discrepância com o ambiente, comumente pela culpa dos próprios civilizados. Tanto esses desajustados, quanto os que procedem de mundos inferiores, encontram terríveis e imperdoáveis adversários nos que já obtiveram maior equilíbrio. A sociedade e as leis terrenas, como um ninho de vespas, atacam de tal modo esses desambientados, que os privam de sua recomposição mental, psicológica e moral. O ambiente de injustiça e corrupção, a comodidade de não pensar em ser útil e servir, vos levam a cometer os maiores desatinos, em que um pequeno delito faz apodrecer um infeliz na penitenciária e num grande crime da argúcia velhaca, passais ao seu autor o diploma de esperto e inteligente. É a mais patente inversão de valores aos princípios espirituais de responsabilidade cármica. Há evidente desequilíbrio no vosso mundo, pois o ladrão de aves e o batedor de carteiras são maiores criminosos do que o banqueiro fraudulento, o administrador corrupto, a autoridade venal, o governo dilapidador, o representante popular mentiroso ou o ministro oportunista. Os meliantes comuns ainda afrontam perigosamente a Lei, expondo-se à execração pública e arriscando a vida em troca de bens mesquinhos; mas os prevaricadores oficiais se acobertam à sombra do poder e da autoridade venal. Se os infelizes desajustados do vosso mundo operam com o punhal e a pistola, os salteadores do patrimônio público servem-se da caneta-tinteiro, a qual, em muitos casos, é uma arma que causa mais vítimas e sofrimentos do que um revólver na mão de um homicida. Indubitavelmente, ainda não ofereceis condições para socorro e reabilitação de vossos desajustados.

PERGUNTA: — Quais são os tipos desses nossos desajustados?

RAMATÍS: — Facilmente os encontrareis nos seres estropiados, pedinchões, espécies de irresponsáveis sem eira nem beira; avessos ao trabalho, indisciplinados, irritáveis e desregrados. Fitam-vos, nas ruas, com certa cólera; postam-se à vossa frente e exigem "direitos" que repelis até com violência; no íntimo de suas almas há, por vezes, uma grave censura de ordem espiritual. Nota-se-lhes a absoluta falta de ajuste moral aos conceitos comuns da vossa sociedade; são desconcertantes, porque não se cingem às vossas etiquetas, responsabilidades, leis, sistemas, higiene e costumes. Vós os denominais de tarados, esquizofrênicos, vagabundos, meliantes e alcoólatras irresponsáveis. Mas é a

Lei Divina que está funcionando; é a carga de espíritos que, por culpa dos vossos excessos e indiferença do passado, tereis que aturar, co-participar, educar e servir. São ainda as almas rudes dos selvagens que foram expulsos do seu *habitat*, onde faziam a sua evolução tranquila e ignorada; são os infelizes africanos que foram trucidados, por imprestáveis à escravidão, lá no seio da pátria amiga, ou que apodreceram nos navios negreiros. Necessitados de prosseguir a sua evolução, e como foram violentados, ligam-se, por Lei do Carma, aos seus antigos algozes e caçadores. Coabitando na civilização dos que os violentaram na ascensão normal da consciência, trazem o cortejo de suas idiossincrasias e consequentemente o seu desajuste ao ambiente.

PERGUNTA: — Todas essas almas de silvícolas e africanos que foram perturbados no seu verdadeiro habitat *apresentam-se na civilização nesse aspecto compungido e incoerente?*

RAMATÍS: — Não há determinismo divino para tal condição; é justamente a ausência de apoio moral e de proteção social, que leva esses seres ao arrasamento e os torna problemas para a própria civilização. Comumente, sob o imperativo severo da Lei Cármica, nascem nos vossos lares, constituindo a figura da moça rebelde, excêntrica ou o filho boêmio, desregrado, inimigo da ética comum de vida. É a "dor de cabeça" dos pais ricos. Mas é, também, o negro trucidado na floresta africana ou o silvícola assassinado pelo feroz capitão-de-mato; ou o descendente "nagô" que apodreceu no fundo do barco ou foi atirado ao mar. O desajuste é patente, pois a alma despida de preconceitos e convenções, acostumada à plena liberdade de seus instintos e movimentos, no ingresso "ex-abrupto" à civilização, transforma-se no filho desnaturado e de perigosos impulsos. Vive no vosso ambiente uma existência contraditória, pondo em polvorosa as autoridades, a imprensa, os juízes e o público. Os pais, irmãos e a parentela aflita, antigos caçadores de negros ou silvícolas, muitos deles, vêem-se obrigados a sustentar e a suportar as tropelias daquele mesmo que eliminaram, no passado, na movimentação nefanda da escravidão. É a Lei Divina funcionando íntegra e justa, no carma indesviável de "a cada um conforme as suas obras".

PERGUNTA: — Porventura esses seres não devem ser punidos ou isolados da coletividade onde atuam perigosamente?

RAMATÍS: — É óbvio que não é aconselhável a liberdade da má erva no jardim de flores perfumadas, assim como não se justificaria o apoio incondicional aos desajustados, apenas porque são reflexos do passado. A correção sob o império augusto do amor divino não somente vos libertaria desse passado inglório, como ainda auxiliaríeis os eventos espirituais das vítimas, que hoje vos perturbam a civilização. No entanto, a contradição é pungente no vosso mundo, pois a cólera da Lei recai, inapelável e opressiva, nesses seres psiquicamente transtornados, enquanto é tolerante e protetora para os que constituem a "elite" do crime. Exatamente o criminoso hábil, inteligente, educado em colégios esmerados e munido de vistoso diploma acadêmico, já desembaraçado no convívio social, vós o colocais à testa do patrimônio público. Ele dilapida esse patrimônio, comete injustiças e burla as leis que deve respeitar; escamoteia os direitos alfandegários, impõe a força de suas amizades para garantir as suas falcatruas; desarticula a engrenagem judiciária e inverte concepções da Lei. Usufrui o máximo apetecível, amealha a fortuna em curto prazo; apressa a morte dos tuberculosos que não têm hospitais e dos alienados sem asilos; favorece a corrupção dos menores sem proteção, e gera o desespero no miserável que está faminto. Enquanto outros, credenciados e protegidos pelo beneplácito oficial, são os "gozadores" desse purgatório terráqueo, o verdadeiro desajustado vos perturba, como desagravo ou protesto por não o haverdes recolhido e educado quando, na sua infância, ainda era possível salvá-lo. A vossa civilização buscou-os no seio da mata generosa; e, agora, os marcais com o ferrete aviltante do cárcere, em vez do amparo educativo do amor fraterno.

PERGUNTA: — Quais outros exemplos de desajustados espirituais?

RAMATÍS: — Os "gangsters"[15] que constituem delicado problema da civilização americana do Norte são os espíritos dos antigos "peles-vermelhas" que foram violenta e impiedosamente enxotados de suas terras pelos aventureiros inescrupulosos. Por causa de injustiças passadas e a violação espiritual de direitos, os antigos pioneiros, que rechaçaram esses selvagens, estão obrigados a recebê-los como cidadãos reencarnados no seio das

[15] Referência feita a márfia que marcaram sobretudo as décadas de 1920 e 1930; a presente obra foi ditada no final da dácada de 1940 (N. R.).

metrópoles populosas. Dá-se, então, o desajuste violento; o antigo "pele-vermelha", cuja moral e leis eram baseadas na luta, na agressividade e na absoluta liberdade das imensas pradarias, sem a tutela de convenções sociais, tenta a sua liberdade de modo brutal, dentro da própria civilização. Ressurge a sua índole destrutiva, porque não concebia ser crime o gesto de matar; para si, no passado, crime era a covardia, a fuga, a traição: e "matar" era a glória da tribo. Os gritos de seus recalques animalescos vibram ainda no seu psiquismo selvático; a sua flecha e o seu tacape de outrora têm os seus substitutos no punhal e na metralhadora, que espalham a morte nas ruas das cidades. Não há autoridade ou leis que os amedrontem; na sua alma ainda estruge o brado das injustiças dos que os enxotaram da sua vida livre. E o "ex-pele-vermelha" se torna o "gangster" temido ou o assaltante comum, de ruas e de residências, alimentando os cárceres e as penitenciárias; é o bruto que se senta na cadeira elétrica sem discernir o senso de justiça do civilizado. É um cínico, um mau, perverso e impiedoso; é um criminoso revoltante, cuja liberdade é perigosa; ele só pode ser dobrado pela violência da lei draconiana: a cadeira elétrica, a forca, a câmara de gases ou o fuzilamento. É o "civilizado" respondendo à dinamite, à "winchester" ou ao canhão de outras épocas, quando aniquilavam hordas selváticas e destruíam aldeias inofensivas. Mas perante a Lei Divina, no entanto, o "crime oficializado" será julgado mais severamente do que o "crime do desesperado" do delinquente, que se desajustou na lei reencarnatória. Inúmeras vezes, as autoridades e seus asseclas tombam sob a metralha dos que estão "fora da lei", mas, na realidade, tais mortos são criminosos de ontem, abatidos pela vingança das suas vítimas do pretérito. É a lei do "quem com ferro fere com ferro será ferido"; lei que é advertência de ordem divina.

PERGUNTA: — Os marcianos só desencarnam na velhice?

RAMATÍS: — As espécies animais sadias, na Terra, atingem sempre uma velhice acima do normal. Em consequência, em Marte, onde a saúde é problema resolvido e a enfermidade só se apresenta nos desequilíbrios magnéticos, o desencarne só ocorre na velhice, desde que o marciano delibere ir até o fim.

PERGUNTA: — Até o fim? Porventura podem desencarnar antes da velhice, se assim quiserem?

RAMATÍS: — Não antes da velhice, mas no período da velhice, abandonam o corpo se assim julgarem conveniente, na fase em que este começa a perder a sua vitalidade. É como abandonar a veste rota, imprópria ao frio e à vida de relação social.

PERGUNTA: — Esse abandono do corpo é uma simples "desincorporação" à vontade, ou é uma partida súbita, em que a matéria sucumbe?

RAMATÍS: — O marciano desintegra o seu organismo sob processos científicos incompreensíveis à vossa mentalidade. Despede-se dos seus contemporâneos, em cerimônia festiva e sem compungimento. Solicita os serviços técnicos do "Templo da Desencarnação" e após uma operação "magnético-etérica" em sala especial, dá-se a desintegração perfeita, num "mícron" de segundo. A matéria, que aliás é "energia condensada", perde o seu apoio magnético, desata-se a rede que sustinha os átomos coesos, em suspensão físico-magnética e o espírito, liberto, regressa ao plano astral, recebendo abraços e cumprimentos pelo seu retorno. Sabeis que o peso real do corpo físico não vai além de alguns gramas, referindo-nos à "pasta nuclear", que restará da aparência física. Não é, pois, o acontecimento dramático que, entre vós, põe o lar em alvoroço. Em Marte, a desencarnação é num sentido apenas aparente e simbólico; não há morte, mas libertação de energia estática, que retorna à "massa" de sua afinidade cósmica. O dito fenômeno de desintegração assemelha-se ao emurchecer das pétalas da flor, enquanto o seu "espírito-perfume" ou aura etérica se desprende, íntegra, em condições de se "incorporar" novamente em flor. O marciano devolve ao meio energético a energia que utilizou, para uso provisório.

PERGUNTA: — Mas isso não é uma espécie de suicídio perante a Lei Divina?

RAMATÍS: — O suicídio em sua feição intrínseca é a fuga da vida, quer pelo desespero, rebeldia, negligência ou covardia. Na Terra, esse ato implica em grave penalidade contra a própria consciência, pois ainda estais profundamente ligados aos desatinos e injustiças do pretérito. Semeastes dores e sofrimentos acerbos nas tropelias pregressas; sois obrigados a resgatar esse débito, "ceitil por ceitil", até vossos derradeiros dias de vida humana. Os marcianos, em face de seus esforços, já se desobrigaram dessas dívidas que vós ainda tendes quanto ao "passado".

PERGUNTA: — Mas isso é sempre uma deliberada extinção de vida própria, o que pode não condizer com os princípios criadores da existência divina. Não é assim?

RAMATÍS: — Já vos notificamos: o marciano não extingue a vida do corpo; este é que se oblitera, tornando-se incapaz de suas funções como instrumento material. Seria contradição a sua eliminação quando o organismo ainda estivesse na infância ou mocidade, em condições de servir e ser útil. Quanto ao suicídio, de fato, praticado no vosso mundo, é um gesto condenável em absoluto, pois o tempo de permanência da alma reencarnada em vosso planeta obedece a um determinismo regulado por diversos imperativos, inerentes ao seu passado e ao seu futuro. E como o suicídio consiste em antecipar a data marcada pela "lei", quanto ao fim ou morte do corpo que ela tomou, o suicídio, em sua extensão e responsabilidade moral, não se restringe apenas ao ato de acabar com a vida num instante. Por conseguinte, a Terra está repleta de suicidas potenciais que, neste lado, respondem severamente pelas suas imprudências gastronômicas e abusos de bebidas alcoólicas e corrosivas.

De modo que uns se suicidam violentamente, por desesperos, paixões ou covardia em viver; e outros se suicidam lentamente, aos poucos, por seus abusos de toda espécie.

PERGUNTA: — Embora reconheçamos as vossas razões, parece-nos que essa desintegração prematura é sempre um ato de rebeldia ou fuga à vida física. Não será assim?

RAMATÍS: — Laborais num grande equívoco, pois há que atender a certas contingências inerentes à vida em Marte. A velhice marciana é a coroação ou período áureo do espírito reencarnado; é a existência livre de quaisquer obrigações. O velho pode transladar-se para qualquer latitude geográfica do orbe; goza de plenos direitos de liberdade e sem impedimentos em qualquer situação. Seus desejos, sonhos e ansiedades são ordens que se cumprem integralmente. Enquanto a infância, apesar de atraente e repleta de acontecimentos deliciosos, é sempre um preâmbulo das futuras responsabilidades do adulto, a velhice marciana é completa alforria dos deveres e disciplinas. Em consequência, o cidadão marciano, que em vez de usufruir a recompensa integral que lhe cabe por direito de existência vivida resolve desencarnar antecipadamente, não é o rebelde que foge à vida comum, porém o ser que abdica de bens sagrados, a fim de, mais depressa, retornar na figura doutra criança candidata a novas responsabilidades. Esse desencarne prematuro é movido pelo espírito de serviço contínuo, muito peculiar do marciano sempre afeito ao bem alheio. A alma parte cedo para, cedo, retornar ao serviço ativo.

26. Aeronaves, espaçonaves; discos voadores

PERGUNTA: — Quais os gêneros de aeronaves, em Marte?

RAMATÍS: — Embora existam de várias configurações, compreendem dois tipos distintos: os aparelhos de vôo exclusivo dentro da atmosfera de Marte ou de outros planetas, e as espaçonaves que servem especificamente para as viagens interplanetárias.

PERGUNTA: — Qual a diferença funcional entre esses dois tipos?

RAMATÍS: — As aeronaves, ou os aparelhos que só trafegam na atmosfera dos planetas, movem-se, em parte, pela energia magnética, e também são auxiliadas na movimentação e sustento no vôo, pelos recursos mecânicos movimentados pelas reservas energéticas mantidas em acumuladores especiais.

PERGUNTA: — Quais os aspectos desses aparelhos utilizados somente na atmosfera dos planetas?

RAMATÍS: — Variam quanto à conformação de sua estrutura: uns são ovóides, outros esféricos, achatados nos topos; alguns semelham cúpulas, capacetes e os mais usuais parecem pratos extensos ou bojudos. São construídos para vários climas e pressões. Há ainda os tipos agigantados, parecidos com grandes sinos invertidos e com enorme plataforma circular, onde se erguem verdadeiras estâncias aéreas, destinadas a veraneios e repousante descanso espiritual em diversas altitudes na atmosfera. Também servem para longas excursões dentro do *habitat* marciano. O mecanismo de propulsão fica-lhes abaixo da plata forma e voam suavemente em linha horizontal, num equilíbrio seguro de sustentação magnética. Podem atingir a linha extrema, fronteiriça ao vácuo em torno do planeta; servindo também para as observações astronômicas mais complexas, quando os astrônomos desejam evitar as deformações produzidas pelas cortinas atmosféricas.

PERGUNTA: — Em Marte, o tráfego aéreo é maior do que o terrestre?

RAMATÍS: — Apenas um terço do tráfego marciano se faz por terra ou pelos mares repletos de comunicações entre si. A vida marciana é essencialmente aérea, quer pelo progresso e segurança que já obtiveram nesse setor, quer pela tranquilidade e prazer que se desfruta nos vôos atmosféricos.

Os grandes aparelhos que mencionamos servem particularmente ao Governo, que os destina a férias coletivas dos servidores que deram "horas extras" de trabalho a favor da coletividade. Os beneficiados reúnem suas famílias e parentes e, completamente livres das contingências e obrigações diárias, viajam como num mundo à parte, onde suas almas se renovam no magnetismo amoroso da fraternidade espiritual. Através da atmosfera tênue e serena, os raios solares são absorvidos pelos excursionistas em zonas mais altas e a sua circulação, essencialmente arterial, revitaliza-se poderosamente, à feição dos vossos banhos de sol. Os viajores escolhem as regiões que melhor condigam às suas emoções, sonhos e objetivos educacionais, seja a excursão aos polos, aos trópicos, às zonas equatoriais, ou então às regiões de reservas rurais, onde se adaptam e criam animais, insetos, plantas e flores trazidos de outros mundos.

PERGUNTA: — Qual o tamanho ou medidas desses aparelhos de excursões?

RAMATÍS: — Os tipos mais agigantados atingem a quinhentos metros de comprimento e podem manter-se imóveis no espaço, tanto tempo quantas sejam as preferências, pois a energia de sua estabilidade é mantida pela sustentação do próprio campo gravitacional.

PERGUNTA: — E as aeronaves de tipos menores, quais suas medidas e aspectos internos?

RAMATÍS: — Há um tipo "mirim" destinado a pesquisas mais sutis nas viagens interplanetárias. Não ultrapassa um metro de diâmetro e é um perfeito laboratório em miniatura, de alta sensibilidade, podendo ser controlado a distância do orbe. A série de aparelhos sob controle a distância vai desde um metro a três metros, sem tripulantes. E desta medida até um comprimento de sessenta metros, nos transportáveis para fora da órbita marciana. Os aparelhos, mesmo os de grande porte, são fundidos e estampados de uma só vez, em prensas movidas pelo "magnetismo etérico", as quais se assemelham a gigantescas catedrais edificadas no centro dos parques industriais.

Esses aparelhos não têm emendas, parafusos, dobradiças, rebites ou encaixes suplementares e podem ser feitos em série. Suas medidas obedecem a escalas em harmonia com certas leis vibratórias do éter cósmico.

PERGUNTA: — Como poderemos avaliar essas medidas condicionadas a certas leis vibratórias?

RAMATÍS: — Não temos permissão para dar-vos detalhes completos; contentai-vos em saber que alguns aparelhos são construídos sobre a "vibração-mater" do número três, outros na do número sete ou nove, que os marcianos denominam de "figura potencial vibratória".

PERGUNTA: — Quais são os recursos mecânicos que auxiliam os aparelhos no vôo dentro da atmosfera do planeta?

RAMATÍS: — Cada aparelho possui um conjunto duplo, triplo e até sêxtuplo de anéis que se movem, em oposição recíproca, quer no decolar, quer no aterrissar. Submetidos a um controlador que rege a formação dos campos magnéticos, esses anéis auxiliam o equilíbrio estático de equivalência entre as forças magnéticas de atração e repulsão, da própria lei da gravidade. Esse recurso permite economia de mais de trinta por cento da força projetada pelos transmissores terrenos. Equivale a certos dispositivos que os vossos automobilistas utilizam para reduzir o gasto de combustível. No caso de serem movimentados sem servirem-se diretamente da força gravitacional, então, esses anéis, postos em aceleração indescritível, arrancam a aeronave de seu campo estático, sob uma velocidade centrífuga espantosa. E assim que essa velocidade neutraliza e anula o centro equilibrante que sustenta o aparelho em manutenção estática, entra num ângulo de 180 graus e, disparando em fuga rapidíssima, assemelha-se a um rastilho luminoso.

PERGUNTA: — Supondo esse aparelho pousado no solo do nosso planeta, qual seria a sua velocidade inicial para vencer ou superar a nossa lei de gravidade?

RAMATÍS: — Calculamos que teria de partir do "ponto estático", numa "autopropulsão centrífuga", com a velocidade inicial de 20.000 (vinte mil) quilômetros horários, embora em Marte possa realizar o mesmo fato sob menor velocidade.

PERGUNTA: — Esses aparelhos marcianos serão os chamados "Discos Voadores" que tanta celeuma têm provocado na Terra?

RAMATÍS: — Justamente: são esses os "discos voadores" que tendes visto em vossa atmosfera, ora completamente imóveis, ora desaparecendo de vossas vistas em velocidades incontroláveis; pois, efetivamente, os marcianos estão operando no vosso orbe há muito tempo, formando um conjunto de observadores com finalidades pacíficas, embora, prudentemente, em defensiva. Esses eventos prosseguirão até a "hora profética" do encontro determinado pelo Pai, que é a ligação ou contato entre os orbes ainda materiais e os de seres ou almas mais evoluídas.

Aparelhos de outros planetas também têm feito incursões no vosso campo atmosférico, e mesmo, estabelecido contato com o vosso solo. E agora já não podeis duvidar de que, conforme enunciou Jesus, na hora dos "tempos chegados", "estranhos sinais" se farão visíveis no céu.

PERGUNTA: — Poderemos, então, denominá-los "discos voadores" em vez de aparelhos voadores?

RAMATÍS: — Mas não vos esqueçais de esclarecer: "discos voadores marcianos", pois, como dissemos, alguns, de outros orbes, também já vos têm visitado.

PERGUNTA: — Em que tempo os marcianos podem vir à Terra?

RAMATÍS: — Depende da distância entre o vosso planeta e Marte: quando este se encontra a 65.000.000 (sessenta e cinco milhões) de quilômetros, os vôos diretos, sem pouso nos satélites artificiais, podem ser vencidos em poucos dias. E quando a distância orça em quatrocentos milhões de quilômetros entre Marte e a Terra, em certos casos, no regresso, aguardam que o seu planeta. no curso de sua órbita natural, lhes fique mais perto, facilitando um salto de menor distância; porém, na distância de 400 milhões de quilômetros, as ditas viagens são menos frequentes.

PERGUNTA: — Como funcionam esses aparelhos ou discos voadores?

RAMATÍS: — Funcionam com o aproveitamento da força magnética, na lei de atração e repulsão dos polos; e essa energia ou combustível imponderável é captada através da cúpula superior. Essas cúpulas, por tratamento específico a que são submetidas em sua fabricação, têm propriedade absorvente e energética, tornando-as a parte mais sensível do aparelho. Os jogos de anéis que eles possuem são movimentados pela energia concentrada no polo magnético existente sobre o eixo central que, em alguns "discos", tem a conformação de uma esfera cor de topázio, brilhante, e é o ponto convergente e captador das emissões de fluidos magnéticos transmitidos das estações do solo ou das aeronaves de maior capacidade que estacionam, em pose estática, no mesmo campo do orbe.

PERGUNTA: — Poderíamos conhecer, mais ou menos, o sistema como é projetada essa energia que alimenta e mantém em vôo os "discos voadores marcianos"?

RAMATÍS: — As "emissões magnéticas" são projetadas das estações geradoras, na forma de linhas de força em fluxo de alimentação contínua, pois esses aparelhos não têm reservas em acumuladores porque isso lhes causaria grande redução em seu vôo e mobilidade. A energia magnética que recebem, não somente lhes serve para movimentar os grupos de anéis mecânicos, como é a principal responsável para que eles possam criar seus próprios campos de gravidade e movimentarem-se abrangendo grande amplitude.

PERGUNTA: — Como podem criar seus próprios "campos de gravidade"?

RAMATÍS: — Na parte superior do aparelho existem dois anéis de força, através dos quais fluem determinadas correntes eletrônicas, produzindo campos de energia poderosa, sob a lei comum da reação e coesão, atração e repulsão. As correntes de elétrons geram-se no acumulador diferencial, que é o polo magnético fixado sobre o eixo central da aeronave. Através de controle exercido pelos tripulantes ou a distância, a massa eletrônica, magnética, pode ser dirigida, intensificada ou reduzida sob os anéis de força, estabelecendo os campos magnéticos em oposição ou em conexão aos demais campos magnéticos que o aparelho pretenda operar. Essa massa magnética do acumulador diferencial, criada no aparelho, em oposição ou em conjunção com o campo magnético que esteja percorrendo, pela lei dos polos contrários, atrai o aparelho em direção ao planeta que atua; ou na mesma lei magnética que rege os polos semelhantes, é repelido pelo campo igual que está em conjunção com a gravidade do aparelho.

PERGUNTA: — Qual um exemplo mais objetivo, assimilável à nossa compreensão?

RAMATÍS: — Suponde que a Terra é um polo positivo: se através dos anéis de força desenvolverdes maior capacidade de amplitude à massa eletrônica produzida, criareis no aparelho um campo magnético contrário ao teor magnético positivo da Terra, resultando, assim, um polo negativo. Então, se o aparelho voador tornou-se um campo negativo de teor contrário ao conteúdo magnético terrestre, pela lei da atração dos polos contrários, o aparelho move-se para o solo. Entretanto, modificando a operação pelos controles internos, no sentido de dardes outra direção aos elétrons que fluem pelos anéis de força, produzireis, então, no aparelho, um campo gravitacional magnético, também positivo e em equilíbrio com a vibração magnética da Terra. Esclarecendo: antes, era um campo magnético em oposição ao orbe terráqueo; depois, é um campo magnético em perfeita conjunção. Se a lei dos polos contrários exerce atração, a lei dos polos semelhantes produz repulsão. Consequentemente, em tal caso, a tendência do aparelho é a de fuga, repelido pelo campo gravitacional da Terra, uma vez que possui em si um campo de vibração igual. Por conseguinte, quando o aparelho, com o recurso dos anéis mecânicos em alta velocidade, consegue desligar-se de sua manutenção estática, passando à ação dinâmica, ele se precipita numa fuga ou corrida, à razão de 18.000 a 20.000 quilômetros por hora, pois esta é, exatamente, a velocidade mínima capaz de vencer a força de atração da gravidade do vosso mundo.

PERGUNTA: — Nessas arrancadas bruscas e violentas, a lei de inércia não rompe os tecidos dos ocupantes?

RAMATÍS: — Isso não pode acontecer porque os tripulantes estão resguardados ou protegidos por campos magnéticos em torno; e, assim, a mesma força que acelera o aparelho atua em tudo e todos que se encontram no seu interior; não havendo, pois, deslocamento violento do aparelho quando ele se desliga do ponto estático que o retinha, o qual é mantido ainda, enquanto o aparelho manobra para partir; então, abre seu vôo serenamente, visto poder controlar ou neutralizar a lei de gravidade, conforme o grau desejado, sendo indiferente que o aparelho esteja imóvel ou acelerado em alta velocidade.

PERGUNTA: — Reconhecemos a complexidade do assunto; mas, se possível, desejaríamos um exemplo mais objetivo de como o aparelho se pode deslocar instantaneamente sem produzir abalo nos tripulantes.

RAMATÍS: — Para vossa melhor compreensão, citaremos um exemplo do vosso próprio ambiente: Se, dentro de um dos vossos aviões comerciais, em pleno vôo na velocidade comum de 400 quilômetros horários, estiverem algumas moscas, elas voam e se movem como se estivessem no seu ambiente normal, em terra; e o mesmo acontece à fumaça solta pelos fumantes, a qual se evola, serena, como num aposento terráqueo.

PERGUNTA: — Quantas pessoas podem transportar esses aparelhos marcianos, que lembram a forma de "discos voadores"?

RAMATÍS: — Desde uma até o máximo de doze. Geralmente, viajam (em número igual), homens e mulheres, pois os marcianos consideram a mulher como o companheiro espiritual que deve participar de todas as atividades masculinas, num sentido de cooperação fraterna e indispensável.

PERGUNTA: — Na hipótese de o homem terreno se aproximar de uma aeronave marciana, os seus tripulantes assumiriam quaisquer atitudes hostis para com o curioso?

RAMATÍS: — O homem marciano, que não destrói um inseto, não agrediria um seu irmão de outro planeta. Somente no caso de pressentir ambiente de agressividade, usaria suas armas magnéticas, as quais podem imobilizar o atacante a dois mil metros de distância sem, no entanto, inutilizá-lo. É apenas uma ação de incidência "magnético-paralisante" projetada contra o cerebelo humano; porém, o efeito desaparece sem vestígios, assim que se interrompe a corrente.

PERGUNTA: — Em nosso orbe circulou a notícia de que um avião militar foi desintegrado por um "disco voador". Se isto é verdade, não desmente o espírito pacífico dos marcianos ou de outros visitantes interplanetários?

RAMATÍS: — O fato é real. Os pilotos marcianos ignoravam que o material do aparelho terrestre fosse de tão fraca resistência. Esse aparelho solveu-se logo que tocou o campo radioativo do "disco". Atualmente, os aviões marcianos não se aproximam dos aviões terrestres. Tal acidente constrangeu os aviadores marcianos de tal modo, que agora, ao aproximarem-se da Terra, desenvolvem observações exaustivas, a fim de que o caso não se repita. O assunto foi ventilado seriamente, em Marte e também, nos planos invisíveis, tendo os altos mentores marcianos tomado sob sua proteção o espírito desse piloto, cujo avião foi desintegrado. Como compensação a essa lamentável ocorrência, o dito piloto vai ser reencarnado em Marte.

PERGUNTA: — Porventura, não há discrepância na reencarnação do piloto terrestre, em Marte, se ainda não apresenta um grau espiritual compatível com as condições daquele orbe?

RAMATÍS: — Quando referimos que esse piloto vai ser reencarnado em Marte, não cogitamos de eliminar as graduações espirituais ou os méritos que possibilitam aos habitantes da Terra fazerem jus a reencarnarem em Marte. Noticiamos, apenas, que ele ficará sob atenções especiais de entidades daquele orbe, que tudo farão no sentido de apressar-lhe a ascese espiritual para mais breve ingresso no planeta. Esse cuidado excepcional, que seria privilégio injustificável noutras condições, não é o caso do piloto em apreço, o qual sofreu violenta interrupção na sua romagem, por um acidente imprevisto na sequência cármica de sua vida espiritual. Essa é a compensação que referimos, como reparação ao desencarne "ex-abrupto", ocasionado pela aeronave marciana.

PERGUNTA: — Por que os marcianos não entram em contato oficial com a nossa humanidade, desde que são pacíficos?

RAMATÍS: — O contato será feito após eles efetuarem o levantamento topográfico da Terra, assinalando suas bases militares, fontes de produção bélica, instituições de produção atômica e, também, núcleos de vida pacífica. Como não ignoram o espírito belicoso do terrícola e suas contradições emotivas, é necessário que o primeiro intercâmbio e trocas afetivas sejam realizados sob um ambiente de profunda compreensão de vossa parte e completo desinteresse da posse prematura de suas conquistas mais altas. De modo algum os marcianos animam-se de ser responsáveis pelo mau emprego que fizerdes dos seus engenhos pacíficos.

PERGUNTA: — Temos ouvido referência a previsões de que os marcianos pretendem invadir a Terra.

RAMATÍS: — O "Conselho Interplanetário de Marte" não deliberou invadir a Terra. Aliás, um caso dessa natureza seria tão importante para eles como uma invasão que vós decidísseis contra a Groenlândia ou as aldeias zulus. No entanto, quando melhorarem os estados de ânimo e as disposições amistosas de vossa humanidade, cremos que eles farão contato mais direto com a Terra. Mas não deveis considerar esse problema "ipsis litteris", pois, se os mentores marcianos têm esse desejo naturalmente, os condutores espirituais do vosso planeta ainda consideram prematuras essas relações ou intercâmbio convosco, pelos tristes acontecimentos que tendes provocado com o advento dos aviões.

PERGUNTA: — Quais foram esses acontecimentos?

RAMATÍS: — Os acontecimentos provindos depois que a abnegação e magnanimidade de Santos Dumont e dos irmãos Wright propiciaram essa conquista no sentido das relações humanas. Entretanto, essa ave abençoada, que apressaria o encontro dos corações afetuosos, o terráqueo a transformou no pássaro de ferro a desovar ovos de fogo sobre a humanidade infeliz. Consequentemente, os mentores espirituais que regem os destinos do vosso planeta temem que façais o mesmo com os "discos voadores" e os transformeis em nova máquina destinada a despovoar o vosso orbe.

Só as vossas boas intenções e leais disposições para a vida superior poderão favorecer um contato mais breve e direto com os representantes de Marte.

PERGUNTA: — Eles poderiam aterrissar na Terra?

RAMATÍS: — Já o fizeram em zonas desertas e completamente desabitadas, a fim de não causarem pânico, pois conhecendo vossas atitudes impulsivas e descontroladas, sabem que isso lhes criaria situações difíceis e embaraçosas. Não seria de espantar que alguns terrícolas mais afoitos, em face da certeza de outros mundos habitados e ante a perspectiva de insólitas aventuras ou pela antevisão de "páramos celestiais", se precipitassem até ao assalto às aeronaves, não compreendendo que as "moradas do Pai" são a Escada de Jacó que só pode ser subida de degrau em degrau, e não galgada em saltos quilométricos. Incompreensão que, aliás, tem levado muitos terrícolas a fecharem-se num ascetismo de clausura e penitências, na ilusão de que, mediante essa inércia de interesse personalista e isolados de tentações do mundo, lhes será mais fácil a conquista do Céu.

Além disso, haveria também a considerar o perigo de vos interessardes demasiadamente pelo funcionamento mecânico dos "discos", antes de vos integrardes no "mecanismo" do Evangelho de Jesus; pois, se vos inteirásseis do problema, é quase certo que aperfeiçoaríeis ainda mais os processos no lançamento de bombas atômicas e balas dos canhões eletrônicos, demonstrando que o homem em vosso orbe, em vez de se esforçar por "ser a imagem de Deus", prefere ser a realidade do Gênio do Mal.

PERGUNTA: — Qual seria o aspecto exato que nós veríamos deparando com um desses aparelhos a pouca distância?

RAMATÍS: — Dependeria, naturalmente, de qual planeta a que o aparelho pertencesse, pois já vos dissemos que existem grandes diferenças entre os mesmos, inclusive quanto ao sistema, embora todos eles só possam atingir o vosso mundo ou além, aproveitando a energia da lei de gravidade. O aparelho marciano, tipo comum, vos daria idéia de uma enorme calota, de relevos salientes no terço superior, circulada de escotilhas de vidro azulado, transparente. A sua cor usual é entre o laranja-rosa até o salmão e, às vezes, o puro turquesa. A sua aparência, quanto ao material, dar-vos-ia idéia de alumínio ou aço polido, pois a superfície é absolutamente lisa e macia, dando impressão de estar maravilhosamente encerada. Todo o aparelho é construído com a substância vítrea a que já nos referimos, resistente a mais de 6.000 graus de calor; e as vossas metralhadoras, por mais possantes, não produziriam quaisquer arranhões na sua couraça. Tais aparelhos, embora atinjam até 30 metros de altura por 60 metros de diâmetro, poderíeis movê-los de lado, até certa altura, pois não pousam definitivamente; eles flutuam a um ou dois metros, em perfeito equilíbrio no seu campo estático de gravidade, conforme faz o vosso beija-flor, essa jóia alada que, para sugar o néctar das flores, se mantém em vôo estático. O que mais destaca os "discos" são as auras de luz polarizada que vibram em torno. A sua poderosa superfície radioativa é capaz de desintegrar qualquer veículo ou aeronave terráquea; pois, desde que os acumuladores diferenciais sejam elevados à sua potencialidade máxima de irradiação magnética, todo e qualquer elemento do vosso mundo que permanecesse à distância igual a três vezes o tamanho do aparelho, seria desintegrada instantaneamente.

PERGUNTA: — Qual a função desse campo radioativo desintegrador?

RAMATÍS: — Serve como exterminador da fauna bacteriológica do plano físico e dos bacilos psíquicos no campo imponderável, e que afetariam o organismo marciano nas atmosferas estranhas. Forma também a couraça magnética defensiva do aparelho, ante as surpresas noutros orbes desconhecidos.

PERGUNTA: — A radiação é sempre desintegradora, mesmo sob baixa frequência?

RAMATÍS: — Nos vôos normais a frequência é reduzida para o mínimo radioativo, tornando-se, então, apenas um campo que repele contatos diretos.

PERGUNTA: — Uma vez que os "discos voadores" não possuem reservas de energia e as absorvem das estações, em Marte, como podem eles se movimentar nas atmosferas de outros planetas?

RAMATÍS: — Esse "quantum energético" é transmitido de uma aeronave-estação, que se mantém na mesma área, a algumas dezenas de quilômetros de altura.

PERGUNTA: — Quais as condições que poderiam pôr em perigo a estabilidade dos "discos voadores", em nossa atmosfera?

RAMATÍS: — Esse perigo, embora remoto, reside em tudo aquilo que pudesse operar violentamente nos campos magnéticos do vosso orbe, porque os vôos na atmosfera são baseados no teor da força gravitacional existente. As explosões atômicas, inesperadas, poderiam criar-lhes desequilíbrios na sustentação das forças magnéticas, mas a espaçonave-estação tem recursos para ativar o fluxo energético mantenedor de estabilidade. Também as tempestades magnéticas no campo terrestre, cuja intensidade e efeitos não são perfeitamente conhecidos dos marcianos, poderiam causar descompensações e exigir providências excepcionais por parte da nave comandante. Embora remotíssimo de acontecer, também a repercussão de influências astronômicas imprevistas, por serem mais coercivas na vossa área magnética, seria possível perturbarem a normalidade desses vôos.

PERGUNTA: — Na suposição de que um "disco voador" fosse colhido na área de deflagração da bomba atômica, que poderia acontecer-lhe? Seria desintegrado imediatamente?

RAMATÍS: — O material de que é construído não seria afetado, pois o impacto atômico não lhe alcançaria a intimidade eletrônica, pela sua poderosa cortina radioativa; porém, a violência seria capaz de produzir grandes fricções no material das linhas magnéticas de defesa interna, resultando, certamente, "incandescência" na sua atmosfera interna; algo semelhante ao fenômeno da luz elétrica, na lâmpada incandescente de Edison. E embora a nave principal, pela televisão refratada, pudesse observar o acontecimento e fazer aterrissar o aparelho sob controle a distância, dificilmente os tripulantes se salvariam. Presentemente, os cientistas marcianos já identificaram certas faixas de magnetismo muito absorventes alimentadas por agrupamentos minerais radioativos e que são verdadeiros canais magnéticos capazes de interferir um tanto na estrutura material dos aparelhos.

PERGUNTA: — Qual um exemplo dessa interferência e seus efeitos?

RAMATÍS: — Durante os vôos mais rasantes, essas faixas provocam determinada reação nas aglutinações moleculares do material, podendo ocasionar um desgaste prematuro, embora sem graves consequências, como seja uma condensação aumentativa na radioatividade e consequente derretimento parcial da substância.

PERGUNTA: — Qual a sensação que os marcianos têm da nossa atmosfera?

RAMATÍS: — Igual à que vos toma quando penetrais nas cavernas umedecidas e de emanações opressivas. Sua sensibilidade delicadíssima exige-lhes gradual adaptação; assim como vos preparais para submergir no fundo do mar ou penetrar no interior das minas de carvão, eles, por requisição mental, aumentam suas defesas orgânicas.

PERGUNTA: — A atmosfera da Terra chegará um dia à mesma fluidez ou pureza etérea da atmosfera de Marte?

RAMATÍS: — Sem dúvida. O processo ascensional dos orbes é idêntico em qualquer latitude cósmica. Há muitos milênios, a atmosfera terráquea seria absolutamente funesta aos pulmões da vossa humanidade atual. Marte já possuiu teor atmosférico idêntico ao que tendes agora; e o grau já conseguido por Marte, na sua ascensão física e espiritual, também será alcançado pela Terra. Os planetas afastam-se, gradualmente, do Sol. À medida que perdem a sua densidade magnética, na pulsação de vida cósmica, refinam-se ou fluidificam-se pela esterilização ou escoamento de seus resíduos e impurezas radioativas. A purificação da área magnética dos planetas liberta-os, gradativamente, da influência magnética do campo solar. O Sol vê seus filhos, os satélites, emancipando-se gravitacional e magneticamente, por irem ganhando, cada vez, maior distância. É a lei de correspondência vibratória, atuando com absoluta equidade, tanto nos seres, como nas massas planetárias. À proporção que as humanidades se espiritualizam, os planetas que elas habitam também se purificam em sua "massa física", ou seja, a evolução espiritual de seus habitantes, implica e ativa a evolução cósmica de seu *habitat*. A rudeza fisiológica dos dinossauros antediluvianos estava em equilíbrio com a atmosfera de gases sufocantes da Terra naquela época. Consequentemente, a atmosfera tênue e rarefeita de Marte está em consonância com a sutilidade psíquica e espiritual dos marcianos; e o vosso mundo também é candidato ao teor magnético atual de Marte, evento que se realizará tão cedo quanto sejam os vossos esforços no sentido de evolução espiritual; e pela mesma lei, os marcianos estão "lutando" para se aproximar dos maravilhosos desideratos espirituais dos habitantes de Saturno.

PERGUNTA: — As espaçonaves interplanetárias nunca desceram até a linha de vôo dos nossos aviões?

RAMATÍS: — O chamado "fuso voador" já fez experiências em lugares e ilhas nas zonas crepusculares.

PERGUNTA: — Esse fuso voador também utiliza, para sua propulsão, o elemento que referistes, captado na atmosfera de Marte? E, em caso afirmativo, não há perigo de vir a faltar-lhe o dito elemento quando essa aeronave se afasta para a área de outros orbes?

RAMATÍS: — Isso não acontece porque ele possui tanques

com energia concentrada, que lhe alimentam os geradores, e que desempenham a mesma função dos acumuladores que utilizais em alguns dos vossos veículos.

PERGUNTA: — Qual é a missão principal desses "discos voadores", em nossa atmosfera?

RAMATÍS: — Procuram extrair atmosfera da Terra, para conhecerem o teor magnético, as faunas microbianas, miasmas e bactérias; as poeiras telúricas e as cinzas radioativas; e principalmente, as emanações e eflúvios que se evaporam do solo, sob a ação "quimiofísica" do Sol. Verificam também as condições de profilaxia preventiva quanto aos tipos de antitoxinas para sua defensiva orgânica.

PERGUNTA: — Diante dos terrícolas, quais seriam as impressões dos marcianos?

RAMATÍS: — Não seria um acontecimento incomum, pois já estão mais ou menos habituados a esses intercâmbios interplanetários. Notariam nos terrícolas a ausência de protuberâncias que os marcianos têm na altura das omoplatas; e também lhes chamaria a atenção a sua pele enrugada, crivada de sinais, manchas, descolorações hepáticas ou anêmicas; os seus modos grotescos de andar e gesticular; a sua aderência mais colada ao solo, daria ao marciano a idéia de estar em presença de um silvícola dos mundos inferiores. A mesma impressão que os espanhóis tiveram dos primeiros selvagens apresentados por Colombo, na corte da Rainha Isabel, seria a que teriam os marcianos ante os seus irmãos da Terra.

PERGUNTA: — Os raios que eles utilizam para se defender, prejudicariam a saúde dos terrícolas, dias após?

RAMATÍS: — Eles podem atuar com vigor no cerebelo e nas regiões dos "plexos", através de projeção de forças etéricas desconhecidas de vossos cientistas; porém, sua ação exclusivamente magnética não deixa efeitos nocivos ao organismo.

PERGUNTA: — Um terrestre poderia ir até Marte, sem perigo de sucumbir?

RAMATÍS: — Conhecido o teor exato do sangue terrícola, suas impurezas específicas, tempo de coagulação e viscosidade "intervasos", os cientistas marcianos poderiam conduzir o eventual turista, em estado de hipnose e o coração em fibrila, adaptando-lhe, artificialmente, uma atmosfera terráquea, cuja dificuldade seria, apenas, a de controlar os dois campos gravitacionais na mesma aeronave; um para os marcianos e outro para o terrestre. Entretanto, como já existem em Marte alguns pilotos veteranos, com alguns anos de adaptação à vossa atmosfera, esses seriam os mais indicados para conduzir o cidadão da Terra.

PERGUNTA: — Há quem refira, na Terra, que o assunto das aeronaves interplanetárias está contido na profecia de Ezequiel, na Bíblia.

RAMATÍS: — Realmente, o assunto está exposto sob forma simbólica, por Ezequiel, quando de seu cativeiro à beira do rio Chebar. Os profetas constituem a voz oculta e antecipada dos acontecimentos futuros; são os noticiaristas prematuros. No capítulo 1, versículo 4, Ezequiel notifica perfeitamente a idéia de "alta velocidade" e dos "campos radioativos" das aeronaves, quando diz na sua visão: "... um vento tempestuoso vinha do norte, havia uma grande nuvem, um fogo revolvendo-a e um resplendor em torno dela". E mais: que "no meio da nuvem resplandecente saía uma coisa como cor de âmbar"; e na vossa linguagem atual, o âmbar é um corpo amarelo, semitransparente, isto é, na cor exata das naves marcianas. No versículo 13, Ezequiel reforça a sua visão e confirma as poderosas radiações que já vos expusemos antes, quando comunica: "... era como brasas, de fogo ardente, com uma aparência de lâmpadas; o fogo resplandecia e saíam relâmpagos". No versículo 14, insiste, ainda, em dizer que "os animais corriam e se tornavam à semelhança de relâmpagos".

PERGUNTA: — Reconhecemos nessas descrições o tipo das aeronaves interplanetárias, mas há quem afirme que também são descritos, "ipsis litteris", os "discos voadores".

RAMATÍS: — Igualmente, podereis assinalá-los nos versículos 9 e 10 do capítulo 10, quando o profeta enuncia: "... e eis quatro rodas junto aos querubins", ou seja, quatro discos voadores junto de criaturas doutros orbes, havendo, na realidade, muita semelhança entre o querubim e um marciano louro, com os seus cabelos compridos e as faces ternas de uma criança. Mais além ele explica: "... e o aspecto das rodas era como cor de turquesa", isto é, cor de alumínio, azulado, com liga de cobre, e que por singular coincidência é exatamente a tonalidade desses aparelhos marcianos. Ainda no versículo 10, cita o profeta: "...as quatro rodas tinham uma mesma semelhança; como se estivera uma roda dentro doutra roda", causando espanto a sua admirável previsão de saber, que os "discos voadores" possuem anéis mecânicos, que os auxiliam no vôo, e que são verdadeiras rodas dentro da roda principal, girando em sentidos contrários. Nos versículos 11, 16 e 17, do mesmo capítulo 10, nota-se a preocupação do vidente em comunicar que "onde iam os animais iam as rodas também", revelando que as naves interplanetárias, simbolizadas nos "animais", transportavam os discos em seu interior, levando-os para onde iam. No versículo 12, afirma que as "rodas estavam cheias de olhos", confirmando que os "discos voadores" não possuem janelas comuns, porém, escotilhas esféricas, que lembram as aberturas no caso dos transatlânticos. A própria energia magnética que a nave principal fornece para a propulsão dos "discos", sem a qual estes não se moveriam, Ezequiel previu com sagacidade, pois no versículo 21 do capítulo 1, ele diz: "... porque o espírito do animal estava nas rodas", podendo ser traduzido, "ipsis litteris": "a energia magnética da aeronave principal estava nos discos". Há, mesmo, certa clareza em se identificar os marcianos na profecia de Ezequiel, pois ele descreve o seguinte, no versículo 8, do capítulo 1: "... E tinham mãos de homem debaixo das suas asas..." , descrição que lembra-nos, muito bem, as protuberâncias que os habitantes de Marte possuem junto às omoplatas, sobre os braços. Outro fato expressivo, Ezequiel notifica no versículo 13, capítulo 10, quando assevera: "E, quanto às rodas, a elas se lhes chamou a meus ouvidos de Galgal", de cuja palavra se fez a corruptela para o verbo "galgar", que se refere a "elevar-se, subir, alinhar, pular, subir repentinamente, elevar-se velozmente, saltar etc.", ou seja, a representação exata e dinâmica dos movimentos facílimos, que executam os referidos discos, nas suas excursões e mobilidades que espantam os terrícolas.

Não podemos prosseguir no assunto, em face da exiguidade deste trabalho mediúnico, embora o observador atento possa encontrar, na Bíblia, através de outras profecias, novas justificações da hora severa e dolorosa que atravessais, bastante conhecida entre os marcianos.

PERGUNTA: — Sendo a ciência dos marcianos tão adiantada, como se explica desconhecerem a resistência dos nossos metais, a ponto de ignorarem as reações desastrosas como essa que ocorreu?

RAMATÍS: — Onisciente só Deus. O homem de Marte, embora mais evoluído do que o cidadão terrícola, também ainda é um aluno em aprendizado. Os seus conhecimentos científicos são exatos, mas em relação ao seu orbe. Por conseguinte, é natural que ignore o teor da resistência e vulnerabilidade das substâncias oriundas de outros planetas. E esse caso, achá-lo-eis bastante verossímil se considerardes que, apesar do extraordinário progresso obtido pelos vossos cientistas na esfera do átomo, eles ainda ignoram os efeitos ou reações produzidos pela radioatividade da poeira atômica. No entanto, trata-se de um fenômeno que se desenvolve em torno do vosso próprio *habitat*.

27. Viagens interplanetárias

PERGUNTA: — Os marcianos costumam realizar suas viagens interplanetárias com certa frequência?

RAMATÍS: — Existe uma linha de vôo regular entre Marte e o satélite habitado, a qual permite uma espécie de "fins de semana" para os marcianos. Estão aumentando, também, os demais intercâmbios com outros orbes; e a Terra significa-lhes o mais novo objetivo interplanetário.

PERGUNTA: — Quais as formas das espaçonaves de vôo interplanetário? Guardam semelhanças com os nossos aviões?

RAMATÍS: — Há certa semelhança, pois o curso longo de um planeta a outro exige sempre um aparelho cuja sustentação anatômica se aproxime ao vôo da ave gigante. É uma nave de grande porte, alongada, construída também de matéria vítrea e que resiste a 6.000 graus de calor e as pressões incríveis. Suas disposições internas nas acomodações, compartimentos de bagagem, almoxarifado e material de vôo lembram os recursos da engenharia terrestre, em que os ângulos mais triviais estão enquadrados na massa útil. Existem vários tipos, mas não diferem quanto às linhas básicas de navegação aérea. São pintadas em cores claras, como é do gosto marciano; as insígnias no dorso referem-se ao número de missões interplanetárias e aos planetas já visitados.

PERGUNTA: — Sob a nossa visão terrena, qual o aspecto mais conhecido a que se assemelha essa espaçonave marciana?

RAMATÍS: — A sua forma se identifica com um "fuso voador". Nos seus rapidíssimos vôos interplanetários, o material poderoso, mas algo flexível e que reveste todo o corpo, amolda-se um tanto às pressões exteriores. Não há compressão interna.

PERGUNTA: — Conduzem muitos passageiros e tripulantes?

RAMATÍS: — As mais modernas, atualmente, permitem conduzir até cento e vinte pessoas, embora com certo sacrifício da carga de pequenos aparelhos voadores, que costumam conduzir no seu bojo.

PERGUNTA: — Então, esses aparelhos, "discos voadores", são transportados em viagens interplanetárias, no interior dessas espaçonaves?

RAMATÍS: — Em qualquer viagem, são transportados, sempre, no mínimo, doze aparelhos de vôo atmosférico; e são estes, realmente, os responsáveis por todas as investigações e contato direto com os mundos visitados. A sua movimentação desembaraçada para qualquer ângulo e a mutação rapidíssima de velocidade; a rapidez de partida do ponto estático para altas velocidades; seu tamanho adequado para as incursões locais e a redução de energia com os recursos mecânicos mais simples e práticos na sustentação atmosférica contribuem para que esses aparelhos, "discos voadores", sejam os preferidos para os vôos internos nos orbes. Além disso, possibilitam adaptações urgentes em casos de gravidade inesperada quando penetram em atmosfera de planetas desconhecidos.

PERGUNTA: — Os cientistas terrenos também estão procurando concretizar um vôo em direção à Lua, como seu primeiro objetivo interplanetário.

RAMATÍS: — Não desmentimos esse futuro advento de vossos cientistas; mas deploramos vossa pressa em dilatar fronteiras planetárias, quando ainda não conseguistes a paz e a harmonia entre a vossa humanidade. Enquanto problemas graves e dispendiosos ainda exigem toda a capacidade de recursos terráqueos, torna-se improcedente e prematuro resolver os que, de nenhum modo, devem antecipar-se às vossas necessidades mais imperativas.

Sim: como se justificar que dissipeis milhões em experiências extemporâneas com engenhos interplanetários, em vez de aplicardes essas verbas fabulosas na extinção do analfabetismo no mundo inteiro; também, em extinguir essa exposição miserável e chocante, constituída pelos mendigos nus e chagados instalados nas praças públicas; e, acima de tudo, destinardes esses milhões em solucionar o drama social constituído por essas crianças, por esses meninos órfãos de pais mortos e "vivos", e que, formando legião imensa, se encontram nas ruas e nos morros, abandonados como cães sem dono; pois semelhante espetáculo não depõe, apenas, contra os governantes de cada país.

É uma calamidade de tuberculose social que avilta e rebaixa a consciência da própria humanidade.

As vossas pretensas viagens à Lua constituem, pois, mais uma discrepância da vossa mentalidade, da vossa insensibilidade em relação aos problemas fundamentais da civilização atual e da que se aproxima. Por que, então, cogitardes de ampliar o panorama da vossa visão científica no mundo material, enquanto ainda tendes um deserto moral no coração?

PERGUNTA: — E por que não é incongruência os marcianos se preocuparem em atingir o nosso planeta?

RAMATÍS: — Trata-se de uma humanidade superior, perfeitamente equilibrada no binômio Fé e Ciência. E, por isso, já fez jus ao prêmio da inspiração elevada para solucionar o vôo interplanetário e, também, autorização para influenciar mundos mais atrasados. O marciano é cidadão altamente espiritualizado, que "desce" para servir e orientar; ao passo que o terrícola, belicoso, egoísta e materializado, quando "sobe" é para destruir e semear discórdias no seu caminho.

PERGUNTA: — As espaçonaves podem voar sem precauções especiais, nos vôos interplanetários?

RAMATÍS: — Quando viajam entre globos ou planetas distantes de camadas atmosféricas, voam devidamente protegidas, hermeticamente fechadas e livres das temperaturas exteriores. Mas no seu interior há completo desafogo, por existir uma gravidade própria.

PERGUNTA: — Os "fusos voadores" também se movem pela energia aproveitada da força ou da ação de gravidade a que vos tendes reportado?

RAMATÍS: — Naturalmente carecem de uma energia exterior para criarem os seus próprios campos de gravidade. Obtêm essa energia diretamente das estações geradoras, em Marte, e a acumulam em grandes reservatórios; possuindo, igualmente, em seu interior, pequenos grupos de geradores que produzem força magnética. Quando empreendem seus vôos interplanetários, como medida de segurança, conduzem tanques sobressalentes, carregados de energia marciana "supercomprimida". Assim como os aparelhos de vôo atmosférico aumentam seu poder de propulsão, através da ação dos velocíssimos anéis magnéticos, as aeronaves interplanetárias expelem "jatos magnéticos" que lhes transmitem impulsos aceleradores de velocidades fantásticas, além de todas vossas mais ousadas conjeturas e atuais foguetes terrícolas.

PERGUNTA: — Por que não extraem essa energia doutras atmosferas planetárias, em vez de a conduzirem em tanques especiais?

RAMATÍS: — É porque cada orbe possui atmosfera magnética de teor energético diferente em equivalência à distância em que se encontra do núcleo do sistema marciano; em relação também, ao seu tamanho e, igualmente, às incidências gravitacionais de outros planetas. Há que considerar ainda o fator "idade" de cada mundo, que lhes cria um teor magnético específico ou adequado às suas necessidades e à sua contextura física. A Terra, por exemplo, apresenta um quociente magnético considerado "muito impuro" e impróprio para ser utilizado no sistema motriz das aeronaves e espaçonaves de Marte.

PERGUNTA: — Então, o magnetismo que existe na atmosfera terráquea não pode ser extraído pelos marcianos?

RAMATÍS: — Pode ser extraído e servir, também, satisfatoriamente na criação dos campos gravitacionais próprios das espaçonaves. Mas teria de ser submetido a uma espécie de "cura" ou refinação, para o libertar das impurezas ou viscosidades que provêm da mente humana. O magnetismo terrestre está impregnado continuamente das vibrações letárgicas da sua humanidade sem controle psíquico e mental; e essa operação de "cura" ou "tratamento" preliminar só pode ser obtida no ambiente de Marte, pois exige mecanismos complexos, impossíveis de transporte interplanetário e ainda incompreensíveis à vossa mente atual.

PERGUNTA: — Podeis facultar-nos um exemplo mais acessível aos nossos conhecimentos?

RAMATÍS: — Considerai, então, que a gasolina, o óleo e o

querosene provêm do petróleo; no entanto, são profundamente diferentes em sua substância e aproveitamento. É óbvio que os veículos construídos para o mecanismo a gasolina não podem usar o querosene, embora este provenha da mesma fonte ou origem. Faz-se necessário um processo de adaptação, ou há que "tratar" o querosene para refinar a gasolina. Os próprios aviões do vosso mundo exigem um tipo de gasolina chamada "aviatória", cuja qualidade é muitíssimo mais purificada do que a usada nos veículos terrestres. O mesmo sucede com as naves interplanetárias marcianas; embora a energia magnética da Terra provenha do mesmo campo de magnetismo solar, nem por isso pode compensar, integralmente, o teor energético da atmosfera de Marte.

PERGUNTA: — Admitindo que as aeronaves marcianas resolvessem usar o magnetismo extraído de nossa atmosfera, quais seriam os resultados?

RAMATÍS: — Comparativamente, as consequências seriam as mesmas que resultariam de colocardes óleo grosso ou pesado em máquinas que exigem azeite refinado. Aliás, essa experiência já foi realizada; e a espaçonave marciana encontrou sérias dificuldades para ajustar às funções o delicado mecanismo eletrônico equilibrante dos campos gravitacionais. O jato "magnético-etéreo" que no magnetismo de conteúdo puro é absolutamente invisível aos olhos físicos, chegou a produzir manchas densas em torno da espaçonave.

PERGUNTA: — Qual o tamanho dessas espaçonaves interplanetárias e qual a sua velocidade habitual nos seus vôos de maior percurso?

RAMATÍS: — O tamanho ou envergadura das espaçonaves de longo percurso proporciona-lhes o comprimento de quinhentos metros e a altura de trinta metros. Quanto à sua velocidade, decerto vos causará assombro a nossa afirmação, mesmo que tomeis por base as velocidades supersônicas, pois as velocidades das aeronaves marcianas, interplanetárias, podem atingir a um milhão de quilômetros horários.

PERGUNTA: — Realmente, reservamo-nos o direito de não poder compreender tal afirmação, a qual foge ao nosso atual entendimento comum, científico. Nossa mente ainda não consegue conjeturar semelhante velocidade. Podereis esclarecer-nos?

RAMATÍS: — Ainda estais muito distanciados de inúmeros fatores que vos conduzirão aos resultados já alcançados pelos marcianos. A idéia que fazeis do "atrito" ou da "fricção", nos espaços interplanetários, ainda não ultrapassou o vosso campo das experimentações comparativas, embora saibais que o obstáculo às velocidades altas diminui, gradualmente, em proporção à altura. Todos os problemas e complexidades dos mesmos, os marcianos resolveram definitivamente, após o domínio da lei da gravidade.

PERGUNTA: — Nessa propulsão através da força aproveitada da lei de gravidade, os marcianos já alcançaram o máximo possível?

RAMATÍS: — Não há linha limitativa para os eventos humanos pela simples razão de que o homem é um reflexo vivo da Sabedoria Divina, ou seja, "o homem foi feito à imagem de Deus" e "o reino de Deus está no homem". Por conseguinte, a eternidade é um campo de trabalho e de ascensão do ser humano, sem quaisquer limitações estáticas. Atualmente, os cientistas marcianos estudam o controle gradual da atração dos demais planetas e as várias graduações de cada mundo na sua influência magnética sobre Marte. Conhecendo grande parte das oscilações cósmicas que fazem os sistemas planetários balouçarem-se no espaço, esses cientistas já conseguiram medir as linhas de força de inúmeros sistemas que cruzam a área de influência de seu orbe. E já comentam, então, futuras viagens interplanetárias, simplesmente à base de controle das atrações planetárias além de Marte.

PERGUNTA: — E qual foi o mais complicado problema para os marcianos conseguirem esse modo de propulsão aérea?

RAMATÍS: — Foi o de controle da força magnética. Mas o fizeram sem aflição e sem os objetivos belicosos que são comuns no vosso mundo. Já pensastes no crime que cometeu a criatura terrena, perante Deus e seus emissários, quando, recebendo asas para competir com o pássaro, fez da sua ave mecânica um raio de morte sobre as cidades indefesas? Podereis porventura imaginar a dor dos que daqui partiram, para o vosso orbe, como os irmãos Wright e Santos Dumont, para vos darem o "mais pesado do que o ar" e o "sentido direcional", ao verificarem, depois, que essa dádiva do Pai, vós, com vossa crueldade, a utilizastes para objetivos infernais de destruição, horror e sangue?...

PERGUNTA: — O vôo interplanetário é supervisionado pelos tripulantes, revezando-se nos controles, conforme se procede nos aviões terrestres?

RAMATÍS: — O aparelhamento no interior para o controle de direção de vôo é simplíssimo e difere imensamente dos de vossos aviões, com o seu paredão de chaves, relógios, bússolas, marcadores de pressão, de óleo, gasolina, temperatura, nível, ângulos diferenciais, geradores, sincronizadores de velocidade e de rotações, regime de ascensão ou descida, acrescido, ainda, da multiplicidade de alavancas e manivelas de propulsão. As aeronaves marcianas possuem um sistema de "tricontrole" automático que regula as fases negativas, positivas e neutras da gravidade, em consonância com as zonas de atração ou influência magnética do percurso em que estão viajando. Esse controle ajusta rapidamente todas as ações de densidade gravitacional, à medida que as naves se aproximam ou se afastam de determinados campos de ação planetária. Como a ação dessa gravidade se exerce esfericamente em linhas de forças magnéticas que atuam concentricamente em todos os corpos, o "tricontrole" atende à perfeita distribuição da energia gravitacional em torno da aeronave. Poder-se-ia dizer que a nave interplanetária perde o seu "peso", em virtude da genial distribuição das linhas de pressão em todos os seus campos eletrônicos. A velocidade e direção são obtidas através do princípio singelo de física na lei da atração ou repulsão dos polos magnéticos, em relação à densidade e à fase do campo de gravidade da aeronave. Esse conhecimento e controle da gravidade evita aos cientistas marcianos os exageros dos técnicos da Terra, na aflição do meio de propulsão de seus aviões.

PERGUNTA: — A que se refere o irmão quanto aos "exageros dos técnicos terrestres"?

RAMATÍS: — Em face do custo dispendioso que fazeis com cada uma de vossas aeronaves mais modernas, imaginai os recursos fabulosos que teríeis de despender quando pretendêsseis construir uma nave interplanetária. A vossa instrumentação é exageradamente complexa. Quando atenderdes à simplicidade das leis que governam os movimentos planetários do espaço cósmico, compreendereis que a vossa complexidade tornou mais difícil ou complicou a solução de certos problemas.

PERGUNTA: — Quando uma espaçonave parte de Marte,

em direção à Terra, necessita prever a deslocação do nosso planeta, a fim de não sair fora de sua zona de atração?

RAMATÍS: — Essa probabilidade de erro não tem razão de ser porque a espaçonave em seu vôo está submetida à "linha de força magnética" que liga os dois planetas, atingindo sempre o seu alvo. A sua direção não está dependente de um piloto, como acontece com os vossos aviões; seu rumo é subordinado à linha de atração do campo magnético da Terra, na diferenciação da lei de gravidade, e por esse motivo não há desvios nem carece de uma partida prematura para coincidir exatamente no vosso orbe.

PERGUNTA: — Dizem os cientistas que o problema mais complicado para atingir-se outros planetas refere-se à passagem do vácuo.

RAMATÍS: — Realmente, assim seria, se as espaçonaves marcianas dependessem de combustíveis símiles aos da Terra, carecendo de impulsos violentos iniciais, para travessia provável do vácuo. Não vos esqueçais de que as naves de Marte operam num campo magnético, cuja vibração exclui a interferência de quaisquer outros fenômenos físicos. O problema do "vácuo" para os vossos aviões é de ordem mais física, mais material, enquanto para os marcianos o problema circunscreve-se ao campo magnético. Enquanto necessitais de "impulsos" de alto teor para ganhardes a velocidade capaz de lançar-vos além da cinta de vácuo, esse problema é nulo para as espaçonaves marcianas que a atravessam "atraídas" pelos campos de gravidade de outros orbes, onde o magnetismo planetário e a energia vibrátil, no "éter cósmico", são fatores básicos da propulsão. O magnetismo cósmico é lei e força em vibração constante no vácuo e é este magnetismo energético que as naves interplanetárias de Marte dominam absolutamente.

PERGUNTA: — As vestes que os marcianos usam nas viagens interplanetárias também são pressurizadas?

RAMATÍS: — Eles lamentam o imenso sacrifício do piloto terraqueo, que para voar alguns quilômetros acima do solo tem de envergar a opressiva vestimenta pressurizada.

PERGUNTA: — Viajam porventura desprotegidos de trajes especiais?

RAMATÍS: — Usam os vestuários comuns; mas protegem-se quanto ao clima dos planetas que visitam, adotando trajes adequados para os casos em que tenham de suportar climas e pressões diferentes do seu meio de proteção.

PERGUNTA: — Em face da velocidade assombrosa que desenvolvem, por que não se desintegram os materiais que compõem essas espaçonaves? Na Terra têm-se desintegrado aviões em menor velocidade. Qual o fator principal que evita tal efeito?

RAMATÍS: — A substância vítrea que forma o exterior das naves tem a superfície tão lisa como a porcelana encerada e resiste a 6.000 graus de calor. Quando é fundida, nas gigantescas usinas de Marte, recebe um tratamento específico, magnético, que lhe atua nas órbitas eletrônicas e a deixa menos friccionável no campo físico e mais energética na área magnética. É levíssima e facilmente deslocada para as mais altas velocidades e possui a faculdade de tornar-se tão intensamente radioativa e desintegradora, em torno, tanto quanto seja o aumento de velocidade. À medida que se processa a "fricção" no exterior, esse material amplia a sua radioatividade e coesão molecular, eliminando a própria "fricção", compensando-a em seguro equilíbrio "físico-magnético". Os fenômenos comuns, que surgem na passagem rápida da estática para a dinâmica, são completamente eliminados pelo domínio da lei de gravidade. Em vez de "impulsionadas" contra um campo de resistência "magnético-gravitacional", "descolando-se" de outra zona de influência, as espaçonaves seguem matematicamente a linha de força que elas mesmas criam e deslocam. Em velocidades inconcebíveis aos cálculos mais ousados das vossas conjeturas, as naves mantêm-se em campo neutro; à medida que elas avançam para os polos positivos ou negativos, que têm em vista como objetivo magnético, diminui também a estática em proporções decrescentes. É uma compensação gradual e que só no decorrer dos séculos futuros podereis compreender satisfatoriamente. No passado, quando os veículos terrenos conseguiam, com dificuldade, a média de trinta quilômetros horários, a medicina terrena, ignorando as velocidades supersônicas atuais, assegurou que acima de trezentos quilômetros o organismo humano diluir-se-ia completamente.

PERGUNTA: — Qual um exemplo comum, do nosso mundo, que nos pudesse dar uma idéia dessa "zona neutra" e perma-

nente nas espaçonaves?

RAMATÍS: — Imaginai um desses balões comuns de papel de seda, que se elevam sob a ação do ar interno aquecido. Suponde que está absolutamente imóvel, no espaço, graças a um perfeito equilíbrio entre a pressão interna e a externa. Se aquecerdes mais o ar interior, a tendência do balão é subir; mas se o esfriardes, ele tende a descer; e quando a pressão externa é equivalente à massa interna, aquecida, o balão permanecerá imóvel. Considerai, então, que a espaçonave, em vez de "ar quente", vibre "magnetismo" mais ou menos denso, em correspendência com o campo natural exterior. O seu próprio campo de gravidade é que regula a sua velocidade; se o teor "artificial", que lhe compõe a atmosfera interna, calibrado com ar aquecido, do balão, é um "quantum" em equilíbrio com o "quantum" livre no espaço, há perfeita imobilidade; qualquer alteração diferencial que se produza de ação positiva ou negativa, fará que a aeronave se desloque, atraída para a área magnética mais poderosa.

PERGUNTA: — Podereis esclarecer-nos melhor quanto a esse movimento de atração para uma "área magnética mais poderosa"?

RAMATÍS: — A espaçonave firma-se nos campos magnéticos planetários, para formar as suas reações gravitacionais; o seu campo próprio de gravidade é sempre em equilíbrio com a massa magnética exterior, quando deseja a imobilidade; e é contrário assim que se move para "fora" ou para "dentro" da zona magnética dos planetas. Considerando a Terra como sendo uma área magnética negativa, desde que o centro de gravidade seja positivo, ela tende a descer, sob a lei dos polos contrários que se atraem. Entretanto, é suficiente mudar a massa ou pressão gravitacional interna, para que a mesma fase negativa, terráquea, se imponha e a nave seja repelida, na lei de que os polos semelhantes se repelem. A velocidade e a capacidade do vôo, consequentemente, ficam circunscritas às diferenciais dos campos de gravidade entre a espaçonave e as massas exteriores por onde trafega.

PERGUNTA: — E supondo que a Terra é um polo positivo, em vez de negativo?

RAMATÍS: — O fenômeno é inverso; a gravidade própria da nave deve ser negativa, para ser atraída à Terra e positiva para ser repelida.

PERGUNTA: — Tendo o irmão esclarecido que o aumento de fricção no corpo das aeronaves interplanetárias é gradualmente atenuado pelas próprias radiações que neutralizam a fricção, isto não nos esclarece bem quanto às pressões exteriores. Que dizeis?

RAMATÍS: — Em torno da aeronave interplanetária cria-se um campo magnético que aumenta em intensidade e radioatividade, conforme sejam as velocidades. Interpenetra vigorosamente o exterior e atinge, por vezes, a área de dez vezes o tamanho da nave, formando um invólucro de atmosfera magnética, desintegradora, em torno da aeronave. Esse invólucro de atmosfera magnética radioativa é responsável por todos os atritos, pressões e quaisquer eventualidades como cinzas cósmicas ou poeiras siderais, assemelhando-se a uma couraça protetora que se dilata, comprime ou se expande em volta da aeronave, eliminando qualquer influência exterior que se oponha ou obstrua o percurso do vôo. Através de sua sensibilidade eletrônica, os tripulantes podem auscultar, à distância, a existência de meteoros, asteróides, fragmentos errantes e perigosos que se encontram na rota da viagem. Os "pólos etéricos", que ainda desconheceis, superativados nesse lençol radioativo, identificam as diagonais de forças planetárias que incidem na posição da espaçonave em relação aos outros orbes e sistemas. Graças à proteção obtida por essa área magnética desintegradora, no exterior, os tripulantes usufruem a temperatura e a pressão que melhor lhes convier no interior da aeronave.

PERGUNTA: — Como atua esse "campo desintegrador" durante o vôo?

RAMATÍS: — Quando a nave se projeta em alta velocidade, em seu redor se forma um "triângulo radioativo", pela compressão magnética da atmosfera exterior, lembrando o sulco de espuma que a proa dos navios abre no dorso do oceano. A aeronave assemelha-se a uma caixa de metal, voando no centro de uma nuvem radioativa, com o clima e pressão interna independente dos elementos externos.

PERGUNTA: — Esse campo radioativo, magnético, poderia desintegrar os seres humanos, se eles se aproximassem?

RAMATÍS: — A área radioativa aumenta ou diminui conforme a velocidade e, no caso de pouso, é absolutamente controlado pelos tripulantes. O seu principal escopo é isolar o exterior durante os vôos e proteger as naves em atmosferas estranhas, onde se ignora o conteúdo energético ou as substâncias perigosas à integridade do material. Entretanto, pode desintegrar os seres, como também, qualquer objeto cujo material não resista além de 6.000 graus de calor em fusão.

PERGUNTA: — E no caso de a espaçonave estar pousada, quais seriam os efeitos sobre o homem terráqueo, se este permanecesse no seu raio de ação?

RAMATÍS: — Um contato demorado junto à expansão natural e radioativa do aparelho criaria uma ação antigênica, ou seja, o que chamais anticorpos, pois se processaria vigorosa defesa no vosso sistema sanguíneo. Os influxos radioativos influenciariam os processos da hematopoese no interior da medula óssea. Em face de uma "hiperfunção" hepática, haveria breve exaustão orgânica e consequente extinção da vida, pois a irradiação atacaria, também, os hormônios vitais e o metabolismo endocrínico, levando a uma síncope tóxica.

PERGUNTA: — Entre esses violentos atritos ou pressões exteriores que referistes, podereis indicar algum que tenha constituído problema mais complexo para solucionar as viagens interplanetárias?

RAMATÍS: — Foram as barreiras magnéticas, uma espécie de *iceberg* de magnetismo que se interpõe às velocidades altíssimas, desenvolvidas pelas espaçonaves. Conforme as linhas de vibração magnética que se estendem do núcleo solar em relação com os movimentos que os satélites executam em suas órbitas, cria-se, por vezes, outro tipo de barreiras que, para vossa compreensão, denominaremos de "cortinas magnéticas".

PERGUNTA: — Como lhes foi possível solucionar esse problema das barreiras magnéticas?

RAMATÍS: — A primeira solução surgiu assim que foi possível dominar integralmente a própria energia magnética. As barreiras ou cortinas de magnetismo foram vencidas com profundas modificações processadas na intimidade quase "etérica" do material que forma a aeronave. As formaçoes mais volumosas, densas e resistentes, que assemelhamos a *icebergs* deslocados no oceano infinito do Cosmo, exigiram soluções ainda mais complicadas. Em face da estrutura profundamente constritiva dessas massas imponderáveis, fez-se necessário compor e envolver as aeronaves com uma espécie de invólucro magnético, penetrante e poderosamente desintegrador na faixa vibratória da barreira, cuja ação se antecipa dez ou vinte vezes à própria aeronave, configurando vigorosa aura magnética radioativa, que modifica, perfura e abre um sulco na "massa" do *iceberg*, produzindo algo parecido com um canal tubular. Por esse tubo ou túnel, antecipadamente cavado pelo invólucro protetor, a nave se projeta em indescritível velocidade, inconcebível aos vossos padrões. A substância radioativa que constitui o invólucro e que penetra todos os campos eletrônicos da espaçonave é mais ativa do que o teor normal do *iceberg* e pode-se incorporar, afunilando-se ou espalmando-se, conforme as reações encontradas na trajetória e a alimentação energética que recebe também da própria aeronave.

PERGUNTA: — O irmão aludiu, alhures, à "televisão" interplanetária dos marcianos. Podeis esclarecer-nos a respeito?

RAMATÍS: — Os cientistas marcianos operam na intimidade do "éter cósmico", de um modo positivo, seguro e "de dentro para fora", pois é um veículo amplo e sem distorções. Sobre esse campo sutilíssimo impermeável ao aparelhamento terráqueo, processam-se todos os fenômenos da vida nos mundos de formas. A ciência terrena, por assim dizer, atua mais à superfície: "de fora para dentro". A espaçonave principal possui o aparelhamento de "televisão" interplanetária; recebe as imagens captadas pelos "discos" e as transmite para estações receptoras situadas nos satélites artificiais fora da atmosfera de Marte. Através das lentes de profundidade etérica, dessa "televisão refratada", as imagens são apanhadas nitidamente a distância e sem deformações, e se projetam através de um campo cristalino. Não vos preocupeis com a natureza das ondas televisionadas, ou se viajam em linha reta, curva ou oblíqua. O vosso problema de "televisão" é no campo atmosférico da Terra e para os marcianos se circunscreve à esfera "magnético-etérica", diretamente na área de coesão entre os planetas, cujos "quantuns ondulatórios" portam-se admiravelmente dentro das mesmas leis de atração e repulsão, dos "polos etéricos"; lembram anéis de forças, criando sutilíssimos "campos de visão", mas controláveis e dirigidos a contento pelos cientistas marcianos.

PERGUNTA: — Os marcianos poderiam conduzir plantas,

insetos, aves ou mesmo animais de pequeno porte em suas espaçonaves?

RAMATÍS: — O seu conhecimento genial no campo científico lhes permitiria criar atmosfera símile à da Terra, dentro de suas espaçonaves e mesmo no seu próprio planeta, se assim quisessem. E o transporte interplanetário se faria sem dificuldade, em face de as naves possuírem seus próprios campos de gravidade, exigindo apenas atmosfera conveniente ao tipo biológico.

PERGUNTA: — E esses animais, insetos e aves, conseguiriam se adaptar ao habitat *marciano?*

RAMATÍS: — Não vos deixeis dominar pelo extremismo das contingências ou ambientes opostos do vosso planeta em relação a outros orbes; pois, no fundo dos vossos oceanos, há espécies de peixes que suportam pressões inconcebíveis; nos "gêiseres" de água quente, podeis encontrar infusórios e certos organismos que só sobrevivem na água em ebulição. Alguns insetos resistem a temperaturas aquecidas, capazes de torrar um ser humano. A expressão física ou biológica da vossa moradia não deve servir de paradigma absoluto de outras vidas e climas, pois isto é apenas incomum, mas não impossível. Enquanto o tatu permanece no seio da terra, o urubu tem o seu campo de ação exclusivo na atmosfera; o leão do Saara ardente duvida da existência do urso-polar, assim como a centopeia tem direito de expor sua descrença à realidade dos seres bípedes. Como convencer a rocha de que a tartaruga é um seixo que nada? Ou afirmar a Júlio César que o seu organismo era apenas um complexo *habitat* de coletividades microgênicas?...

28. Astrosofia

PERGUNTA: — Os marcianos têm estudado o nosso globo, através de instrumentos próprios da ciência astronômica?

RAMATÍS: — Se a vossa ciência pode examinar o planeta Marte, com a sua imagem aumentada de mais ou menos doze mil vezes, os cientistas e astrônomos marcianos, através de seus poderosos telescópios "magnético-etéricos", conseguem apreciar-vos além de cem mil vezes. Contemplam perfeitamente todos os contornos, acidentes geográficos, mares e recortes da costa oceânica, distinguindo claramente as tessituras das vegetações periódicas ou estacionárias, os desertos, vales, crateras e picos montanhosos. Anotam matematicamente todas as fases lunares e prevêem, com facilidade, as modificações no campo astronômico do vosso mundo, conhecendo inúmeros fenômenos do vosso orbe e suas consequências, de que ignorais a origem exata.

PERGUNTA: — Os observatórios e instrumentos adotados em Marte assemelham-se aos nossos, no campo astronômico?

RAMATÍS: — Progrediram consideravelmente no campo da ótica e da instrumentação sensível que é necessária para essa ciência. Suas lentes, menores do que os vossos discos de 200 polegadas, com acentuada nuança para um "azul-elétrico", que lhes comunica vibração de profundidade etérica, valem mais pela qualidade do que pela extensão diametral. O que desejamos acentuar é que, enquanto empreendeis hercúleos esforços no sentido de aumentar a quantidade de descobertas científicas, os marcianos, em ritmo lógico e mais sensato, procuram descobrir sempre a qualidade que vibra e palpita na intimidade de cada fenômeno da Criação.

PERGUNTA: — Quais as possibilidades científicas desses "telescópios de profundidade etérica", quando em observação à atmosfera do nosso globo?

RAMATÍS: — Instalados em poderosos aparelhos "telefotomagnéticos", conseguem fotografar perfeitamente a periferia da Terra, ultrapassando, no entanto, o vosso processo de retratar apenas as configurações, acidentes e disposições atmosféricas, o que seria, realmente, um aumento de "quantidade-volume-matéria". E fixam, também, a aura psíquica de vosso orbe.

PERGUNTA: — Possuem eles aparelhos que, de forma objetiva, lhes permitam reconhecer e definir as nossas disposições psíquicas e desenvolvimento mental?

RAMATÍS: — Conforme a regulação vibratória dos campos magnéticos receptivos da instrumentação, eles conseguem selecionar o teor emotivo e mental específico produzido pela humanidade terrena. E, em laboratórios especializados, examinam e obtêm ilações irrepreensíveis através dos detectores que registram esses "espectros psicomentais", conhecendo-vos intimamente no campo psíquico, mental e consequentemente material.

PERGUNTA: — Qual a forma objetiva que lhes permite reconhecer as nossas disposições psíquicas e desenvolvimento mental?

RAMATÍS: — Naturalmente não desconheceis as corriqueiras experimentações da ciência terrestre, que se efetuam no campo das "ondas ultra micro curtas", projetadas pelo cérebro humano. O pensamento é um "quantum" ondulatório, que impregna-se da energia ambiental, encorpa-se ao encontro das vibrações de outras mentes, adquire alento e prossegue, qual dardo implacável, rumo ao objetivo ideado. As vossas máquinas de "descobrir mentiras", certos aparelhos de diagnósticos mentais, à semelhança dos "eletroencefalógrafos", são baseados na existência concreta dessas ondas mentais emitidas pelo cérebro. Comprovam-vos tais fenômenos os "eflúvios mentais" gravados em chapas sensíveis, de delicada emulsão, os delineamentos áuricos e os fluidos ódicos que podem fixar em películas; as oscilações dos raios "Roentgen", que penetram matérias leves como vestimentas, madeiras e mesmo os tecidos do corpo humano.

Uma vez que há algo fixável pela fotografia sensível, frequências de ondas que surgem conforme a gestação dos pensamentos humanos, a natureza ondulatória há de se portar dentro de limites caracteristicamente de acordo com o tipo da idéia exposta. Os pensamentos puros, delicados e nobres, vibram em faixas elevadas, numa frequência sutilíssima, e que num exame "mentalográfico" resultariam num padrão sinalético coeso e harmônico. As idéias irritáveis, coléricas, luxuriosas e eivadas de ódio ou avareza, hão de produzir sinais gráficos opostos aos que identificarem as poses dos pensamentos equilibrados e sãos.

PERGUNTA: — Os marcianos possuem, então, verdadeiras tabelas de aferições mentais de nosso mundo?

RAMATÍS: — É mister compreenderdes que a "lei de correspondência vibratória", no Cosmo, é sempre a mesma em qualquer massa planetária. O pensamento de amor ou de ódio, produzido por um cérebro marciano ou terreno, sempre há de ser identificado na mesma base inicial vibratória. Pode ser mais ou menos intenso, num ou no outro, porém, para um experimentado cientista hermético, sempre existirá o sinal diferenciador da natureza afetiva ou odiosa do pensamento emitido. Os marcianos, um milênio além de vós, tanto no sentimento, quanto no conhecimento esotérico, conhecem milimetricamente todas as expressões ondulatórias das ondas psíquicas, podendo identificar, sem a menor dificuldade ou equívoco, as mais sutis nuanças vibratórias dos seres vivos. Não precisam de tabelas estatísticas para conferirem o conteúdo mental que se exorna do cérebro humano; reconhecem, de imediato, a natureza intrínseca do psiquismo desarmonizado. Através de seus aparelhos "telefotomagnéticos" à flor do solo até as fímbrias do limite astral em torno do globo, executaram, num serviço "telefotométrico", o levantamento astral do vosso mundo, que, na visão clarividente dos cientistas marcianos, assemelha-se a uma esfera gasosa espessa, gordurosa, envolvendo os contornos do orbe terráqueo. Sob a ação de aparelhos inconcebíveis à vossa compreensão atual, prismam o "conteúdo astromental" que apanharam, mais ou menos à semelhança do que fazem com o raio de luz na fixação do espectro solar. Naturalmente não se trata de um aparelho composto de luneta, colimador e prisma, como é o vosso espectroscópio tradicional, mas de maravilhoso e sensível captador, que opera no campo "eletro magnético-etérico", assinalando, objetivamente, oscilações 20.000 vezes mais curtas que a luz, e, sob a ação energético-mental, duplicam-se as oscilações e então a aferição já se sucede na intimidade das faixas vibratórias do campo astral, mental e de natureza psíquica.

PERGUNTA: — Como chegam à conclusão de nossas disposições psíquicas, no exame do conteúdo astral que fotografam da Terra?

RAMATÍS: — Reconhecem, imediatamente, a gama de vibrações preponderantes, podendo concluir o estado emotivo e psíquico da vossa humanidade. Há certa correlação entre o seu modo de pesquisa psíquica com o processo "fisioquímico" dos vossos laboratórios, desde que transporteis a rudeza dos exames materiais para a delicadeza sutil da análise na substância "psico mental". Há certo "modus operandi" que segue uma disciplina tradicional, como seja fixar, selecionar, combinar e comprovar reações. Em certo "tempo psicoanalítico", verificam as vibrações mais grosseiras nos quadros "telefotométricos", destacando as vossas preferências mais grosseiras na esfera instintiva, tais como a zoofagia, desvirtuamentos sexuais, glutonice, alcoolismo, vícios deprimentes, taras, ninfomanias, enfermidades venéreas, emanações das decisões abortivas, exsudações mentais de aviltamento do sexo: secundariamente, sob novos processos graduativos nas reações psíquicas, vão anotando as sequências vibratórias, que assinalam os estados demorados, estratificados na mente terrícola, tais como o orgulho, a vaidade, a crueldade inata, a hipocrisia constante, a avareza permanente, a falsidade imperante, o ciúme dominante ou o pessimismo incontrolável. Nessa análise inteligente, terminam registrando, também, os estados acidentais como a cólera, a irritação, o insulto, a explosão de ódio momentâneo, o recurso inesperado da astúcia ou a mentira irresponsável.

PERGUNTA: — Porventura vão à exaustão de examinarem os dois bilhões e quinhentos milhões[10] *de seres que compõem a nossa humanidade, e conhecerem os estados emotivos de cada um?*

RAMATÍS: — As conclusões se referem ao total obtido na soma de estados psíquicos afins. Quando assinalam a vaidade, por exemplo, especificam a percentagem que ainda existe desse defeito na vida dos terrícolas, em confronto com o total da

[16] N. E. - Dados de 1956. Em setembro de 2022, esse valor atingiu 8 bilhões de pessoas.

humanidade. Registram o "teor-vaidade", predominante na aura terráquea, na percentagem existente que dista dum estado espiritual equilibrado, que seria "humildade". Sabem, pelos exames "telepsicométricos" do vosso mundo, o estado de angústias e desequilíbrios em que ainda viveis.

PERGUNTA: — Qual a impressão definitiva que guardam de nós, após a análise das emanações psíquicas da nossa humanidade?

RAMATÍS: — Manifestam-se compungidos de vossa situação de ignorância espiritual, denominando-vos o orbe da "luz fria", ou o mundo cujos habitantes fazem do estômago um repulsivo cemitério de vitualhas animais. Lamentam-vos a falta de intuição pura no campo da Fé e as vossas lutas sanguinolentas pela ignorância dos ajustes econômicos; não vos entendem o entusiasmo com que marchais, eufóricos, para glorificar ou comemorar guerras fratricidas. Acham-vos famélicos de sangue e de álcool; filósofos que pregam ideais, mas que contribuem para o progresso dos açougues e matadouros, fartando-se na ingestão de despojos sangrentos; cientistas que envelhecem em pesquisas para engenhos de morte; químicos que se exaurem à sombra das retortas para encontrar o tóxico da morte. Não compreendem como os vossos templos religiosos vicejam, gélidos e estagnados, em torno da miséria, da fome e do crime, chegando à indiferença de permitirem e assistirem, indiferentes e impassíveis, à destruição, à queima de produtos que Deus vos dá em quantidade superabundante, a fim de que todos vós, e não apenas uma pequena parte, possam ser aquinhoados com uma parcela dos mesmos para a sua alimentação. Semelhante insânia, insuflada pelo egoísmo satânico de grupos que já possuem dinheiro em abundância, constitui um crime inominável e um insulto ao Criador de todas as searas. Resultando, então, este paradoxo: — Se as vossas searas ficam esturricadas pelo sol ardente e os rios secam até o ponto de os bois e outros animais úteis morrerem de sede, vós logo vos abris em lamentações angustiosas, que chegam a dar motivo a lamuriantes procissões e a promessas ridículas a todos os santos e santas. No entanto, ao contrário, se o Doador Divino e Senhor das águas e das searas faz que as vossas colheitas sejam fartas, então, em vez de idênticas procissões no sentido de Lhe agradecerdes essa dádiva sublime, respondeis-Lhe com a fúria iconoclasta de arrasamento pelo fogo, do que classificais de excesso. E vossos olhos e vossos corações insensibilizados por um egoísmo diabólico, não sentem nem vêem que, ali, pela estrada, bem junto das pirâmides de trigo e de café e das montanhas de outros produtos úteis, a desfazerem-se em fumaça, vai passando, descalça, trôpega e faminta, uma legião imensa, composta de homens, mulheres e crianças tão míseros que, na realidade, nem têm onde cair mortos.

Ora, semelhantes crimes não depõem apenas contra a consciência deste ou daquele país, porque, na verdade, rebaixam e aviltam a consciência da vossa própria civilização. Contudo, como no círculo dos crimes em que há mais de um responsável, a culpa de cada um aumenta em relação ao grau de conhecimento dos seus efeitos nocivos, a responsabilidade por esses incêndios premeditados e criminosos, de afronta antifraterna e anticristã, cabe, também, às organizações religiosas que exercem domínio sobre a consciência das massas; pois, se, em face ao propósito de um governo levar a efeito esse vandalismo contra os famintos da Terra, os expoentes das diversas igrejas que pontificam no vosso mundo, unidos todos num protesto clamoroso e retumbante, despertassem os corações, a consciência de seus fiéis, no sentido de um protesto pacífico mas de repercussão internacional, então, de nenhum modo, em tempos de paz, esse vandalismo de feição apocalíptica seria levado a efeito. Monstruosidade tão inadmissível que, até há pouco, a história do vosso mundo só assinalava essa demência no anfiteatro das guerras, quando os quase vencidos, antes de sua retirada ou fuga, decidiam destruir, incendiar e arrasar tudo, a fim de que o inimigo, ao tomar posse do terreno conquistado, não encontrasse coisa alguma que lhe pudesse aproveitar.

Porém, como toda violação das leis do Universo Moral é sujeita a um choque de retorno, que fica elevado à contingência de um fatalismo, tereis de colher o que haveis plantado com os desatinos do vosso egoísmo e das vossas ambições infinitas.

Estarrecem-se, ainda, os marcianos, ante a vossa impiedade e cruel indiferença; pois, residindo, às vezes, nas adjacências dos sanatórios, dos leprosários, dos abrigos de cancerosos, folgais em passeios pelas avenidas, instalados em luxuosos veículos almofadados, enquanto a miséria, o aleijão, a desgraça e o brado de angústia se misturam ao odor do combustível. Assemelhai-vos, por vezes, à coletividade ignara, que dança, ri e gargalha bem perto dos hospitais repletos de gemidos, asilos de psicopatas, cárceres de desesperados, casas de vícios e de crueldades.

Cruéis pássaros de aço desovam ovos de fogo, infernais monstros de ferro, tanto em terra como no mar, vomitando bombas e metralha, exaurem o patrimônio do trabalho coletivo e destroem vidas que são destinadas à ventura e à paz. O estúpido homem da caverna, que trucidava com o tacape de pau, "civilizou-se" na prática do mal porque agora mata com a pistola de aço ou com a bomba atômica. O estro que divinizou o grego na era de Platão encontra-se agora no gênio do homem atômico, do século vinte, que assassina velhos, crianças e gestantes sobre um canteiro de flores. No entanto, o hino das noites de luar ainda banha de luz cariciosa o assassino moderno, que trucida o seu irmão sob a fronde do carvalho silencioso. O homem marciano sente o seu coração boníssimo confranger-se de angústia fraternal, quando se debruça à janela do vosso psiquismo e vê as monstruosidades que praticais.

PERGUNTA: — Os marcianos têm tentado comunicar-se conosco através de mensagens interplanetárias?

RAMATÍS: — Sim. E a sua linguagem "teleplanetária" é composta de ondas luminosas, com certas nuanças para o verde, azul e vermelho-pálido. Das combinações dos sinais "telecrômicos" se os pudésseis interpretar num curso especializado, teríeis uma das mais afetivas saudações dessa humanidade superior.

PERGUNTA: — Crê o irmão que já tenhamos pressentido essas mensagens?

RAMATÍS: — Presumimos que já tenham sido anotadas em vosso mundo, embora consideradas à conta de interferências radiofônicas, telegráficas e televisionadas. Inúmeras vezes o raio magnético projetado pelos vossos instrumentos de radar, à procura de um ponto "matéria", para a reflexão positiva, tem apanhado essa incursão ondulatória, mas a confundis com raios cósmicos ou corpos flutuantes nos espaços atmosféricos. Desde que vos dispusésseis a um estudo e experimentação inteligente, no plano da cooperação "teleplanetária", cremos que os marcianos esforçar-se-iam por usar aparelhos rudimentares de sua instrumentação, a fim de "baixarem vibratoriamente" até o nível de vosso aparelhamento, embora, para eles, esses aparelhos já sejam obsoletos.

PERGUNTA: — Que representa esse "baixar vibratoriamente"?

RAMATÍS: — Os vossos sucessos radiofônicos e descobertas televisionadas são realizações científicas que a ciência de Marte utilizava há mais ou menos quatrocentos anos. Trata-se de aparelhamento arcaico e em desuso, absolutamente "fora de moda", naquele orbe. Os que utilizam hoje estão demasiadamente além do vosso entendimento e recepção, funcionando sob "energia magnético-etérica" e operando em campo vibratório já na fronteira do mundo astral, interpenetrando-se com o psiquismo humano. Consequentemente, o único recurso de que dispõem e já o experimentaram inúmeras vezes, como vereis quando nos referirmos às suas viagens interplanetárias, é a utilização de antigos recursos no campo da radiofonia e telegrafia, o que, para vosso mundo, é admirável progresso científico. Atuando fraternalmente a vosso favor, esses espíritos boníssimos estão recondicionando velhas caranguejolas eletrônicas, a fim de entrarem em contato mais eficiente com a vossa "moderníssima" aparelhagem própria da época atômica. Breve, sob vosso intraduzível espanto, ouvireis interferências "sui generis", estranhas, impondo-se energicamente sobre as faixas de ondas de vosso aparelhamento "moderno". Essa é a disposição fraterna e decisiva que o cientista marciano deliberou tomar, ou seja, "baixar vibratoriamente" até a vossa compreensão, já que não podeis ascencionar até eles.

PERGUNTA: — Diante do que nos dizeis, devemos supor que essa interferência chegou a operar nos aparelhos de radiorrecepção, ou mesmo, nos de televisão?

RAMATÍS: — Esse é, de fato, o projeto em execução pelos mentores marcianos, e que nos parece comprovar muito bem aquela exclamação profética da vossa Bíblia, onde o vidente alude a "um príncipe que viria pelos caminhos do céu para salvar a Terra". No capítulo das aeronaves interplanetárias, vos daremos detalhes sibilinos no assunto, na conformidade do que nos permite o excelso Orientador Espiritual de Marte. Na realidade, assim que os cientistas marcianos readaptarem com eficiência os seus aparelhos arcaicos, para sintonizarem com a vossa moderna conquista eletrônica, então começareis a escutar vozes intrusas, as quais têm a função de chamar-vos à realidade espiritual. É provável que inúmeras surpresas possam surgir na tela de vossos "sensacionais" aparelhos de televisão, deixando-

-vos algo atrapalhados pelo exotismo dos acontecimentos. De nossa parte, espíritos desejosos de vosso Bem e integrados, que estamos, no labor de vos despertar para o Caminho, a Verdade e a Vida, formulamos votos ao Pai para que isso se realize o mais breve possível.

PERGUNTA: — Quando se dará essa intervenção, cujos efeitos, prevemos que, de fato, serão espetaculares?

RAMATÍS: — Não vos preocupeis em nos ajustar ao vosso precário calendário, que vos dá noção de "tempo" e "espaço", pelo rodopiar do vosso globo no "esconde-esconde" em torno do Sol. Deslocai a Terra da órbita indecisa em que ela se encontra, entre sombra e luz, e logo vos encontrareis em dificuldades quanto ao vosso ajuste de dias e anos. Há um momento fixado para a intervenção benéfica no campo espiritual de vosso mundo, assim o pretendem os marcianos e outros mais altos espíritos. No entanto, não nos cumpre classificá-lo hermeticamente em data ao vosso gosto, porque o calendário terrícola não se ajusta ao "dia constelar".

PERGUNTA: — Como poderemos interpretar essas mensagens?

RAMATÍS: — Conforme presumimos, haveis de entendê-las perfeitamente, pois não se trata de seres impalpáveis, de configuração anatômica oposta à morfologia do vosso mundo, nem de "duendes" ou exóticos "bichos-papões". Irmãos vossos, almas sedentas de fraternidade e compassivas em suas manifestações de iluminação espiritual, algumas que já viveram comandando corpos físicos em vosso mundo contraditório, estudam vossos pensamentos, vossa linguagem e costumes, a fim de que não vos deixeis dominar pelo pânico, à semelhança do moleque quebrador de vidraças, cuja coragem o abandona quando se avizinha o proprietário prejudicado. Compreendem os marcianos que o homem terreno não possui o ânimo capaz de enfrentar a presença inesperada de uma consciência tangível e sobrenatural; o seu terror seria incontrolável, pois a vaidade terrícola é apenas um produto da ignorância crística. A sabedoria terráquea e o seu poder demasiadamente estimado, desconhecem o efeito paralisador e terrificante que promana de um "campo áurico-espiritual-planetário". O símbolo de Lúcifer, apavorado diante do Arcanjo Mickael, não deixa de ser muito bem ajustado a certos momentos, que temos apreciado, no Espaço, quando gênios e poderosos da Terra alucinam-se, amedrontados e arrependidos, diante de um débil raio de luz crística. O homem terreno ri, dança e gargalha na ingênua posição do menino irresponsável; mas ignora, na sua infelicidade humana, que a "hora dolorosa" chegou para a liquidação dos casos de falência espiritual. Consequentemente, temos certeza de que muitos compreenderão os apelos de "última hora" que, misteriosamente, far-se-ão tangíveis nas recepções radiofônicas, mas, bem sabemos e lamentamos: bem poucos seguirão essas vozes que trarão notícias diretas de um mundo superior. E justamente porque muitos, pela sua rebeldia, não terão "olhos de ver", nem "coração de sentir" é que os tempos são chegados em que a maior parte dos habitantes de vosso orbe serão expulsos, compulsoriamente, para mundos primários, cujo *habitat* está em perfeita consonância com o teor moral, inferior, do seu espírito.

PERGUNTA: — Em nossas irradiações, Marte figura como um planeta de aura maléfica, excitador de guerras. Alguns estudiosos do assunto afirmam que os nascidos em seu signo são ativos, enérgicos, mas de aspecto algo rude, facilmente irritáveis e belicosos. E também que, à simples aproximação de Marte, recrudescem as irritações da natureza, com certa agressividade psíquica, facilitando a predominância de acontecimentos funestos.

RAMATÍS: — Realmente, toda vez que Marte se avizinha da Terra, exacerba-se o teor magnético terrestre de natureza inferior; e a aura do vosso orbe se condensa em afogueada ebulição astral. O vosso psiquismo se excita, as paixões inferiores se exaltam ou alvoroçam e manifesta-se maior número de deprimências resultantes dos impulsos humanos. Constata-se que os próprios animais, por vezes, tornam-se inquietos, auscultam a atmosfera e como que pressentem a "carga tóxica psíquica", que se expande e se comprime contra o solo. Predominam as vibrações impulsivas, em face desse invisível lençol magnético, que se adensa e cobre a superfície terrena. É um magnetismo deteriorado quo provoca perturbações emotivas no psiquismo humano.

PERGUNTA: — Poderíeis, então, esclarecer: sendo Marte um planeta muito mais espiritualizado do que a Terra, por que, ao aproximar-se do nosso orbe, a sua aura psicomagnética lhe causa essas reações de um magnetismo nocivo e deprimente?

RAMATÍS: — Não é a natureza de Marte que causa essas vibrações maléficas, pois o fenômeno é inverso. É a Terra que recebe, de retorno, todo o magnetismo deletério de suas emanações mentais deprimentes, ainda mais irritadas, em face das reações poderosas dos "refratores marcianos". Recebeis, de volta, inapelavelmente, o agressivo e belicoso "presente de grego" que pretendíeis oferecer à humanidade marciana, nessa hora de maior aproximação planetária. Daí a grande coincidência de sentirdes "más influências", quando Marte se vos avizinha, e de considerardes belicosos e coléricos os que nascem sob o seu signo astrológico. Na realidade, é a própria substância astral terrestre, que estando comprimida sobre o próprio globo terráqueo, impregna o corpo etérico dos nascidos nessa fase.

PERGUNTA: — Quais seriam as consequências sofridas pelos marcianos, quando da aproximação de nosso planeta, se não pudessem devolver-nos essa carga magnética?

RAMATÍS: — Em face de sua grande segurança emotiva e equilíbrio espiritual, é óbvio que o magnetismo excitante da Terra não lhes exacerbaria os instintos inferiores, já perfeitamente dominados, o que ocorre convosco, quando da aproximação de outros planetas inferiores. A vossa aura psíquica coletiva causar-lhes-ia imenso desassossego, inquietação, fadiga magnética e uma disposição emotiva algo aflitiva. As vibrações comuns do vosso mundo desgovernado no reino do espírito, tais como angústias, cóleras, ciúmes, crueldades, matança animal, agressões, conflitos, guerras, ódios, perversidade ou luxúria, aliados ainda às emanações de minerais e vegetais primitivos, integrados no solo pantanoso e poluído de germes inalcançáveis pela vossa ciência, projetar-se-iam como densos lençóis magnéticos, incrustando-se no metabolismo delicado dos marcianos, à semelhança de gases oleosos em vossas vestes. Não tardariam em precisar de socorros urgentes na esfera médica, para reativarem o seu psiquismo e "duplo etérico", submetido à pressão nociva da aura da Terra.

PERGUNTA: — Sempre subestimamos essa influência astrológica, uma vez que a nossa ciência "positiva" sempre classifica a astrologia como algo de charlatanismo. Estaremos equivocados?

RAMATÍS: — As velhas idéias sempre ressurgem em vestuários novos. A velha telepatia praticada por charlatões, hoje ingressa, faceira e a desforrar-se de vossa ciência, na figura modernizada de "ondas ultra curtas-cerebrais"; o magnetismo defendido por Mesmer, uniformiza-se, às exigências científicas da era atômica, deixando-se fotografar sob a pitoresca denominação de "eflúvios e emanações ódicas" e o "radar", que se exalta, pouco a pouco, oferecendo-vos ângulos desconhecidos nas vibrações do "éter", não tardará a vos comprovar a realidade das influências astrológicas, que há milênios vem exaurindo sábios e iniciados, para o bem da humanidade. É o profundo conhecimento astrológico cultivado pelos marcianos que os livra, científica e positivamente, de auras tão perniciosas como a do vosso mundo.

PERGUNTA: — Podemos conhecer, mais ou menos, sob uma explicação algo positiva e nos moldes da razão terrena, essa influência astrológica?

RAMATÍS: — Em torno de cada planeta, astro ou poeira que circula no tráfego sideral do Cosmo, existe uma aura produto das combinações magnéticas entre as radiações dos minerais, vegetais e seres animais, aura à qual ainda se agrega o teor "psicomental" dos humanos, na feição de péssimas exsudações de almas desarmonizadas com o sentido puro da vida espiritual. Essa "aura magnética", produto do conjunto acima, interpenetra o globo em todos os sentidos, expande-se e o transcende até milhares e milhões de vezes, conforme o planeta, cujo astral se dilata além das fronteiras comuns de sua atmosfera, a ponto de chocar-se e penetrar nas auras de outros mundos. Criam-se, então, as mais singulares e inesperadas combinações de magnetismo astrológico, na conformidade das reações "químico-transcendentais", que se oferecem no teor dos campos em choque. Os orbes inferiores poderiam beneficiar-se da influência benéfica dos mundos superiores, se não fora a defesa que estes tomam, devolvendo à sua origem, mediante poderosos "refratores magnéticos", a "massa" de fluidos tóxicos que os ameaça, projetada pelos planetas elementares.

PERGUNTA: — Qual seria a modificação vibratória que, por exemplo, a aura da Terra produziria em torno da aura de Marte?

RAMATÍS: — A mesma consequência de uma gota de tinta atirada num vaso de água límpida. Haveria uma rápida mudança do estado vibratório natural, resultando incômoda situação magnética em todo o planeta.

PERGUNTA: — Como funcionam esses "refratores-magnéticos", que expulsam a carga nociva dos mundos inferiores?

RAMATÍS: — Agem sob a lei comum de física, em que os polos iguais se repelem e os antagônicos se atraem. Essa lei que impera desde a coesão dos astros, até a sutilidade das uniões eletivas espirituais, produz sempre os mesmos efeitos em qualquer manifestação vibratória do Cosmo. Os vossos cientistas estão familiarizados com ela nos fenômenos de ordem mais objetiva, na física compacta ou na moderna eletrônica, porém, sempre em torno dos campos gravitacionais sensíveis aos cinco sentidos humanos. A ciência marciana, no entanto, que opera na intimidade etérica, quase absoluta, embora seja esta ainda um "quantum-substância", conhece outras disposições mais vigorosas na lei da atração dos polos energéticos. Possui tábuas astrológicas perfeitíssimas, que lhe dão o teor magnético de cada astro vizinho à sua zona de tráfego sideral, sabendo qual o conteúdo astral que irá oferecer, na conformidade da síntese astrológica em relação a outros astros circunvizinhos. Esclarecendo melhor este ponto, diremos: os cientistas marcianos conhecem diariamente a dose que resulta do "coquetel" de auras astrais dos planetas ou mundos que se avizinham da atmosfera magnética de Marte. Em tabelas móveis, que se modificam sob a influência das combinações astrais existentes na proximidade, são observadas as reações "boas" ou "más" para com a humanidade do orbe. Dessas conclusões, verificam a necessidade de ação pelos "refratores magnéticos", que devem repelir os lençóis de magnetismo pernicioso, ou então o emprego imediato dos "receptores magnéticos", que atraem mais fortemente o magnetismo superior, leve e sedativo de astros purificados que se aproximam. Repetimos, no entanto, que embora sob um processo além de vossas capacidades mentais, essas operações imponderáveis se realizam sob a lei rigorosa que controla as reações do polo positivo e do negativo.

PERGUNTA: — Podemos considerar que existe uma influência proporcional a cada planeta, entre os nove orbes descobertos pela nossa ciência astronômica?

RAMATÍS: — Os planetas que compõem o tráfego em torno

do Sol que equilibra o vosso sistema, não são nove, porém doze. Não vos dista muito a descoberta de outro, cuja massa rígida trará modificações de cálculos astronômicos. Faltam-vos o registro de mais três, que os marcianos conhecem perfeitamente, os quais permanecem ocultos, em face de seu tráfego em zonas de outros astros resplandecentes, que os encobrem com suas radiações excessivamente fulgurantes.

PERGUNTA: — Por que devemos aceitar que são doze planetas e não apenas os nove descobertos pela ciência terrestre? Não poderão os sábios terrenos admitir que essa informação obedece somente ao desejo de desmenti-los?

RAMATÍS: — Cremos que se recebêsseis comunicação de espíritos, antes de 1846, que vos dissessem da existência de nove planetas, em vez dos sete que eram conhecidos nequela época, poderíeis formular as mesmas objeções de agora. No entanto, em 1846 Le Verrier descobriu-vos Netuno e graças aos cálculos de Percival Lowell, os vossos astrônomos assinalaram Plutão em 1930. Não vemos razões para que esses mesmos fatos não se sucedam no futuro, em que anotareis uma dúzia de planetas a formar o cortejo de sua majestade o Sol, em vez dos nove que já conheceis.

PERGUNTA: — O astro que mencionastes noutro trabalho, que higienizará a aura da Terra, com sua órbita de 6.666 anos-Terra, devendo atuar até o final deste século, porventura é um desses novos planetas a serem descobertos em torno do nosso Sol?

RAMATÍS: — Não, pois já vos notificamos que é planeta de outro sistema solar, que se translada com velocidade diferente, sendo ainda impossível aos vossos cientistas compor o quadro constelar do mesmo, em face da decorrência de mais alguns anos no ajuste do cálculo astronômico, a fim de retificarem determinadas enunciações baseadas sobre trabalhos e estudos referentes ao "gás eletrônico". É do vosso senso comum que desde os caldeus e egípcios, a ciência astronômica vem tecendo fascinantes teorias alicerçadas em "cálculos e experimentos" positivos, mas, infelizmente, vê-se obrigada a constantes modificações, onde entram em conflito repleto de sutilezas, desde um enunciado de Nowton até uma nova fórmula einsteiniana. Não podemos nos alargar nas comprovações que vos daremos, alhures, da multiplicidade de contradições que a ciência do homem produz, em face de possuir, sempre, "um pouco de verdade", esquecendo-se que a "Verdade Total" só Deus a possui.

PERGUNTA: — Contudo, confessamos nossa relutância em aceitar essas revelações que têm algo de "astrologia", "simbolismos" ou "afirmações esotéricas". Vacilamos, um tanto, quanto a essa absoluta necessidade de serem "doze" planetas, em torno do Sol, quando podia muito bem serem nove, quinze ou vinte. O "doze", para nós, é sempre número de consagrações iniciáticas ou de tradições milenárias no ocultismo. Que nos dizeis?

RAMATÍS: — O apóstolo João, no versículo 14:26, enunciou-vos que "seria preciso que nos **tempos prescritos** o Espírito Santo viesse ensinar-vos todas as coisas, como Jesus prometera". Daí o vosso espanto e dúvida, porque inúmeros ensinamentos que foram velados, no passado, em disfarçável simbolismo, hoje devam ser revelados à luz da ciência ou da razão moderna, embora coincidam hermeticamente com aquilo que vos parecia fantasia. Tomai como ponto de partida que todo o ensinamento superior, convite evangélico e esclarecimento crístico provém do Espírito Santo, que é, na realidade a soma integral de todo o pensamento santo do Além, e verificareis que essa plêiade de aimas prepostas de Cristo já estão revelando, realmente, os enunciados proféticos e esotéricos do passado. E de acordo com a sempre enunciada lei que vos citamos, de "correspondência vibratória", no Cosmo, as edificações dos mundos planetários, que servem de escolas abençoadas para as almas carentes de alfabetização espiritual, são concretizadas sob escalas de medidas siderais, que representam, em qualquer situação e local de vida, as resultantes harmônicas para o equilíbrio dos conjuntos em suas órbitas e núcleos. Pouco importa saberdes as influências numerológicas de um sete, um três ou um doze, e a preocupação de quererdes aplicar em vossas vidas infinitesimais, as fórmulas vibratórias que representam a numerologia cósmica. São medidas demasiadamente complexas, além de vossos entendimentos comuns, mas são reais, lógicas e exatas, em "absoluta correspondência espírito-matéria". Preocupais-vos com o fato imperativo de serem "doze" os planetas em torno do vosso Sol, porque doze recorda-vos inúmeras disposições do simbolismo esotérico-astrológico. Mas isso não impede que a lei de correspondência divina, tenha composto um conjunto íntegro, coeso, sacrificial e angélico, idêntico ao que na Terra congregou os doze apóstolos, em torno do sublime e maravilhoso facho de luz que foi Jesus de Nazaré, na mais perfeita e harmoniosa "correlação" entre o vosso Sol e os doze planetas que futuramente descobrireis no campo da constelação. Também o "Sol Crístico" teve o seu raio de luz fixado na matéria planetária de vosso mundo, quando Jesus O recebeu na hora da descida do "Espírito Santo". Jesus e os seus apóstolos, na divina miniatura viva, representaram na Terra a majestade sideral do Cristo Solar e seus doze condensadores de luzes. Infelizmente, o vosso mundo ainda é um dos mais opacos à refulgência cósmica desse arcanjo planetário.

PERGUNTA: — Na realidade, as combinações "astrológicas" são necessárias para certos eventos espirituais excepcionais?

RAMATÍS: — Certamente. Há que recordar a maravilhosa conjunção que higienizou a vossa aura para o advento do Cristo à forma de Jesus, quando Marte, Saturno e Júpiter, no ano 747 após a fundação de Roma, formaram a figura de condensadores dos fluidos divinos, para a tessitura dos corpos sutis e necessários à Alta Entidade fixadora da Luz Crística no vosso mundo de sombras. Sob essa influência a Terra encheu-se de bênçãos e de luzes, floriu a poesia, incentivou-se a música e a pintura, ouviram-se cânticos de Paz e o próprio Imperador Caio Júlio César Otávio se fez veículo do júbilo amoroso do Cristo a envolver o vosso orbe. A conjunção Marte-Saturno-Júpiter, deu-vos, também, o mais suave e delicado magnetismo que a intimidade divina de seus anjos planetários foi possível fixar.

29. Filosofia espiritual marciana

PERGUNTA: — Quais as diferenças entre os ideais terrenos e os marcianos?

RAMATÍS: — A humanidade terrena anseia pela libertação do sofrimento e do trabalho obrigatório, de que ainda tanto necessita, a fim de desenvolver as faculdades criadoras do futuro anjo. Como ainda não aceita voluntariamente a disciplina da Lei Ascensional, há de sofrer o processo compulsório de sua purificação pela dor. A coletividade marciana, no entanto, ajustada aos preceitos de vida equilibrada e consciente de todas as obrigações evolucionárias, dispensa a pedagogia do sofrimento e aceita o trabalho na forma de missão educativa. O seu ideal, pois, é desenvolver as faculdades criadoras do espírito, a fim de usufruir a divina missão de procurador do Pai. Aquilo que o terrícola ainda considera um sonho venturoso, o marciano já usufrui na sua existência de Paz e Alegria. A humanidade terráquea, infelizmente, hostilizando a função dinâmica do trabalho, que opera na intimidade do espírito a sua estrutura angélica, realiza, no mundo físico, apenas um terço de sua verdadeira missão. Considerando, erroneamente, que o labor é tarefa incômoda e o prazer é felicidade, olvida que o anjo é ação, movimento e eterna faculdade criadora.

PERGUNTA: — Estamos condicionados à idéia de que o trabalho constitui punição, retificação obrigatória à nossa alma. Cremos que a Ventura Eterna é mais compreensível num estado de contemplatividade, um êxtase edênico. Por que não ser assim?

RAMATÍS: — Seria incompatível com a sabedoria divina que Deus houvesse constituído a Ventura Eterna numa espécie de projeção cinematográfica, destinado à sua platéia de anjos ociosos, que de asas abertas, no Espaço, vivessem eternamente contemplando a projeção dos mundos rodopiantes na tela do Cosmo. E nessa postura de inércia contemplativa através do tempo infinito, se resumiria a felicidade celestial. Ora, "O reino de Deus está em vós", "Eu e meu Pai somos um só", "O homem foi feito à imagem de Deus", são conceitos que exprimem com bastante clareza o mistério oculto da verdadeira vida do espírito. O trabalho é, pois, o fundamento, a lei através da qual se apura, refina e expande a consciência do espírito; movimento, ação e dinamismo com sentido construtivo em todos os planos do Universo, *eis a vida*.

PERGUNTA: — E por que não devemos considerar o trabalho uma tarefa opressiva, um estado de insatisfação? Notamos que à simples idéia de um descanso, um hiato, um desafogo desse labor contínuo, a nossa alma já se rejubila. Isto não parece confirmar que a contemplatividade é, realmente, a verdadeira ventura?

RAMATÍS: — É porque ignorais a função divina do trabalho no plano dinâmico da criação. O espírito do homem é um produto de "auto labor" nos vários planos siderais. Forma a sua consciência individual depois de laborioso trabalho, quando se desprende do espírito-grupo, onde há só a consciência instintiva das espécies inferiores.

PERGUNTA: — Qual um exemplo objetivo?

RAMATÍS: — Um cardume de peixes move-se instintivamente e obedece ao mesmo ímpeto da consciência do espírito grupal, que os dirige. Um peixe ou mil peixes, não diferem do conjunto; manifestam sempre a mesma reação que é comum a todo o cardume daquela espécie. A multiplicidade de "corpos-peixes" ainda constitui um só "organismo", o qual é subordinado e obediente aos imperativos do instinto. É uma reação coletiva, uniforme, nivelada por uma vontade única, sem a luz da consciência individual que se estratifica na grandeza ou sublimação do "eu sou". No entanto, na espécie do cão, que é mais evoluída, já podeis notar maiores fragmentações de "consciência individual", que formam reações particularíssimas e já se destacam, numa auto-emancipação, da uniformidade fundamental da consciência grupo-da-espécie. Existe o cão que se torna habilidoso e inteligente às mãos de perseverante amestrador de animais; encontra-se o que não esquece, na sua retina psíquica, o malvado que o feriu; impõe-se o animal de fibra, leal e corajoso, que enfrenta adversário mais poderoso, mas surge o traiçoeiro, amigo de emboscada, que ataca em silêncio e fere até na hora do carinho. O noticiário anota o herói canino que salva o combatente ou a criança afogada; a tradição registra aquele que morre de saudade e amor, sobre o túmulo do seu dono, como aconteceu ao cão fiel, amigo de Mozart. Consequentemente, pouco a pouco, do espírito grupal, fragmenta-se a centelha, que vai compondo sua própria consciência; que se distingue, centraliza-se; contempla e pensa, compara e reage. Desprende-se, adquire sensibilidade psíquica à parte; destaca-se em atos mais pessoais e mais distantes da psicologia geral do "espírito-grupo". É já o vislumbre da consciência psíquica-indivíduo, que delineia os primeiros traços do seu destino e ausculta em si mesma as tendências inatas criadoras. Num movimento centrípeto, forjando, crescendo e emancipando-se, esse novo conteúdo consciencial encorpa-se e expande-se aceleradamente, até descobrir o divino mistério do "ser", a magia de "sentir mas saber". A operação é laboriosa na incorporação ainda vacilante e nas conclusões dos fenômenos externos; mas é o caminho certo e definitivo. O novo microcosmo se absorve em feroz egocentrismo, a fim de constituir-se em um "centro específico de consciência individual"; ajusta-se e expande-se em direção à consciência macrocósmica que é o Absoluto. No entanto, qual é o processo único, exato, poderoso que acelera o pequenino "eu sou" para o grande "Eu Sou"? Qual o meio que ativa a fragmentação do espírito-grupo para formar um novo ser à parte? Não tenhais dúvida: é o trabalho, como processo dinâmico, que opera gradualmente e vai desenvolvendo maior elasticidade mental e espiritual. Considerais como uma posição tediosa, enervante ou aflitiva a disciplina do trabalho, porque ignorais a sua ação na sutileza formativa da própria consciência.

PERGUNTA: — Naturalmente, não alcançamos os valores dessa operação dinâmica, ascencional, por cogitarmos das cousas prosaicas, triviais e descoloridas do trabalho no mundo terráqueo, que saturam pela sua sequência costumeira. Não será?

RAMATÍS: — Refleti, antes, na operação evolutiva, em vez

do modo pelo qual ela se processa, pois é de sua ação que se desenvolvem todos os atributos da alma, a fim de se estruturar o anjo, que é perfeição integral. A capacidade do espírito tanto se desenvolve na meticulosidade do relojoeiro, como na administração de um império industrial, onde o homem copia a figura de um deusinho operando na forma. Num extremo afina-se o espírito manejando o cinzel de Benevenuto Cellini; noutro, um chinês escreve o "padre-nosso" num grão de arroz; e mais além, modificam-se os seus lances criadores, envergando o traje carnal de um Rockfeller, Henry Ford ou Da Vinci. Fundamentalmente, é o "trabalho" que atua, na forma de ação, dinamismo, que exercita o espírito e desperta os recursos do futuro anjo criador.

A matéria é simples "ponto de apoio", meio plástico de que se serve o espírito para materializar a sua ação laboriosa, ascensional e de experimentação dinâmica. Até na morte, que é dissolução, é ainda o trabalho evolutivo. No seio silencioso da terra, a bolota é presa do impulso dinâmico; deixa a ação dominar em si mesma e entrega-se confiante ao dinamismo do trabalho que a subjuga, pois dessa atividade surge o recurso criador. A semente então priva-se do gozo prematuro, que lhe seria de pouca duração na sua pequenez vegetal. Prefere, então, aceitar o convite dinâmico do "trabalho", na sua intimidade, para expandir-se na configuração e no potencial seivoso. Emerge à flor da terra e absorve, faminta, a luz solar, e refresca-se, voluptuosa, sob a linfa descida das nuvens. O seu divino mistério se revela, graças a ação do trabalho; a bolota singela, inimiga da ociosidade e indiferente ao prazer efêmero, transforma-se no gigantesco e majestoso carvalho, sob cuja fronde os pássaros e as próprias feras repousam na sombra amiga. Os marcianos guardam essa semelhança com a bolota, na cogitação dos seus ideais divinos; preferem esperar a plenitude do gozo na futura consciência do anjo, assim como o carvalho usufrui a glória de árvore benfeitora.

PERGUNTA: — Como os marcianos se identificam, conscientemente, com esse modo de aceitar as tarefas prosaicas do "trabalho"?

RAMATÍS: — Subjetivamente atendem eles a este imperativo comum a todos: "realiza o teu trabalho com a máxima perfeição, para não teres que repeti-lo". Eles sabem que terão de refazer, compulsoriamente, todas as operações ascensionais que não forem cumpridas espontaneamente. Então aplicam-se com absoluto rigor ao "serviço", na forma, seja qual for a sua expressão trivial, executando-o com exatidão e honestidade. Aquilo que a alma negligencia ou regateia, numa existência, terá que repetir, futuramente, em novas romagens e em condições mais severas, a fim de evitar a sua estagnação improdutiva. O curso para o espírito se desprender da "consciência grupal" e atingir a "consciência angélica" é idêntico e exigível a toda alma, embora varie quanto às lições emotivas ou intelectuais. Há que sofrer uma série de preliminares fortificantes e condicionais à finalidade de, pelo esforço próprio, alcançar ou atingir a hierarquia angelical. O homem de Marte é consciente da força poderosa e criadora do trabalho feito com exatidão e vigilância: por isso, afeiçoa-se ao labor, assim como o religioso se devota à prece.

PERGUNTA: — Como os marcianos vivem para esses ideais superiores? Quais as disposições de vida que eles assumem para mais rápida concretização de seus ideais?

RAMATÍS: — Todos os seus objetivos, naturalmente, prendem-se à mais breve "ascese" espiritual. Tendo comprovado a misteriosa corrente do "amor" divino que flui do "alto" para o "baixo", tudo fazem para se harmonizar o mais breve às emanações atrativas do eflúvio celestial. E como o ascetismo pede renúncia, os marcianos exercitam-se para a renúncia, mas sem fugir ou libertar-se ostensivamente do mundo material. Renunciam em si mesmos aos valores do mundo, mas não abdicam aos princípios educativos da vida, em suas operações dinâmicas no intercâmbio coletivo. E como Deus e a Luz sempre vencem os impulsos deformados do "mundo inferior", pois o Bem é Amor, é força criadora, eles antegozam sempre a sua vitória nos objetivos superiores, porque os sabem certos e realizáveis. Os terrícolas, no entanto, vivendo em confusão, na escolha de seus ideais, na terrível versatilidade da dúvida e da crença, do certo e do errado, do sadio e do enfermo, lançam-se a esmo pelos caminhos dolorosos do mundo, vivendo prazeres ínfimos por conta de uma suposta ventura.

PERGUNTA: — Os marcianos valem-se muito da prece, para mais breve encontro de seus "ideais divinos"?

RAMATÍS: — A prece, em sua verdadeira essência, é um esforço que a alma empreende para elevar-se vibratoriamente às correntes superiores. Exercita-se momentaneamente, procurando ampliar a estatura do espírito; tenta a libertação transitória da forma, que a seduz e hipnotiza, no ciclo das vibrações letárgicas. A prece, proporcionando essa fuga momentânea, auxilia o espírito a imergir na essência divina que lhe caldeia a estrutura consciencial. O "orai e vigiai", na divina voz de Jesus, bem vos adverte da necessidade que ainda tendes do exercício da prece, que é ginástica moral, para desenvolver os "músculos" do espírito. A oração apressa a "ascensão"; acelera a vibração espiritual e isola a alma do contato asfixiante da forma. Habitua, pouco a pouco, o homem, para o futuro comportamento do anjo. O espírito apazigua-se, enternece, o instinto recua, atemorizado, ante a fragrância da luminosidade que emerge do íntimo de quem ora com fé. O próprio facínora, caído de joelhos, na oração de agudo arrependimento, desprende fagulhas santificantes do espírito, e mais tarde, abrasado em incêndio de amor, se transformará em anjo potencial, porque seus atos, idéias e conduta formam um estado quase permanente de oração. Na realidade, eles, nessas atitudes, são a "prece viva". Ante a predominância dos estados inferiores como sejam a maledicência, a calúnia, a obscenidade, irritação, inveja, ciúmes, vaidades, indiferença ao sofrimento alheio, que são comuns aos terrícolas, faz-se necessária maior soma de preces, para a alma reajustar-se, momentaneamente, à vibração superior. Esse auxílio, esse recurso ou socorro divino, é menos necessário ao cidadão marciano porque ele, vivendo obediente à Lei Divina, pode, relativamente, prescindir da advertência do "orai e vigiai para não cairdes em tentação".

O Ideal Superior, constantemente vivido, opera na intimidade do espírito marciano, sustentando-o em nível angélico. O instinto agressivo e rude da forma é vencido, implacavelmente, pelo estado permanente e natural das orações vivas, concretizadas nos próprios atos da sua vida.

PERGUNTA: — Podemos conjeturar, em Marte, a presença de um Jesus Cristo, como ocorreu na Terra?

RAMATÍS: — Em todos os orbes, em épocas messiânicas, entidades como Jesus de Nazaré encarnam o Verbo Divino, tornam-se Ungidos do PAI, representando divinos Condensadores de Luz e que nutrem, de mais perto, os mundos materiais, no sentido de sua ascese espiritual. E Jesus, a quem o PAI confiou o governo do vosso planeta, anjo planetário que encarnou a figura de Jesus de Nazaré, filho de José e Maria, é a mais sublime c inconfundível mensagem do Criador dispensada à Terra. Ele foi o mais íntegro dos medianeiros divinos entre todos os precursores da Verdade. Manteve-se impoluto sob o mais intenso assédio das forças das trevas, as quais tentaram perturbá-lo quando, no vosso meio, assumiu a configuração humana. Ao atingir a idade de trinta anos sentiu em Si a plenitude do espírito que transcende a forma e se extravasa em um oceano de luz. Tornou-se, pois, o Ungido na mais indescritível apoteose da Luz Cósmica do Onipotente.

PERGUNTA: — Foi Jesus de Nazaré, entre nós, o único intermediário da Paz Plena de Deus?

RAMATÍS: — Se assim fora, o vosso mundo só teria apresentado esforços santificados depois de Jesus. No entanto, Krisna, Antúlio, Confúcio, Rama, Hermes e principalmente Buda, revelaram estados crísticos, demonstrando, no preparo do advento de Jesus, serem canais de Luz d'Aquele que foi o mais perfeito intérprete e inconfundível portador dessa Luz Divina.

PERGUNTA: — Como os marcianos fazem idéia de Deus?

RAMATÍS: — Eles não fazem idéia de Deus; eles "sentem" mais expansividade divina do que sentis na Terra. Deus é a eterna Realidade; o Absoluto Criador Incriado e que não pode ser definido pelo homem, que é apenas um produto, um "nascido na Criação". O finito não pode descrever o Infinito; as criaturas são imanentes ao Pai, mas não O conhecem, porque não podem abrangê-Lo em sua manifestação Infinita. Os marcianos, mais sensíveis à divindade, sentem-No em "maior porção", porque também penetram mais profundamente no mundo das causas. Revelam mais sensibilidade no seu psiquismo indagativo, o que não podemos vos enunciar pela via intelectual. Não podereis conhecer o perfume da rosa, pela simples descrição intelectual; mas o sabereis avaliar só após a experimentação pelo sentido olfativo. É a experiência íntima e pessoal, que poderá dar-vos maior "sensação" de Deus, assim como sucede com os marcianos, cujo sentir profundo os coloca uníssonos às "pulsações" mais reais do Pai.

PERGUNTA: — Como eles pressentem, além de nós, a existência Divina? Porventura são portadores de faculdades especiais, que os terrícolas não possuem?

RAMATÍS: — Vós sois almas imanentes na mesma essência que é o Criador, pois Ele vibra e palpita na vossa intuição psíquica. Cada alma é uma pulsação da Alma Total e Deus está, pois, permanentemente vibrátil na sensação dessa alma. Na vossa consciência sentis Deus; a Sua Voz imaterial e silenciosa cresce, uníssona, tanto quanto vos libertais das contingências ou recalques grosseiros dos mundos de formas. O auscultamento interior vos aumenta a sensação do Eterno na consciência; abrange-vos e transborda; arrasta-vos para o mistério, para o ignoto, mas pressentis que esse é o verdadeiro caminho para sentirdes o Divino. Se não fora a hipnose sedutora da matéria, sentiríeis facilmente a plenitude da voz do "Eu Sou". E Deus vos seria mais compreensível, independente das fórmulas dos credos, seitas, doutrinas ou filosofias que tentam explicá-Lo por configurações exteriores. Os que não sentiram o Pai em si mesmos, não vos poderão transmitir a experiência que não viveram. No silêncio augusto da alma, no abandono indagativo a essa sensação de plenitude que vos toma a consciência sensibilizada, podereis sentir esse "algo" indescritível, inconfigurável ou ilimitado; porém existente, poderoso e potencialmente justo. Não podereis medi-Lo no espaço e no tempo, mas Deus é sempre contemporâneo convosco. Dispensando os atributos precários da forma, os marcianos entregam-se confiantes a essa Voz Silenciosa do "Eu Superior"; deixam-se levar por Ela aos recônditos dos mistérios que ultrapassam as fronteiras do sensorial pobre da carne. Vivem em si mesmos a experiência divina; elevam-se ao Pai pelos caminhos silenciosos da procura interna e sabem que Ele aumenta em profundidade e extensão, na consciência da criatura, tanto quanto esta se exercita em ir ao Seu encontro. A humanidade de Marte prefere a segurança da intuição, que é expansiva, penetrante e incondicional, em vez das diretrizes conceptuais da ciência humana, que pretende autopsiar a Divindade no mármore frio da dúvida e da incerteza.

PERGUNTA: — Qual a concepção dos marcianos sobre a idéia de que Deus sempre perdoa? Ou atribuem-lhe a feição de uma Lei rigorosa?

RAMATÍS: — A conclusão lógica para se crer no "perdão", exige uma premissa que é a "ofensa" anterior. Não se pode perdoar, antes de haver sido manifesta a ofensa, porque o perdão é logicamente posterior ao ato ofensivo. Conclui-se, pois, que um Deus que perdoa, seria o mesmo Deus que se ofende. Na realidade, é uma concepção decalcada da versatilidade humana, lembrando aquelas figuras impolutas, do vosso tradicional passado, cuja bondade em perdoar era somente manifesta após a humilhação do ofensor. Os marcianos aceitam o Eterno na sua expressão de Lei Suprema, cujo objetivo máximo é conduzir as criaturas à Felicidade também eterna. Deixam-se conduzir, portanto, pela disciplina benfeitora e entregam-se esperançados às retificações que a Lei exige na tessitura contínua do futuro anjo. Só aqueles que se afoitam, preferindo os prazeres fáceis de uma fugaz jornada de vida humana, é que mergulham desesperados nas sombras da ilusão. Manifestam, então, a rebeldia feroz contra o preceito educativo da Lei; preferem enfrentá-la e até ridicularizá-la antes de tentar o reajuste. Olvidam que os atalhos eriçados de espinhos também os aguardam, no percurso da vida, para conduzi-los à estrada real que abandonaram.

PERGUNTA: — Os marcianos concebem a gênese do seu orbe nas mesmas condições das teorias esposadas na Terra?

RAMATÍS: — Eles não alimentam muitas preocupações pela formação da sua morada física, transitória, preferindo melhor compreendê-la em liberdade, nos planos espirituais, em que é mais fácil a verificação exata do histórico dos mundos. Consideram o seu orbe à feição de um banco escolar, no qual se exercitam para a alfabetização celestial. Importa-lhes conhecer, bem antes, os objetivos espirituais elaborados pela Mente Suprema. Imensamente interessados na mais breve libertação dos mundos de formas, consideram questão de somenos importância a tessitura material que reveste as experimentações da alma.

PERGUNTA: — Qual o seu principal objetivo na vida física?

RAMATÍS: — A posse da consciência espiritual; o esforço contínuo dentro do "Conhece-te a ti mesmo e conhecerás Deus". Os marcianos vivem nos mundos materiais, visando exclusivamente encontrar a razão da vida universal. Sabem que a resolução do mistério divino está oculta em suas próprias "entranhas" espirituais, pois o homem foi feito à imagem de Deus e o "reino de Deus está no homem". Objetivam a libertação absoluta dentro da matéria, mas sem fugir da matéria; procuram compreendê-la e dominá-la; tê-la como escrava e não senhora; torná-la substância plástica à vontade do pensamento criador, em vez de força instintiva aprisionando o espírito.

PERGUNTA: — Não é dever da alma conhecer toda a estrutura dos mundos que habita? Por que há certo desinteresse em saber-se a "gênese" do seu orbe, se disto surge a verdade futura?

RAMATÍS: — Não há desinteresse absoluto dos marcianos pela "gênese" do seu planeta ou sistema solar; mas evitam afligir-se, porque conhecem os meios pelos quais hão de conhecer a verdade exata. As crianças impacientes, no vosso mundo, sofrem os efeitos daninhos das frutas verdes, que saboreiam prematuramente; as mais sensatas e sábias esperam o "momento certo", em que as frutas estão maduras e sazonadas. Procurais a causa operando nos efeitos, enquanto eles estudam a Lei única que é a origem exata dos fatos.

PERGUNTA: — Como supor esse alcance da causa mediante o estudo da Lei Única que regula a origem exata dos fatos?

RAMATÍS: — Quando o espírito atinge a situação do homem marciano, cuja mente é poderosíssima e cuja alma é santificada, ele sabe que o passado, o futuro, o tempo e o espaço são meras figurações como ponto de apoio na vida material. Reconhece, então, que tudo o que ele deseja está íntegro e registrado na Mente Divina, que é a Sabedoria Absoluta. O Criador é o próprio registro dos seus Atos; Nele está o passado, o presente e o futuro; Nele vive o espaço e o tempo absoluto. Consequentemente, a humanidade marciana, que já beira as fímbrias da Mente Divina, sabe e busca conhecer, por vias reais e indiscutíveis, a verdade que vós apalpais e confundis na transitoriedade de múltiplas teorias científicas.

PERGUNTA: — O irmão aludiu, antes, a um espírito que envolve o sistema solar; poderíamos conhecer mais detalhes sobre o assunto?

RAMATÍS: — O vosso sistema solar é regido por um espírito arcangélico, que as tradições esotéricas chamam de "espírito planetário solar". É o governador espiritual do sistema, que alenta, coordena e atrai as consciências individuais para o conhecimento cósmico. Através desse magnânimo Ser espiritual, Deus vibra mais perto de vossas "frequências vibratórias", ainda muito distantes da "Essência Divina". Os globos que formam os sistemas de sóis são pontos de apoio mais visíveis aos sentidos humanos; em cada um deles atua um espírito planetário, que também governa, diretamente vinculado à Luz Refulgente do

"Logos Solar". Esses anjos planetários ou "devas", da linguagem oriental, são os intermediários entre Deus e os homens; representam vibrantes e potenciais "canais cósmicos" que vos ligam ao "Eu Superior", pois atuam na vossa intimidade espiritual e vos atraem para o Alto.

PERGUNTA: — Consequentemente a Terra é regida por um anjo planetário e Marte por outro?

RAMATÍS: — Ambos os planetas estão sob a jurisdição do Arcanjo Solar do vosso sistema. Os orbes representam moradas provisórias, corpos esféricos de "energia condensada"; e a luz desses anjos embebe, infiltra-se, alimenta os mundos materiais, ativando-lhes as entranhas e agindo nas almas que gravitam na sua zona de atração magnética. Em certas épocas psicológicas, como sucedeu no advento de Jesus de Nazaré, o anjo planetário inicia uma descida vibratória, um esforço sacrificial de redução em sua potencialidade espiritual a fim de atingir a vibração que possibilite seu reencarne no campo físico. Os poderes excepcionais de suas energias cósmicas se condensam para "menor diâmetro esférico" e se projetam na figura humana, embora permaneça o anjo planetário em "estado potencial". A "descida vibratória" dessa sublime entidade, permite maior contato de sua luz com o corpo do orbe e seus habitantes. Sob divino processo cósmico, essa vibração muito alta logra o êxito de uma conexão íntima em relativa afinidade com o teor vibratório do planeta onde atua. É o esponsalício divino resultante de um ato de "cientificismo cósmico", pois não existe o milagre, mas a consecução de leis imutáveis. A humanidade mergulhada nas sombras do instinto inferior recebe, então, a fusão de luz provinda da "descida vibratória" do seu anjo planetário, o qual se torna o "Salvador do homem". No sacrifício de baixar a sua vibração cósmica, assume a figura de um "redentor planetário", descendo ao encontro daqueles que estão a maior distância moral de Deus. E o "Salvador" ainda efetua um labor mais impressionante, pois ratifica a sua gloriosa missão, tornando-se, também, um "elo" do Arcanjo Solar, cuja aura alimentando o sistema solar, é manifestação direta da assistência do Criador.

E Jesus, o anjo descido para a salvação do vosso orbe, definiu esse acontecimento grandioso, quando vos disse: "Eu sou o Salvador do mundo", "Eu sou o Caminho, a Verdade e a Vida", "Ninguém vai ao Pai senão por mim"!

PERGUNTA: — Houve, também, em Marte, sacrifício semelhante à crucificação de Jesus para a redenção do homem marciano?

RAMATÍS: — A redenção só se faz necessária ao chamado "pecador", pois a conclusão redentora é sempre posterior à condição de "pecado". Como a humanidade marciana evoluiu pacificamente, sem incorrer em infrações graves contra os ditames da Lei Divina, dispensou, também, o holocausto de um redentor para a sua salvação espiritual. A própria vibração dessa humanidade equilibrada é um "canal" em afinidade com o seu Anjo planetário, o qual a ela se liga vibratoriamente, na sua descida auxiliadora. O esponsalício divino, então, se faz em campo vibratório mais alto. Nessa incorporação de luz, que dificilmente poderíeis entender, a humanidade de Marte adquire maior quota de Verdade.

PERGUNTA: — Considerando um espírito símile de Jesus, que se manifesta na forma humana, de Marte, qual é a sua mensagem espiritual e como O interpretam?

RAMATÍS: — É óbvio que em Marte nunca se formou um clima psicológico capaz de favorecer uma tragédia como a do Gólgota, quando crucificaram o Divino Cordeiro Planetário. O Anjo excelso que "desce" à carne, entre os marcianos, traz sempre a sublime revelação da música, poesia ou pintura, embora seja mensagem avançadíssima para a massa comum. Mas não O hostilizam nem O ironizam; aceitam a mensagem prematura, com o respeito e a confiança que manifestam a todas as revelações do mais Alto. O advento de cada instrutor, em Marte, unifica ainda mais a sua humanidade e a aproxima afetuosamente, reduzindo os conceitos e as interpretações religiosas à parte. Infelizmente, no vosso mundo, ainda continuais a semear a divisão e o ódio em nome de Jesus, o magnânimo Orientador e Unificador.

PERGUNTA: — O que poderíamos entender da "segunda vinda do Cristo", à Terra? Devemos admitir outra descida para nova manifestação de Seu Amor e Salvação?

RAMATÍS: — Graças ao advento de Jesus, a "Luz Divina" pôde ser atada nas entranhas energéticas do vosso mundo. Fez-se o caminho, a estrada vibratória exata e inconfundível para o "Alto"; e tanto quanto o espírito humano se purifica na renúncia às vibrações grosseiras, maior será, também, a sua incorporação à Verdade Espiritual. Através de Jesus, o Sublime Enviado, os sentidos humanos puderam comprovar a configuração exigida, na forma, para que a alma encontrasse o "caminho, a verdade e a vida". No entanto, a segunda vinda do Cristo será empreendida pelo "encontro interior"; o espírito humano há que refinar-se vibratoriamente e subir até Ele para senti-lo e achá-lo em si próprio.

PERGUNTA: — Por que assinalam, na Terra, os mentores espirituais, que essa segunda vinda do Cristo se fará na hora dos "tempos chegados"? Haverá, então, algum acontecimento excepcional?

RAMATÍS: — Haverá maior apuração de sensibilidade. Os acontecimentos trágicos que se aproximam do vosso orbe, na feição de catástrofes de ordem física, econômica, moral e na modificação do eixo do orbe, tendem a aguçar o sentimento, apurar as vibrações da alma. A dor e o sofrimento acerbos irmanarão os de "boa vontade"; as angústias insolúveis lançarão criaturas umas nos braços das outras, ante a necessidade de socorro e alento fraterno. A derrocada das civilizações, a inutilidade das jóias, dos tesouros e das gloríolas políticas ou sociais, na hora do "juízo final", despertarão as almas para os valores definitivos dos mundos superiores. A virulência das paixões, os egoísmos brutais, a impiedade desenfreada terminarão se fundindo em lágrimas dolorosas, em aflições intermináveis; os mais rudes corações sentir-se-ão chagados e partidos pelos infortúnios dantescos. Só haverá um recurso, um alívio, uma esperança — Deus!... Então, se processará a hiper-sensibilização do humano para o espiritual; elevar-se-á o padrão vibratório para as altas frequências morais; far-se-á maior aproximação com a aura planetária do Arcanjo Planetário e, consequentemente, com Jesus. A Sua segunda vinda, será, portanto, pelo reino interno do espírito, graças ao aceleramento vibratório, que a dor inevitável dos "tempos chegados" há de efetuar na hora profética do "juízo final". Primeiramente, o sublime Jesus de Nazaré vos fez o convite pela mansuetude, pelo amor e renúncia; viveu essas virtudes na plenitude humana a fim de que não desconfiásseis de suas realidades; presentemente, em face da rebeldia e da recusa à subida pela paz e renúncia, o vosso canal planetário já não pode ser condicionado para Deus mediante novo "sacrifício alheio" que tanto desprezastes. Vós mesmos sereis os sacrificados e vivereis as dores necessárias, para o encontro à "segunda vinda" do Cristo. Antes, Ele fez-se vibrátil no vosso mundo, mas na hora atual vós O sentireis através do vosso próprio holocausto. A Lei Suprema que é justa, sábia e magnânima, funciona perfeitamente equânime e disciplinadora em todas as latitudes cósmicas e longitudes vibratórias. A recusa ao Bem pelo Bem, implica no reajuste do Bem pela Dor! ... Afastastes-vos do Cristo, na primeira vinda pelo amor; então O encontrareis, na segunda vinda, por meio da dor!...

PERGUNTA: — Em nosso mundo, o principal fundamento da passagem de Jesus é o seu amoroso Evangelho; em Marte, qual é a revelação que persiste dos seus Messias?

RAMATÍS: — O Evangelho da Terra é o Verbo Crístico curando as chagas e redimindo a maldade; em Marte, é o Estro Cósmico revelando a música das esferas. O primeiro é o "medicamento" trazido para as almas doentes, produtos estiolados à flor da terra, por falta de nutrição espiritual. A mensagem do Cristo para a humanidade marciana, já verticalizada em espírito, é a manifestação da Poesia do Cosmo, que perfuma e alenta.

PERGUNTA: — Há em Marte, épocas proféticas, que poderíamos denominar, também de "tempos chegados"?

RAMATÍS: — Há sempre uma sucessão de ciclos devidamente previstos em todos os crescimentos planetários, em concomitância com as modificações necessárias às suas próprias humanidades. Os períodos de "juízos finais" ajustam substâncias materiais para um melhor *habitat*, e, consequentemente, requerem seleção de almas para as consecutivas reencarnações na moradia aperfeiçoada. É um mecanismo previsto pela Suprema Lei, rigorosamente coordenado e dirigido pelos que são outorgados para criar em nome de Deus. As órbitas, sistemas e ancoragens de satélites, são sempre o resultado de planos inteligentes, embora ultrapassando o entendimento humano. Esse mecanismo, que prevê e determina todas as modificações futuras, converge sempre para um "Clímax" superior, motivo por que exige tanto a melhoria da habitação quanto do habitante. Como os planetas são "campos de energia condensada", que denominais "matéria", seguem disciplinadamente os cursos que lhes traçaram, e por esse motivo chegam sempre à época prevista para a transformação, com necessidade de separarem-se do seu sistema. Mas o espírito humano, que goza do livre-arbítrio, para se ajustar quando bem deseja, costuma retardar a sua felicidade, nas estultices das vidas dos mundos provisórios. Abusa do direito concedido pelo Pai e chega desajustado na hora do "juízo", em que deve ser harmonizado o seu orbe. Sucede, então, que os "tempos são chegados" porque, melhorado o planeta, é preciso, também, que sejam escolhidos os seus futuros habitantes, conforme as novas disposições do *habitat* evoluído. Mas o seu inquilino, como no caso do terrícola, seduzido pelos prazeres transitórios da vida física e iludido pelas glórias efêmeras dos mandatos humanos, sacrifica a tudo e todos, chegando em completa contradição ao advento evolutivo do seu planeta. Surpreso, atemorizado, percebe que "dançava nas ilusões do mundo", enquanto a voz da profecia anunciava a "hora improrrogável" do ajuste final. Então só há um recurso; a Lei funciona, novamente, sob a mais severa disciplina e equidade, afastando, para mundos inferiores, aqueles que já não são ajustáveis ao ambiente purificado. Emigram, compulsoriamente, para os seus climas psicológicos, onde a severidade da Lei age com mais severidade e processa o aceleramento espiritual. Essa hora do "juízo final", em que será extinto o vosso mundo anticristão, já soou nos anais sidéreos, está operando gradualmente e realizando a profilaxia necessária para o último impacto da limpeza planetária. Mas os marcianos dispensam esses imperativos dolorosos e retificadores, pois se ajustam, em "corpo e espírito", com a "alma sã em corpo são", moral e fisicamente, quanto às modificações profetizadas. Infelizmente, a vossa humanidade, cuja desconfiança nos valores espirituais produz o retardamento ascensional, não pode dispensar a violência e a correção vibratória.

***

Neste ponto damos por terminado o questionário a respeito dos problemas subordinados ao título desta obra, a qual há de ser objeto de estudo, meditação e consolo para muitos, e de dúvida intransigente para outros. Porém, as verdades superiores, quer sejam do quilate das afirmadas por Galileu, ou das que proclamou Joana d'Arc, são reflexos diretos daquela Verdade Espiritual que não cogita do tempo marcado pelos calendários humanos. E, por isso, ante a dúvida, ela sorri sempre e espera com paciência ilimitada. Contudo, cabe lembrar que a dúvida cega e teimosa de Tomé deu lugar a esta advertência de Jesus:

"Tomé, acreditaste porque me viste. Bem-aventurados os que não viram e creram"! Como ponto final, seja-nos permitido um desabafo de profunda amargura com relação ao ambiente apocalíptico criado no vosso mundo pela incompreensão e desatinos dos responsáveis pelo rumo da vossa consciência coletiva:

Ó infelizes irmãos, espíritos iníquos que moveis tanques para o arrasamento de cidades pacíficas; pilotos que aceitais a missão de incendiários de agrupamentos humanos; técnicos impassíveis que moveis botões eletrônicos para a destruição à distância; cientistas satânicos que operais nos desvãos dos laboratórios a fim de criardes os mais terríveis engenhos de morte; comandantes demoníacos que esgotais o vosso fosfato para descobrir os planos mais eficazes destinados ao assassinato coletivo nos matadouros de guerras fratricidas, esquecendo que a terra precisa da ação da mão criadora; engenheiros malignos que transformais os aviões da fraternidade em monstros vomitadores de bombas infernais; dilapidadores dos bens públicos, insensíveis às desgraças dos anônimos e humildes; almas venais que transformais a consciência num balcão; exploradores sensacionalistas das desgraças alheias; jornalistas, escritores, tribunos e políticos que instigais ou defendeis as forças do ódio e da corrupção e sois indiferentes à edificação superior da consciência das massas: Vós todos sois a pungente e imensa caravana destinada aos mundos primitivos; vós sereis os degredados do orbe, os míseros "esquerdistas" de JESUS, os reprovados que ides ser lançados nas sombras densas das aflições planetárias. Quem vos enxugará as lágrimas de arrependimento? Quem vos mitigará a sede de afetos levados da Terra? Quem vos acalentará os sonhos de um paraíso perdido? Quantos milênios tereis de aguardar, novamente, para a "descida" do Anjo Planetário do vosso futuro *habitat*? Como encontrar nas furnas e cavernas profundas para onde ireis, a Voz Suave e Amorosa do DIVINO AMIGO? Como podereis ouvir sob as tempestades ruidosas e agressivas de um mundo elementar, aquela Voz Terna do "amai-vos uns aos outros"? Qual o amor que obtereis entre as feras indomáveis e os brutos de raciocínio bruxuleante? Na retina da vossa alma levareis acesos os reflexos da vossa indiferença pelos grandes males em que fostes parte com a vossa cobiça ou egoísmo, com a vossa avareza impiedosa, ciúme e orgulho. De nenhum modo escapareis à espada flamejante do "Arcanjo Julgador", do divino e impoluto emissário do SENHOR dos Mundos, que na Lei imutável decidirá na hora do "Juízo Final".

Penitenciai-vos, ó idólatras e carrascos da morte, curvai-vos, de joelhos; humilhados, renunciai, enquanto é tempo, a manchardes as vossas mãos no crime fratricida que execrou Caim. Preferi e aceitai, antes, a morte no mundo da matéria, mas ouvi a voz do Sublime Amigo; rejeitai a ordem oficial de "matar" ou a missão "héroica" de incendiar. ... Não aguardeis a paz amparada ou garantida por decretos; instituí, primeiro, a paz em vossas almas, em vossos corações e, então o mundo terá paz. Ó infelizes alienados da vida, artífices dos maus destinos da humanidade, por que estais erigindo outro mundo infernal para viverdes o "ranger de dentes", se podeis vos ajustar à moradia em que habitais? Por que negligenciais da mansuetude e da renúncia pedida no apelo do Cristo, preferindo vos tornar convivas dos banquetes de impiedade selvagem que vos esperam noutro mundo correcional mais tormentoso do que esse em que estais? Penitenciai-vos, recuai enquanto é tempo; deixai que vos arranquem os olhos, que vos cortem as mãos e que vos decepem a língua, mas preferi que a luz do vosso olhar não marque o "alvo" para a metralha, que as vossas mãos não acionem as alavancas, os botões dos mecanismos mortíferos. Silenciai, rogai ao PAI que vos faça mudos para não proferirdes a ordem ao crime e a palavra ao ódio que atiça e não perdoa. Enfim: que vos matem o corpo, se preciso for, mas santifiquem o vosso espírito, recusando ferir, odiar ou destruir, porque sereis lançados nas "trevas da iniquidade e como "lobos", separados das "ovelhas" nesta hora profética do "juízo final" que se aproxima...

Colocai-vos, incondicionalmente, às ordens absolutas do DIVINO MARECHAL da PAZ!...

Hosanas a JESUS!

Ramatís

A ORIGEM OCULTA
DAS DOENÇAS
HERCÍLIO MAES

O EVANGELHO À LUZ DO COSMO

RAMATÍS / HERCÍLIO MAES

ISBN 975-85-7618-380-8 • Formato 14 x 21 cm • 362 p.

Se na beleza irretocável dos ensinos e parábolas de Jesus nada pode ser acrescido ou alterado, contudo, hoje pode ser feita a leitura mais esotérica deles, e percebido o seu sentido interno e oculto, que durante séculos permaneceu velado à consciência comum da humanidade. É o objetivo da presente obra de Ramatís, que desvenda a dimensão secreta e cósmica das histórias singelas do mestre nazareno.

A evolução mental do terrícola, atualmente, já permite desvelar essa realidade mais profunda do Evangelho, que é a de se constituir uma síntese das leis cósmicas, ou a miniatura do "metabolismo" do próprio Criador.

Nesta obra de cunho iniciático, mas na linguagem cristalina e acessível característica de Ramatís, o leitor encontrará, além da interpretação mais profunda e esotérica dos preceitos evangélicos, um estudo fascinante dos temas "Deus" e "Evolução", tratados com a profundidade e clareza típicos do velho mestre da Grécia antiga.

Uma das obras mais atraentes de Ramatís, que irá conquistá-lo para o rol de seus milhares de leitores.

A VIDA NO PLANETA MARTE E OS DISCOS VOADORES
foi confeccionado em impressão digital, em dezembro de 2025
Conhecimento Editorial Ltda
(19) 3451-5440 — conhecimento@edconhecimento.com.br
Impresso em Book Bold 70g., Bignardi Papeis